HERZLICHEN GLÜCKWUNSCH

Und Dankeschön für den Kauf
dieses Buches. Als besonderes
Schmankerl* finden Sie unten
Ihren persönlichen Code, mit
dem Sie das Buch exklusiv und
kostenlos als E-Book erhalten.

Beachten Sie bitte die Systemvoraussetzungen
auf der letzten Umschlagseite!

70186-r65p6-
wdb00-jd43i

Registrieren Sie sich einfach
in nur zwei Schritten unter
www.hanser.de/ciando und
nutzen Sie Ihr E-Book direkt
auf Ihrem Rechner.

*Bayrisch für eine leckere Kleinigkeit, ein Leckerbissen

Leopold / Kaltenecker
Kanban in der IT

Stimmen zu diesem Buch

„Dieses Buch zeigt deutlich, warum Kanban weit mehr ist als bunte Zettel an der Wand –
nämlich eine evolutionäre Change-Methode!"

Arne Roock, Kanban Coach und Trainer, Hamburg

„Eine spannende Veränderungsoption, überzeugend argumentiert, pfiffig geschrieben,
mit einer Vielzahl anschaulicher Praxisbeispiele. Eine große Empfehlung für alle
Change Agents!"

Sabine Eybl, Organisationsberaterin, Wien

„Wenn Sie wollen, dass Ihr Unternehmen langfristige Erfolge mit Kanban erzielt,
wird Ihnen dieses Buch nicht erspart bleiben. Ein MUST READ!"

Katrin Dietze, Kanban Change Agent, CSM, CSPO, Wien

„Das Buch beschreibt nicht nur kompetent das Was und Wie von Kanban, sondern auch
eindrucksvoll das Warum, den steten Wandel, als Wert."

Markus Andrezak, Kanban Practitioner, Potsdam

„Ein rundum gescheites und praktisches Buch: es macht Mut, im eigenen Leben
die stete Veränderung zuversichtlich, wertschätzend und professionell zu gestalten!"

Elisabeth Blum, Organisationsberaterin und Coach, Salzburg

„Eines der ersten Bücher, das derart ausführlich die „Kanbanisierung" etablierter
IT-Organisationen behandelt."

Jens Meydam, Scrum- und Kanban-Practitioner, Zürich

Klaus Leopold
Siegfried Kaltenecker

Kanban in der IT

Eine Kultur der kontinuierlichen
Verbesserung schaffen

HANSER

Die Autoren:

Dr. Klaus Leopold, Wien
Dr. Siegfried Kaltenecker, Wien

Bibliografische Information der Deutschen Nationalbibliothek:

Die Deutsche Nationalbibliothek verzeichnet diese Publikation in der Deutschen Nationalbibliografie; detaillierte bibliografische Daten sind im Internet über http://dnb.d-nb.de abrufbar.

© 2012 Carl Hanser Verlag München, www.hanser-fachbuch.de
Lektorat: Margarete Metzger
Herstellung: Irene Weilhart
Copy editing: Jürgen Dubau, Freiburg/Elbe
Umschlagdesign: Marc Müller-Bremer, www.rebranding.de, München
Umschlagrealisation: Stephan Rönigk
Gesamtherstellung: Kösel, Krugzell
Ausstattung patentrechtlich geschützt. Kösel FD 351, Patent-Nr. 0748702
Printed in Germany

print-ISBN: 978-3-446-43059-4
e-book-ISBN: 978-3-446-43167-6

Inhalt

Geleitwort
von David J. Anderson

2004 suchte ich nach einem neuen Weg, um Veränderungen in Softwareentwicklungs-Unternehmen möglich zu machen. Ich wollte mehr Agilität schaffen, die Methoden verbessern, die wir einsetzten – ohne dabei den Widerstand der Teams auf mich zu ziehen, die die Arbeit leisteten. Auf meiner Suche stieß ich auf die fünf Fokussierungsschritte der Engpasstheorie von Eliyahu M. Goldratt und sie faszinierten mich. Das Konzept ist denkbar einfach: finde den Engpass und beseitige ihn. Wenn man das tut, wird der nächste Engpass erkennbar, mit dem man wieder genau so umgeht. Es ist ein iterativer und inkrementeller Ansatz nach der Prämisse, immer nur ein Problem zu einem Zeitpunkt zu lösen. Um Goldratts Ansatz nutzbar zu machen, musste die Softwareentwicklung als ein Flussproblem modelliert werden. Absolut notwendig dafür war es, die unsichtbare Wissensarbeit sichtbar zu machen. Wie das funktioniert, habe ich in meinem Buch „Agile Management for Software Engineering" gezeigt.

Gleichzeitig war ich besorgt, dass unsere traditionellen Projektmanagement-Methoden ein Stolperstein sein würden. Trotz der hohen Unsicherheiten und Risiken werden ständig wasserdichte Zusagen zu Umfang, Preis und Zeitplan verlangt, was meiner Meinung nach mehr Probleme verursacht als löst. Im Vordergrund stand für mich daher eine serviceorientierte Lösung, mit der wir bestimmte Service-Level garantieren konnten, anstatt unumstößliche Aussagen zu individuellen Leistungen zu machen. Ich war davon überzeugt, dass Unternehmer und Kunden diesen Weg bevorzugen würden. Schließlich waren sie Service-Verträge mit anderen Lieferanten gewöhnt. Interne IT-Abteilungen mit Service-Verträgen waren eher die Ausnahme als die Regel.

2005 stieß ich auf die Arbeit von Donald Reinertsen. Seine Erkenntnisse hatten einen enormen Einfluss auf meine weiteren Überlegungen und auf die Entstehung dessen, was wir heute als „Die Kanban-Methode" bezeichnen. Reinertsen beobachtete, dass der Anteil der „zufallsbedingten Variation" („chance-cause-variation") in der Wissensarbeit so groß ist, dass Engpässe nicht immer eindeutig identifiziert werden können. Intuitiv wusste ich, dass er Recht hatte und dass der Prozentsatz der klar identifizierbaren Engpässe vielleicht bei 10 % lag. Don riet mir, das Behandeln von Engpässen nicht nach dem Ansatz der Drum-Buffer-Rope aus der Engpasstheorie zu durchdenken, sondern anhand des Kanban-Pull-Prinzips von Toyota.

Kanban hat meine kühnsten Erwartungen übertroffen. Es bringt tatsächlich mehr Vorhersagbarkeit in das Liefern von IT-Dienstleistungen, unter anderem durch den Einsatz von Serviceklassen, die es im Kanban-System von Toyota nicht gibt. Zusätzlich werden mit

Kanban iterative, inkrementelle Prozessverbesserungen möglich und das – so wie ich es ursprünglich wollte – mit minimalem Widerstand gegen die Veränderungen seitens der involvierten Personen. Das ist aber noch nicht alles: Kanban hat uns gezeigt, dass es eine evolutionäre Herangehensweise ist, die mehr Prozessverbesserungen hervorbringt als im Vorhinein erahnt werden konnten. Dadurch werden Risiken handhabbarer und es entsteht ein besseres Verständnis zwischen allen beteiligten Parteien: Mitarbeitern, Managern, Kunden, Unternehmern, Auditoren und anderen Stakeholdern.

Seit 2007 stößt Kanban auf beachtliche Resonanz bei Unternehmen, die zuvor die Erfahrung gemacht haben, welche Widerstände neue Methoden hervorrufen können. Inzwischen ist eine globale Community entstanden. Kanban ist weltweit im Einsatz und vor allem in Deutschland, der Schweiz und in Österreich findet es sehr großen Anklang. Vielleicht ist der inkrementelle, evolutionäre Ansatz für Unternehmen in den deutschsprachigen Ländern besonders geeignet?

Jedenfalls freue ich mich sehr darüber, dass sich gerade in der D-A-CH-Region Klaus als früher Verfechter von Kanban und Sigi als bekannter Experte für Change Management zusammengefunden haben, um dieses Buch zu schreiben. Damit erweitern sie das Kanban-Wissen der deutschsprachigen Leserschaft. Ich habe den größten Respekt vor ihren Erfahrungen mit Kanban und vor ihren Fähigkeiten, was State-of-the-Art-Methoden in Change und Leadership betrifft.

Ich hoffe, Sie werden viel Neues durch dieses Buch lernen und die Vorteile von Kanban genau so positiv erleben, wie es viele Menschen auf der ganzen Welt bereits tun.

David J. Anderson

Seattle, USA, 26th February 2012

Geleitwort
von Barbara Heitger

Siegfried Kaltenecker und Klaus Leopold verstehen, welchen Trends und Ansprüchen Unternehmen und Manager heute gerecht werden müssen. Es geht darum, gleichzeitig immer komplexere und oft auch widersprüchliche Veränderungsinitiativen in einem Markt, der immer turbulenter und volatiler wird, zu gestalten und zu steuern. Als Systemiker gelingt es den Autoren ausgezeichnet, einen Mix von Modellen und Konzepten für die Praxis mit ihrer theoretisch vielfältigen Fundierung zu verknüpfen. Dabei kommt die Perspektive des Marktes und Geschäftes ebenso zur Geltung wie die Perspektive der Organisation und der Person.

Die Kunst im Change Management ist es, die unterschiedlichen Logiken wirkungsvoll zueinander in Beziehung zu setzen: die des eigenen Geschäftes, der eigenen Branche, die der jeweiligen Aufgabe, die der Organisation mit ihrer Geschichte und ihren Mustern und die der Gefühle der involvierten Stakeholder. Schließlich wird Veränderung von Menschen verwirklicht, die diese Perspektiven wirkungsvoll verbinden können und dabei durch die Logik der Gefühle in solchen Veränderungsprozessen – durch Begeisterung, Mut und Leidenschaft vorangetrieben, aber auch durch Ängste, Aggressionen oder Enttäuschungen gebremst werden (vgl. Heitger, Doujak: Managing Cuts and New Growth. A New Approach to Change Management, Goldegg 2009). Das gilt für die Welt der Waren- und Geldflüsse ebenso wie für die Welt der Datenflüsse.

Wachstum kann ebenso über konsequentes Anpassen und Erneuern erreicht werden. Kanban bietet die Möglichkeit, auch IT-Prozesse evolutionär weiterzuentwickeln. Anhand zahlreicher Fallbeispiele beschreibt „Kanban in der IT", wie eine solche Entwicklung in Gang gesetzt und am Leben erhalten werden kann. Und es wird gezeigt, wie damit Schritt für Schritt eine Kultur kontinuierlicher Verbesserung zu schaffen ist.

Eine große Empfehlung für alle, die ihr Repertoire im Bereich Kanban und Change Management auf den neuesten Stand bringen wollen.

Barbara Heitger
Wien, Februar 2012

Die Autoren

Klaus Leopold *(rechts)* ist Informatiker mit langjähriger Erfahrung in der Leitung von IT-Teams. Er ist einer der ersten von David J. Anderson persönlich akkreditierten Kanban-Trainer und -Coaches weltweit und begleitet mit seiner Firma LEANability (www.leanability.com) Unternehmen aus den unterschiedlichsten Branchen bei der Einführung von Kanban und den damit einhergehenden Change-Prozessen. Klaus Leopold ist außerdem Mitbegründer der Limited WIP Societies in Österreich (www.bit.ly/leanagileaustria) und der Schweiz (www.bit.ly/swisslws) sowie Gründungsmitglied des Management-Netzwerks Stoos (www.bit.ly/stoosnetwork). Seine Ideen und Überlegungen zu Kanban, Change und Management können Sie auf www.klausleopold.com mitverfolgen.

Siegfried Kaltenecker *(links)* ist Organisationsberater mit langjähriger Erfahrung in Führungstraining und Managementcoaching. Er ist Miteigentümer und geschäftsführender Gesellschafter der Loop Organisationsberatung GmbH (www.loop-beratung.at), die sich auf die Bereiche IT, Finanzdienstleistungen und Gesundheit spezialisiert hat. Als Experte für Veränderungsmanagement war Siegfried Kaltenecker bereits für viele internationale Unternehmen tätig. Er ist auch Certified ScrumMaster, Mitherausgeber der PAM – Platform for Agile Management (www.p-a-m.org) und schreibt vor allem Beiträge zu Leadership und Change Management.

Danksagung

Es ist geschafft! Das Buch ist fertig. Retrospektiv betrachtet, waren 80 Prozent des Buches in Windeseile fertig gestellt. Die übrigen 20 Prozent waren jene Knochenarbeit, die wir ohne die Unterstützung von verschiedenen Seiten nicht geschafft hätten und für die wir uns an dieser Stelle bedanken möchten.

Ein spezielles Dankeschön gebührt Katrin Dietze, die unermüdlich auf der Idee beharrte, unsere gesammelten Erfahrungen schriftlich zu kanalisieren. Sie darf sich somit für die Initialzündung dieses Buches verantwortlich fühlen. Katrin schaffte es auch, unsere wilden Kritzeleien in schöne Illustrationen zu übersetzen.

Zwischendurch haben wir immer wieder Feedback dazu benötigt, ob wir auf dem richtigen Weg sind. Dieses Feedback haben wir von unseren Reviewern Arne, Elisabeth, Jens, Katrin, Markus und Sabine bekommen, die uns darüber hinaus für spannende Diskussionen zur Verfügung standen.

Wir möchten uns auch bei David J. Anderson bedanken, der für uns eine unerschöpfliche Quelle der Inspiration ist und dieses Buchprojekt von Anfang an unterstützt hat. Und schließlich ein Dankeschön an Barbara Heitger, deren Know-how im Change Management eine produktive Steilvorlage bot.

Natürlich könnten Sie dieses Buch jetzt nicht in Händen halten, wäre da nicht der Hanser Verlag. Herzlichen Dank an Margarete Metzger und Stefanie Gerhards für die Organisation und das Lektorat, Irene Weilhart für die Hilfestellung in technischen Notfällen und Jürgen Dubau für die raschen Korrekturgänge.

Klaus Leopold & *Siegfried Kaltenecker*
Wien, März 2012

Teil I:
Wie funktioniert
Kanban?

1 Einleitung

„Was soll ich tun?", fragt der Zen-Schüler seinen Meister, als er vor einer hohen Leiter steht.

„Du kannst Sprosse für Sprosse nach oben klettern."

„Wie viele Sprossen hat die Leiter?", fragt der Schüler.

„21", antwortet der Zen-Meister.

„Und was mache ich, wenn ich oben bin?", will der Schüler noch wissen, während er seinen Fuß bereits auf die erste Sprosse setzt.

„Dann kannst du stehenbleiben", erklärt der Meister freundlich. „Du kannst die Aussicht genießen. Du kannst wieder heruntersteigen. Oder du kannst ohne Sprossen weiterklettern."

Dieses Buch ist geschrieben, um Ihnen Mut zum Weiterklettern zu machen. Es berichtet von mehr oder weniger hohen Leitern, von unternehmungslustigen Kletterern und von spektakulären Aufstiegen. Allen Aufstiegen ist gemeinsam, dass sie mit einer ersten Sprosse beginnen und dann Schritt für Schritt weiterführen. Jeder dieser Schritte bedeutet eine kleine Veränderung, durch die Sie neue Erfahrung sammeln und Ihren Überblick verbessern können.

Wir denken, dass die Zen-Geschichte eine würdige Einleitung für ein Buch über Kanban ist. Schließlich geht es auch bei Kanban um eine schrittweise Veränderung. Durch klare Strukturen wird eine sukzessive Verbesserungsarbeit auf den Weg gebracht. Dieser Weg erscheint relativ leicht, viele Hilfsmittel von Kanban erinnern an einfache Leitern. Das sorgt zunehmend für Aufsehen und macht Kanban in der Softwareentwicklung immer populärer.

„Kanban rocks", wie das einer unserer IT-Kunden begeistert auf den Punkt gebracht hat. Wie viele andere Kanban-Fans hat er dafür triftige Gründe. Kanban

- folgt **einfachen Regeln,**
- stützt sich auf **leicht nachvollziehbare Mechaniken,**
- ist mit **relativ wenig Aufwand** zu implementieren,
- kann **in kurzer Zeit zu markanten Verbesserungen** führen.

Das ist gut und soll auch so bleiben. Trotzdem ist dieses Buch nicht nur für die Kanban-Fankurve geschrieben. Es will auch kritische Aspekte und einige Fallen verdeutlichen, in die Praktiker immer wieder tappen. Um diesen Fallen zu entgehen, möchten wir ein möglichst umfassendes Bild von Kanban Change Management zeichnen. Dazu werden wir verschiedene Ausgangssituationen erkunden, relevante System- und Umweltfaktoren beleuchten und die persönlichen Herausforderungen für eine kontinuierliche Verbesserungsarbeit identifizieren. Schließlich geht es mit Kanban stets ums Ganze. Denn Kanban

- setzt zwar beim Team an, hat aber **die gesamte Organisation im Auge,**
- konzentriert sich auf technische Entwicklung und ist dabei **immer auf wirtschaftliche Wertschöpfung** ausgerichtet,
- will Softwareentwicklungsprozesse verbessern, braucht dafür aber die **Veränderungsbereitschaft von allen,** die von diesen Prozessen betroffen sind,
- ist rasch einzusetzen, erfordert jedoch einiges an **Umsicht, damit das vorhandene Potenzial konsequent entfaltet werden kann.**

Es ist relativ einfach, in Ihrem Arbeitsbereich eine Kanban-Initiative zu starten. Es ist jedoch durchaus anspruchsvoll, Ihre Initiative so fortzusetzen, dass Sie eine Kultur der kontinuierlichen Verbesserung schaffen. Wie die Praxis zeigt, sorgt eine *quick-fix*-orientierte Kanbanisierung eines Arbeitsbereichs selten für nachhaltigen Wandel. Um einen solchen zu bewirken, brauchen Sie professionelles Change Management.

Was uns besonders wichtig ist

„Kanban in der IT" möchte Ihnen alle wesentlichen Aspekte vermitteln, damit Sie das Veränderungsmanagement mit Kanban richtig verstehen und optimal einsetzen können. Dafür bieten wir Ihnen jede Menge Landkarten, Werkzeuge und vor allem Praxisfälle. Einerseits greifen wir auf unsere eigenen Erfahrungen als Kanban-Coaches und Change-Berater zurück, um Ihnen ein Lernen durch konkrete Fallbeispiele zu ermöglichen. Andererseits setzen wir diese Beispiele mit systemisch infiziertem Interesse ein. Das heißt, wir versuchen Wissenswertes über Organisationen, Kulturen, Strategien oder Emotionen aus der Systemtheorie einzuschmuggeln, ohne Ihnen dadurch den Blick auf die Praxis zu versperren. Denn was hilft die beste Theorie, wenn man hinterher unfähig ist, angemessen zu handeln?

Apropos angemessenes Handeln: Eine von Kimberley-Clark durchgeführte Studie wollte wissen, was die Leute auf eine einsame Insel mitnehmen würden. Über 50 % der 1000 Befragten hielten es für besonders wichtig, Toilettenpapier mitzunehmen. Was lässt sich daraus folgern? Mit dem deutschen Betriebswirtschaftler Günter Ortmann meinen wir: „Die Leute denken praktisch." (Ortmann 2011, S. 133)

Auch im Veränderungsmanagement des 21. Jahrhunderts ist praktisches Denken gefragt. In diesem Buch orientiert sich das Denken an sieben Grundprinzipien. Das sind einmal die von David J. Anderson propagierten Prinzipien (vgl. Anderson 2010):

1. **Kanban beginnt dort, wo sich ein System gerade befindet.** Es braucht keine großen Umstellungen, aufwendige Trainings oder Prozessrevolutionen. Sie machen mit einfachen Mitteln Ihre derzeitigen Arbeitsprozesse sichtbar und sind schon auf der Zen-Leiter aufgestiegen.

2. **Kanban respektiert die bestehende Ordnung.** Weder werden die bestehenden Prozesse per se in Frage gestellt noch die existierenden Funktionen. Respekt heißt in diesem Zusammenhang, dem Bestehenden einen Sinn zuzugestehen – und diesen Sinn gemeinsam mit allen Wertschöpfungspartnern sukzessive zu vermehren.

3. **Kanban strebt inkrementelle, evolutionäre Veränderungen an.** Es geht um ein Schritt für Schritt und nicht um den großen Wurf. Und es geht um eine Übereinkunft mit all jenen, die von dieser Veränderungsbewegung essentiell berührt werden. Anders gesagt: Kanban braucht ein gemeinsames Arbeits- und Verbesserungsverständnis zwischen allen Stakeholdern eines bestimmten Wertschöpfungsprozesses, egal ob es sich nun um das Kernteam, um Kunden, um Lieferanten, um Eigentümer oder um das Senior Management handelt.

Wir denken, dass es über diese Prinzipien hinaus ein profundes Grundverständnis braucht, wie eine Kultur kontinuierlicher Verbesserung geschaffen werden kann. Hierfür sind unserer Ansicht nach folgende Wegweiser maßgeblich:

1. **Kanban ist eine Veränderungsinitiative.** Es geht um systemische Verbesserungen, für die nicht Einzelleistungen, sondern die Zusammenarbeit wesentlich sind. Wertschöpfung und Arbeitsqualität steigen durch bessere Strukturen und klarere Spielregeln mit allen relevanten Kooperationspartnern.

2. **Kanban geht es um die gesamte Arbeitskultur.** Die Verbesserung dieser Kultur erfordert eine kritische Reflexion der eigenen Grundhaltungen, die sich in einem bestimmten Leistungs- und Kooperationsverhalten ausdrücken. Das erfordert wiederum die Bereitschaft zu einer kontinuierlichen Arbeit an der eigenen Entwicklung.

3. **Kanban dreht sich um Menschen und nicht um Mechaniken.** Es sind die Menschen, die eine nachhaltige Verbesserungsarbeit vorantreiben – und sie tun dies ganz wesentlich durch Emotionen: Freude, Mut, Begeisterung, aber ebenso Ärger, Enttäuschung oder Trauer. Wir empfehlen dringend, diese Emotionen zu respektieren und zu nützen – schließlich dürfen sie als Motor von Veränderung betrachtet werden.

4. **Kanban ist Teamsport.** Um eine Kultur kontinuierlicher Verbesserung zu schaffen, brauchen Sie Verbündete. Sie brauchen Partnerinnen und Partner, die mit Ihnen neue Werte ins Leben rufen und am Leben erhalten. Sie brauchen die Unterstützung Ihres Managements, da Sie systemische Probleme sichtbar machen und auch lösen wollen. Und Sie müssen Ihre Stakeholder im Boot haben, da Sie ohne deren aktive Kooperation nicht den gewünschten Mehrwert schaffen können.

Diese Wegweiser unterstreichen die Komplexität des Veränderungsfeldes, das mit Kanban gestaltet wird. Das erfordert ein Vorgehen, das dieser Komplexität gewachsen ist, und erklärt, warum es sich in der Regel nicht empfiehlt, einfach mal mit Kanban loszulegen. Damit riskieren Sie, dass es bei kurzfristigen Veränderungsschritten bleibt und das langfristige Verbesserungspotenzial nicht genutzt wird. Mit der Einleitungsgeschichte gesprochen: dass Sie spätestens nach zehn Sprossen wieder absteigen und gar nicht zum Weiterklettern kommen.

„Drum prüfe, wer sich ewig bindet", meinte eine Kollegin einmal, als es um die Unendlichkeit dieses Weiterkletterns ging. Prüfen Sie also sorgsam, bevor Sie sich auf eine solche Bindung einlassen. Klären Sie mithilfe unserer Leitfäden Ihre Ausgangssituation, bevor Sie Ihr Kanban-Abenteuer starten. Versuchen Sie herauszufinden, auf welcher Unternehmenskultur Sie aufsetzen. Und stellen Sie sich ein für Ihre persönliche Arbeitssituation maßgeschneidertes Trainingsprogramm aus den von uns angebotenen Übungen zusammen.

Für wen dieses Buch geschrieben ist

Wir möchten „Kanban in der IT" vor allem drei Zielgruppen an Herz und Hirn legen:

- **Allen, die sich grundsätzlich für Kanban interessieren:** „Hey, das ist ein cooles Ding! Was genau ist das eigentlich? Wie funktioniert Kaizen?"

- **Allen, die mit dem Management von Veränderungen in der IT beschäftigt sind:** „Welche Ansätze gibt es? Was sind die Besonderheiten kontinuierlicher Verbesserungsarbeit? Was könnte ich mir vom Kanban Change Management abschauen?"

- **Allen, die eine Kanban-Initiative ins Auge fassen oder bereits vorantreiben:** „Was gilt es zu beachten? Wie machen das andere? Was könnte ich selbst auch einmal ausprobieren?"

Unseren drei Zielgruppen entspricht die Dreiteilung des Buches.

Im ersten Teil geht es um die Grundlagen von Kanban: Von welchen Annahmen wird ausgegangen? Wie wird das Bestehende visualisiert? Wozu dienen WIP-Limits? Was sind Serviceklassen? Wie können Sie Metriken einsetzen? Und vieles mehr. Teil 1 möchte also die prozesstechnische Basis von Kanban festigen und erläutert die dafür notwendigen Mechaniken.

Im zweiten Teil holen wir ein wenig aus, um den Kontext von Kanban Change Management zu erhellen: Welche Veränderungsoptionen gibt es überhaupt? Was wird dabei alles in Bewegung gesetzt? Welche Folgen hat das für ein Unternehmen? Und welche besonderen Chancen bietet eine von Kanban inspirierte Veränderungsarbeit? Abseits von mechanistischen Formeln und Verbesserungsautomatismen wollen wir Ihnen in Teil 2 ein zeitgemäßes Verständnis professioneller Veränderungsarbeit vermitteln. Change mag zwar in aller Munde sein – wir sind jedoch davon überzeugt, dass das Thema nachhaltige Verbesserung weder gegessen noch verdaut ist.

Im dritten Teil verbinden wir das technische System Kanban mit dem sozialen System Unternehmen und zeigen anhand ausgewählter Fallbeispiele, wie Sie eine Kultur kontinuierlicher Verbesserung aufbauen können. Wie können Sie Ihre Initiative starten? Wie erkunden Sie Ihre spezifische Ausgangssituation? Wie gestalten Sie ein für Ihren Arbeitsbereich maßgeschneidertes Kanban-System? Worauf achten Sie im Betrieb? Teil 3 bietet Ihnen eine Fülle von Erfahrungswerten, wie Kanban in unterschiedlichen Situationen eingesetzt wird.

„Ob es besser wird, wenn es anders wird, weiß ich nicht", meinte der deutsche Philosoph Lichtenberg einmal. „Dass es aber anders werden muss, wenn es besser werden soll, weiß ich." In diesem Sinne wünschen wir Ihnen eine möglichst erkenntnisreiche Lektüre. Und viel Erfolg bei der Umsetzung: Möge die Übung gelingen!

2 Prinzipien und Kernpraktiken von Kanban

Kennen Sie „Modern Times" von Charlie Chaplin? Es gibt darin eine berühmte Szene: Der Vorsitzende des Unternehmens lässt ohne Vorwarnung ständig die Geschwindigkeit der Fließbänder erhöhen: „Fließband fünf läuft zu langsam. Tempo verdoppeln!" Charlie müht sich nach Kräften ab und schraubt pausenlos fest, was an den vorbeilaufenden Produkten festgeschraubt werden muss. Doch er gerät immer wieder in Rückstand. Bei dieser Geschwindigkeit genügt ein kurzes Niesen, um ihn immer wieder aufs Neue aus dem Takt zu bringen. So kommt Charlie dauernd dem nächsten, hämmernden Fließbandarbeiter in die Quere und bringt den Ablauf durcheinander. Kollegen und Aufseher bugsieren ihn an seinen angestammten Platz, aber es nützt nichts. Er kann mit dem Tempo einfach nicht Schritt halten. Und dann passiert es: Im wilden Schraubeifer kann ihn plötzlich niemand mehr stoppen, er wird über das Fließband gezogen und von der Maschine verschluckt, die die Fließbänder antreibt. Elegant gleitet er zwischen den gigantischen Zahnrädern hindurch, wird dann aber von der Maschine im Retourgang wieder ausgespuckt. Sein Arbeitsunfall hat Spuren hinterlassen: Plötzlich will er alles festschrauben, was im Entferntesten an eine Schraube erinnert. Die Brustwarzen seines Kollegen genau so wie die Rockknöpfe einer Sekretärin.

Chaplins Film war 1936 eine harsche Kritik an den herrschenden Zuständen in der Fertigungsindustrie. Im Vorspann steht zu lesen:

> *Modern Times. A story of industry, of individual enterprise –*
> *humanity crusading in the pursuit of happiness.*

(Moderne Zeiten. Eine Geschichte der Industrie, des individuellen Unternehmertums – der Menschheit auf einem Kreuzzug im Streben nach dem Glück. *Übersetzung der Autoren*)

Wie würde Chaplin diesen Film heute wohl inszenieren? Heute sind meistens Schreibtische und Computer unsere Fließbänder, wir werden besser bezahlt, und von den heutigen Sozialleistungen konnten Arbeiter in den 1930ern nur träumen. Aber auch in unserer von der Wissensarbeit geprägten Gegenwart ruft immer wieder jemand: „Tempo verdoppeln!" Es scheint, als würde sich die Geschichte wiederholen: Auch heute müssen die Wissensarbeiter wieder für gute Arbeitsverhältnisse kämpfen. Anders als im Zeitalter der Industrialisierung geht es aber nicht mehr um die Mindestanforderungen menschenwürdigen Arbeitens wie Licht, Pausen und Sicherheit. Heute geht es hauptsächlich um den Faktor Zeit und um das Recht, nicht rund um die Uhr für die Firma erreichbar und verfügbar sein zu müssen. Kurzum: Es geht um die Möglichkeit, die anstehende Arbeit auch in der dafür vorgesehenen

Arbeitszeit erledigen zu können. Natürlich gibt es aber auch noch die andere Seite der Medaille. Der globale Wettbewerb schafft heute oft unerträglichen Druck und zwingt Unternehmen dazu, zwei Faktoren auf einen Nenner zu bringen: Qualität und Geschwindigkeit. Lässt sich das überhaupt mit den Ansprüchen an eine sozialverträgliche Arbeitswelt vereinbaren? Geht das denn, entspannter zu arbeiten und gleichzeitig produktiver zu sein? Wir sagen: Ja, es geht. Indem man adaptive Systeme schafft, in denen Menschen selbständig ihre eigenen Wege der Verbesserung finden können.

■ 2.1 Auf der Suche nach der Produktivität

In der industriellen Fertigung geht es nach dem ökonomischen Prinzip darum, das Verhältnis von eingesetzter Menge (Input) zur ausgebrachten Menge (Output) zu optimieren. „Handle so, dass die angestrebten Leistungen mit einem Minimum an Mitteln erreicht werden (Minimumprinzip) bzw. dass die Leistungen bei gegebenem Mitteleinsatz möglichst groß werden (Maximumprinzip)." (Zäpfel 1996, S. 37) Man ist also auf der Suche nach der größtmöglichen Produktivität.

Die Idee des Optimierens wird gerne falsch interpretiert, und dann heißt es plötzlich: „Mit möglichst wenig Mitteln soll das Maximum erreicht werden." Ironischerweise ist es aber gerade diese Sichtweise, die uns in der Praxis der Wissensarbeit häufig begegnet: In ein System wird bei gleichbleibenden Prozessen, Strukturen und Ressourcen möglichst viel an Input – sprich Aufträgen – hineingestopft. In der Hoffnung, dass am Ende auch möglichst viel wertvoller Output herauskommt.

Peter F. Drucker, einer der Pioniere der modernen Managementlehre, hat dieses Problem bereits vor 20 Jahren vorhergesehen. In seinem Artikel „The New Productivity Challenge" zeigte er 1991 auf, wie die Produktivität in „making and moving things" seit Beginn der industriellen Revolution ständig gestiegen ist und damit den Wohlstand vor allem der westlichen Gesellschaft aufgebaut und kontinuierlich genährt hat. Auch in unserer heutigen Zeit steige die Produktivität noch ständig an, aber die großen Revolutionen seien in diesen Sektoren – Produktion, Bergbau, Bauwesen und Transport – vorbei, sagte Drucker damals. Die Arbeitskraft habe sich nämlich aus den klassischen Produktionsbereichen in die Wissensarbeit und Dienstleistung verlagert. Daher stellte Drucker gleich zu Beginn seines Artikels fest, dass die größte Herausforderung für Manager in den nächsten Dekaden darin bestehe, die Produktivität von Wissensarbeitern zu steigern. Diese Herausforderung würde entscheidend für die Wettbewerbsfähigkeit von Unternehmen sein und noch wichtiger: Sie werde das gesellschaftliche Gefüge und die Lebensqualität in jeder Industrienation bestimmen. „The single greatest challenge facing managers in the developed countries of the world is to raise the productivity of knowledge and service workers. This challenge, which will dominate the management agenda for the next several decades, will ultimately determine the competitive performance of companies. Even more important, it will determine the very fabric of society and the quality of life in every industrialized nation." (Drucker 1991)

Heute wissen wir, wie recht Drucker damals hatte. Genauso lange ringen wissensintensive Branchen auch darum, den Knopf und die Schrauben zu finden, mit denen sich die Produktivität der Wissensarbeiter erhöhen lässt. Interessanterweise gibt es sehr offensichtliche

Parallelen zwischen Optimierungsfragen in der industriellen Produktion und in der Wissensarbeit – wir werden das noch in den einzelnen Schritten von Kanban sehen. Genauso gibt es aber sehr konträre Voraussetzungen zwischen diesen beiden Sektoren. Wie ist Wissensarbeit überhaupt definiert?

Wissensarbeit

Der deutsche Systemtheoretiker Helmut Willke beschreibt Wissensarbeit folgendermaßen:

„Nahezu jede menschliche Tätigkeit ist wissensbasiert in dem Sinne, dass Erfahrung und Wissen eine Rolle spielen. Praktisch jede Facharbeit, vor allem die klassische professionelle Tätigkeit (der Ärzte, Juristen, Lehrer, Wissenschaftler) ist wissensbasierte Arbeit, gründet auf spezialisierter Expertise, die sich die Professionellen in langwierigen Ausbildungsprozessen aneignen müssen.

Der Begriff *Wissensarbeit* meint etwas anderes. Er kennzeichnet Tätigkeiten (Kommunikationen, Transaktionen, Interaktionen) bei denen das erforderliche Wissen nicht etwa einmal im Leben durch Erfahrung, Initiation, Lehre, Fachausbildung oder Professionalisierung erworben und dann angewendet wird. Vielmehr erfordert Wissensarbeit im hier gemeinten Sinn, dass das relevante Wissen

- kontinuierlich revidiert,
- permanent als verbesserungsfähig angesehen,
- prinzipiell nicht als Wahrheit, sondern als Ressource betrachtet wird und
- untrennbar mit Nichtwissen gekoppelt ist, sodass mit Wissensarbeit spezifische Risiken verbunden sind." (Willke 1998, S. 20)

Handwerkliche Arbeit unterscheidet sich von der Wissensarbeit also dadurch, dass das Nichtwissen und die nötige Reflexion bei der Wissensarbeit eine schwer beeinflussbare Größe darstellen. Auch die Ausgangsprobleme – also die Aufgaben und Aufträge – sind in Branchen wie der Softwareentwicklung wesentlich facettenreicher als bei der Fertigung von im wahrsten Sinne des Wortes be-greifbaren Produkten. Viel öfter geht es darum, etwas völlig Neues zu erfinden oder etwas Bestehendes weiter zu entwickeln, als einfach etwas Bekanntes zu reproduzieren. Vereinfacht gesagt lassen sich Denken und Problemlösen nicht einfach standardisieren.

So wie es diesen großen Unterschied gibt, gibt es aber auch eine große Gemeinsamkeit. Egal ob man Software schreibt oder ein Auto zusammenbaut: Bei beiden Aufgaben muss der oder die Ausführende die Möglichkeit haben, Schritte sinnvoll abzuschließen, bevor etwas Neues begonnen wird, wie auch immer der Prozess in seiner Gesamtheit aussieht.

Wir müssen uns dazu nur einmal vor Augen führen, wie wir praktische Arbeiten in unserem täglichen Leben durchführen. Wenn wir zum Beispiel ein Regal zusammenbauen, ist uns vollkommen klar, dass wir einen Handgriff nach dem anderen machen müssen. Nur die wenigsten werden es wahrscheinlich schaffen, gleichzeitig zu hämmern und zu schrauben. Wir erledigen diese Schritte nacheinander und konzentrieren uns auf eine Aufgabe.

Seltsamerweise verschwindet diese logische Sichtweise auf das Erledigen von Aufgaben, wenn es sich um Wissensarbeit handelt. Hier wird oft davon ausgegangen, dass mehrere Aufgaben von denselben Menschen parallel ausgeführt werden können. Vor allem wandern ständig Aufgaben (z.B. überbordende Administration) in die „Produktionsbereiche" von Wissensarbeit, die mit dem eigentlichen Kern nichts zu tun haben. Anders als in Produktionsbetrieben bringt es dann auch keinen wesentlichen Produktivitätszuwachs, mehr Geld oder mehr Technologie in den Prozess zu pumpen. Die einzige Möglichkeit in der Wissensarbeit – so sah es 1991 auch Peter F. Drucker – ist es, einfach „smarter" zu arbeiten, indem man sich auf das wirklich Wesentliche konzentriert. Die Grundlage für eine smarte Arbeitsweise lag für ihn in der Antwort auf die Fragen: „Was ist die Aufgabe? Was versuchen wir zu erreichen? Warum müssen wir es überhaupt machen?" Der größte Zugewinn an Produktivität in der Wissensarbeit entsteht, wenn wir Aufgabe und Ziel klar definieren und alles das nicht machen, was nicht unbedingt getan werden muss.

Kanban praktisch

Das Seminar in Zürich mit David J. Anderson hatte gerade begonnen. Alle waren sie da, um zu erfahren, wie Kanban funktioniert und natürlich hatten wir jede Menge Trainingsbeispiele im Ärmel – für die praktische Erfahrung. Und dann schrillte plötzlich der Feueralarm. Keine Übung, es brannte tatsächlich irgendwo im Haus. Also trat die gesamte Truppe die geordnete Flucht in den nächstgelegenen Coffee Shop an. Nach einer kurzen Schrecksekunde ob des plötzlichen Ansturms einer Horde heimatloser Seminarteilnehmer taten die Baristas aber das einzig Logische. „Kaffee?", rief einer der Angestellten in die Menge, und so bildete sich ein Grüppchen der Kaffeedurstigen aus der ungeordneten Masse. Die Hungrigen wurden in eine andere Schlange gereiht, und wer gar nichts wollte, setzte sich einfach schon mal hin. Logisch, einfach, effizient – und ziemlich smart. Warum reagierten die Baristas so schnell und effizient? Nun, weil sie einfach wussten, wo in ihren Abläufen der Engpass lag, und das war ganz eindeutig die Kaffeemaschine. Mit diesem Wissen konnten sie ihre Vorgehensweise blitzschnell anpassen. Einen besseren Einstieg – vom Feuer abgesehen – hätten wir uns für das Seminar gar nicht wünschen können.

2.2 kanban und Kanban

Ein weiteres Kuriosum im Umgang mit Wissensarbeit ist, dass der Mensch von vielen als jener Faktor gesehen wird, der optimiert werden muss. Unternehmen starten dazu teure Weiterbildungsprogramme und investieren kräftig in den aktuellsten Wissensstand ihrer Mitarbeiter. Grundsätzlich ist das lobenswert, nur bleibt eines dabei unberücksichtigt: Auch wenn ein Mitarbeiter alles weiß, was es in seinem Bereich zu wissen gibt, macht das weder ihn noch das Team zwangsläufig schneller. Trotz allem kann ein Mensch in einem bestimmten Zeitraum nur eine bestimmte Menge an Arbeit bewältigen. Wenn man immer nur den einzelnen Menschen optimieren will, rückt die Tatsache in den Hintergrund, die William Edwards Deming auf den Punkt gebracht hat: 94 Prozent der Leistung in einem Unternehmen hängen von den Bedingungen des Systems ab und nur sechs Prozent von den Mitarbeitern (Deming 2000). Jede wesentliche Verbesserung in Qualität und Produktivität entsteht nach Demings Ansicht durch Maßnahmen, die das System betreffen. So wie auch Peter F. Drucker sagt Deming, dass man Mitarbeitern dabei helfen muss, smarter und nicht härter zu arbeiten.

Das Toyota Production System (TPS) ist das berühmteste Beispiel für permanente Veränderungen und Verbesserungen an einem System. Der Grund, warum Taiichi Ohno und Kiichiro Toyoda so intensiv an der Verbesserung ihres Produktionssystems gearbeitet haben, war ein ähnlicher wie heute in der Softwareentwicklung, die von der Einzelfertigung geprägt ist: Der Markt forderte viele unterschiedliche Modelle in kleinen Stückzahlen. Eine Vielfalt in diesem Ausmaß war mit dem Produktionsmodell, wie es Henry Ford perfektioniert hatte, nicht mehr zu bewältigen. Ford hatte mit der hochgradigen Arbeitsteilung zwar Kosteneffizienz geschaffen, aber es gab keine Möglichkeiten, den für die damalige Zeit revolutionären Verkaufsschlager „Tin Lizzy" an spezielle Wünsche zu adaptieren. Ohno und Toyoda kamen zu der Erkenntnis, dass sich das Problem der Variantenfertigung nicht dadurch lösen ließ, Mitarbeiter mit einer noch strikteren – und dadurch noch monotoneren – Arbeitsteilung zu belasten. Und sie hatten noch einen zusätzlichen Anspruch: Sie wollten beste Qualität zu niedrigen Kosten und in der kürzest möglichen Durchlaufzeit liefern.

Also nahmen sie einen neuen Blickwinkel ein und konzentrierten sich auf den Fluss des Produkts durch den gesamten Produktionsprozess. Die ständige Frage nach der Produktivitätssteigerung beantworteten sie mit dem Prinzip, dass nur gemacht werden sollte, was wirklich gebraucht wird – und zwar zu dem Zeitpunkt, zu dem es gebraucht wird, und in der Menge, in der es gebraucht wird (Just-in-Time). Damit hängt auch das Vermeiden von Verschwendung zusammen, wobei Toyota drei Arten von Verschwendung definiert (Ohno, Bodek 1988):

- Aufgaben, die Ressourcen verbrauchen, aber keinen zusätzlichen Wert liefern *(Muda)*
- Unregelmäßigkeiten (oder zu hohe Variabilität) im Produktionsprozess *(Mura)*
- Überlastung *(Muri)*

Das Ziel der „Built-in-Quality" wird durch „Jidoka", das sofortige Aufzeigen von Fehlern und Problemen, erreicht. Die Produktion wird sofort gestoppt, sobald ein Fehler auftritt. Denn die Erfahrung zeigt, dass nicht behobene Fehler an anderen Stellen wieder auftreten. Kernelement der Produktionsablaufsteuerung des Toyota Production Systems sind die *kanban*. „kan" ist das japanische Wort für Signal, „ban" bedeutet Karte. Mit diesen Signalkarten zeigen nachgelagerte Produktionsstufen an, dass eine Aufgabe fertiggestellt wurde und Nachschub an Fertigungskomponenten oder Materialien benötigt wird, um weiterarbeiten zu können. Durch dieses Holprinzip (Pull-System) werden Lagerbestände auf ein Minimum reduziert. Gleichzeitig werden sofort Probleme im Produktionsablauf sichtbar, wenn sich in vorgelagerten Produktionsstufen plötzlich die Fertigprodukte stauen. Der Trick dahinter ist nämlich, dass die Zahl der *kanban* limitiert ist. Es kann also nur so viel Arbeit in das System eingelastet werden, wie Signalkarten zur Verfügung stehen.

David J. Anderson, der Entwickler von Kanban in der IT, fand auf seiner Suche nach Verbesserungsmöglichkeiten in der Softwareentwicklung erst auf Umwegen zum Toyota Production System. Bei seinen ersten Überlegungen ging er hauptsächlich vom Konzept der Drum-Buffer-Ropes in der *Theory of Constraints* von Eliyahu M. Goldratt aus, die kurz gesagt feststellt, dass jedes System spezifische Engpässe hat, die die Möglichkeiten der Wertschöpfung beschränken. Denn der Engpass bestimmt den Durchsatz (wir werden darauf noch in den Kapiteln 4 und 7 näher zu sprechen kommen). Das hatten auch die Denker von Toyota schon vor Jahrzehnten erkannt und sahen den sinnvollsten Weg der Flussoptimierung darin, dass der Engpass selbst bestimmt, wie viel er gerade verarbeiten kann. Kanban in der IT vereint das Beste aus den unterschiedlichsten Denkansätzen, von Anfang an aber gepaart und weiterentwickelt mit und durch Erfahrungen aus der Praxis wie etwa dem Ansatz der evolutionären Veränderung, dem Explizitmachen von Regeln oder den Serviceklassen. Darauf werden wir in den nächsten Kapiteln eingehen. Kanban in der IT ist also keine Übertragung eines einzelnen Konzepts aus der industriellen Fertigung auf die Wissensarbeit, sondern ein Hybrid. Dass sich die Bezeichnung Kanban durchgesetzt hat, ist leicht erklärt: Sie spiegelt die wichtigsten Kernpunkte wider, ist außerdem eingängig und weltweit leicht auszusprechen.

 So verwenden wir die Begriffe in diesem Buch

kanban und Kanban

kanban: Ein kanban ist im Wortsinn ein „Anhängeschild", um die Just-in-Time-Produktion zu ermöglichen und zu sichern. Insgesamt gesehen ist es ein Zeitplanungssystem in Produktionsbetrieben, das bei der Entscheidung hilft, was, wann und in welchen Mengen produziert werden muss. Für die Unterscheidung zu Kanban in der IT verwenden wir in diesem Buch die Kleinschreibung, wenn wir kanban im Sinne des Toyota Production Systems meinen.

Kanban: Das von David J. Anderson entwickelte adaptive System für die Softwareentwicklung. Es unterstützt Veränderung evolutionär, indem bestehende Prozesse sukzessive optimiert werden.

Was verstehen wir unter einem „System"?

System meint im altgriechischen Sinne „das Gebilde, Zusammengestellte, Verbundene". In der modernen Soziologie bezeichnet es eine sinnvolle Einheit von Elementen, die sich von der sie umgebenden Umwelt unterscheidet. „Ein System ist organisierte Komplexität", definiert der Vater der soziologischen Systemtheorie Niklas Luhmann (Luhmann 1984, S. 46).

Soziale Systeme sind komplexe Gebilde, die durch Kommunikation produziert und reproduziert werden. Die Gesellschaft sowie all ihre Organisationen und Interaktionen sind „Netzwerk(e) von Kommunikation" (Luhmann 1989, S. 12). Das macht sie lebendig, aber auch unberechenbar.

Psychische Systeme operieren in Form von Bewusstseinsprozessen, die als eine sinnstiftende Einheit von Wahrnehmen, Denken, Fühlen und Wollen beschrieben werden können. Sie sind untrennbar mit sozialen Systemen verbunden, jedoch kein Teil davon.

Technische Systeme verbinden Elemente, deren Zusammenspiel ebenfalls eine Einheit ergibt. Diese Einheit ist jedoch nicht sinn-, sondern funktionsgetrieben, hochgradig strukturiert und mathematisch berechenbar wie zum Beispiel ein Computer- oder ein Betriebssystem.

Kanban-Systeme bezeichnen die komplexe Wechselwirkung von sozialen, psychischen und technischen Elementen, die auf kontinuierliche Verbesserung ausgerichtet ist. Kaizen, so die japanische Bezeichnung für „Veränderung zum Besseren", verlangt eine zielorientierte Verbindung von Unternehmen, Mitarbeitern und Arbeitsprozessen.

Als *technisches Kanban-System* im engeren Sinn verstehen wir die Form der Visualisierung des Arbeitsprozesses (z. B. durch ein Board) und die einzelnen Instrumente (z. B. Tickets, Meetings), mit deren Hilfe ein Team Einblick in seine eigenen Abläufe erhält. Die Visualisierung symbolisiert gleichzeitig den Ausschnitt aus der Wertschöpfungskette, auf dessen Optimierung wir Einfluss haben. Wichtigstes Kennzeichen eines technischen Kanban-Systems ist, dass es den Work in Progress mengenmäßig limitiert.

Kanban-Team oder Team: Damit meinen wir all jene Menschen, die mit einem Kanban-System arbeiten und aktiv die Praktiken von Kanban umsetzen. Ein solches Team ist keine statische Größe, sondern verändert sich auch selbst mit dem Fortschritt von Kanban im Einsatz, wird also größer oder kleiner.

Was verstehen wir unter „Stakeholder"?

Der Begriff Stakeholder hat zwei Bestandteile: **stake** meint im Englischen „Einsatz", „Anteil" oder „Anspruch", **holder** weist auf eine Person oder Gruppe, die einen Anteil besitzt oder einen Anspruch erhebt.

Im deutschen Sprachgebrauch wird der Begriff Stakeholder meistens im Sinne von „Interessensgruppe" verwendet. Im unternehmerischen Zusammenhang bezeichnet er all jene, die einen bestimmten Einsatz im Organisationsspiel haben. Das erweitert die betriebswirtschaftliche Definition des rein ökonomischen Shareholders (des Eigentümers oder Aktionärs) bewusst um soziale, kulturelle oder ökologische Interessen.

Im systemischen Sinne unterscheidet man zwischen internen und externen Stakeholdern. Streng genommen stehen die Interessensgruppen der Mitarbeiter, Manager oder Eigentümer ebenso außerhalb des Unternehmenssystems wie Kunden, Lieferanten, Geschäftspartner, Gläubiger, der Staat oder Nicht-Regierungs-Organisationen.

In diesem Buch meinen wir mit den Stakeholdern eines Wertschöpfungsprozesses demnach immer alle, die an diesem Prozess unmittelbar beteiligt oder von Auswirkungen spürbar betroffen sind. Die Identifikation, Adressierung und Mobilisierung der Stakeholder bildet eines der zentralen Fundamente des von uns entworfenen Kanban Change Managements.

Wenn wir in diesem Buch von **Kunden** sprechen, bezeichnen wir damit ausschließlich interne Kunden bzw. die internen Vertreter externer Kunden.

■ 2.3 Evolutionäres Change Management

Unternehmen in und abseits der Softwareentwicklung versuchen heute, agil und lean zu sein, um im globalen Wettbewerb bestehen zu können. Aber kann man von einem Tag auf den anderen plötzlich agil und lean sein? Kommen wir noch einmal kurz auf das Toyota Production System (TPS) zu sprechen: Die wesentliche kulturelle Komponente des TPS ist der Gedanke der kontinuierlichen Verbesserung – Kaizen. Alle Maßnahmen im Produktionsprozess selbst sind Ausdruck dieses Gedankens bzw. dieser inneren Haltung. In den Fertigungshallen von Ford mussten die Menschen bloß immer schneller werden, indem sie sich ausschließlich auf einen Handgriff konzentrierten und womöglich so verstört endeten wie Charlie in „Modern Times". Wenn immer nur die Schnelligkeit eines Handgriffs im Vordergrund steht, hat man keine Zeit mehr, sich über Verbesserungen Gedanken zu machen, denn man ist gefangen in der Monotonie. Die Kaizen-Kultur von Toyota hat den Mitarbeitern wieder die Zeit, Verantwortung und Möglichkeit zurückgegeben, Probleme zu erkennen und Verbesserungsvorschläge zu machen. Und damit sprechen wir einen wichtigen Punkt an:

Die Veränderung passiert durch die Menschen selbst.

Wir sehen Kanban nicht als agile Methode der Softwareentwicklung im herkömmlichen Sinn. Es geht nicht darum, Methoden einzuführen – Kanban, Scrum oder XP. Wir glauben, dass es die primäre Aufgabe eines Unternehmens ist, erfolgreich zu sein. Kanban ist ein möglicher Weg und kann dabei helfen, Unternehmen erfolgreich zu machen. Die Methode alleine hilft aber noch nicht, die Menschen müssen sie mit Leben füllen. Sie müssen erkennen, welche Probleme durch das Instrument Kanban sichtbar werden und entsprechend handeln.

Kanban geht dabei den Weg der ständigen kleinen, evolutionären Schritte. Kanban ist keine Wunderpraktik, die einfach so erfolgreich macht. Es ist der Wandel im Denken und Handeln, der erfolgreich macht. Der wesentliche Unterschied zu vielen agilen Methoden ist die **evolutionäre Veränderung.** Systeme und Prozesse wurden aus einem bestimmten Grund so geschaffen oder haben sich aus bestimmten Gründen so entwickelt, wie sie zu einem bestimmten Moment aussehen. Die Entwicklung eines Unternehmens ist immer eng mit externen Faktoren verknüpft, die es nicht direkt beeinflussen kann – etwa durch Abhängigkeiten von gesetzlich vorgeschriebenen Entwicklungsstandards wie zum Beispiel in der Luftfahrtindustrie. Doch jedes Unternehmen kann und muss einen Weg finden, um trotz der Restriktionen die eigenen Prozesse laufend zu verbessern, um damit wettbewerbsfähig zu bleiben.

Im klassischen Veränderungsmanagement würden sich Prozessingenieure auf die Suche nach dem optimalen neuen System für ein Unternehmen machen. Sie würden zuerst ein „big picture" entwerfen, ein Bild davon, wie die Abläufe gestaltet sein sollten, um als Optimum zu gelten und den unterschiedlichsten Anforderungen zu genügen. Meistens ist das ein langwieriger, jahrelanger Prozess, der auf dem Wissensstand von heute einen Sollzustand in einer mehr oder weniger weit entfernten Zukunft definiert. Der zweite Schwachpunkt: Diese Überlegungen zum Sollzustand passieren meistens isoliert, abseits von jenen Menschen, die von der Veränderung betroffen sein werden und welche die Probleme in ihrer täglichen Arbeitsumgebung, die Schwächen der Prozesse sehr genau kennen. Die betroffenen Mitarbeiter können im besten Fall bis zu einem gewissen Grad ihre Meinungen und Sichtweisen einbringen, müssen dann aber mit den einmal getroffenen Entscheidungen leben und gezwungenermaßen „besser" werden. Zu einem bestimmten Zeitpunkt wird das Veränderungskonzept der Organisation offiziell übergestülpt, und alle hoffen, dass sich nun wie von magischer Hand alles zum Positiven wenden wird. In diesem Fall haben Organisationsveränderungen nur das Ergebnis im Blick, aber nicht das, was eigentlich schiefläuft. Dabei bleibt unberücksichtigt, dass es immer nur Zustände gibt, die momentan optimal sind. Sie sind aber nicht für alle Ewigkeit gültig. Unberücksichtigt bleibt dabei auch, dass Veränderungen immer Angst hervorrufen.

Nicht jede Veränderung ist gleichzeitig eine Verbesserung. Je größer die Veränderung, desto größer die Angst, die sich mit logischer Argumentation zum Zweck und Nutzen der Veränderung nicht entschärfen lässt. Damit steigt auch die Gefahr, dass anfangs erzielte Erfolge nur Strohfeuer bleiben und schlussendlich durch den aktiven oder passiven Widerstand der überrumpelten Mitarbeiter wieder verloren gehen. Kanban hat also nicht das Ziel, eine abstrakt definierte „optimale" Arbeitsweise zu etablieren. *Vielmehr geht es darum, immer auf der Suche danach zu bleiben, was verbessert werden kann. Das Ziel ist es, schrittweise eine Kaizen-Kultur zu entwickeln, die für das Unternehmen auf ökonomischer und für die in ihm arbeitenden Menschen auf sozialer Ebene bessere Resultate erzielt (vgl. Anderson 2011, S.19).*

Kanban geht davon aus, dass in den bestehenden Prozessen selbst die Kraft der Verbesserung und Weiterentwicklung liegt. Begonnen wird bei den Abläufen und Prozessen, die es zum aktuellen Zeitpunkt gibt. Es wird kein fern in der Zukunft liegender Soll-Zustand definiert, denn nicht alles in einem bestehenden System ist schlecht. Der gedankliche Kern ist es, Mechanismen im System zu installieren, die laufende Veränderung und Verbesserung möglich machen. Anders als im klassischen Veränderungsmanagement entsteht hier der Weg also im Gehen. Im Laufe des Prozesses sollen alle Beteiligten selbst erkennen, wo die Probleme liegen, was sie können, wie sie sich helfen können, wann und wie sie handeln müssen. Um Missverständnissen gleich vorzubeugen: Nur weil die aktuelle Situation der Ausgangspunkt ist, ist Kanban kein Vorwand, um den Status quo zu wahren. Veränderung muss ständig passieren. Auch wenn Kanban in seinen Instrumenten zunächst sehr einfach aussieht, liegt die Schwierigkeit genau darin, den Kaizen-Gedanken im Wertesystem der handelnden Menschen zu verankern.

Kanban ...

... ist ein komplexes, adaptives System. Die Grundprinzipien lauten (vgl. Anderson 2011):

1. Beginne dort, wo du dich im Moment befindest.
2. Komme mit den anderen überein, dass inkrementelle, evolutionäre Veränderungen angestrebt werden.
3. Respektiere den bestehenden Prozess sowie die existierenden Rollen, Verantwortlichkeiten und Berufsbezeichnungen.

Kanban setzt in seiner Gesamtheit und in allen seinen Elementen darauf, nicht sofort unter größten Anstrengungen aus Zustand A in Zustand B zu gelangen (was oft genug auch nicht gelingt). In kleinen Schritten wird das System optimiert, um zunächst sicher A' zu erreichen. Ist A' erreicht, geht es weiter zu A'' usw. (Bild 2.1) Und genau das sollte ein Team zunächst auch messen: den ersten kleinen Schritt.

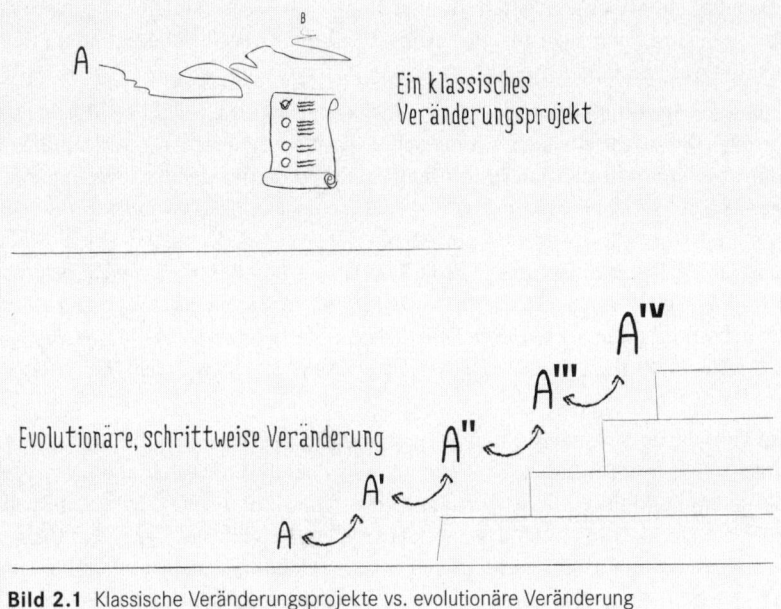

Bild 2.1 Klassische Veränderungsprojekte vs. evolutionäre Veränderung

Es taucht immer wieder die Frage auf, ob denn eine evolutionäre Veränderung, wie sie Kanban vertritt, nicht sehr lange dauern würde. Die – vermutlich für manche unbefriedigende Antwort – lautet: Ja, kann sein. Es kann aber auch genau das Gegenteil eintreten. Wir haben Erfahrungen mit Teams in der Finanzbranche gemacht, die innerhalb von drei Monaten von wenigen Kanban-Beginnern zu einer Gruppe von 40 Personen angewachsen sind, die ihre Arbeit mit Kanban-Boards steuern. Plötzlich reden dort Menschen aktiv und direkt miteinander, die sich zuvor nur vom Namen her gekannt haben. Jetzt besprechen sie ihre Arbeit gemeinsam im Daily Standup, aber eben nicht, weil ihnen jemand gesagt hat, dass sie das tun sollen. Sie sind ganz einfach selbst zu dem Schluss gekommen, dass diese Gespräche ihren Abläufen und den Ergebnissen gut tun würden.

Wissensarbeit – das Problem der Unsichtbarkeit

Wir haben zu Beginn dieses Kapitels darüber gesprochen, wie sich klassische Produktion und Wissensarbeit in manchen Punkten ähneln und in anderen Punkten unterscheiden. Einer – wenn man es so nennen will – der größten Schwachpunkte der Wissensarbeit ist, dass man im Produktionsprozess nicht sieht, was eigentlich passiert. Die Fertigungsstraße verläuft in den Köpfen der Mitarbeiter, und wie wir wissen, kann man zielführende

Denkprozesse nicht standardisieren und nicht steuern. Daraus ergeben sich zwei Probleme:

1. Weil auch interne und externe Auftraggeber den geistigen Produktionsprozess nicht sehen können, entsteht der Anspruch, dass zum Beispiel Softwareentwickler doch mehrere Dinge gleichzeitig machen sollten.

2. Auch die Softwareentwickler selbst können nicht sehen, was sich in diesem Produktionsprozess so tut. Sie selbst tappen in die Falle und meinen, dass man mehrere Aufträge gleichzeitig erledigen kann, denn irgendwie geht es doch immer. Die Frage ist jedoch: Zu welchem persönlichen Preis und zu welchen betriebswirtschaftlichen Kosten? In den Fertigungsstraßen von Produktionsunternehmen kann man sehr schnell erkennen, wo der Engpass liegt: nämlich dort, wo sich Zwischenprodukte stauen. In der Wissensarbeit fehlt uns dieser plastische Blick auf die Arbeit, die wir leisten. Engpässe erkennen wir zwar an unseren eigenen panischen Reaktionen, aber es fehlt die Darstellung des gesamten Prozesses, um zu verstehen, an welchen Stellen wir ansetzen müssen, damit wir mit einer Veränderung auch eine Verbesserung bewirken.

Um Ansatzpunkte für Veränderungen und Verbesserungen zu finden, muss daher der Prozess der Wissensarbeit aus dem Schattendasein geholt und dargestellt werden. Erst das Sichtbarmachen der Arbeit schafft das Bewusstsein für die Begrenztheit und maximale Auslastungsmöglichkeit von Kapazitäten.

■ 2.4 Die Kernpraktiken von Kanban

Womit wir bei den Kernpraktiken von Kanban angelangt wären – also jenen Punkten, die für das Funktionieren dieses adaptiven Systems unbedingt berücksichtigt werden sollten. Grundsätzlich macht Kanban sehr wenige Vorschriften, *wie* etwas gemacht werden soll. Kanban macht eher Vorschläge, *dass* etwas gemacht werden sollte. Vorschriften wären kontraproduktiv, da eben die in einem System arbeitenden Menschen selbst erkennen sollen, was in welcher Form verändert werden muss. Aus Sicht von David J. Anderson sind es *fünf Kernpraktiken*, die eine Kanban-Implementierung erfolgreich machen:

- Visualisierung des Arbeitsflusses und der Arbeit
- Limitierung des Work in Progress
- Steuerung und Messung des Arbeitsflusses
- Prozessregeln explizit machen
- Verbesserungen durch bewährte Modelle und wissenschaftliche Methoden

1. Visualisierung des Arbeitsflusses und der Arbeit

Ziel von Kanban ist es, einen kontinuierlichen Arbeitsfluss zu etablieren, der am Ende einen Mehrwert beim Kunden generiert. Kanban hilft, die Abläufe der Wissensarbeit und dadurch ihre Probleme sichtbar zu machen, die den Arbeitsfluss behindern. Durch die Einführung mengenmäßiger Beschränkungen (WiP-Limits) der Arbeit wird auch deutlich, was das System ins Stocken bringt und daran hindert, Arbeiten abzuschließen. Genau das ist auch bei dem vorhin erwähnten 40-köpfigen Team passiert: Durch die Visualisierung des Arbeitsflusses wurde deutlich, dass bestimmte Personen im Unternehmen direkt miteinander kommunizieren müssen, um ihre Abläufe zu verbessern.

Der wesentliche Unterschied von Kanban zu gängigen Arbeitsweisen ist außerdem, dass Arbeit nicht in den nächsten Bearbeitungsschritt „weitergeschoben" wird (Push-Prinzip), sobald ein Teammitglied damit fertig ist. Vielmehr holen sich die Teammitglieder der nachfolgenden Stufen aus dem vorgelagerten Arbeitsschritt die Arbeit, sobald sie dafür Kapazitäten zur Verfügung haben (Pull-Prinzip).

2. Limitierung des Work in Progress (WiP)

Aus dem traditionellen Produktionsmanagement wissen wir: Unfertige Produkte sind gebundenes Kapital. Daher ist jedes Produktionsunternehmen bestrebt, den Bestand an Halbfertigprodukten möglichst gering zu halten. Auch hier haben wir die Schwierigkeit, dass der Wert physisch greifbarer Produkte leichter zu beziffern ist als das, was sich in den Köpfen von Softwareentwicklern erst noch formieren muss. Allerdings gilt sowohl für die klassische Fertigung als auch für die Wissensarbeit: Je größer die Anzahl der aktiven Arbeiten im System ist, desto höher sind die Durchlaufzeiten. Machen wir es an der Verrechenbarkeit fest: Was fertig ist und ausgeliefert werden kann, kann fakturiert werden und bringt somit Geld ins Unternehmen. Ökonomisch gesehen ist es daher schlauer, eine Arbeit zu 100 Prozent abzuschließen als zehn Arbeiten zu lediglich 10 Prozent. Um die Durchlaufzeiten zu senken und einen kontinuierlichen Arbeitsfluss zu etablieren, ist es also sinnvoll, die Zahl der Arbeiten zu beschränken, die gleichzeitig in einem Arbeitsschritt ausgeführt werden. Wir sprechen dabei von einer Limitierung des „Work in Progress" oder ganz einfach von den „WiP-Limits". In Bild 2.2 wird der Zusammenhang zwischen der Zahl der parallelen Arbeiten und den Durchlaufzeiten deutlich.

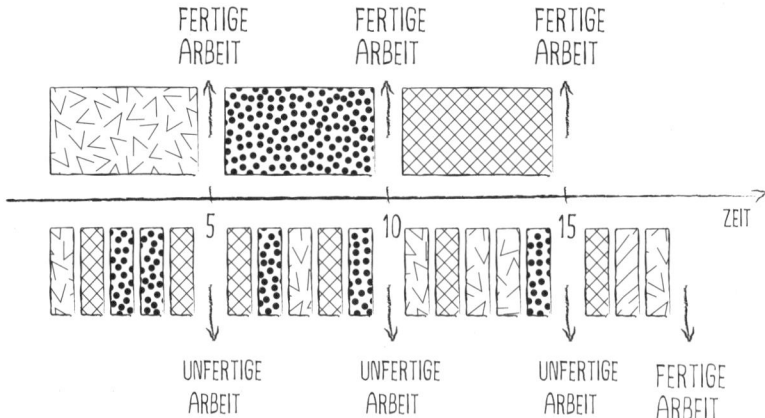

Bild 2.2 Sequenzielle vs. quasi-parallele Arbeit

Die Abbildung zeigt, wie sich drei Arbeiten sequenziell und quasi-parallel abarbeiten lassen. Quasi-parallel bedeutet, dass ständig zwischen den drei Aufgaben gewechselt wird, weil Menschen nicht in der Lage sind, mehrere aktive Aufgaben gleichzeitig durchzuführen.

Man sieht, dass bei der sequenziellen Vorgehensweise (den drei großen Blöcken in der Abbildung) die Aufgaben in jeweils fünf Zeiteinheiten abgearbeitet werden – die Durchlaufzeit beträgt demnach fünf Zeiteinheiten pro Aufgabe. Bei quasi-paralleler Abarbeitung erhöhen sich die Durchlaufzeiten auf 16, 17 und 18 Zeiteinheiten. Der ständige Aufgabenwechsel fordert einen zusätzlichen Aufwand, da sich das Projektmitglied immer wieder aufs Neue in die Aufgaben einarbeiten muss – in einem klassischen Produktionsprozess wären das die Rüstzeiten für die Umjustierungen von Maschinen. Der Zusatzaufwand ist in diesem vereinfachten Beispiel mit einer Zeiteinheit pro Aufgabe quantifiziert.

Neben der Minimierung gebundenen Kapitals im Prozess und der Senkung der Durchlaufzeiten bringt eine Limitierung des Work in Progress noch einen Vorteil, der direkt mit dem Ziel der ständigen Verbesserung zusammenhängt. In einem WiP-limitierten Pull-System werden die Engpässe sichtbar: Der in den Engpass involvierte Mitarbeiter kann keine Arbeit vom Vorgänger abholen, weil er noch mit der aktuellen Aufgabe beschäftigt ist. Und da der Vorgänger durch ein WiP-Limit beschränkt ist, kann er sich auch keine Arbeit von seinem Vorgänger abholen. Als Konsequenz wird der Arbeitsfluss blockiert, und Kollegen werden am Weiterarbeiten gehindert. WiP-Limits sind also im Grunde die Voraussetzung, um ein Pull-System – wie es die Prinzipien der Lean Production vorsehen – überhaupt entstehen zu lassen.

Einer der wohl wichtigsten Vorteile von WiP-Limits betrifft das Verhältnis zu den Kunden. Nicht eingehaltene Zusagen belasten nachhaltig die Kundenbeziehungen – sei es zu externen Kunden oder zu Kollegen im Unternehmen – und können dem Image auf lange Sicht schaden. Nicht nur in der Softwareentwicklung kommt es oft genug vor, dass Arbeiten parallel laufen und dadurch die Zeit zu knapp wird. Meistens wird dann versucht, Termine hinauszuschieben, oder es werden bewusst Abstriche in der Qualität hingenommen. Was dabei oft vergessen wird: All diese Abstriche in der Qualität kommen in der einen oder anderen Form wieder zurück. Entweder als Beschwerden, als Fehlermeldungen oder Änderungswünsche, die wiederum den aktuellen Arbeitsprozess stören, ins Stocken bringen und damit die Durchlaufzeiten aller anderen Aufgaben wieder erhöhen. In Kanban ist es das Ziel, nur solche Zusagen zu treffen, die man halten kann. Dazu gehört es auch, „nein" zu sagen, wenn zusätzliche Aufgaben das WiP-Limit sprengen würden.

3. Steuerung und Messung des Arbeitsflusses

Wir wollen mit unseren Partnern Vereinbarungen eingehen, die wir einhalten können und damit das gegenseitige Vertrauen fördern. Um Zusagen und Vereinbarungen treffen zu können, muss ein Team wissen, wozu es überhaupt fähig ist. Auch wenn wir etwas ändern, wollen wir sehen, ob sich die Änderungen bewährt haben. Dafür müssen wir messen, ob wir uns den definierten Zielen genähert haben. Das bedeutet aber nicht, dass wir die Leistung einzelner Mitarbeiter messen, sondern die Leistung unseres Kanban-Systems. Wir wollen also überprüfen, ob wir die Kapazitäten und Abläufe in unserem Ausschnitt der Wertschöpfungskette so gestaltet und aufgebaut haben, dass sie den an uns gestellten Aufgaben gerecht werden. Wenn es den Aufgaben nicht gerecht wird, muss man es weiter verändern – das ist die Grundlage einer Kaizen-Kultur.

Änderungen am Verhalten vs. Änderungen am System

Probleme im Arbeitsfluss können wir aus zwei Perspektiven betrachten. Treten zum Beispiel Qualitätsprobleme in der Programmierung auf, ist eine mögliche Reaktion darauf: „Programmiert besser!" Damit wird nur auf die Skills der Mitarbeiter abgestellt. Es wird dabei aber nicht berücksichtigt, dass ein Mitarbeiter in seiner Leistung auch von seiner Umgebung abhängig ist, also von den Einflüssen und Störungen, die während seiner Arbeit auf das System einprasseln, in dem er sich bewegt.

Eine andere Herangehensweise im konkreten Beispiel wäre die Aussage: „Setzt Test Driven Development ein. Schreibt zuerst einen Testfall und programmiert danach." Oder man verkürzt die Feedbackschleifen zwischen Programmierung und Test. Hier handelt es sich um systemische Änderungen: Wir bauen unsere sozialen und technischen **Systeme** so um, dass gute Qualität geliefert werden kann.

Kanban zielt darauf ab, einen schnellen, vorhersehbaren und stetigen Arbeitsfluss zu etablieren. Für die Steuerung des Arbeitsflusses müssen wir zuerst identifizieren, welche **Arbeitstypen** ein Team überhaupt in der Regel erledigen muss. **(Hinweis der Autoren: Wir verwenden in diesem Buch die Begriffe Arbeitstyp und Aufgabentyp synonym.)** Um den Arbeitsfluss steuern zu können, müssen wir uns auch darüber im Klaren sein, dass nicht alle Aufgaben den gleichen Grad an Dringlichkeit haben. Daher führen wir in einem Kanban-System **Serviceklassen** ein. Ein Prinzip, das uns bei greifbaren Leistungen einleuchtet: Paketdienste bieten zum Beispiel unterschiedliche Behandlungen von Paketen an, je nachdem, ob sie schnell ihr Ziel erreichen müssen oder ob die Zustellung nicht so dringend ist. Dementsprechend werden auch die Routen der Fahrer geplant.

Arbeitstypen und Serviceklassen bilden die Grundlage für **Service Level Agreements** (SLAs). Damit gibt das Team die Garantie ab, Arbeiten einer gewissen Serviceklasse oder eines gewissen Arbeitstyps innerhalb eines definierten Zeitraums fertigzustellen. Das gibt den Stakeholdern eine hohe Planungssicherheit, da Teams meist eine SLA-Zuverlässigkeit von über 90 Prozent aufweisen.

Die gemeinsame Klammer aller Maßnahmen zur Steuerung und Messung des Arbeitsflusses ist die **Kommunikation**. Für Teams sind zum Beispiel sogenannte Daily Standup-Meetings wichtig, in denen die Teammitglieder die Arbeiten am Board besprechen. Das Ziel der Meetings ist es, die Arbeiten zu koordinieren und den Arbeitsfluss aufrechtzuerhalten.

4. Prozessregeln explizit machen

Die Arbeitsweise eines Kanban-Teams kann als eine Menge von Regeln betrachtet werden, die sich ein Team selbst auferlegt. Diese Regeln werden für alle Beteiligten transparent gemacht und müssen eingehalten werden. Das hat zwei Effekte:

1. Nur wenn Team und Stakeholder Regeln einhalten, können auch Fehler oder Aspekte in einer Regel erkannt werden, die (manchmal spontan) verändert werden müssen. Das Training, das wir ins Kaffeehaus auslagern mussten, ist dafür ein hervorragendes Beispiel. Die Baristas haben sofort erkannt, dass die Regel „Alle stellen sich in einer ein-

zigen Reihe an, egal wer welche Bestellung aufgeben will" nicht mehr zweckmäßig ist, wenn statt fünf Kunden plötzlich 25 den Tresen stürmen. Eine der ersten Regeln lautet: Sobald ein Problem auftritt, muss es gelöst werden. Die Regeln selbst sind davon nicht ausgenommen: Ist eine Regel nicht mehr sinnvoll, wird die Regel geändert. Sobald wir Regeln und Standards nicht mehr ändern, stoppen wir den Verbesserungsprozess.

2. Regeln nehmen einen großen Teil der Emotionen aus Diskussionen heraus. Man gelangt von subjektiven Schuldzuweisungen an Personen zu wesentlich objektiver geführten Diskussionen über Regeln. Damit steigt die Wahrscheinlichkeit, bei Streitthemen auch zu einem Konsens zu gelangen. Dieser Effekt tritt nicht immer sofort ein. Es kommt zu Beginn oft vor, dass den bisherigen Gewohnheiten entsprechend nach einem Schuldigen dafür gesucht wird, dass eine Regel nicht eingehalten wurde. Deswegen ist in der Einführungsphase von Kanban eine professionelle Begleitung dieser Gespräche sinnvoll. Zumindest muss jemand die Verantwortung dafür übernehmen, die Diskussion auf die sachliche Ebene – auf die Ebene der Diskussion über die Regel und nicht über einzelne Menschen – zu heben.

5. Verbesserungen durch bewährte Modelle und wissenschaftliche Methoden

Verbesserung bedeutet nicht, dass wir das Rad ständig neu erfinden müssen. Bei einer Vielzahl von Problemen können wir auf Ansätze und Modelle zurückgreifen, die Problematiken beleuchten, die in sämtlichen Systemen immer wieder auftreten und sich daher in der Praxis bereits bewährt haben. So ist Kanban selbst eine Adaptierung vorhandener Praktiken und Ideen – zum Beispiel aus der Automobilindustrie – für die Zwecke der Softwareentwicklung im Speziellen und Wissensarbeit im Allgemeinen. Für die Basis-Überlegungen zu Kanban hat David J. Anderson einige passende und erprobte Theorien gefunden wie die bereits erwähnte Engpasstheorie von Eliyahu M. Goldratt, das ökonomische Wissen über Verschwendung zum Beispiel in Form von Transaktions- und Koordinationskosten oder über die Einflüsse von Variabilität auf ein System.

Trotzdem schreibt Kanban nicht vor, welche Modelle und Methoden angewendet werden *müssen*, weil Anforderungen und Situationen in jedem Team anders sind. Kanban schreibt auch nicht vor, *wie* Modelle und Methoden angewendet werden sollen. Es gibt keine Aussagen zu richtig oder falsch. Alleine in der Art und Weise der Visualisierung gibt es so viele Möglichkeiten wie es Teams auf der Welt gibt, die Kanban einsetzen.

Umsetzung der Kernpraktiken im Unternehmen

Der „Mangel" an Vorschriften ist einerseits die große Freiheit, die Kanban in den einzelnen Anwendungsfällen lässt, weil die Grundlage für die Veränderung hin zur Verbesserung die bestehenden Prozesse in einem System sind. Strikte Vorschriften wären auch widersinnig, weil die Situationen in Unternehmen zu vielfältig sind: Die Softwareentwicklung eines Webshops funktioniert nach anderen Gesetzen als etwa die Signalsteuerung im Zugverkehr. Andererseits ist es natürlich auch die Schwäche von Kanban aus Sicht jener, die auf der Suche nach Patentrezepten und Best Practices sind. Aber dadurch wird der Kern von Kanban definiert:

Kanban anzuwenden bedeutet nicht, vorgegebene Regeln zu befolgen. Kanban hilft, die eigenen Arbeitszusammenhänge zu verstehen und fördert auf dieser Basis das kontextspezifische Lernen.

Mit Kanban steht uns ein Diagnoseinstrument zur Verfügung, das Probleme sichtbar macht und uns dadurch anregt, an der Situation etwas zu verändern. Es ist keine Methode, um die Probleme selbst zu lösen – da ist der Einfallsreichtum der Beteiligten gefragt. Kanban verordnet keine vordefinierten Lösungen, sondern fördert die selbständige Entwicklung eines Teams bzw. eines Systems hin zu einer Kaizen-Kultur. Das Resultat ist, dass die Menschen in diesem System damit beginnen, über bestehende, gelebte Prozesse nachzudenken und mit ihnen zu experimentieren. Mit der Zeit entsteht dadurch ein stetiger Arbeitsfluss, in dem sogar Iterationen überflüssig sind. Die beobachtbaren und messbaren Ergebnisse dieses Arbeitsflusses nehmen den Druck von den Individuen und machen verlässliche Aussagen zur Fertigstellung der Aufgaben möglich – und das fördert das Vertrauen zwischen Auftraggeber und Ausführenden.

 Was Sie aus diesem Kapitel mitnehmen können

Die größte unternehmerische Herausforderung unserer Zeit ist es, die Produktivität in der Wissensarbeit zu erhöhen, um im globalen Wettbewerb bestehen zu können. Die unsichtbaren Prozesse der Wissensarbeit machen es aber oft schwer, die richtigen Ansatzpunkte für Verbesserungen zu finden. Man weiß zwar, dass etwas nicht so läuft, wie es sollte. Es ist aber schwer zu benennen, wo das Problem genau liegt.

Kanban setzt bei der Optimierung von Abläufen nicht beim Individuum, sondern am System an. Menschen können nur so gut arbeiten, wie es das System zulässt, in dem sie sich bewegen. Ausgangspunkt für Veränderungen mithilfe von Kanban sind immer die bestehenden Prozesse. Es wird vorab kein idealtypischer Systemzustand entworfen und implementiert. Basis ist die Visualisierung des aktuellen Arbeitsflusses und die mengenmäßige Begrenzung von begonnenen Aufgaben in einem Prozess, um die Durchlaufzeiten zu verkürzen. Die Mitarbeiter bekommen dabei die Möglichkeit, Abläufe selbständig und in ihrem Tempo zu verbessern.

Ziel von Kanban ist es, schrittweise eine Kaizen-Kultur, also eine Kultur der kontinuierlichen Verbesserung zu entwickeln, die für das Unternehmen auf ökonomischer und für die darin arbeitenden Menschen auf sozialer Ebene bessere Resultate erzielt.

Die Kernpraktiken von Kanban sind:

- Visualisierung des Arbeitsflusses und der Arbeit
- Limitierung des Work in Progress
- Steuerung und Messung des Arbeitsflusses
- Prozessregeln explizit machen
- Verbesserungen durch bewährte Modelle und wissenschaftliche Methoden

Kanban macht sehr wenige Vorschriften, *wie* etwas gemacht werden soll. Kanban macht Vorschläge, *dass* etwas gemacht werden sollte.

3 Visualisierung

Konsens über den Willen zur Veränderung mithilfe von Kanban und Konsens über die vorrangigen Ziele der Veränderung sind die Ausgangspunkte für die Implementierung von Kanban (ins Detail gehen wir zu diesem Thema in den Teilen 2 und 3 dieses Buches). Dieser Wille zur Veränderung soll schlussendlich nicht nur in einer Verbesserung der Arbeitsbedingungen der Mitarbeiter resultieren, sondern mittel- bis langfristig auch die Wettbewerbssituation eines Unternehmens positiv beeinflussen. Der Managementtheoretiker Michael E. Porter hat bei seinen Überlegungen zu Wettbewerbsvorteilen und Wettbewerbsstrategien das Konzept der Wertschöpfungskette herangezogen. Die Wertschöpfungskette umfasst alle primären und unterstützenden Aktivitäten, die für die Herstellung eines Produkts nötig sind, und sieht naturgemäß in jedem Unternehmen anders aus. Nach Porter werden Wettbewerbsvorteile zu einem großen Teil davon bestimmt, wie gut oder wie schlecht die Aktivitäten in den einzelnen Kettenteilen ausgeführt und wie effizient die Verbindungen und Übergänge zwischen den Teilen der Wertschöpfungskette gemanagt werden. Mit Kanban setzen wir in einem klar definierten Ausschnitt der gesamten Wertschöpfungskette mit Verbesserungen (und damit Veränderungen) an. Erinnern wir uns daran, dass es sich bei Kanban um **evolutionäres Veränderungsmanagement** handelt, was so viel heißt wie: Wir entwickeln uns in selbstgewählten, kleinen, aufeinander aufbauenden Schritten permanent weiter. Mit den Praktiken von Kanban geht es nun zunächst an die Visualisierung des Arbeitsflusses. So wird das technische Kanban-System mit seinen Werkzeugen zum Motor der Veränderung. Im Laufe der Weiterentwicklung wird Kanban später selbst zum Gegenstand der Veränderung.

■ 3.1 Erster Schritt: Abstecken der Grenzen

Prinzipiell könnte man mit Kanban die gesamte Wertschöpfungskette eines Unternehmens abbilden, weil es in seiner Denkweise und seinen Instrumenten darauf ausgelegt ist, für sämtliche Bereiche anwendbar zu sein. Kanban entstand zwar durch Überlegungen zur Verbesserung in der Softwareentwicklung, ist aber so flexibel, dass es nicht nur in der Softwareentwicklung einsetzbar ist und nicht nur dort funktioniert. Die Einsatzmöglichkeiten reichen vom persönlichen Aufgabenmanagement bis zur Abwicklung von Versicherungsfällen. Der Unterschied besteht lediglich darin, dass bei jeder dieser Anwendungen unterschiedliche Fragen beantwortet werden sollen: Einmal sind es ganz spezifische Engpässe, ein anderes Mal geht es vielleicht um zu hohe Variabilität in den Prozessen.

Kanban lässt sich Schritt für Schritt so weit skalieren, bis es für das gesamte Unternehmen – oder die gesamte Wertschöpfungskette – eingesetzt wird. Es startet aber ganz bewusst in einem überschaubaren Umfeld: bei einem oder mehreren Teams. Die Abbildung der gesamten Wertschöpfungskette wäre erstens eine sehr langwierige Aufgabe. Zweitens entspräche das genau einem Big Bang-Change, den wir nicht anstreben, weil er die Menschen in den meisten Fällen schlichtweg überfordert und im Moment vielleicht gar nicht nötig ist. „Evolutionär" bedeutet daher auch im Zusammenhang mit der Visualisierung des Arbeitsflusses, dass wir uns zunächst nur einen Teil der Wertschöpfungskette ansehen und dort mit der Optimierung des Prozesses beginnen. Wir fangen also genau mit jenem Teil an, auf den die Menschen, die gemeinsam mit Kanban arbeiten wollen, auch gestalterischen Einfluss haben.

Noch vor der Visualisierung muss also entschieden werden, welcher Bereich (welcher Ausschnitt der Wertschöpfungskette) überhaupt mit Kanban beginnen soll – z.B. die Softwareentwicklung. Aus den Menschen, die in dem gewählten Ausschnitt der gesamten Wertschöpfungskette zusammenarbeiten (z.B. Entwicklung, Testing, Qualitätssicherung), bildet sich das Kanban-Team. Dieses Team bleibt aber in der evolutionären Weiterentwicklung keineswegs statisch, wenn durch die Anwendung von Kanban deutlich wird, dass andere Konstellationen zielführender sind. Das Kanban-Team identifiziert, an welcher Stelle der Wertschöpfungskette es sich befindet, wie der Prozess verläuft, in dem es arbeitet, und steckt seine Grenzen ab: Was zählt zu seinen Aufgaben und was nicht, in welcher Folge reihen sich die einzelnen Prozessschritte aneinander, wo gehen sie in den Verantwortungsbereich von anderen Bereichen des Unternehmens über?

Das Festlegen der Grenzen zeigt auch die Schnittstellen zu anderen Wertschöpfungsbereichen bzw. Organisationseinheiten des Unternehmens auf. Mit diesen vor- und nachgelagerten Bereichen und Einheiten vereinbart das Kanban-Team die Regeln der Zusammenarbeit. Wir haben häufig beobachtet, dass verschiedene kleinere Teams im Laufe der Zeit zu einem größeren Team verschmelzen, da sie so flexibler reagieren und die Anzahl an Blockaden reduzieren können. Dadurch verschieben sich natürlich auch die Grenzen des Teams – also die Punkte, an denen Arbeiten übernommen und übergeben werden.

■ 3.2 Zweiter Schritt: Visualisierung des Prozesses

Wenn die Grenzen klar sind, werden im nächsten Schritt Arbeit und Arbeitsfluss sichtbar gemacht – mithilfe eines Boards oder mit anderen Hilfsmitteln. Bei der Identifizierung der einzelnen Prozessschritte, die der Arbeitsfluss durchläuft, sollten sich Teams nicht zu dem Fehler hinreißen lassen, einfach den offiziellen, in Projekthandbüchern festgelegten Prozess abzubilden. Es gibt natürlich Unternehmen (zum Beispiel im militärischen Bereich oder in der Infrastruktur), die bestimmte Abläufe strikt einhalten müssen. Von diesen Ausnahmen abgesehen haben offizielle Prozesse aber meistens die Schwäche, dass sie nur auf dem Papier existieren und kaum der gelebten Realität entsprechen. Solche nicht gelebten Prozesse sind der falsche Ausgangspunkt für die Veränderung. Eine Orientierung daran würde die Veränderung und/oder Verbesserung unnötig verzögern.

In einem technischen Kanban-System sollte immer der tatsächlich in der Praxis gelebte Prozess abgebildet werden.

Deshalb ist die Visualisierung auch die Aufgabe des Kanban-Teams. Nur das Team weiß, wie es tatsächlich arbeitet.

Die identifizierten Prozessschritte werden in ihrer Ablauffolge in Spaltenform gebracht. Bild 3.1 zeigt, wie ein exemplarischer Arbeitsfluss aus Analyse, Entwicklung und Test am Kanban-Board dargestellt werden kann. Wie das Meiste in Kanban unterliegt auch die Gestaltung des Boards keinerlei Vorschriften: Wir haben bereits Boards gesehen, die den Arbeitsfluss in Spiralenform visualisiert haben – erlaubt ist alles, was den Prozess am sinnvollsten und deutlichsten wiedergibt. Viele Teams vermerken bei jedem Schritt explizit die Kriterien der Fertigstellung („definition of done"), damit alle Teammitglieder das gleiche Verständnis darüber haben, wann eine Arbeit abgeschlossen ist.

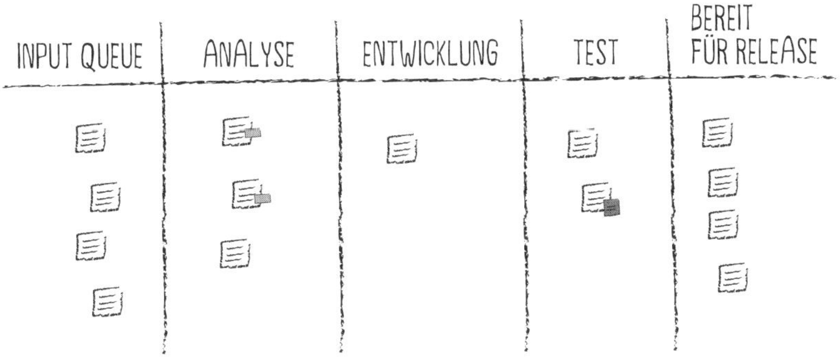

Bild 3.1 Beispielhafte Darstellung eines Kanban-Boards

Welche Form auch immer gewählt wird, zwei besondere Eckpfeiler sollte das Board haben.

1. Ganz links am Board steht die Input Queue, hierhin werden die Aufgaben gehängt, die vom Kanban-Team erledigt werden sollen. Diese Aufgaben sind das Ergebnis der Gespräche im sogenannten Queue Replenishment Meeting, auf das wir in Kapitel 6 näher eingehen werden.

2. Die letzte Spalte auf der rechten Seite des Boards ist in diesem Beispiel jene mit der Überschrift „Bereit für Release". Das ist der Übergabepunkt, an dem eine Arbeit in diesem Fall das Kanban-System verlässt (oft auch einfach mit „Done" gekennzeichnet). Wenn die Tickets in dieser Spalte landen, bedeutet das nicht zwangsläufig, dass ein Produkt fertig ist. Es signalisiert in vielen Fällen lediglich, dass nun die nächste Stufe in der unternehmerischen Wertschöpfungskette, die sich an die Grenzen unseres Ausschnitts anschließt, mit diesem Teil des Produkts weiterarbeiten kann.

Missverständnisse

Kanban und der Wasserfall

Kanban ist ein Pull-System – das bedeutet, dass immer „ein Stück Arbeit" aus der gesamten Aufgabenmenge herausgenommen, bearbeitet und dann dem nachfolgenden Prozessschritt als fertig signalisiert wird. Fälschlicherweise wird dies manchmal mit der Wasserfall-Methode in der Softwareentwicklung verglichen: Bei dieser traditionellen Vorgehensweise müssen immer *alle* Aufgaben fertiggestellt sein, die für einen Prozessschritt vorab definiert wurden. Dann werden die fertigen Aufgaben *gesammelt* an den nächsten Schritt weitergereicht. Genau das ist in Kanban aber nicht der Fall.

Kanban und die Kreativität

Manche Menschen sehen Kanban deshalb kritisch, weil sich für sie der sehr kreative Akt der Softwareentwicklung nicht in sequenziell aufeinander folgende Arbeitsschritte gliedern lässt. Kanban sei daher für die kreative Softwareentwicklung nicht einsetzbar. Egal, ob kreativ oder nicht – es finden sich immer Aktivitäten, die sequenziell ausgeführt werden. Nach wie vor wird zum Beispiel Software zuerst programmiert und erst danach auf einem Server betrieben. Einer unserer Kanban-Kollegen wendet in seinen Workshops einen sehr effizienten „Trick" an, wenn wieder einmal die Behauptung im Raum steht, dass Softwareentwicklung keinen Sequenzen folgt. Er zäumt das Pferd von hinten auf und fragt: „Was macht ihr vor dem Release? Und davor? Und davor?" Auf diese Fragen bekommt er *immer* Antworten. Dann liest er die Antworten von vorne der Reihe nach vor und fragt: „Und das ist keine Sequenz? Warum sollte das die Kreativität einschränken?"

3.2.1 Wie werden Aufgaben visualisiert?

Am einfachsten werden die einzelnen Arbeitsaufgaben mit Haftnotizen oder Karten dargestellt, auf denen steht, was zu tun ist (Bild 3.2). Wir können damit ganz einfach in den laufenden Prozess einsteigen, indem wir die gerade anstehenden Aufgaben als „Tickets" in die entsprechenden Prozessschritte verteilen. Die Tickets werden dann immer in die Spalte am Board bewegt, in der sich die Arbeit im Moment befindet. Wohlgemerkt nach dem Pull- und nicht nach dem Push-Prinzip! In den Grundprinzipien von Kanban haben wir gesagt, dass wir unseren Arbeitsfluss auch messen wollen, um Probleme identifizieren zu können. Eine der wichtigsten Messungen betrifft die Durchlaufzeit. Wenn wir vermerken, wann das Ticket auf das Board gekommen ist bzw. wann es in welchen Prozessschritt gekommen ist und wann die Aufgabe fertiggestellt wurde, haben wir schon Aussagen über die Durchlaufzeiten gewonnen, die zusammen mit anderen Informationen tiefere Einblicke in störende Faktoren im Arbeitsfluss geben können.

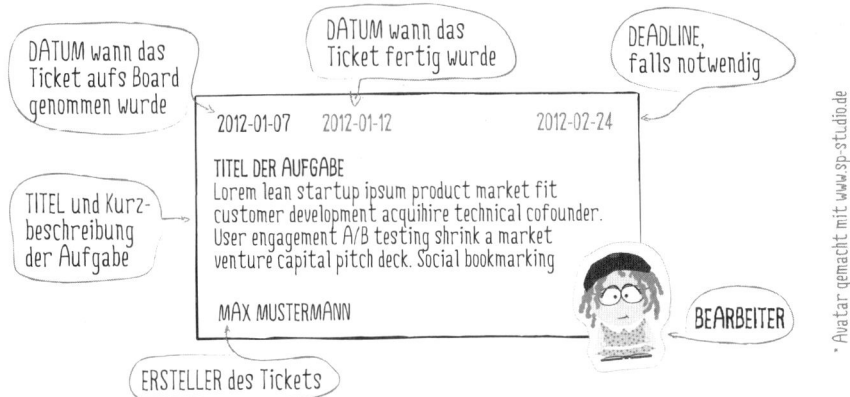

Bild 3.2 Gestaltungsbeispiel für ein Aufgabenticket

Auf unserem Beispielticket ist auch eine Deadline vermerkt. Grundsätzlich wollen wir mit Kanban aus der Deadline-Getriebenheit herauskommen. Stattdessen wollen wir aufgrund unserer Beobachtungen und Messungen mit der Zeit in der Lage sein, den Auftraggebern zuverlässige Aussagen über Fertigstellungstermine liefern zu können. Deadlines sofort abzuschaffen, ist aber aus zwei Gründen weder möglich noch sinnvoll:

- Erstens können sie nicht einfach aufgegeben werden, wenn es sich um Fixtermin-Geschäfte handelt. In bestimmten Bereichen sind Umstellungen in der Software zu einem bestimmten Termin nötig, weil zu diesem Zeitpunkt zum Beispiel ein neues Gesetz in Kraft tritt. Diese Arten von Aufträgen werden in Kanban auch in den Serviceklassen berücksichtigt, die wir noch kennenlernen werden.

- Zweitens wollen wir den bestehenden Prozess respektieren: Wenn in diesem Prozess derzeit mit Deadlines gearbeitet wird, belassen wir das vorerst auch so. Im Laufe der Fortschritte mit Kanban werden Deadlines wahrscheinlich obsolet. In einem Flusssystem wird es mit zunehmender Erfahrung sogar überflüssig, Projekte spezifisch und vom Alltag abgehoben zu definieren. Sie werden häufig Teil des Arbeitsflusses. Diese Entwicklung muss allerdings auch gewollt sein – sie passiert nicht von allein und man muss dafür ständig am Ball bleiben.

In der Praxis hat es sich als sinnvoll erwiesen, auch den Ersteller – also „Anforderer" einer Aufgabe – auf dem Ticket zu vermerken und denjenigen, der das Ticket gerade bearbeitet, mit einem Avatar zu symbolisieren. Das macht Rückfragen einfacher, denn der aktuelle Bearbeiter eines Tickets ist nicht immer der- oder diejenige, der spezifische Auskünfte zum gesamten Inhalt einer Aufgabe geben kann.

Die Arbeit an einem Ticket kann aus den unterschiedlichsten Gründen unterbrochen werden – zum Beispiel wegen fehlender Informationen oder fehlender Infrastruktur. In diesem Fall wird das Ticket einfach als blockiert markiert, etwa mit einem roten Sticker. Ein stetiger Arbeitsfluss ist eines der Hauptziele in Kanban, und demnach sollte das Beheben von Blockaden, die den Arbeitsfluss unterbrechen, hohe Priorität haben.

Wie wir jetzt bereits wissen, werden in Kanban erledigte Arbeiten nicht in den nächsten Arbeitsschritt geschoben (push), sondern der Bearbeiter dieses Arbeitsschritts holt sich die

Arbeit (pull) vom Vorgänger, wenn er bereit dafür ist. Erledigte Arbeiten markiert man zum Beispiel mit einem grünen Sticker am Aufgabenticket oder durch eine Zweiteilung der Prozessschrittspalte, etwa durch die Bezeichnungen „Do" und „Done" oder „in Arbeit" und „fertig" (Bild 3.3).

INPUT QUEUE	ANALYSE		ENTWICKLUNG		TEST	BEREIT FÜR RELEASE
	IN ARBEIT	FERTIG	IN ARBEIT	FERTIG		

Bild 3.3 Kanban-Board mit Queues

Was wir hier einführen, sind sogenannte Queues. In einer Queue wartet halbfertige Arbeit darauf, weiterbearbeitet zu werden. Auf unserem Beispielboard sind also jeweils die Spalten „fertig" sowie „Bereit für Release" solche Queues.

3.2.2 Darstellung von Nebenläufigkeiten

In der gelebten Praxis können natürlich nicht immer alle Schritte hintereinander ausgeführt werden. Bestimmte Tätigkeiten laufen gleichzeitig ab. Auch parallele Tätigkeiten (Nebenläufigkeiten) lassen sich am Kanban-Board gut darstellen. Nehmen wir an, dass die beiden Schritte Entwicklung und Testentwicklung gleichzeitig stattfinden. Wir greifen zwei (von vielen) Darstellungsmöglichkeiten exemplarisch heraus, um die Wirkungsweise unterschiedlicher Visualisierungen zu demonstrieren.

Variante 1

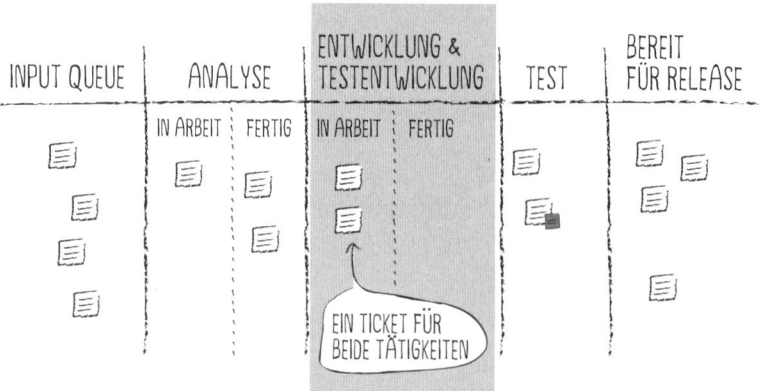

Bild 3.4 Darstellung paralleler Arbeiten mit einem Ticket

Die einfachste Möglichkeit ist es, beide Tätigkeiten im Prozessschritt „Entwicklung & Test-entwicklung" auf nur einem Ticket niederzuschreiben. Wenn beide Aktivitäten abgeschlossen sind, rutscht das Ticket in die „fertig"-Queue dieses Prozessschritts.

Variante 2

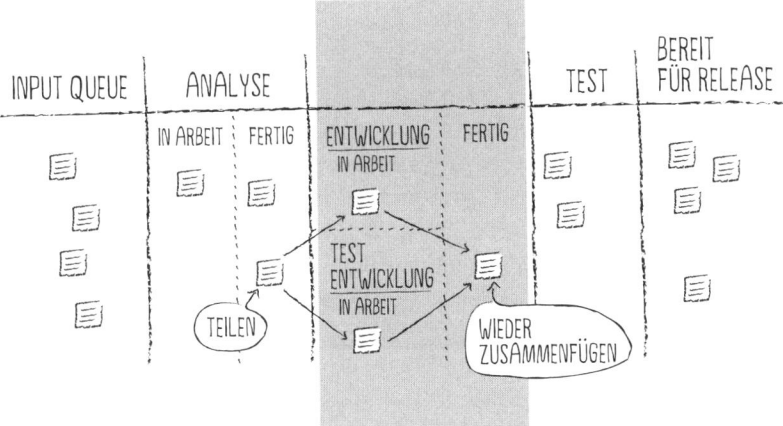

Bild 3.5 Darstellung von Nebenläufigkeiten durch horizontale Splittung

Die zweite Möglichkeit: Der Prozessschritt „Entwicklung & Testentwicklung" wird auch optisch in seine zwei Bestandteile entkoppelt. Dazu wird die Spalte „in Arbeit" einfach horizontal unterteilt. Wenn im vorhergehenden Prozessschritt „Analyse" die Tickets fertig zur Weiterbearbeitung sind, werden die Tickets einfach kopiert, und Entwicklung bzw. Testentwicklung ziehen je eine Ticketkopie in ihre jeweiligen Segmente, wenn sie für die Arbeit daran bereit sind. In der „fertig"-Spalte des Prozessschritts „Entwicklung & Testentwicklung" werden die zuvor geteilten Tickets wieder zusammengeführt: Erst wenn beide Tickets für dieselbe Aufgabe in der „fertig"-Spalte hängen, kann es sich der nachgelagerte Prozessschritt „Test" holen.

Der Vorteil der Variante 2: Hier sehen wir im wahrsten Sinne des Wortes, wo die Arbeit festhängt. Hängt das Ticket also zum Beispiel schon seit geraumer Zeit in der Testentwicklung fest, können wir uns gezielter auf die Suche nach den Ursachen machen.

3.2.3 Darstellung von Aktivitäten ohne feste Reihenfolge

Ziehen wir den Prozessschritt „Entwicklung" noch für eine weitere Überlegung heran. Aus den unterschiedlichsten Gründen kann es in der Entwicklung vorkommen, dass gleichbleibende Reihenfolgen beim Erledigen von Aufgaben nicht immer sinnvoll sind. Nehmen wir an, dass sich der Prozessschritt „Entwicklung" in die Arbeiten User Interface-Design, Business Logic-Programmierung und Datenbankentwicklung unterteilt. In diesem Fall werden alle nötigen Arbeitsschritte einfach auf einem einzigen Ticket aufgelistet, vor allem dann, wenn Teams bereits eine elektronische Lösung für das Gestalten und Ausdrucken der Tickets verwenden. Die einzelnen Arbeitsschritte werden dann durchgeführt und abgehakt, sobald sie erledigt wurden (Bild 3.6).

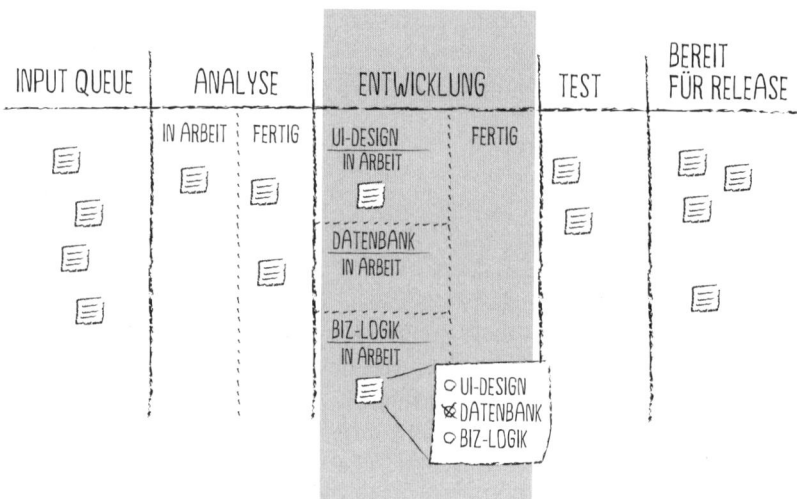

Bild 3.6 Darstellung von Aktivitäten ohne feste Reihenfolge

Diese Lösung impliziert, dass alle Aufgaben gemacht werden *müssen*. Wenn nicht jedes Mal tatsächlich alle Arbeiten nötig sind, kann man sich einfach behelfen, indem das hervorgehoben wird, was gemacht werden muss. Aber das ist nur eine Möglichkeit von vielen. Wir wollen in diesem Buch keinen Versuch starten, sämtliche Varianten der Visualisierung anzuführen, sondern nur einige erprobte Beispiele aus der Praxis darstellen. Was für eine Situation passt, passt für die Situation in einem anderen Unternehmen vielleicht gar nicht. Worum es bei der Visualisierung schlussendlich geht, ist die Auseinandersetzung mit dem Prozess und mit der Arbeit. Vor allem geht es um das Finden eigener Wege und Lösungen, nicht um vorgefertigte Rezepte.

3.3 Festlegen von Aufgabentypen

Die eigenen Grenzen innerhalb der gesamten Wertschöpfungskette eines Unternehmens abzustecken – das ist ein Zweck der Visualisierung in Kanban. Was wir bisher betrachtet haben, war die Visualisierung eines einfachen Prozesses, in dem nicht sehr viele unterschiedliche Arbeiten erledigt werden – um die Visualisierung an sich zu erklären. Nun ist die Realität natürlich nicht so einfach: Ein Team erledigt nicht immer die gleichen Aufgaben oder eine Aufgabe durchläuft nicht immer dieselben, bereits identifizierten Prozessschritte. Wir brauchen also die Flexibilität, solche Erkenntnisse auch in der Visualisierung am Kanban-Board darstellen zu können.

Die Praxis zeigt uns, dass wir bei der Beantwortung der Frage „Welche Arbeiten erledigen wir eigentlich?" oft den Umweg über die **Quellen der Aufgaben** gehen müssen. Dazu brauchen wir wieder die Grenzen unseres Kanban-Systems: Von wem bekommt das Team Aufgaben oder Input und an wen reicht es fertige Arbeiten – also Output – zur Bearbeitung in einem anderen Teil der Wertschöpfungskette weiter? Hat das Team seine Prozessschritte identifiziert, identifiziert es als Nächstes seine Kommunikationsschnittstellen: „Wer will eigentlich etwas von uns, mit wem müssen wir reden, wer sind unsere Ansprechpartner?" Indem sich ein Team mit dieser Frage beschäftigt, wird es sich erst bewusst, welche Arten von Arbeiten – welche **Aufgabentypen** – es in den einzelnen **Prozessschritten** erledigt (Bild 3.7). Häufig wird man nicht in einem einzigen Wurf zu Beginn der Kanban-Implementierung alle Auftraggeber identifizieren können. Oft kommt es im Laufe des Betriebs zu Aha-Erlebnissen, wenn das Team erst nach und nach erkennt, was es eigentlich alles tut und dass der direkte Auftraggeber nicht immer der eigentliche Auftraggeber ist. Häufig tragen zwar zum Beispiel Business-Analysten eine Anforderung an das Kanban-Team heran. Der eigentliche Auftraggeber ist aber der Gesetzgeber, weil er beschlossen hat, bestimmte rechtliche Vorschriften zu ändern, die in Software und Strukturen abgebildet werden müssen. Solche Anforderungen sind wahrscheinlich anders zu behandeln als routinemäßige Anforderungen. Durch die laufende Beobachtung, woher Aufgaben kommen, kann das Kanban-Team also seine System-Grenzen noch klarer abstecken. Schlussendlich geht es auch darum, den Auftraggeber und das Business besser zu verstehen und dadurch das System ständig so zu verändern und zu verbessern, dass es den unterschiedlichen Anforderungen entgegenkommen kann.

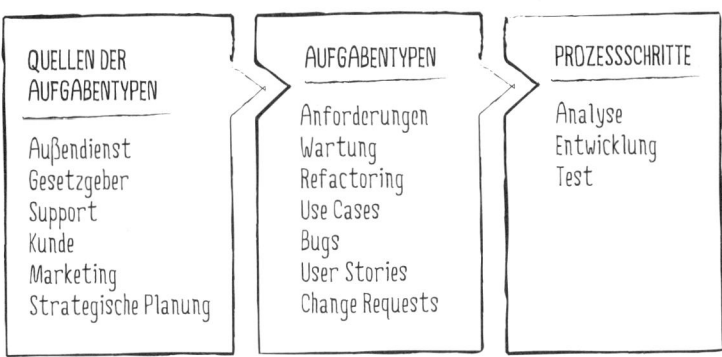

Bild 3.7 Ableitung von Aufgabentypen über die Quellen von Anforderungen

Für die Visualisierung ist es sinnvoll, ähnliche Aufgabentypen in Gruppen zusammenzufassen. So sind sich zum Beispiel die Aufgabentypen „Bug", „Fehler im Live-System" und „Konfigurationsfehler" sehr ähnlich. Es stellt sich immer die Frage, ob man auf einem hohen Granularitätsgrad bleiben will (und ob er vor allem nötig ist), oder ob nicht eine umfassende Kategorie „Bugs" ausreichen würde. Aufgabentypen können nach den unterschiedlichsten Anhaltspunkten gebildet werden, zum Beispiel nach

- Art der Aufgabe
- Quelle der Aufgabe
- Größe der Aufgabe
- Ankunftsrate der Aufgabe

Wenn Sie sich Gedanken über die Gruppierung machen, sollte im Hinterkopf immer die wichtigste aller Fragen mitschwingen: „Was will ich mit der Visualisierung erreichen? Was ist das Hauptziel der Kanban-Initiative? Welche Informationen brauche ich, um das Ziel zu erreichen?" Denn jede Gruppierung wird in der konkreten Anwendung andere „Geheimnisse" unseres Prozesses offenbaren. Es geht nicht darum, alles möglichst penibel und genau zu visualisieren. Es geht darum, Aufgabentypen *sinnvoll* zu visualisieren.

Eine Gruppierung der Aufgabentypen nach der Größe (in Kanban häufig der Einfachheit wegen in den T-Shirt-Größen S, M und L) ist zum Beispiel sehr sinnvoll, wenn eines der wesentlichen Ziele Termintreue lautet: Wir wollen mit unseren Kunden eine Vereinbarung eingehen, auf die sie sich verlassen können. Nun gibt es Aufgaben, die in einer Stunde erledigt werden können, und andere, für die man 20 Tage benötigt. Durch die Größeneinteilung der Aufgaben können wir verlässlichere Aussagen darüber treffen, wann wir mit einem Auftrag fertig sein werden, weil wir dabei unser Augenmerk auf Durchlaufzeiten und die Variabilitäten in unserem Prozess lenken werden.

Visualisierung der Aufgabentypen

Auch bei der Darstellung der Aufgabentypen gibt es die verschiedensten Herangehensweisen. Wir stellen hier die gängigste und auch eine der einfachsten Visualisierungsmöglichkeiten vor: Swim Lanes. Diese sind nichts anderes als eine horizontale Unterteilung unseres Boards. Nehmen wir an, dass wir vier große Gruppen von Aufgabentypen haben, die sich mehr oder weniger regelmäßig über unsere Prozessschritte Analyse, Entwicklung und Test dahinziehen. In unserem Beispiel sind diese Aufgabentypen Features, Change Requests, Bugs und Support (Bild 3.8).

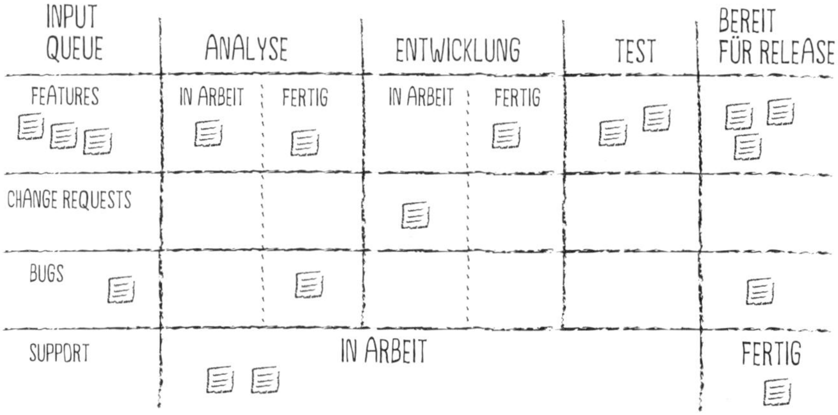

Bild 3.8 Kanban-Board mit Swim Lanes für die einzelnen Aufgabentypen

Alle Tickets, die Features betreffen, werden in der Swim Lane „Features" durch den Prozess gepullt, alle Tickets, die Change Requests betreffen, in der Swim Lane Change Requests usw. Der Aufgabentyp „Support" tanzt hier aus der Reihe, er folgt nicht dem Arbeitsfluss der anderen Aufgabentypen. Dass man für einen Arbeitstyp ein solches „Subboard" anlegt, kann die verschiedensten Gründe haben. Es kann sein, dass der Support einfach wirklich einem komplett anderen Arbeitsfluss folgt. Oder das Team weiß, dass ein Ticket in dieser Swim Lane zum Beispiel nicht länger als zwei Stunden am Board hängen bleibt und dass es zu viel lästiger Aufwand wäre, das Ticket ständig in neue Spalten umzuordnen. Daher eine simple Prozesseinteilung in Doing und Done. Der Mehrwert der Visualisierung liegt hier also eher in der Vereinfachung als in der übergenauen Darstellung. Denn auch der Zeitaufwand durch überflüssiges Umhängen von Tickets kann aus Lean-Perspektive als Waste – als Verschwendung – betrachtet werden.

Sehr häufig kommt es vor, dass in der Softwareentwicklung **Epics** definiert werden, also umfassende Anforderungen an das Team. Es handelt sich dabei um eine große User Story, die in mehrere kleine User Stories zerteilt werden muss, um sie bearbeiten zu können. Auch solche Epics können in Form von jeweils eigenen Swim Lanes visualisiert werden (Bild 3.9). In der darstellerischen Umsetzung würde das bedeuten, dass links vor der Input Queue noch zwei Spalten angelegt werden: In der ersten hängt die Beschreibung des Epics, in der zweiten hängen die einzelnen User Stories. Erst wenn alle User Stories das Board durchlaufen haben, ist das Epic abgeschlossen.

EPIC	ANALYSIERT	INPUT QUEUE	ANALYSE		ENTWICKLUNG		TEST	FERTIG FUR RELEASE
			IN ARBEIT	FERTIG	IN ARBEIT	FERTIG		

Bild 3.9 Zerteilung von Epics in kleinere User Stories

Wann „Übervisualisierung" hilfreich ist

Es gibt Teams, die sehr bewusst sehr genau alles visualisieren, was so an einem Tag den Prozess durchläuft. Bei einer unserer Kanban-Implementierungen hat ein Team bis zu 80 Tickets pro Tag durch den Prozess gespielt. Jeder Mitarbeiter hatte auf seinem Schreibtisch ein Mini-Board mit vier Prozessschritten, auf die er die Post-its mit seinen Aufgaben verteilt hat. Die fertig bearbeiteten Tickets haben die Teammitglieder bewusst gesammelt: Am Ende des Tages wurden alle Tickets auf das große Kanban-Board gehängt. Die Mitarbeiter wollten nämlich wissen, wie viel Arbeit sie pro Tag leisten und wie viel davon „unsichtbare" Arbeit ist – also Aufträge, die in fünf bis zehn Minuten erledigt sind.

Für diese Form der „Übervisualisierung" hatte das Team aber auch noch einen anderen Grund. Es handelte sich nämlich um ein Support-Team, und die Mitarbeiter wollten die Ursachen von Anfragen erkennen, die sie bereits gelöst geglaubt hatten, die aber trotzdem immer wieder aufs Neue an sie herangetragen wurden. Ähnliche Tickets hat das Team geclustert und sich auf die Suche nach dem Grund für die wiederkehrenden, gleichen Anfragen gemacht. Mit der peniblen Sammlung und Clusterung der Tickets konnte das Team schließlich ein minimales Missverständnis im User Interface als Keim des Problems ausfindig machen. Dieser kleine Auslöser hatte pro Woche mehrere Stunden zusätzlicher Arbeit verursacht.

Wir haben nun die Grenzen unseres Kanban-Teams abgesteckt, Prozessschritte identifiziert und herausgefunden, welche Aufgaben wir aus welchen Quellen bekommen. Jetzt können wir daran gehen, unsere Kapazitäten auf die einzelnen Arbeitstypen zu verteilen. Auf dieser Basis kann der Arbeitsfluss gezielt gesteuert werden, weil hinter jedem Arbeitstyp ein bestimmter Bedarf und Grad an Dringlichkeit liegt. Bugs müssen zum Beispiel umgehend bearbeitet werden, Features brauchen hohe Liefertreue. Die Analyse des Inputs und der Arbeitstypen macht es auch möglich, Stehzeiten einzuplanen, die für schnelle Reaktionen auf unvorhergesehene Ereignisse oder auf regelmäßige „Bursts" genutzt werden (z. B. die Änderungswünsche von Kunden). Dazu müssen wir als Nächstes WiP-Limits und Service-klassen für unser Kanban-System definieren.

 Was Sie aus diesem Kapitel mitnehmen können

Mit Kanban setzen wir in einem klar definierten Ausschnitt der gesamten Wert-schöpfungskette eines Unternehmens mit Verbesserungen (und damit Verän-derungen) an – nämlich genau in jenem Abschnitt, den wir direkt beeinflussen können. Dazu muss zunächst geklärt werden, wo die Start- und Endpunkte des Arbeitsflusses in diesem Ausschnitt liegen. Das initiale Kanban-Team stellt sich also die Frage, was zu seinen Aufgaben zählt und was nicht, wie sich die einzelnen Prozessschritte im Arbeitsfluss aneinander reihen, an welcher Stelle Arbeiten in Auftrag gegeben und wo – für unseren Ausschnitt – fertige Arbei-ten an eine nachgelagerte Stufe übergeben werden.

Mit den vor- und nachgelagerten Schnittstellen (Stakeholdern) an den Grenzen des Kanban-Teams werden Regeln der Zusammenarbeit vereinbart. Die Prozess-schritte des Arbeitsflusses des Teams werden meist in Spaltenform an einem – elektronischen oder physischen – Board sichtbar gemacht. Dabei analysiert und visualisiert das Team den *tatsächlich gelebten* Prozess. Die einzelnen Auf-gaben durchwandern das Board auf Haftnotizen oder Karten von links nach rechts. Diese Tickets enthalten unter anderem für Messungen wichtige Infor-mationen wie zum Beispiel Start- und Fertigstellungszeitpunkte, Bearbeitungs-dauer in den einzelnen Prozessschritten oder Ursachen für Blockaden.

Dem Variantenreichtum in der Darstellung von Prozessen sind in Kanban keine Grenzen gesetzt. Nebenläufigkeiten (parallele Arbeiten) und Arbeiten ohne feste Reihenfolge können problemlos und sehr einfach dargestellt werden. Wo-rum es bei der Visualisierung schlussendlich geht, ist die Auseinandersetzung mit dem Prozess und mit der Arbeit.

In einem weiteren Schritt identifiziert das Team, welche Arten von Aufgaben (Aufgabentypen) es immer wieder bearbeitet, und untersucht dabei auch, aus welchen Quellen die Aufgaben stammen. Das hilft schlussendlich dabei, den Aufgaben auch den adäquaten Stellenwert im Businesskontext in Form von Serviceklassen zuzuordnen. Unterschiedliche Aufgabentypen können am Board durch Swim Lanes visualisiert werden.

4 WiP-Limits

Es ist so verführerisch: Die Kollegen könnten doch schnell mal dieses tun und sollten schnell noch jenes erledigen, und garantiert geht zwischendurch auch schnell dies und das. Das Problem ist nur, dass es meistens nicht nur einen recht spontan veranlagten Auftraggeber in einem Unternehmen gibt, sondern gleich mehrere. Auch wenn die Auftraggeber von Arbeiten selbst meistens auf Zuruf von anderen – wie zum Beispiel externen Kunden – agieren oder Opfer ihres eigenen Zeitmanagements geworden sind: Man kann einen Trichter zwar bis zum Rand vollfüllen, aber deshalb fließt nicht mehr durch den Trichter durch. Ganz im Gegenteil: Die Gefahr wird größer, dass einiges über den Trichterrand schwappt, verloren geht, vergessen wird.

In unserer Beratungspraxis führt das manchmal zu kuriosen Erlebnissen. Eines der Teams, mit dem wir gearbeitet haben, zog aus seinem Backlog eine Arbeit heraus, die drei Jahre lang dort gelegen hatte – die Priorität war seinerzeit als „hoch" definiert worden. Das ist das Schicksal vieler Tasks, die an ein Team herangetragen werden: Nach anfänglich dringenden Aufträgen kräht plötzlich monate- und jahrelang kein Hahn mehr danach. Um die Nerven von Entwicklungs- bzw. Kanban-Teams zu schonen, vor allem aber, um ein Unternehmen wirtschaftlich zu führen, sollten solche Arbeitsformen als eine besonders beliebte Form von Verschwendung dringend vermieden werden. Wir haben bereits in Kapitel 2 festgestellt, dass es aus ökonomischer Sicht wesentlich sinnvoller ist, eine Aufgabe zu 100 % fertig zu stellen als zehn Aufgaben zu je lediglich 10 %.

In Kanban werden daher sogenannte WiP-Limits gesetzt. Damit wird die Zahl von aktiven Arbeiten im gesamten Kanban-System begrenzt, um die oben beschriebene Überfüllung des Trichters zu vermeiden. Das bedeutet nicht, dass parallele Arbeiten in Kanban unmöglich oder unerwünscht sind. Doch durch die Limitierung ergibt sich ein schnellerer, kontinuierlicher Arbeitsfluss, der die Durchlaufzeiten reduziert, weil die Teammitglieder nicht ständig zwischen Aufgaben wechseln müssen. In der praktischen Umsetzung funktioniert das recht einfach: Über jedem am Board visualisierten Prozessschritt wird die Zahl der Arbeiten geschrieben, die sich in diesem Prozessschritt *insgesamt* – sowohl in der Spalte „In Arbeit" als auch „Fertig" – befinden dürfen.

Wenn wir von einer Limitierung des Work in Progress (WiP) reden, dann sprechen wir also von der Beschränkung der Anzahl an Arbeiten, die in einem Arbeitsschritt bearbeitet werden dürfen.

Die WiP-Limits werden zunächst im Zuge des Kanban-Systemdesigns (siehe Kapitel 19) vom Team festgelegt. Im Laufe der Arbeit mit Kanban wird sehr deutlich, wie und wo die WiP-Limits verändert werden müssen. WiP-Limits werden nicht beliebig, sondern auf Basis von Erfahrungswerten gesetzt. Es handelt sich aber trotzdem nicht um einen Beschluss, der einmal getroffen und damit in Stein gemeißelt wird. So wie das gesamte Kanban-System sind auch die WiP-Limits Gegenstand ständiger Veränderung und werden sich immer wieder neu den Gegebenheiten anpassen.

■ 4.1 Die Vorteile von WiP-Limits

Ständige Verbesserung ist ein zentraler Gedanke beim Setzen von WiP-Limits. Genauso wichtig ist aber auch das Ziel, gebundenes Kapital zu minimieren und Zusagen an Kunden einhalten zu können. Das Motto ökonomisch sinnvollen Arbeitens lautet: Stop starting, start finishing. Neben einer heilsamen Wirkung auf das Nervenkostüm von Entwicklern und Kunden – welche Vorteile haben WiP-Limits noch?

- **Task Switching wird vermieden:** Setzt man sich selbst und anderen Grenzen in der Arbeitsmenge, kommt man nicht in Versuchung, ständig zwischen Aufgaben zu wechseln. Das ist nämlich der Grund dafür, dass nichts früher, aber alles später fertig wird. WiP-Limits helfen dabei, das Inventar an unfertigen Arbeiten abzubauen.

- **Geringere Durchlaufzeiten:** Wenn wir uns an Bild 2.1 in Kapitel 2 erinnern, dann wird dort sehr deutlich, wie sich parallele Arbeiten negativ auf die Durchlaufzeiten jeder einzelnen Aufgabe auswirken. Wir können diese Tatsache mathematisch beweisen, wir können sie aber auch ganz einfach logisch begründen: Da die künstliche Ausdehnung der Zeit leider noch immer nur Science-Fiction-Autoren vorbehalten ist, steht uns Menschen nur eine bestimmte Zeit zur Verfügung, in der wir arbeiten können. Mehr Arbeit in derselben Zeit geht immer zu Lasten von irgendwas oder irgendwem. Meistens handelt es sich dabei um die Faktoren Produktqualität einerseits und Gesundheit der Mitarbeiter andererseits – meistens sogar in Kombination. Wird die Zahl der gleichzeitig ausgeführten Arbeitsmenge beschränkt, können sich Menschen besser auf eine Aufgabe konzentrieren. Je besser die Konzentration, desto schneller ist man mit einer Aufgabe fertig und desto früher freut sich der Kunde.
Einen Prozess im Fluss zu halten, ist also eines der wichtigsten Ziele von WiP-Limits. Im Wesentlichen haben drei Parameter Einfluss auf den Fluss von Aufgaben durch ein Warteschlangensystem (Little, Graves 2008):
  - Die durchschnittliche Anzahl von Aufgaben in einem Warteschlangensystem (L)
  - Die durchschnittliche Wartezeit einer Aufgabe in diesem System (W)
  - Die durchschnittliche Ankunftsrate von Aufgaben (λ)

Die durchschnittliche Anzahl der Aufgaben im System ist das Produkt von durchschnittlicher Ankunftsrate der Aufgaben und durchschnittlicher Wartezeit im System.

$$L = \lambda W \tag{4.1}$$

Hopp und Spearman haben diese Gesetzmäßigkeit auf das Operations Management umgelegt und den Zusammenhang zwischen Durchsatz (Throughput – TH; der durchschnittliche Output eines Produktionsprozesses pro Zeiteinheit), Work in Progress (WiP – die Bestände zwischen Start- und Endpunkt eines Produktionsablaufs) und Durchlaufzeit (Cycle Time – CT; die durchschnittliche Zeit von der Auftragsfreigabe bis zum Ende des Produktionsprozesses) hergestellt (Little 2008):

$$TH = WiP/CT \tag{4.2}$$

Diese sehr einfache Gleichung – *Little's Law* – macht deutlich: Wenn man will, dass sich die Durchlaufzeit verringert, muss man entweder den Durchsatz erhöhen oder das WiP senken. Meistens ist es einfacher, das WiP zu senken.

- **Höhere Qualität:** Ein direktes Ergebnis der Möglichkeit, sich durch WiP-Limits besser auf wenige Aufgaben konzentrieren zu können. Denn die Sorgfalt sinkt mit der steigenden Menge paralleler Aufgaben. Durch WiP-Limits verkürzen wir außerdem die Feedbackzeiten, weil nachgelagerte Prozessschritte durch die gut überschaubare Zahl an Aufgaben kontinuierlich Rückmeldungen geben können. Ohne WiP-Limits bekommen Entwickler meistens erst lange Zeit später Rückmeldungen über Fehler in der Programmierung. Je später man Feedback über Fehler in der Arbeit bekommt, umso mehr Zeit entfällt eher auf das Suchen als auf das Ausbessern des Fehlers. In einem System mit einem kontinuierlichen Arbeitsfluss gibt es Rückmeldungen sofort, und dadurch hält die Fehlerbehebung den aktuellen Arbeitsfluss auch nicht lange auf.

- **Höhere Vorhersehbarkeit/Termintreue:** Wenn wir ständig parallel arbeiten, verlieren wir den Überblick darüber, wie lange wir tatsächlich für bestimmte Aufgaben – nur für sich genommen – benötigen. Schließlich denken wir dauernd in der Parallelität und berechnen dadurch allerlei zeitliche Sicherheitspuffer, um über die Runden zu kommen. Nehmen wir zum Beispiel an, dass ein Entwickler eine Arbeit beginnt. Er weiß, dass diese Arbeit allein fünf Tage dauert. Kommen laufend neue Aufgaben dazu, verfällt er zwangsläufig ins Task Switching und wird seine ursprüngliche Zusage von fünf Tagen nicht mehr halten können. WiP-Limits helfen einem Team, selbst zu erkennen, wie lange es wofür wirklich braucht. So kann es konkretere Aussagen über Liefertermine treffen und diese Termine auch einhalten.

- **Weniger Störungen:** Wie wir noch sehen werden, basieren WiP-Limits auf Vereinbarungen. Also müssen auch Stakeholder akzeptieren, dass es WiP-Limits gibt. Dadurch wird ein Umdenken angeregt. Es wird gründlicher überlegt, ob der kleine Gefallen jetzt wirklich so wichtig ist, oder ob es nicht wirtschaftlich und kollegial sinnvoller ist, das Team in Ruhe an dem arbeiten zu lassen, woran es nun mal gerade arbeitet. Hier beginnt der Veränderungsprozess über die Grenzen des eigentlichen Kanban-Teams hinaus zu schwappen, weil sich die Stakeholder allmählich intensivere Gedanken darüber machen, was wirklich nötig und was Verschwendung ist.

 Do WiP yourself

Bevor Sie weiterlesen, probieren Sie einfach einmal selbst aus, wie sich unterschiedliche WiP-Limits auf den Arbeitsfluss auswirken.

Ausgangssituation

- Es gibt ein Team, das drei Arbeitsschritte (A, B, C) durchführt.
- In jedem Schritt gibt es genau ein Teammitglied, das Spezialist ist.
- Wir wollen, dass jedes Teammitglied maximal zwei Aufgaben gleichzeitig ausführt.

Bauen Sie ein Kanban-Board, das diese Situation abbildet, und simulieren Sie mit Haftnotizen den Arbeitsfluss. Denken Sie daran, dass Aufgaben auch blockiert sein können.

Fragen

1. Welche Situationen können den Arbeitsfluss ins Stocken bringen?
2. Welche Auswirkungen hat es, wenn wir das WiP-Limit auf 1 senken?
3. Welche Auswirkungen hat es, wenn wir das WiP-Limit auf 4 erhöhen?
4. Welche Auswirkungen haben verschiedene WiP-Limits bei der Input Queue?
5. Annahme: In Schritt B wird langsamer gearbeitet als in A und C.
   a) Wie wirkt sich diese Situation aus?
   b) Was würden Sie als Projektmanager unternehmen?

Zwei sehr bedeutungsvolle Vorteile von WiP-Limits werden wir jetzt etwas eingehender betrachten: das Sichtbarmachen von blockadebedingten Problemen und von Engpässen.

4.1.1 Probleme sichtbar machen

Wenn es sich in bestimmten Arbeitsschritten staut und alle vorgelagerten und nachfolgenden Arbeitsschritte nicht weitermachen können, weil Arbeiten immer wieder mit roten Blockade-Stickern versehen sind, kann man gezielt Ursachenforschung betreiben: Woher kommen die ständigen Blockaden? Zuerst sollte sich ein Team dann der Beseitigung dieses Problems widmen, bevor eine neue Arbeit begonnen wird. Passiert das nicht, ist die Wahrscheinlichkeit sehr groß, dass das Problem an einer anderen Stelle wieder zum Vorschein kommt. Meistens um ein paar Dimensionen größer, als es ursprünglich war.

In Bild 4.1 können im Schritt „Entwicklung" keine zusätzlichen Aufgaben angenommen werden. Das WiP-Limit von 2 ist mit den – aus welchen Gründen auch immer – blockierten Arbeiten bereits erschöpft. Das hat natürlich Auswirkungen auf die vor- und nachgelagerten Schritte. In einem nicht-WiP-limitierten (Pull-)System könnte sich ein Entwickler die fertige Arbeit aus der Fertig-Spalte des Arbeitsschritts Analyse holen. Diese Option fällt mit dem WiP-Limit 2 natürlich weg, er *darf* keine weitere Arbeit beginnen. Wir haben hier also ein Problem identifiziert, und in dieser Situation sollte das Motto lauten: „Stop starting and start finishing." Zuerst beheben wir die Blockaden, um die Arbeiten abschließen zu können.

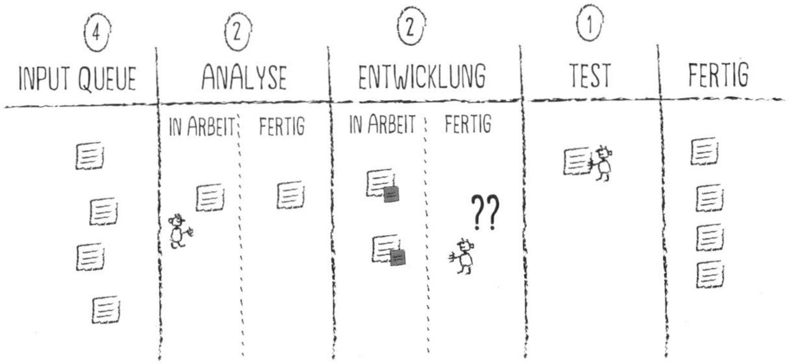

Bild 4.1 Durch Blockaden bedingte Leerläufe machen Probleme sichtbar.

Würde der Kollege in der Entwicklung die WiP-Limits ignorieren und sich immer neue Aufgaben holen, während die zwei Arbeiten blockiert bleiben, würde ganz einfach Folgendes passieren: Sobald die Blockaden beseitigt sind und der Entwickler an diesen beiden Arbeiten weiterarbeiten kann, bleiben alle anderen Aufgaben liegen, die er in der Zwischenzeit begonnen hat. Zusätzlich erhöht sich natürlich die Durchlaufzeit der blockierten Aufgaben. Ohne WiP-Limits würde es also lediglich zu einer Problemverlagerung, nicht aber zu einer Problembehebung kommen. Im Idealfall widmet der durch die Blockaden gerade arbeitslos gewordene Entwickler seine freie Kapazität einer Ursachenanalyse der Blockaden: „Warum sind die Blockaden entstanden, und wie kann man sie in Zukunft vermeiden?"

4.1.2 Engpässe sichtbar machen

Durch die Kombination von Visualisierung und WiP-Limits erkennen wir sehr schnell, wo die Engpässe eines Arbeitsflusses liegen. Die Kollegen, die im Engpass arbeiten, können keine Arbeit von den Vorgängern abholen, weil sie noch mit der aktuellen Aufgabe beschäftigt sind. Und da sich der Vorgänger ebenfalls an die WiP-Limits hält, kann auch er keine neuen Arbeiten in seinen Arbeitsschritt pullen. Der Arbeitsfluss gerät allmählich ins Stocken. Diese Bottlenecks sind die eigentlichen Motoren von Verbesserungen, weil wir – so wie bei den Blockaden – nach den Gründen für diese Engpässe suchen und sie beheben bzw. weiten wollen.

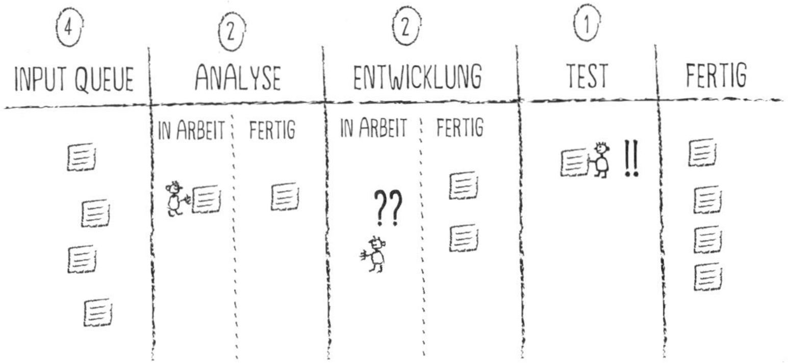

Bild 4.2 WiP-Limits machen den Engpass im Prozessschritt „Test" sichtbar.

Sehen wir uns die Situation in Bild 4.2 genauer an: Der Kollege in der Entwicklung hat zwei Aufgaben erledigt und hängt sie also in die Spalte „Fertig". In der Analyse ist ebenfalls bereits eine Aufgabe fertig gestellt – die sich der Entwickler aber nicht holen darf, weil er das WiP-Limit von 2 beachtet. Im Prozess stellt sich der Test als Engpass heraus, denn der Test-Kollege arbeitet noch an seiner aktuellen Aufgabe und beachtet dabei das WiP-Limit 1. Erst wenn der Tester seine Arbeit beendet hat und sich dann eine Aufgabe aus der Entwicklung holt, kann der Entwickler mit der nächsten Aufgabe beginnen.

Die durchaus logische Lösung zur vorläufigen Beseitigung des Engpasses ist, dass der Entwickler den Tester bei der Arbeit unterstützt. In der Theorie ist das einfacher gedacht als in der Praxis getan. Häufig kommt der Einwand, dass Entwickler zum Entwickeln und nicht zum Testen angestellt werden. Ein zweiter Einwand kann emotionaler Natur sein, weil sich auch der Entwickler selbst nicht als Tester sieht oder aus fachlichen Gründen Bedenken hat. Viele Teams behelfen sich im letzteren Fall damit, indem sie den Arbeiten, die Kollegen aus anderen Bereichen ausführen dürfen, Risikoprofile hinterlegen. Dadurch wird für alle deutlich, was ein Entwickler zum Beispiel im Bereich Test machen darf und was nicht.

Die allgemeine Schwierigkeit liegt in der traditionellen Managementauffassung, dass ein gerade „arbeitsloser" Mitarbeiter jemand ist, der fürs Nichtstun Geld bekommt. Der Trick ist aber: Wenn man Verbesserungen erreichen will, kann dieser arbeitslose Mitarbeiter sich genau jetzt darum kümmern – um Verbesserungen. Genauso hat es einen Wert, wenn ein Mitarbeiter einfach verfügbar ist. Ganze Berufsgruppen werden im Grunde für das Warten und für ihre Verfügbarkeit bezahlt: Denken wir an die Berufsfeuerwehr. Es können Stunden ohne Einsatz vergehen, in denen sich die Mannschaft zum Beispiel darum kümmert, ihre Ausrüstung in Ordnung zu halten. Bei einem Alarm stehen trotzdem alle sofort zur Verfügung. Kanban begrüßt diesen „Slack" also explizit als Quelle für Prozessverbesserungen und als „Unterstützungskontingent", wenn phasenweise Hilfe in anderen Bereichen nötig ist. Schnelle Reaktionsfähigkeit braucht Slack. Klassisches Projektmanagement ist immer danach bestrebt, dass alle Mitarbeiter ausgelastet sind, wenn möglich zu 100 % (oder mehr). In unserem Beispiel aus Bild 4.2 würde sich nach dieser Denkweise einfach immer mehr Arbeit in der Entwicklung anstauen. Wenn wir uns wieder die Engpasstheorie vor Augen halten (siehe Exkurs), ist es aber wesentlich sinnvoller, den Durchsatz des Systems zu erhöhen, anstatt Ressourcen bis zum Anschlag auszulasten.

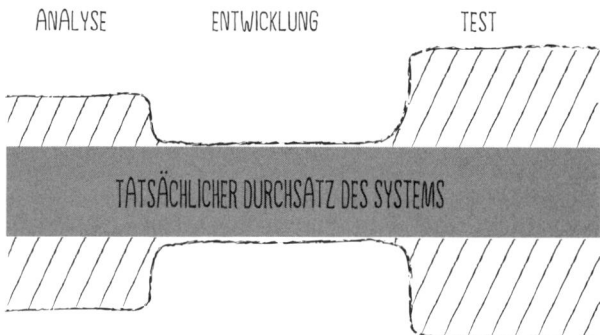

Bild 4.3 Engpässe produzieren für Verbesserungen nutzbaren „Slack"

Sehen wir uns dazu noch einmal ein flussbasiertes System auf eine andere Weise an (Bild 4.3). Das System umfasst die Schritte Analyse, Entwicklung und Test, deren vertikale Breite in der Darstellung der Anzahl der Aufgaben entspricht, die durch die einzelnen Schritte fließen können. Ganz offensichtlich nimmt die Zahl der bearbeitbaren Aufgaben in der Entwicklung drastisch ab. Kanban und die Theory of Constraints sagen dazu: Lass erst gar nicht mehr Aufgaben in das System, als der Engpass verkraften kann. Die WiP-Limits passen wir also so an, dass gerade so viel Arbeit im System ist, dass der Engpass nicht überlastet wird. Vergleichen wir es mit einem Drehkreuz: An diesen künstlich geschaffenen Engpässen zum Beispiel in Museen oder Bibliotheken ist es vollkommen egal, ob man der weltbeste Sprinter oder die lahmste Ente ist – niemand kommt schneller durch, als es das Drehkreuz zulässt. Nur das Drehkreuz bestimmt, wie viele Menschen in einem gewissen Zeitraum durchgehen können (= Durchsatz). Und genauso ist es auch in Arbeitssystemen: Der Engpass bestimmt, wie schnell Aufträge erledigt werden. Also lassen wir nur so viel Arbeit in das System, wie es der Engpass zulässt. Dadurch setzen wir an anderen Stellen unausgelastete Arbeits- und Gedankenkraft frei, die wir gezielt einsetzen können, um einerseits im Engpass auszuhelfen und andererseits den Engpass sukzessive auszuweiten. Es kann ein konkretes Ziel sein, Crossfunktionalität in einem Team zu fördern, indem man sich gegenseitig hilft, Wissen weitergibt, in Ausbildung investiert, damit die Mitarbeiter flexibel in verschiedenen Bereichen arbeiten können. Eine 100%-ige Auslastung von Mitarbeitern, die nicht im Engpass arbeiten, bringt also nicht viel, weil es den Engpass trotzdem gibt und weil Verbesserungs- und Innovationspotenzial ungenutzt liegen bleibt. Nützt man dieses natürlich entstehende Potenzial, brauchen Unternehmen keine teuren, künstlich generierten Verbesserungs- und Innovationsprogramme. Für das Management ist das oft eine der schwierigsten Denkaufgaben bei Kanban.

Exkurs: Theory of Constraints

Der Physiker Eliyahu M. Goldratt, der später zum Managementberater wurde, machte eine wesentliche Beobachtung: Das Hauptleiden vieler Unternehmen ist ihre Fragmentierung. Hinter der Strukturierung in kleinen Einheiten steht die Meinung, dass sich Komplexität dadurch besser beherrschen lässt und dass die Optimierung jeder Einheit sich automatisch optimierend auf die gesamte Organisation auswirkt. Meistens wird dabei an allen möglichen Variablen gedreht, und trotzdem will sich der Erfolg nicht so richtig einstellen. Goldratt postuliert in seiner Theory of Constraints, dass es meistens nicht mehr als *ein* wesentlicher Engpass ist, der ein System darin einschränkt, seine Ziele zu erreichen. Ganz unwillkürlich richtet sich jedes System, egal ob es sich dabei um Produktionsbetriebe oder Wissensunternehmen handelt, in seiner Leistungsfähigkeit an diesem Engpass aus. So wie eine Bergsteigergruppe immer nur so schnell gehen kann wie es der langsamste unter ihnen zulässt, wird auch der Durchsatz einer Organisation bzw. ihrer Subeinheiten von den Durchsätzen der Engpässe bestimmt.

Unser Ziel sollte es also nicht sein, Ressourcen – in unserem Fall die Ressource Mensch – noch stärker auszulasten. Ziel muss es sein, den Durchsatz der Arbeit zu verbessern.

Die fünf Schritte, die Goldratt zur Beseitigung von Engpässen bzw. zur Erhöhung des Durchsatzes vorschlägt, ergeben nichts anderes als einen kontinuierlichen Verbesserungsprozess. (vgl. Goldratt 1990)

1. *Identifiziere den Engpass*

2. *Entscheide, wie der Engpass maximal genutzt werden kann*

3. *Ordne alles andere der oben getroffenen Entscheidung unter*

4. *Erweitere den Engpass*

5. *Wurde der Engpass beseitigt, beginne von vorn*

Goldratt warnte sehr eindringlich davor, sich damit zufrieden zu geben, einen Engpass dingfest gemacht und beseitigt zu haben. Diese Gefahr besteht, wenn man zu sehr auf einen aktuellen Leidensdruck fokussiert ist und dabei vergisst, dass ein Unternehmen aus zusammenhängenden und voneinander abhängigen Einheiten besteht. Daher diese iterative Herangehensweise.

Wir werden der Theory of Constraints noch einmal in Kapitel 7 als Instrument für Verbesserungen begegnen.

Umgang mit Engpässen

In Kanban begegnen wir Engpässen damit, dass wir vor dem Engpass einen Puffer installieren. Auf diese Weise wollen wir sicherstellen, dass die Mitarbeiter des Engpasses immer genug Arbeit haben und der Engpass nie leerläuft, wenn in vorgelagerten Prozessschritten Mitarbeiter zum Beispiel auf Urlaub gehen oder krank werden. Der Puffer gleicht die Variabilität aus, indem das WiP-Limit im gesamten System erhöht wird. In unserem Beispiel in Bild 4.4 ist der Prozessschritt Test der Engpass. Deswegen wurde davor der Puffer „Fertig für Test" eingeführt. Geht nun zum Beispiel ein Entwickler auf Urlaub oder tritt eine andere Form von Variabilität auf, wird das vom Puffer abgefangen. Die Entwickler arbeiten immer noch mit einem WiP-Limit von 2, geben die fertigen Tickets aber in den Test-Puffer. Von dort holen sich die Tester dann ihre Aufgaben ab. Wir verändern also nicht die WiP-Limits in den einzelnen Schritten, sondern heben das gesamte WiP-Limit von 5 auf 8 an. Puffer sollen so klein wie möglich sein, jedoch groß genug, um einen gleichmäßigen Arbeitsfluss zu etablieren.

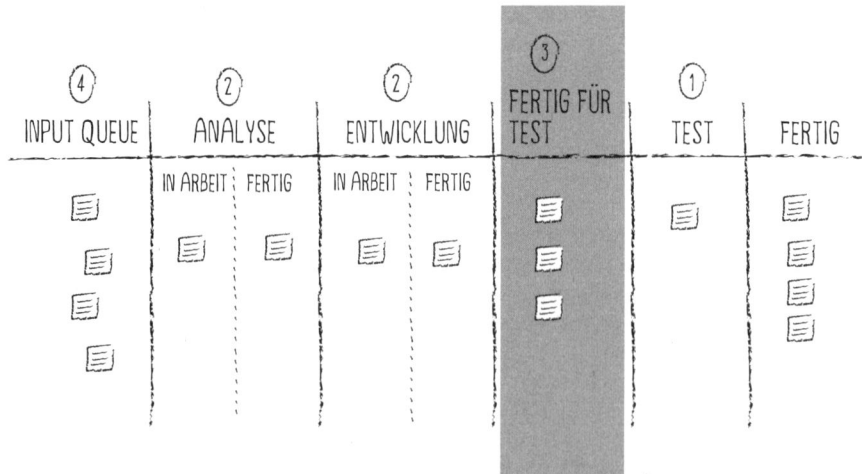

Bild 4.4 Puffern des Engpasses

Puffer oder Queue?

Sie haben ähnliche Funktionen, sind aber trotzdem nicht das Gleiche. Erinnern wir uns an Kapitel 3: In einer **Queue** wartet halbfertige Arbeit darauf, weiter bearbeitet zu werden. Jede „fertig"-Spalte innerhalb eines Prozessschritts ist eine solche Queue.

Ein **Puffer** ist eine spezielle Queue, in der ebenfalls halbfertige Arbeiten liegen. Allerdings sind Puffer ein „absichtliches" Designelement in bestimmten Situationen mit der Aufgabe, einen stetigen Arbeitsfluss aufrechtzuerhalten und ihn damit zu glätten. Das tun Puffer, indem sie immer so viele halbfertige Arbeiten enthalten, dass der Engpass optimal ausgelastet ist. Visuell äußert sich ein Puffer als zusätzliche Spalte am Board. Puffer dienen also dazu, einen Stau in der weiteren Bearbeitung zu tolerieren, indem Arbeiten „zwischengelagert" werden. Sie werden bewusst eingeführt, um Unregelmäßigkeiten wie zum Beispiel variierende Arbeitsgeschwindigkeiten abzufangen. Ein geschickt gesetzter Puffer kann auf diese Weise Durchlaufzeit „retten".

Wandernde Engpässe

Schwierig ist oft die Unterscheidung zwischen echten und vermeintlichen Engpässen. Ein echter Engpass besteht in einem System, wenn Kapazitäten, Ressourcen oder Fähigkeiten an einer Stelle oder in einem Schritt im Prozess dauerhaft überlastet sind. Um das zu erkennen, muss der Arbeitsfluss über einen längeren Zeitraum beobachtet werden. Nur dann fällt nämlich auf, dass es auch Engpässe gibt, die nur kurzfristig auftreten. In der Wissensarbeit ist das der Regelfall und nicht die Ausnahme.

Sehen wir uns als Beispiel nichtfunktionale Anforderungen an: Angenommen, der Business Analyst will, dass eine bestimmte Anwendung um zwei Millisekunden schneller läuft. Der Analyst benötigt wahrscheinlich gerade mal fünf Minuten, um diese Anforderung zu erfassen. In den nächsten zwei Wochen ist die Entwicklung jedoch nur damit beschäftigt, den gesamten Code nach Potenzial für diese zwei Millisekunden zu durchforsten und ihn entsprechend anzupassen. Im Arbeitsfluss sieht das nun natürlich so aus, als wäre die Entwicklung ein Engpass, tatsächlich ist sie es aber nicht. Ein anderes Mal steht der Business-Analyst vor der Aufgabe, ein bestehendes Bewertungssystem (denken wir etwa an Amazon) der Software durch ein neues zu ersetzen. Für das Entwickeln der Formel benötigt er mehrere Wochen. Die Entwickler haben die neue Formel jedoch sehr schnell in den Code eingebaut: alte Formel löschen, neue Formel reinkopieren. Fertig! In diesem Beispiel ist einmal die Entwicklung der vermeintliche Engpass und kurze Zeit später die Business Analyse. Dies wird jedoch durch die Variabilität der Aufgaben verursacht. Daher ist es für ein Kanban-System auch so wichtig, Aufgabentypen zu definieren (siehe Kapitel 3). Würde man in der beschriebenen Situation sofort den Prozess anpassen und in zusätzliche Ressourcen investieren, um den Engpass langfristig zu erweitern, wäre das eine ökonomisch falsche Entscheidung. In unserem Beispielfall wäre der bessere Ansatz, zunächst die Variabilität in den Griff zu bekommen, sofern sie oft auftritt.

Zweck von Visualisierung und WiP-Limits ist es also nicht, für alle potenziellen Engpässe sofort Lösungen zu suchen, sondern Engpässe zu entdecken, über einige Zeit zu beobachten, zu verstehen und dann – wenn nötig – die entsprechenden Änderungen vorzunehmen.

Sammeln von Aufgaben

Eine spezifische Form eines Engpasses sind die Spezialistenfähigkeiten einzelner Mitarbeiter. Es kommt in vielen Unternehmen vor, dass ein Kollege sehr detailliertes Know-how in einem Wissensgebiet besitzt und damit mehrere Teams oder Abteilungen unterstützt. Da der Spezialist also ständig durch die Wertschöpfungskette wandert und nicht permanent zur Verfügung steht, muss die Arbeit, die er sich abholt, zum richtigen Zeitpunkt fertig sein. Gleichzeitig darf der kontinuierliche Arbeitsfluss in den übrigen Prozessphasen nicht durch diese Abhängigkeit beeinträchtigt werden. Wir führen also wieder einen Puffer ein, in dem die fertigen Aufgaben in der Zwischenzeit gesammelt werden.

Das Sammeln von Aufgaben in einem Puffer ist auch eine gute Lösung für Arbeitsschritte, in denen das sequenzielle Abarbeiten von Tickets einen künstlichen Engpass erzeugen würde (Bild 4.5). „Test" ist in vielen Fällen ein Pufferkandidat: Wenn die Tests nicht stark automatisiert ablaufen (z.B. bei manuellen Abnahmetests), hat ein Tester häufig den gleichen Aufwand, egal ob er ein Ticket oder zehn testen muss.

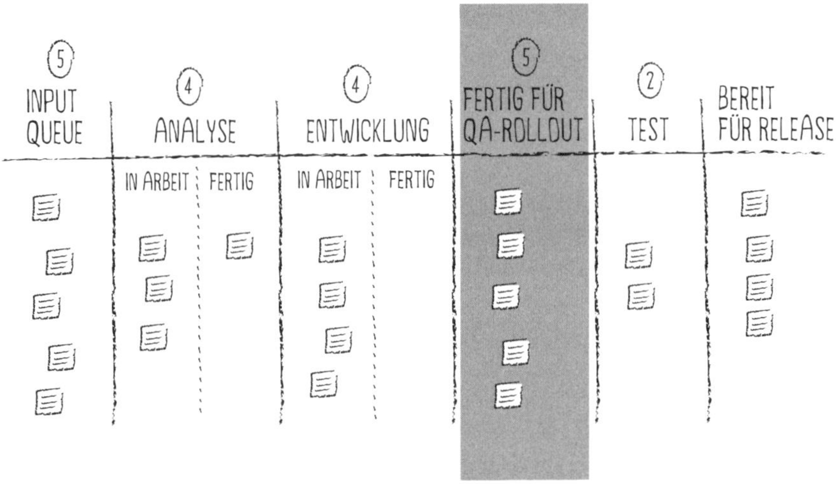

Bild 4.5 Sammeln von Aufgaben

■ 4.2 Setzen von WiP-Limits

Eine der häufigsten Fragen in Kanban lautet naturgemäß: „Was ist das *richtige* WiP-Limit?" Diese Frage lässt sich nicht pauschal beantworten, es gibt dafür keine magische Formel. Der einzige Weg, die für ein bestimmtes Kanban-System richtigen WiP-Limits zu finden, ist Versuch, Beobachtung und Anpassung. Um diese empirische Herangehensweise kommt man in Kanban nicht herum.

Natürlich gibt es bei dieser Annäherung an das spezifisch ideale WiP-Limit aber gedankliche Stützen, die weiterhelfen können. Bei der Arbeit mit Kanban-Teams war uns eine Formel dienlich, die die Anzahl der involvierten Personen berücksichtigt. Wissen wir zum Beispiel, dass in einem Prozessschritt vier Personen arbeiten, stellen wir den betroffenen Personen die Frage, wie viele Aufgaben jede Person sinnvollerweise gleichzeitig bearbeiten kann. Stellen wir fest, dass pro Person zwei Aufgaben parallel erledigt werden können, multiplizieren wir einfach die vier Personen mit zwei und kommen so zu einem WiP-Limit von 8. Kommt ein neuer Mitarbeiter dazu oder verlässt einer das Team, müssen wir das WiP-Limit nicht erst neu erfinden. Durch die Formel lässt es sich ganz einfach auf Basis der Gegebenheiten skalieren.

Die Formel kann natürlich auch lauten: Anzahl der Mitarbeiter geteilt durch 2. Pair Programming ist dafür ein typischer Anwendungsfall. Wir lassen also bewusst weniger Arbeit in das System, als Mitarbeiter vorhanden sind, denn dadurch müssen Kollegen zusammenarbeiten. Beim Pair Programming ist das eine Grundvoraussetzung, man kann auf diese Weise aber natürlich auch den Wissensaustausch in anderen Bereichen unterstützen – wenn das zum Beispiel ein deklariertes Ziel einer Kanban-Implementierung ist.

Aus unseren Beobachtungen lassen sich drei generelle Aussagen treffen:

- Ein **WiP-Limit < 1 pro Person** ist sinnvoll, wenn mehrere Personen an einer Aufgabe arbeiten sollen.
- Ein **WiP-Limit = 1 pro Person** ist oft in „reifen" Organisationen mit wenig Blockaden und wenig Variabilität ein guter Weg.
- Ein **WiP-Limit > 1 pro Person** ist meistens hilfreich, wenn der Prozess von häufigen Blockaden und hoher Variabilität geprägt ist.

Man kann die WiP-Limits auch von den Personen lösen und die Frage stellen: „Wie können wir die Limits ansetzen, damit die Liegezeiten von Arbeiten in Queues sinken?" Vor allem bei der Einführung von Kanban ist der personenzentrierte Ansatz aber leichter verständlich.

4.2.1 Größe der Input Queue

Mit den WiP-Limits wird die Anzahl der Arbeiten begrenzt, die durch ein Kanban-System laufen. Die Input Queue am Board ist der deutliche Übergabepunkt von Aufträgen an das Team: Was in der Input Queue hängt, wird vom Team auf jeden Fall als Nächstes erledigt. Sobald ein Auftrag in der Input Queue hängt, beginnt die Uhr für die Durchlaufzeit zu ticken. Für diese Aufträge kann das Team Aussagen über die Durchlaufzeit abgeben. Um solche Aussagen überhaupt treffen zu können, muss aber die Größe der Input Queue limitiert sein. Die Auftraggeber dürfen also nur eine gewisse Anzahl an Aufträgen an das Team übergeben. Somit bekommt auch die Input Queue ein WiP-Limit. **Was** in der Input-Queue landet, wird im „Queue Replenishment Meeting" (Nachschubmeeting, siehe Kapitel 6) beschlossen. **Wie hoch** das WiP-Limit der Input Queue gesetzt wird, hängt vom Durchsatz des Teams und von der Frequenz der Nachschub-Meetings ab.

Größenbestimmung – ein Beispiel

Angenommen, das Nachschub-Meeting in einem Kanban-System findet wöchentlich statt. Unser Team schafft es, im Schnitt pro Woche 10 Tickets fertigzustellen. Der Schwankungsbereich liegt zwischen +4 Tickets und −2 Tickets. Konkret schafft das Team also zwischen 8 und 14 Tickets pro Woche.

Ein sinnvolles WiP-Limit für die Input Queue ist also 14. Läge das WiP-Limit bei 10, könnte das beim Team angesichts der Schwankungen Leerläufe verursachen.

Wenn wir unser Beispiel auf eine allgemeingültige Ebene heben, können wir also sagen:

- **Eine kleine Input Queue** hat geringere Durchlaufzeiten zur Folge, damit kann ein Team agil reagieren. Da sich die Input Queue schnell wieder leert, können dort im Idealfall schon vor dem nächsten Nachschubmeeting neue Aufgaben aus dem Backlog eingelastet werden, und das Team kann früher Kundenbedürfnisse adressieren.

- **Eine große Input Queue** zieht höhere Durchlaufzeiten nach sich, weil mehr Aufgaben durch das Kanban-System wandern müssen. Gleichzeitig geht damit eine gewisse Flexibilität verloren. Es kommt häufig vor, dass sich im Zuge der Arbeit plötzlich veränderte wirtschaftliche Prioritäten für das Unternehmen ergeben. Je größer das WiP-Limit der Input Queue ist, desto länger muss man darauf warten, bis wieder ein Platz für einen Auftrag frei ist und damit die Möglichkeit zu einer Neupriorisierung der Aufträge besteht. Wir können also erst viel später auf veränderte Situationen reagieren.

4.2.2 WiP-Limits für verschiedene Aufgabentypen

In Kapitel 3 haben wir gezeigt, dass sich die verschiedenen Aufgabentypen, die ein Team zu erledigen hat, am einfachsten mit Swim Lanes darstellen lassen. Diese Unterteilung macht es in Kombination mit jeweils eigenen WiP-Limits auch möglich, den Arbeitsfluss je nach Anforderung gezielt zu steuern und Risiken zu minimieren. Bild 4.6 zeigt, dass für den Aufgabentyp „Features" ein WiP-Limit von 8 festgelegt wurde – es dürfen sich also maximal acht Feature-Tickets gleichzeitig durch das gesamte System (von Analyse bis Test) bewegen. Das Gleiche gilt für die anderen Aufgabentypen: Maximal zwei Change Requests, maximal drei Bugfixes und maximal zwei Support-Tickets dürfen durch den Prozess schwimmen. **ACHTUNG:** Oberste Priorität haben aber immer die WiP-Limits über den Spalten Analyse, Entwicklung und Test. Es dürfen sich zum Beispiel weiterhin nur vier Tickets im Schritt Analyse befinden. Auch in der Input Queue dürfen sich nur fünf Tickets tummeln.

An den gesetzten WiP-Limits in den Swim Lanes sehen wir, welche Schwerpunkte das Team setzt: Das Team im Beispiel aus Bild 4.6 fokussiert sich gerade auf die Featureprogrammierung, daher wurde das WiP-Limit für die Features nach oben gedreht. Würde es sich auf die Kundenzufriedenheit konzentrieren, würde es stattdessen die WiP-Limits zugunsten der Change Requests und/oder Bugfixes erhöhen, um Stabilität und Termintreue zu garantieren.

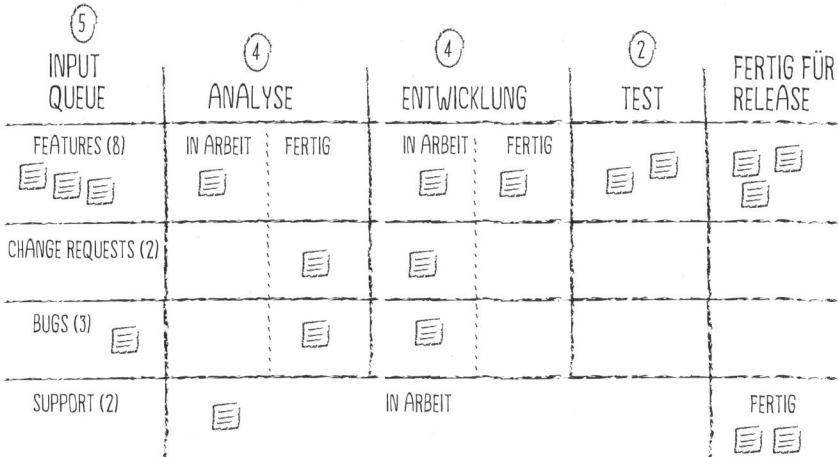

Bild 4.6 Steuerung des Arbeitsflusses durch WiP-Limits für Aufgabentypen

4.2.3 Auswirkungen unterschiedlicher WiP-Limits

Kanban betreiben wir nicht zum Selbstzweck, sondern immer mit bestimmten Zielen vor Augen. Je nachdem, welche Höhe der WiP-Limits gewählt wird, hat das einerseits Auswirkungen auf den Arbeitsfluss, aber auch auf die Befindlichkeit und Weiterentwicklungsmöglichkeit einer Organisation bzw. auf das Teilsystem einer Organisation, das wir gerade betrachten. Diese Auswirkungen können hilfreich sein, allerdings aber auch negative Effekte haben, wenn man nicht sinnvoll damit umgeht. Bei jeder Veränderung – egal ob durch Kanban oder auf andere Art und Weise – lässt sich der sogenannte J-Kurven-Effekt beobachten (Bild 4.7): Die Performance eines Teams sinkt zu Beginn einer Veränderung ab, steigt dann aber im Zeitverlauf in den meisten Fällen über das ursprüngliche Niveau hinaus.

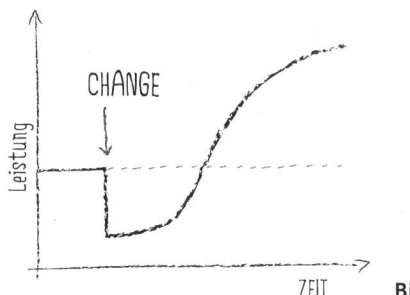

Bild 4.7 J-Kurven-Effekt

Die Höhe der WiP-Limits hat einen Einfluss darauf, wie stark die Performance eines Teams zu Beginn der Veränderung abfällt.

- **Extremfall 1 – zu kleine WiP-Limits:** Werden die Limits zu niedrig angesetzt, werden mit einem Schlag viele Probleme sichtbar. Das verursacht Schmerzen, weil das Team nur noch damit beschäftigt ist, Probleme aus dem Weg zu räumen, und nicht mehr damit, die eigentliche Arbeit zu erledigen. Dadurch entsteht einerseits Widerstand, denn wer so plötzlich mit einer Vielzahl von Blockaden und Problemen konfrontiert wird, flieht sehr bald in die Verklärung der „guten alten Zeiten". Andererseits merkt das Team zwar, dass es auch wieder besser arbeitet, wenn Probleme beseitigt sind, aber der Weg zu dieser Erkenntnis – und damit zur Performancesteigerung – dauert wesentlich länger. Der Punkt ist, dass die Probleme schon vor Kanban vorhanden waren – mit Kanban werden sie aber sichtbar.

- **Extremfall 2 – keine WiP-Limits:** Es nutzt auch in schwierigen Ausgangssituationen wie etwa einem hohen Marktdruck nichts, sich keine Limits zu setzen, denn dadurch werden weder Probleme noch Engpässe sichtbar. Wir werden auf unserer J-Kurve im besten Fall nur minimale Verbesserungen erkennen können, selbst wenn bereits viel Zeit vergangen ist.

- **Extremfall 3 – zu hohe WiP-Limits:** Werden die Grenzen nach oben ausgeweitet, gehen immer noch Arbeiten durchs System, obwohl darin bereits viele blockierte Aufgaben festhängen. Probleme werden dann zwar sichtbar, aber sie werden gleichzeitig ignoriert, weil jeder zur Genüge ausgelastet ist und noch immer Arbeit auf Lager hat. An Verbesserungen ist in solchen Situationen nicht zu denken.

Es gibt in puncto WiP-Limits also lediglich Extremfälle, bei denen wir mit großer Sicherheit sagen können, dass sie Nachteile mit sich bringen. Welches WiP-Limit im konkreten Anwendungsfall richtig oder falsch ist – das muss jeder selbst herausfinden. Am wichtigsten ist, WiP-Limits ständig auf ihre Sinnhaftigkeit zu überprüfen und anzupassen. Das heißt aber natürlich nicht, sie bei jeder Gelegenheit und bei jedem Meeting zu ändern, sondern dann, wenn sie in der bestehenden Höhe nicht mehr helfen, die gesetzten Ziele zu erreichen.

Damit WiP-Limits funktionieren, ist eines gefragt: Konsens zwischen Team, Management und anderen Stakeholdern. Nur wenn sich alle einig sind, dass mit WiP-Limits gearbeitet wird, was sie sind und was sie signalisieren, wird es nicht zur permanenten Überschreitung der Grenzen kommen. Die Stakeholder müssen die Funktionsweise nicht bis ins Detail verstehen. Aber sie müssen verstehen, welchen Vorteil die Arbeit mit WiP-Limits für sie hat. Besonders deutlich wird es, wenn ein Stakeholder selbst vor dem Kanban-Board steht und sieht, wie sich zusätzliche Aufgaben auf die Durchlaufzeit im Team auswirken. Wie hoch das WiP-Limit am Anfang gesetzt wird, ist im ersten Schritt eine Bauchentscheidung und sekundär. Wichtig ist die Einigung darauf, dass in einem WiP-limitierten Pull-System gearbeitet wird, weil das der Motor der Veränderung ist. Die realistischeren Anpassungen der WiP-Limits an die Kundenbedürfnisse passieren dann im laufenden Betrieb.

Was Sie aus diesem Kapitel mitnehmen können

Damit ein Team verlässliche Aussagen darüber treffen kann, wann eine Arbeit fertiggestellt sein wird, muss es die Zahl der Arbeiten beschränken, die gleichzeitig den Prozess durchlaufen. In Kanban verwenden wir dazu WiP-Limits, die vom Team für das Kanban-System gesetzt werden. Indem immer nur eine bestimmte Anzahl von Aufgaben bearbeitet werden muss, verhindern wir das unökonomische, ständige Wechseln zwischen Tasks, verringern die Durchlaufzeiten, erhöhen die Qualität durch kurze Feedbackschleifen und verbessern die Termintreue.

Der im Sinne von Verbesserungen wichtigste Effekt von WiP-Limits ist das Sichtbarmachen blockadebedingter Probleme im Prozess, von tatsächlichen und wandernden Engpässen, bedingt durch Variabilitäten. Vor allem Engpässe produzieren Slack (freie Kapazitäten von Mitarbeitern), der effektiv für Prozessoptimierungen genutzt werden kann. Engpässen und Variabilitäten kann man mit der Einführung von Puffern im Kanban-System begegnen, die an den betroffenen Stellen für optimale Auslastung sorgen und den Arbeitsfluss glätten. Wichtig ist allerdings, zwischen temporären und tatsächlichen Engpässen zu unterscheiden und erst nach einiger Beobachtung entsprechende Maßnahmen zu treffen.

Auch die Input Queue ist in Kanban WiP-limitiert. Wie hoch dieses Limit angesetzt wird, hängt vom Durchsatz des Teams und von der Frequenz der Nachschub-Meetings ab. Um Prioritäten zu steuern, können außerdem auch die einzelnen Aufgabentypen mit WiP-Limits kombiniert werden.

Eine allgemeingültige Empfehlung für das „richtige" WiP-Limit gibt es nicht. An die richtigen WiP-Limits für den Prozess eines Teams nähert man sich meistens durch Versuch, Irrtum, Beobachtung und Neuversuch. Wichtigste Voraussetzung ist allerdings, dass es zwischen Team, Management und anderen Stakeholdern den Konsens gibt, dass mit WiP-Limits gearbeitet wird und dass diese Grenzen respektiert werden.

5 Serviceklassen

2011 war für die IT-Sicherheit wohl das, was Queen Elizabeth II ein „annus horribilis" nennen würde – ein schreckliches Jahr. Wikileaks machte mit entschlüsselten diplomatischen Depeschen den Anfang. Wesentlich kritischer für Unternehmen weltweit war aber die dadurch entstandene Sogwirkung: Hackergruppen wie Anonymous wollen nicht nur fragwürdige politische Vorgänge für alle sichtbar machen, sondern legen ihre Finger vor allem in schmerzhafte Datenschutzwunden. Von Großkonzernen bis zu staatlichen Behörden musste plötzlich jedes Unternehmen und jede Behörde damit rechnen, dass vertrauliche Kundendaten in die Öffentlichkeit gezerrt werden. Das ist natürlich der Super-GAU. Hier geht es nicht nur um die Behebung eines technischen Sicherheitsproblems, sondern bei solchen Aktionen entstehen für ein Unternehmen Kosten in Form von Vertrauensverlusten und nachhaltiger Imageschädigung, die mit teuren Kommunikationskampagnen wieder wettgemacht werden müssen.

In solchen dramatischen Fällen ist allen Beteiligten einer IT-Abteilung klar, dass sie alles stehen und liegen lassen müssen, um dieses akute Problem zu beheben. Beinahekatastrophen sind zum Glück im Alltag die Ausnahme, sie machen aber besonders deutlich, dass sich alle Aufgaben, die von IT-Teams zu erledigen sind, durch ihre geschäftlichen Auswirkungen unterscheiden. Es ist also sinnvoll, Aufgaben nach Art und Umfang dieser Auswirkungen zu differenzieren. Differenzierung von Leistungen, Services und Behandlung begegnet uns überall im Leben. Es ist einerseits eine Strategie, um Preiselastizitäten maximal auszuschöpfen. Unterschiedliche Zielgruppen sind eben bereit, etwa bei Flugreisen für etwas mehr Service und größeren Sitzabstand auch mehr zu bezahlen, also werden sie während der gesamten Interaktion mit einer Fluglinie anders behandelt. Differenzierung ist aber auch notwendig, um in Arbeitsprozessen Komplexität zu beherrschen und zum Beispiel Wege besser planbar zu machen. Denken wir an einen Paketdienst: Hier wird zwischen Express und Normalversand unterschieden, und dementsprechend werden die Routen der Fahrer festgelegt. Die Unterscheidung von Aufgaben ist auch in der IT gang und gäbe: Bugs werden nach ihren Auswirkungen eingeteilt. Jene mit hoher Auswirkung werden sofort behoben, alle nötigen Kapazitäten werden darauf konzentriert. In vielen Fällen gibt es sogar besondere Pläne für Notfall-Fixes, Patches oder Releases.

Kanban nutzt **Serviceklassen**, um Aufgaben nach Auswirkungen und Risiken zu unterscheiden und dadurch im richtigen Moment zu vertretbaren Kosten reaktionsfähig zu sein. Serviceklassen helfen uns außerdem, gegenüber Stakeholdern verlässliche Aussagen zu treffen, welche Leistungen in welchem Zeitraum geliefert werden können (**Service Level Agreements**).

Die Einteilung von Arbeiten in Serviceklassen bedeutet, Aufgaben differenziert zu behandeln, um ihre Durchlaufzeiten besser zu steuern und ihnen entsprechend Kapazitäten zuzuteilen. Serviceklassen sind außerdem ein Instrument, mit dem die Kundenzufriedenheit gesteigert werden kann.

 Warum nicht „Prioritäten"?

Vielleicht fragen Sie sich, warum Kanban den Begriff der Serviceklassen verwendet. Man könnte das doch einfach als eine „Priorisierung" von Aufgaben bezeichnen – oder vielleicht doch nicht? Das Problem mit den Priorisierungen in der Softwareentwicklung ist, dass sie oft den Entwicklern von Menschen außerhalb der eigentlichen Entwicklung aufoktroyiert werden. Was den Teams für ein besseres Verständnis dabei meistens fehlt, ist die tatsächliche (wirtschaftliche) Risikoinformation, die dahinter steht und zum Beispiel eine Priorität 1 stichhaltig begründen würde. Prioritäten sind sogenannte Proxy-Variablen, weil man zwar ihre Ergebnisse objektiv messen kann, eine objektive Bezugsbasis aber fehlt. Die Bezugsbasis ist nämlich in vielen Fällen der persönliche Druck, den ein Produkt- oder Projektmanager vom Kunden bekommt. Wenn auf diesen nicht objektiven Grundlagen Priorisierungsentscheidungen getroffen werden, hat plötzliche jede Aufgabe Priorität 1, womit sich das Konzept selbst ad absurdum führt.

5.1 Cost of Delay und Regeln

Erinnern Sie sich noch an das Team aus Kapitel 4, das in seinem Backlog drei Jahre alte Aufgaben gefunden hat? Diese Aufgabe war anscheinend aus Businesssicht nicht so wichtig, sonst hätte wohl schon früher jemand danach gefragt. Nun gibt es aber leider nicht nur Arbeiten, bei denen es egal ist, ob sie erledigt werden oder nicht. Hätte man der Aufgabe vor drei Jahren Risikoinformationen hinterlegt, wäre vielleicht sofort deutlich geworden, dass man erst gar nicht mit der Arbeit daran beginnen muss – weil Inaktivität in diesem Fall keine wesentlichen Konsequenzen gehabt hätte. Bei anderen Produkten oder Projekten spürt ein Unternehmen sehr lange keinen Leidensdruck, wenn sie nicht gleich umgesetzt werden. Ab einem gewissen Zeitpunkt ist dann aber plötzlich die Hölle los. Bei wieder anderen Aufgabentypen bricht prinzipiell sofort die Hölle los – etwa wenn bei einem Onlineshop die Zahlfunktion fehlerhaft ist. Serviceklassen sollen diese objektiven Konsequenzen für alle Beteiligten sichtbar und effizientes Risikomanagement möglich machen. Daher basieren Serviceklassen – im Gegensatz zu Prioritäten – immer auf objektiv nachvollziehbaren Risikoinformationen. Das sind einerseits die wirtschaftlichen Informationen darüber, wie es sich real ökonomisch auswirkt, wenn eine Arbeit nicht oder verspätet fertig gestellt wird (Cost of Delay oder Verzögerungskosten), und andererseits sind es konkrete Regeln dazu, wie die einzelnen Serviceklassen behandelt werden müssen (Regeln).

Verzögerungskosten

In der deutschen Ausgabe des Buches von David J. Anderson (*Kanban. Evolutionäres Change Management für IT-Organisationen*) hat sich für Cost of Delay die Übersetzung „Verzugskosten" eingebürgert. Dieser Terminus ist aus unserer Sicht nicht korrekt, da Verzugskosten die konkreten rechtlichen Folgen für den Schuldner einer Leistung beschreiben (z. B. Bußgelder, Mahnspesen). Wir verwenden stattdessen den Begriff Verzögerungskosten, der vor allem die entgangenen Gewinne umschreibt.

Die Verzögerungskosten, die unseren Serviceklassen zugrunde liegen, sind eine Funktion der wirtschaftlichen Auswirkungen im Zeitverlauf, die wir visualisieren können. Daraus werden außerdem für jede Serviceklasse eigene Regeln abgeleitet. Ähnlich den Checklisten im Cockpit eines Flugzeugs für unterschiedliche Situationen helfen uns diese Regeln, die passenden Bearbeitungsreihenfolgen festzulegen, um Risiken zu minimieren. Wie die Serviceklassen definiert und benannt werden, sollte unternehmensspezifisch gelöst werden. Gängige Klassen wären etwa

- „Beschleunigt",
- „Fester Liefertermin",
- „Standard" und
- „Unbestimmbare Kosten".

Einfach vordefinierte Serviceklassen aus Büchern zu übernehmen, ist aber nicht sinnvoll, weil Zeit-Auswirkungs-Zusammenhänge in jedem Unternehmen anders aussehen. Die Basis von Serviceklassen ist für jedes Unternehmen individuell: Sie beruhen entweder auf eigenen Messungen aus der Vergangenheit oder auf eigenen qualifizierten Schätzungen. Das Spannende an den Serviceklassen ist, dass sich alle Beteiligten der Auswirkungen bewusst werden und sich damit beschäftigen müssen. In Entwicklungsteams entsteht dadurch selbst unter den eingefleischtesten Technikern ein größeres Geschäftsbewusstsein. Die unmittelbaren Stakeholder des Teams sind im Normalfall Diskussionspartner bei der Definition der Serviceklassen. Sie sind näher am Markt und wissen genau, was sich nach außen auf welche Art und Weise auswirkt. Daher muss mit ihnen in puncto Serviceklassen und deren differenzierter Behandlung Einigkeit herrschen.

Die **Zahl der verschiedenen Serviceklassen** und der damit verbundenen Regeln kann natürlich nicht unendlich groß sein. Damit das Prinzip der Serviceklassen in der Umsetzung funktioniert, muss sie jeder Mitarbeiter aus dem Effeff kennen und das richtige Regelwerk damit verbinden können. Vor allem müssen Mitarbeiter diese Regeln und den Grund, warum es sie gibt, *verstehen*. In der Praxis hat es sich bewährt, mit maximal sechs Serviceklassen zu arbeiten, grundsätzlich muss aber die Balance zwischen Erinnerbarkeit und flexibler Reaktionsfähigkeit auf Kundenbedürfnisse gefunden werden. Auch für die Visualisierung der Serviceklassen gilt: Je einfacher, desto besser. Farben haben immer noch die größte Signalwirkung, mit ihrer Hilfe wissen die meisten Menschen intuitiv, was gemeint ist. Daher ist die einfachste Lösung, die unterschiedlichen Serviceklassen durch verschiedenfarbige Tickets darzustellen. Andere Ticket-Formen, Aufkleber auf den Tickets oder eigene Swim Lanes werden ebenfalls manchmal verwendet.

5.1.1 Serviceklasse „Beschleunigt"

In die Serviceklasse „Beschleunigt" fallen alle Arbeiten, die unmittelbar und sofort hohe Kosten verursachen (Bild 5.1). Das wäre zum Beispiel ein Angriff von Anonymous oder der Ausfall wesentlicher Server bei einem Webprodukt. Es kann aber genauso positive Beschleunigt-Fälle geben: Darunter fallen etwa Arbeiten, die dem Unternehmen die Chance auf Neugeschäfte eröffnen. Damit hier ein „Quick Win" möglich ist, muss das Team also schnell in die Bresche springen. Trifft ein Beschleunigt-Ticket am Board ein, darf dabei das WiP-Limit überschritten werden. Wie die bevorzugte Behandlung dieser Tickets generell aussieht (z. B. welche Kapazitäten dafür zur Verfügung gestellt werden), legt das Team in einem Regelwerk fest. In der Funktion symbolisiert die gestrichelte Linie die Bearbeitungszeit, die durchgängige Linie stellt die Auswirkungen auf das Business (Impact) dar.

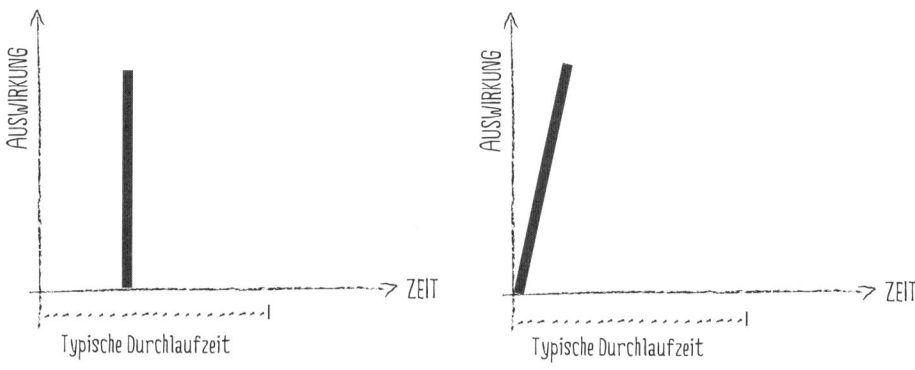

Bild 5.1 Verlauf der Verzögerungskosten für die Serviceklasse „Beschleunigt"

Die Regeln für Beschleunigt-Tickets könnten lauten:

- Ein Beschleunigt-Ticket muss sofort gezogen werden, sobald ein geeigneter Mitarbeiter zur Verfügung steht. Andere Aufgaben müssen warten.
- Das WiP-Limit darf an jeder Stelle im Prozess überschritten werden.
- Es darf nur ein Beschleunigt-Ticket zu einem Zeitpunkt bearbeitet werden, das WiP-Limit für diese Klasse ist 1.
- Das fertige Ticket wird sofort produktiv gestellt.

Effekte: Weil ein Beschleunigt-Ticket wesentlich schneller bearbeitet wird, sinkt seine Durchlaufzeit. Natürlich passiert das aber auf Kosten der anderen Arbeiten, die sich gerade im Prozess befinden: Deren Durchlaufzeiten werden länger und damit auch die Laufzeiten anderer Beschleunigt-Tickets, die unter Umständen gerade bearbeitet werden. Wenn wir also die Zahl der Beschleunigt-Tickets im System nicht begrenzen, erfüllen sie ihren Zweck nicht mehr. Genau hier stoßen wir wieder auf den wesentlichen Unterschied zu Systemen, die mit Prioritäten arbeiten: Ohne objektivierte Information, zum Beispiel durch Cost of Delay-Funktionen, ist alles wichtig und soll sofort gemacht werden. Wenn wir uns selbst keine Beschränkung auferlegen, blockieren wir das gesamte System und erhöhen die Durchlaufzeiten. Es entsteht nämlich ein Teufelskreis: Werden Arbeiten mit Priorität 1 nicht schnell genug erledigt, befürchten die Stakeholder, dass ihre Aufträge ins Hintertreffen geraten, wenn sie diese mit Priorität 2 ins System schicken. Also kategorisieren sie die

Aufträge vorsichtshalber gleich als Priorität 1 und überlasten das System weiter, weil das Team plötzlich nur noch mit dem sofortigen Abarbeiten der Beschleunigt-Tickets beschäftigt ist. Daher gilt:

Wenn Beschleunigt-Tickets zugelassen werden, muss ihre Zahl limitiert werden.

5.1.2 Serviceklasse „Fester Liefertermin"

Beschleunigt-Tickets sollten in einem Unternehmen eher Ausnahme als Regel sein. Viel häufiger sind Entwicklungsteams mit festen Lieferterminen konfrontiert. In diesem Fall hat das Team einen gewissen Zeitraum zur Verfügung, um die Arbeit fertigzustellen. Ist die Arbeit aber nicht bis zu einem bestimmten Termin abgeschlossen, drohen zu diesem Termin sofort oder mit ein wenig Verzögerung hohe Kosten bzw. Auswirkungen (Bild 5.2). Ein Beispiel dafür sind Gesetzesänderungen: Diese treten zu einem bestimmten Datum in Kraft. Wurden bis dahin Datenbanken, Zahlungsfunktionen etc. nicht entsprechend adaptiert, drohen Strafen, Kundenbeschwerden, im schlimmsten Fall sogar Geschäftsunfähigkeit.

Tickets mit festem Liefertermin werden daher nicht sofort, aber mit erhöhter Aufmerksamkeit behandelt.

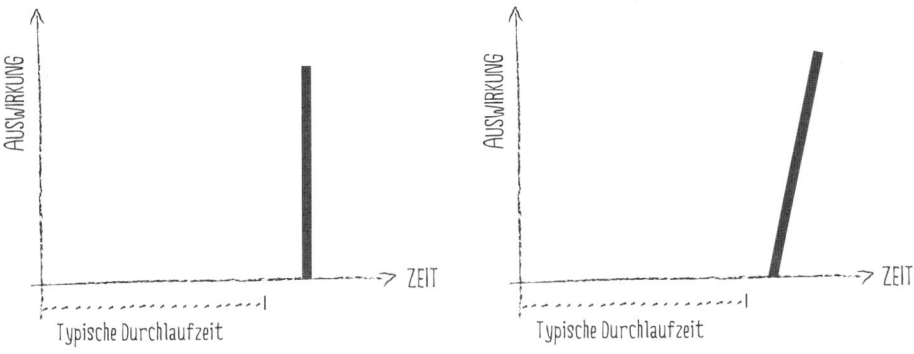

Bild 5.2 Verlauf der Verzögerungskosten der Serviceklasse „Fester Liefertermin"

Die Regeln für Tickets „Fester Liefertermin" könnten lauten:

- Für diese Aufgaben wird eine Analyse durchgeführt, bei der Größe und Aufwand geschätzt werden, um eine Vorstellung über die Durchlaufzeit zu bekommen.
- Basierend auf der Schätzung beginnt die Arbeit früh genug, damit sie rechtzeitig vor dem Termin abgeschlossen werden kann.
- Die Aufgaben der Serviceklasse „Fester Liefertermin" halten sich an die vereinbarten WiP-Limits.
- Gerät eine Arbeit so sehr in Verzug, dass die rechtzeitige Auslieferung gefährdet ist, kann die Serviceklasse in „Beschleunigt" geändert werden.
- Fertige Aufgaben kommen in den nächsten regulären Release.

Effekte: Die positive Konsequenz dieser Serviceklasse ist, dass Arbeiten sicher in der definierten Zeit fertiggestellt werden. So wie bei Beschleunigt-Tickets ist aber Vorsicht geboten:

In dieser Serviceklasse wird noch immer mit einer gewissen Bevorzugung gearbeitet, und damit erhöhen sich wieder die Durchlaufzeiten anderer Arbeiten. Also gilt auch hier, dass die Zahl der im System befindlichen Tickets „Fester Liefertermin" begrenzt werden muss. Und eines sollte allen Beteiligten besonders klar sein: *Wunsch*termine sind keine Fixtermine!

 Wie wichtig ist die Serviceklasse „Fester Liefertermin"?

Ein oft nervenaufreibendes Faktum unserer heutigen Zeit ist die Termingetriebenheit. Allerdings steckt dahinter nicht immer das, was wir bei der Serviceklasse „Fester Liefertermin" mit der zugrundeliegenden Funktion der Verzögerungskosten aussagen wollen.

In der Realität vieler Softwareentwicklungsteams geht es einem Auftraggeber weniger um die Verzögerungskosten als darum, die Sicherheit zu haben, dass sein Problem bearbeitet und nicht unendlich weit nach hinten verschoben wird. Daher knüpft er an seinen Auftrag ein bestimmtes Fertigstellungsdatum. Meistens tut er das, weil er das System, nach dem ein Team arbeitet, nicht durchschauen und einschätzen kann. Terminvorgaben, wie wir sie alle aus unserer täglichen Arbeit kennen, entstehen also in vielen Fällen aus einem Misstrauen heraus.

In nicht WiP-limitierten Arbeitssystemen kommen ungebremst ständig neue Aufträge herein. Als Reaktion planen Teams nur noch auf Basis von Terminen und nicht auf Basis eines Arbeitsflusses, den es so genau kennt, dass es darüber verlässliche Aussagen treffen kann. Genau da wollen wir mit Kanban aber hin.

Ob die Serviceklasse „Fester Liefertermin" sinnvoll ist, hängt immer vom Kontext ab, in dem sich ein Team bewegt. Support-Teams brauchen diese Serviceklasse kaum bis gar nicht, weil sie ihre Aufgaben ohnehin meistens so schnell wie möglich erledigen müssen. Anders sieht es bei Entwicklungsteams in Projektumgebungen aus – vor allem, wenn diese Projekte auch noch saisonale Relevanz haben. Plattformen für das Weihnachtsgeschäft können im Januar ein Gag sein, sollten aber doch möglichst vor Beginn des Einkaufsmarathons fertig sein. Feste Liefertermine sind in diesem Bereich also unumgänglich und entsprechen der Definition der Serviceklasse, so wie sie gemeint ist.

Bevor Sie diese Serviceklasse gleich zum Start eines Kanban-Systems einsetzen, stellen Sie sich die Fragen:

- In welchem Umfeld arbeitet das Team?
- Hängen Fixtermine bei den Projekten des Teams tatsächlich damit zusammen, dass wesentliche Nachteile entstehen, wenn zu diesem Termin nicht geliefert wird? Oder gehen Stakeholder mit Terminen auf Nummer sicher, weil bisher keine verlässlichen Aussagen darüber getroffen werden konnten, wann Ergebnisse geliefert werden?

5.1.3 Serviceklasse „Standard"

Wenn wir nicht gerade in einem hochgradig chaotischen oder notorisch unterbesetzten Unternehmen arbeiten, sollten Tickets der „Standardklasse" den Großteil der Arbeit ausmachen. Die dahinter liegende Cost of Delay-Funktion sagt uns, dass in dieser Serviceklasse nicht unmittelbar oder ab einem bestimmten Termin hohe Kosten drohen (Bild 5.3). Vielmehr handelt es sich hier um Opportunitätskosten: Die Auswirkungen auf das Geschäft stellen sich in Form entgangener Einnahmen dar. Zum Beispiel beschließen wir, eine neue Funktionalität noch nicht umzusetzen. Möglicherweise könnten wir damit unsere Umsätze oder unsere Konkurrenzfähigkeit gegenüber Mitbewerbern bereits jetzt steigern.

Es hat keine unmittelbare hohe Auswirkung auf das Geschäft, wenn diese Aufgaben nicht sofort erledigt werden. Möglicherweise wird aber die eigene Konkurrenzfähigkeit untergraben, wenn die Aufgaben nie erledigt werden.

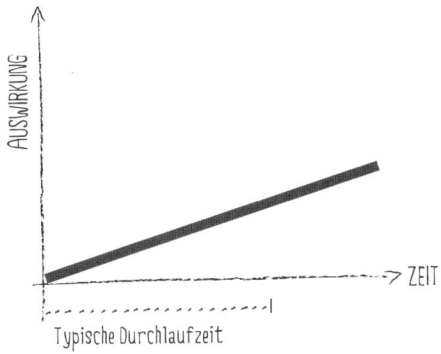

Bild 5.3 Verlauf der Verzögerungskosten für die Serviceklasse „Standardklasse"

Regeln für die Standardklasse könnten lauten:

- Standardtickets werden nach dem FIFO-Mechanismus (First-In-First-Out) durch das System gezogen.
- An den Tickets der Standardklasse wird gearbeitet, wenn keine Beschleunigt- oder Fester-Liefertermin-Tickets zu ziehen sind.
- Fertig bearbeitete Tickets kommen in den nächsten regulären Release.
- Es werden keine Schätzungen zu Durchlaufzeit und Aufwand durchgeführt.
- Aufgaben können analysiert werden, um eine Größenordnung (S, M, L) festzulegen. Eine mögliche Definition könnte sein: Small bedeutet innerhalb eines Tages, Medium bedeutet innerhalb einer Woche, und Large bedeutet mehr als eine Woche. (Anmerkung: Diese Definitionen variieren natürlich von Unternehmen zu Unternehmen)
- Tickets der Größenordnung „L" müssen in kleinere Aufgaben aufgeteilt werden.
- Tickets werden zu 90 % innerhalb von zehn Tagen fertig gestellt. (Anmerkung: Hier handelt es sich bereits um ein Service Level Agreement. SLAs werden in Abschnitt 5.3 genauer beschrieben.)

5.1.4 Serviceklasse „Unbestimmbare Kosten"

Von manchen Aufgaben weiß man, dass sie in ferner Zukunft Auswirkungen haben könnten. In vielen Fällen kennt niemand den genauen Zeitpunkt, wann diese Auswirkungen eintreten. Vorerst sind diese Aufgaben aus geschäftlicher Sicht zwar wichtig, aber nicht dringend. Ein Beispiel dafür ist das Versions-Upgrade einer Softwarekomponente: Anfangs mag das Upgrade vernachlässigbar sein, weil die Software noch einwandfrei mit dem Gesamtsystem funktioniert. Sobald jedoch abhängige Softwarekomponenten nicht mehr mit der alten Version kompatibel sind, hat das große Konsequenzen für das Gesamtsystem. Es kann also sein, dass die „Unbestimmbaren Kosten" ab einem gewissen Zeitpunkt in eine höhere Serviceklasse aufsteigen und dann wirtschaftlichen und zeitlichen Druck verursachen (Bild 5.4). Genau zu einer solchen Serviceklassen-Evolution sollte es nicht kommen, daher soll ständig an Tickets dieser Serviceklasse gearbeitet werden.

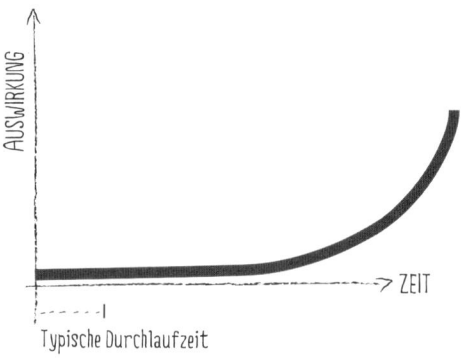

Bild 5.4 Verlauf der Verzögerungskosten für die Serviceklasse „Unbestimmbare Kosten"

Regeln für die Serviceklasse „Unbestimmbare Kosten" könnten lauten:

- Tickets können von jedem Teammitglied gezogen werden, solange kein Ticket einer höheren Serviceklasse (Standard, Fester Liefertermin oder Beschleunigt) gezogen werden muss.
- Erledigte Tickets kommen in den nächsten regulären Release.
- Aufwand und Durchlaufzeit werden nicht geschätzt.
- Die Aufgaben können analysiert werden, um eine Größenordnung festzulegen. Große Aufgaben werden in kleinere Tickets aufgeteilt.
- Wenn ein Ticket der Serviceklasse „Beschleunigt" ins System kommt, wird die Arbeit an Tickets mit „unbestimmbaren Kosten" eingestellt.
- Zu dieser Serviceklasse gibt es keine Service Level Agreements.

  Die Unbestimmbarkeit soll nicht signalisieren, dass diese Aufgaben vollkommen vernachlässigbar sind. Ihr Sinn und Zweck ist es, dass frühzeitig mit der Arbeit begonnen wird, auch wenn die Zeit noch nicht drängt.

Die Arbeit ist wichtig, aber nicht dringend. Warum diese Serviceklasse trotz ihres unscheinbaren Namens so wichtig ist, hat zwei Gründe:

1. Hier geht es um Weiterentwicklungen oder Neuentwicklungen von Produkten, für die eigentlich keine Zeit ist. Die Idee hinter dieser Serviceklasse ist, für diese Aufgaben Kapazitäten zu reservieren, indem zum Beispiel als Regel gilt, dass immer mindestens zwei Tickets „unbestimmbare Kosten" in Arbeit sein müssen. Diese Serviceklasse ist also auch ein Motor für Verbesserungen und Innovationen, den wir in unser System integrieren.

2. Diese Serviceklasse soll Teams vor unangenehmen Überraschungen schützen. Schenkt man den Aufgaben mit unbestimmbaren Kosten nämlich keine Aufmerksamkeit und hat nicht genügend davon ständig in Arbeit, lässt sich beobachten, wie sich die Dringlichkeit der Aufgaben stark verändert (Bild 5.5): Zunächst werden die Aufgaben verschoben und verschoben, bis plötzlich Termine näher rücken oder von außen der Druck entsteht, die Arbeiten nun doch schneller abzuschließen und in den Release zu geben. Im Laufe der Zeit bekommt das Ticket eine immer höhere Serviceklasse, bis es schließlich in der Beschleunigt-Klasse landet und damit große wirtschaftliche Auswirkungen hat. Also ist es eine vorausschauende Zeitinvestition, immer an einer bestimmten Anzahl von Tickets der Serviceklasse „unbestimmbare Kosten" zu arbeiten.

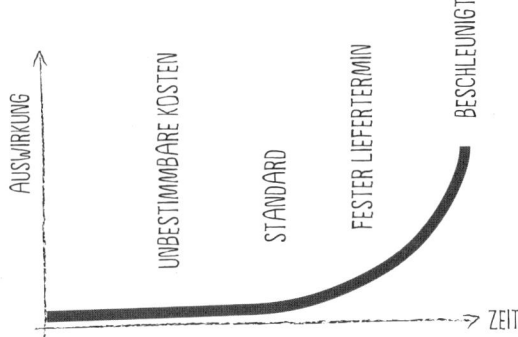

Bild 5.5 Veränderung der Dringlichkeit von Serviceklassen im Zeitverlauf

■ 5.2 Kapazitäten von Serviceklassen

Wie viele Tickets einer Serviceklasse sollten sich nun jeweils in einem Kanban-System befinden? Auf diese Frage gibt es nicht *die* richtige Antwort. David J. Anderson meint dazu: „Die Aufgaben sollen so durch das System fließen, dass Geschäftswert und Kundenorientierung optimiert werden und die Releases zu maximaler Kundenzufriedenheit führen." (Anderson 2011, S. 143) Wir haben bereits gehört, dass die Anzahl von Tickets der Serviceklassen „Beschleunigt" und „Fester Liefertermin" aus nachvollziehbaren Gründen stark begrenzt sein sollten. Für die effiziente Steuerung des Arbeitsflusses sollte es aber für alle Serviceklassen mengenmäßige Limits geben. Kapazitäten und Regeln stellen sicher, dass Tickets die richtige Behandlung bekommen, die ihnen durch ihre Serviceklasse zusteht. Bei einem WiP-Limit von 20 kann zum Beispiel festgelegt werden:

- 5 % Beschleunigt = 1 Ticket
- 20 % Fester Liefertermin = 4 Tickets

- 50 % Standardklasse = 10 Tickets
- 30 % unbestimmte Kosten = 6 Tickets

Warum werden hier 105 Prozent verteilt? Wir haben vorhin die Regel eingeführt, dass Tickets der Serviceklasse „Beschleunigt" das WiP-Limit überschreiten dürfen und dass immer nur ein Beschleunigt-Ticket zu einem Zeitpunkt bearbeitet werden darf. Haben wir ein WiP-Limit von 20 am gesamten Board, erhöht sich mit einem Beschleunigt-Ticket das WIP auf 21 – das entspricht 105 Prozent, wenn wir als Basis das WiP von 20 haben. Wie die Kapazitätsverteilung auf die einzelnen Serviceklassen im jeweils konkreten Fall genau aussehen kann, ist eine Frage des ständigen Probierens und Anpassens.

Kapazitäten müssen vergeben werden, damit die Idee der Serviceklassen funktioniert. Denn je nachdem, *wie* die Kapazitäten verteilt werden, hat das Auswirkungen auf die Durchlaufzeiten der einzelnen Serviceklassen.

 Kapazitäten für Serviceklassen festlegen

Wieder eine kleine Denksportaufgabe für zwischendurch. Überlegen Sie sich doch einmal die Antworten auf folgende Fragen:

1. Welchen Einfluss haben die Kapazitäten von Serviceklassen auf die Durchlaufzeiten der einzelnen Serviceklassen?
   a) Was passiert, wenn wir 50 % Beschleunigt-Tickets zulassen?
   b) Was passiert, wenn wir keine Kapazitäten für unbestimmbare Kosten reserviert haben?
   c) Was passiert, wenn wir überhaupt keine Kapazitäten vergeben?
2. Was machen wir, wenn wir zu einem Zeitpunkt keinen Bedarf an Tickets mit festem Liefertermin haben?
   a) Füllen wir freie Kapazitäten mit Tickets der Standardklasse?
   b) Falls ja, wie behandeln wir sie? Nach Standardklassen-Regeln?
   c) Verändern wir damit nicht die Regeln für die Kapazitätsverteilung?

■ 5.3 Service Level Agreements

Alle bisher erklärten Schritte der Visualisierung, des Setzens von WiP-Limits und des Zuordnens von Arbeiten in Serviceklassen sollen dabei helfen, die Durchlaufzeiten des Arbeitsflusses zu optimieren. Diese Verbesserungen lassen sich nur erreichen, wenn Prozesse mit Messungen begleitet werden (auf die wir in Kapitel 7 näher eingehen werden). Ein Team muss zu jedem Zeitpunkt wissen, wo es mit seiner Leistungsfähigkeit steht, denn nur so kann es entscheiden, wo es hinwill und wie es dort hinkommt. Messungen haben für Kanban-Teams aber nicht nur den selbstzentrierten Zweck, einfach besser zu werden. Mit den passenden Metriken kristallisiert sich immer stärker heraus, für welche Arbeiten welcher Größenordnung und welches Schwierigkeitsgrades es wie lange braucht. Das heißt,

Teams können auf Basis der begleitenden Messungen immer präzisere Aussagen dazu treffen, wann ein Kunde sein fertiges Produkt geliefert bekommt.

Service Level Agreements sind fixe Zusagen zu Ergebnissen in Bezug auf ihre prozentuelle Termintreue, die auf Messungen beruhen.

Das hat zwei wesentliche Vorteile:

1. Es müssen keine kostspieligen Schätzungen nach dem Prinzip Trial and Error durchgeführt werden.

2. Man kann auf Praktiken verzichten, die auf mangelndem Vertrauen aufbauen (z. B. auf Commitments).

Service Level Agreements können für Serviceklassen, unterschiedliche Größenordnungen innerhalb von Serviceklassen, Aufgabentypen oder für Kombinationen aus allem getroffen werden. Wie kann so ein Service Level Agreement aussehen?

- Tickets der Standardklasse werden zu 80 % innerhalb von 14 Tagen erledigt.
- S-Tickets der Standardklasse werden zu 90 % innerhalb von 5 Tagen erledigt.
- Tickets vom Arbeitstyp Feature der Standardklasse M werden zu 90 % in 15 Tagen fertig gestellt.

Die Zieldurchlaufzeiten, die mit den Kunden in Service Level Agreements vereinbart werden, basieren auf Daten aus der Vergangenheit. Wenn ein Kanban-Team noch ganz am Anfang steht, gibt es diese Daten oft noch nicht. Zu Beginn müssen sich Teams also noch mit Vermutungen behelfen, die aber adaptiert werden, sobald solides Zahlenmaterial vorliegt. Diese Informationen ergeben sich zum Beispiel aus Messungen der Durchlaufzeit und der Spektralanalyse der Durchlaufzeiten, die wir in Kapitel 7 näher erklären.

 Was Sie aus diesem Kapitel mitnehmen können

Die Arbeiten, die ein Team erledigen muss, unterscheiden sich durch ihre wirtschaftlichen Auswirkungen. Daher ist es sinnvoll, Aufgaben nach diesen Auswirkungen zu differenzieren und in ihrer Dringlichkeit unterschiedlich zu behandeln. In Kanban werden dazu **Serviceklassen** definiert. Aus laufenden Messungen und Beobachtungen kann das Team im Laufe der Zeit verlässliche Aussagen gegenüber den Stakeholdern treffen, welche Leistungen innerhalb welchen Zeitraums geliefert werden können **(Service Level Agreements)**.

Serviceklassen beruhen auf objektiv nachvollziehbaren Risikoinformationen zu den ökonomischen Auswirkungen, wenn eine Arbeit nicht oder verspätet fertiggestellt wird **(Verzögerungskosten oder Cost of Delay)**. Entsprechend der dahinterliegenden Cost of Delay-Funktion werden für jede Serviceklasse Regeln für den Umgang festgelegt. Wie die einzelnen Serviceklassen benannt werden und welche Risikoinformation hinterlegt ist, ist von Unternehmen zu Unternehmen verschieden. Häufig benutzte Serviceklassen sind:

- **Beschleunigt:** Arbeiten, die unmittelbar und sofort hohe Kosten verursachen. Die Menge an Beschleunigt-Tickets im Prozess sollte streng limitiert sein.

- **Fester Liefertermin:** Für die Fertigstellung der Arbeit steht ein längerer Zeitraum zur Verfügung. Ist die Arbeit zum vereinbarten Termin allerdings nicht abgeschlossen, drohen sofort oder mit etwas Verzögerung hohe Kosten. Auch die Menge dieser Tickets im Prozess sollte begrenzt sein.

- **Standard:** Tickets dieser Klasse sollten den Großteil der Arbeiten eines Teams ausmachen. Verzögerungen bei der Fertigstellung haben keine unmittelbaren hohen finanziellen Auswirkungen, können aber Einfluss auf die Kundenzufriedenheit und Marktposition haben.

- **Unbestimmbare Kosten:** Dabei handelt es sich um Anforderungen, die wichtig, aber nicht dringend sind. Hier geht es vor allem um Investitionen in den zukünftigen Erfolg.

Innerhalb des festgelegten Gesamt-WiP-Limits werden den einzelnen Serviceklassen mengenmäßige Limits zugeteilt. Je nachdem, wie die Limits vergeben werden, hat das Auswirkungen auf die Durchlaufzeiten der einzelnen Serviceklassen.

Anhand der Durchlaufzeiten kann ein Team schließlich Service Level Agreements mit den Stakeholdern vereinbaren. Diese sind fixe Zusagen zu Ergebnissen in Bezug auf die prozentuelle Termintreue. Diese Aussagen beruhen auf Messungen.

6 Betrieb und Koordinierung

Sie haben bis jetzt viel darüber erfahren, mit welchen Instrumenten ein Kanban-Team seinen Arbeitsfluss visualisieren, steuern und Durchlaufzeiten optimieren kann. Natürlich fragen Sie sich aber zu Recht, wie es denn an den Schnittstellen des Teams aussieht. Wie kommen die Aufgaben in einem Kanban-System zum Team? Wer entscheidet, welche Aufgaben in der Input Queue landen, wie und von wem wird beschlossen, was in den nächsten Release kommen wird?

Kanban ist reine Kommunikation. Wir visualisieren die Arbeit und ziehen Aufgaben über ein Board – schon für sich gesehen ist das eine Form der Kommunikation. Aber auch wenn – oder gerade weil – wir viel sichtbar machen, zwingt uns diese Vorgehensweise im Grunde doch nur zu einem: zum miteinander Reden. Überall wo Menschen durch die Visualisierung Blockaden, Engpässe oder sonstige Probleme erkennen können, kommen sie ins Gespräch und suchen gemeinsam nach Lösungen. Kanban lebt somit zu einem sehr großen Teil von der Kommunikation zwischen den Teammitgliedern. Zwar wird nur ein Ausschnitt der gesamten Wertschöpfungskette betrachtet, aber jedes Team sollte sich darüber im Klaren sein, dass Kanban kein Mittel zum Selbstzweck ist, sondern dass das gesamte Unternehmen von Kanban profitieren muss. Neben den ohnehin entstehenden Gesprächen im Team funktioniert das vor allem durch Kommunikation mit den vor- und nachgelagerten Stellen an den Grenzen des Wertschöpfungsbereichs eines Teams. Für Betrieb und Koordinierung eines Kanban-Systems stellt sich also die Frage institutionalisierter Formen der Kommunikation in Gestalt von Meetings.

So wie bis auf wenige Prinzipien kaum etwas vorgeschrieben ist, schreibt Kanban auch nicht vor, *dass* es Meetings geben muss, welche das sein müssen und in welcher Art und Weise diese Meetings stattfinden müssen. Es hat sich lediglich in der täglichen Praxis herausgestellt, dass sich im Zuge der evolutionären Veränderungsschritte ohnehin das Bedürfnis nach periodischen Besprechungen und intensiverer Kommunikation mit den anderen Stakeholdern aus dem laufenden Betrieb heraus ergibt. Die minimalste Veränderung, die wir einem Unternehmen in diesem Bereich zumuten würden, ist das Daily Standup-Meeting. Aus unerfindlichen Gründen gibt es tägliche morgendliche Besprechungen in der Wissensarbeit nicht oder nur sehr selten, um die tägliche Arbeit zu koordinieren. Im Gegensatz zu Produktionsbetrieben (oder z. B. auch in Krankenhäusern), wo es nach wie vor Usus ist, dass sich am Beginn des Arbeitstages oder am Beginn einer Schicht die Mitarbeiter einander über die anstehenden Aufgaben informieren. So werden Doppelgleisigkeiten und überflüssige Arbeiten vermieden, die Verschwendung sind und Kosten verursachen.

Neben dem Daily Standup-Meeting schlagen wir hier noch einige andere Meetings vor, die sich im Kanban-Betrieb als nützlich erwiesen haben, aber nicht zwingend vorgeschrieben sind:

- Queue Replenishment Meeting
- Release-Planungsmeeting
- Team-Retrospektiven
- Operations Reviews

Im Kanban-Betrieb wollen wir gewisse Lieferintervalle etablieren. Außerdem wollen wir Verschwendung vermeiden, und Zeit ist das, was am häufigsten verschwendet wird. Um Koordinationskosten einzusparen, sollten Meetings also in regelmäßigen Abständen, am selben Ort und immer zur gleichen Zeit stattfinden.

■ 6.1 Daily Standup-Meeting

Im Daily Standup-Meeting bespricht und organisiert das Team die an diesem Tag anstehenden Aufgaben, analysiert Blockaden und sucht nach Wegen, wie man diese auflösen kann. Die Visualisierung mithilfe des Boards zeigt in der Regel schon sehr genau, wie es um den Arbeitsfluss bestellt ist. Das Team trifft sich jeden Tag zu einem fixen Zeitpunkt vor dem Board und geht die Aufgaben der Reihe nach durch. Zwar lesen wir von links nach rechts, aber Teams beginnen die Besprechungen oft instinktiv mit den Aufgaben in der rechten Spalte des Boards, also mit jenen, die kurz vor der Fertigstellung stehen. Dabei spielt wieder die Überlegung eine Rolle, dass es besser ist, eine Arbeit zuerst fertigzustellen, bevor eine nächste begonnen wird. Besonderes Augenmerk wird auf Aufgaben gelegt, die sich schon länger nicht weiterbewegt haben oder die sichtbar als „blockiert" markiert wurden. Vor allem bei reifen Teams kommt es vor, dass überhaupt nur mehr die blockierten Tickets besprochen werden. Hier wird dann geklärt, was die Ursachen dafür sind und welcher Mitarbeiter an diesen Stellen im Arbeitsfluss helfen kann. Genauso kann jeder, der Hilfe braucht, sein Anliegen vortragen. Im Rahmen des Daily Standup-Meetings kann das Team auch klären, ob sich alle Tickets noch innerhalb der vereinbarten Service Level Agreements bewegen oder ob die Serviceklasse einzelner Tickets möglicherweise geändert werden muss.

Es hat sich herausgestellt, dass sich Kanban-Teams beim Daily Standup-Meeting nicht auf die einzelnen Mitarbeiter fokussieren, sondern auf die *Arbeit*, die getan werden muss. Nicht nur das Daily Standup, sondern alle Formen von Meetings in Kanban dürfen nicht zu Foren für gegenseitige Schuldzuweisungen gemacht werden. Damit das Daily Standup so rasch und effektiv wie möglich über die Bühne gehen kann, werden tiefer gehende Besprechungen zwischen einzelnen Mitarbeitern – die sich zum Beispiel gegenseitig bei den blockierten Tickets helfen können – in Anschlussmeetings verlagert. Traditionelle Meetings betreiben häufig organisierten Zeitraub, weil wenige Kollegen miteinander diskutieren und 20 andere dabei zuhören müssen, obwohl es sie nicht betrifft. Das wird durch die Anschlussmeetings vermieden. Zwar ist das Daily Standup das „ureigenste" Meeting des Kanban-Teams, aber natürlich können auch andere Stakeholder daran teilnehmen, wenn Interesse besteht oder das Team es aus den unterschiedlichsten Gründen so möchte.

■ 6.2 Queue Replenishment Meeting

Wie kommen die Tickets in die Input Queue? Indem im Queue Replenishment Meeting, das regelmäßig stattfindet, das aber auch bei Bedarf einberufen werden kann, die Reihenfolge der Aufgaben geklärt wird. Hier bewegen wir uns schon an den Grenzen des eigentlichen Kanban-Teams, deshalb treffen sich in einem „Nachschubmeeting"

- alle, die Aufgaben an das Team geben;
- alle, die fertige Aufgaben vom Team erhalten;
- alle, die zur Entscheidungsfindung darüber beitragen können, was die nächsten Aufgaben für das Team sein sollen.

Neben den Teamvertretern, die technische Aspekte einbringen können, nehmen also interne Stakeholder und die Vertreter externer Kunden teil und wetteifern um die Kapazitäten des Teams. Als Helfer in Entscheidungsfragen ist im Idealfall ein Mitglied des Managements mit dabei, das den Gesamtblick auf das Unternehmen beisteuern kann. Schließlich sind die Plätze in der Input-Queue WiP-limitiert, und es muss auch aus dem Blickwinkel der Businessrelevanz beurteilt werden, was wann in Auftrag gegeben wird. Es kommt vor, dass durch diese Meetings auch eine Veränderung auf höherer unternehmerischer Ebene passiert. Hier treffen nämlich Menschen aufeinander, die über die strategischen und taktischen Auswirkungen unterschiedlicher Aufgabenreihungen Bescheid wissen. Abseits dieses Kanban-Meetings arbeiten diese Personen oft sehr isoliert voneinander. Im Queue Replenishment Meeting finden sie zusammen und suchen - meistens nach einigen anfänglichen Wettkämpfen um den besten Platz in der Input Queue - Lösungen im Sinne des gesamten Unternehmens.

Bei klassischen Vorgehensweisen bekommt das Team im laufenden Arbeitsbetrieb von allen Seiten Input. Wie wir bereits festgestellt haben, hat dabei meistens alles hohe Priorität, weil individuelle Wünsche von Kollegen nicht immer ausschließlich auf Überlegungen zu den Costs of Delay basieren. Daher wollen wir in Kanban Aufträge in Meetings kanalisieren und damit vermeiden, dass Mitarbeiter ständig aus ihrer aktuellen Arbeit gerissen und mit wirtschaftlich sinnvollen oder weniger sinnvollen zusätzlichen Aufgaben überhäuft werden, die sie zum ständigen Wechsel zwischen Aufgaben zwingen. Dafür werden im Queue Replenishment Meeting alle Aufgaben in einem Trichter gesammelt, zum Beispiel einem Backlog, einem Ticketing-System oder einem Anforderungs-Tool, *bevor* sie in die Input Queue gelangen (Bild 6.1 auf der nächsten Seite). Wir holen dazu die betreffenden Stakeholder an einen Tisch, damit sie *miteinander* - anstatt jeder für sich selbst - klären, in welcher Reihenfolge Aufgaben an das Team übergeben werden und mit welchen Serviceklassen diese Aufgaben hinterlegt sind. Der Effekt ist, dass das Team seine Aufgaben geordnet und in Ruhe bearbeiten und im Sinne der Stakeholder auch seine Termine besser einhalten kann.

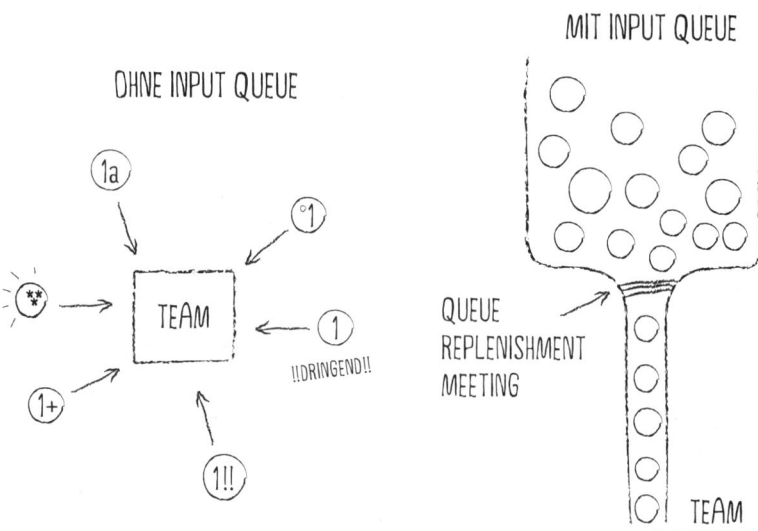

Bild 6.1 Kanalisierung von Aufgaben im Queue Replenishment Meeting

Don't cross the line

Bei einem Kunden hatte sich ein Team bereits wunderbar an die Arbeit mit Kanban gewöhnt. Auch das Queue Replenishment Meeting war bereits etabliert, aber alte Gewohnheiten lassen sich manchmal nur schwer ändern. Viele der Kollegen hatten den einzelnen Entwicklern in der Vergangenheit immer wieder zusätzliche Arbeiten einfach vorbeigebracht. Obwohl diese Kollegen wussten, dass jetzt nach anderen Regeln gearbeitet wurde, kamen sie immer noch hartnäckig direkt zu den Tischen der Entwicklungsmitarbeiter, um ihre – aus subjektiver Sicht natürlich dringenden – Aufträge abzugeben.

In solchen Fällen braucht es manchmal deutlich sichtbare Maßnahmen. Also hat das Team seinen Raum umgestaltet. Vor dem Arbeitsbereich wurde ein Absperrband gespannt, versehen mit einem Hinweisschild: „Bevor du diese Absperrung überschreitest, überlege dir, ob deine Anfrage im Queue Replenishment Meeting nicht besser aufgehoben wäre."

Was ist der optimale Rhythmus für das Queue Replenishment Meeting? Wir haben in Kapitel 4 festgehalten, dass die optimale Größe der Input Queue vom Durchsatz des Teams und dem Rhythmus des Queue Replenishment Meetings abhängt. Also hängt im Umkehrschluss der Meeting-Rhythmus vom Durchsatz des Teams und der Größe der Input Queue ab. Ein wöchentliches Meeting ist in den meisten Fällen zweckmäßig, wir haben aber auch schon mit Teams gearbeitet, die sich bei Bedarf kurzfristig treffen. Es gibt keine in Stein gemeißelte beste Lösung. Die Ideallösung ist ein Ergebnis aus Versuch, Beobachtung und Veränderung.

Backlog-Pflege

Mit den WiP-limitierten Input Queues, Serviceklassen und Queue Replenishment Meetings werden Kontrollinstanzen geschaffen, die die Stakeholder zur genauen Auseinandersetzung mit ihren Wünschen an ein Team bewegen sollen. Natürlich ist die Versuchung groß, dass diese Wünsche – wenn sie zunächst wirtschaftlich wichtigeren Aufgaben zum Opfer gefallen sind – trotzdem im Backlog landen und dort auf gnädigere Zeiten hoffen. Ziemlich oft kommt es aber vor, dass diese Aufgaben von den Auftraggebern einfach vergessen werden, weil dann doch nicht alles so dringend war. Für ein Entwicklungsteam ist es natürlich angenehmer, wenn es nicht ständig einen großen Rucksack mit solchen Aufgaben mitschleppen muss. Außerdem sollen sich die Teilnehmer im Queue Replenishment Meeting nicht immer wieder aufs Neue durch einen Wust an Aufgaben arbeiten müssen, um festzulegen, welche davon demnächst in die Input Queue versetzt werden. Im Sinne der Effizienz sollten sich im Backlog also nur Tasks befinden, die eine konkrete Aussicht auf Umsetzung haben. Daher ist es zweckmäßig, dass sich in regelmäßigen Intervallen die Teilnehmer des Queue Replenishment Meetings das Backlog genauer ansehen und entscheiden, welche Aufträge wieder entfernt werden können. Meistens werden dafür Regeln aufgestellt wie zum Beispiel: „Alle Backlog-Items, die länger als sechs Monate nicht gezogen wurden, werden weggeworfen". In extrem dynamischen Umgebungen haben wir bereits gesehen, dass die Frist sogar bis auf zwei Monate verkürzt wird. Andere Teams entscheiden sich wiederum für ein zweistufiges Verfahren und warnen den Besitzer des Tickets zunächst vor, dass sein Item auf der Wegwerfliste steht. So kann sich der einstige Auftraggeber überlegen, ob das Ticket noch relevant ist oder nicht.

Egal, welche Herangehensweise gewählt wird:

Ein kleineres Backlog macht es einfacher, Aufgaben in eine Bearbeitungsreihenfolge zu bringen.

Sollte wider Erwarten eine weggeworfene Aufgabe doch umgesetzt werden müssen, wird sie wieder den Weg ins Backlog schaffen und bei den nächsten Nachschubmeetings erneut ins Spiel gebracht.

■ 6.3 Release-Planungsmeeting

Im Gegensatz zu Daily Standups und Queue Replenishment Meetings hängt der Rhythmus der Release-Planungsmeetings vom Zeitpunkt ab, an dem ein Release stattfinden soll. Kanban macht keine Vorgaben dazu, in welchen Intervallen Releases passieren sollen. Das Lieferintervall hängt immer vom Kontext ab, in dem wir uns bewegen, und in welcher Qualität oder Verfeinerungsstufe ein Produkt gewünscht ist. Eine gewisse Regelmäßigkeit in der Auslieferung ist aber vor allem deswegen erstrebenswert, weil das auf Kundenseite das Vertrauen stärkt. Das ist in der Softwareentwicklung nicht anders als bei den öffentlichen Verkehrsmitteln: Ist man mit der U-Bahn unterwegs, schaut man nicht auf die Uhr, weil man die regelmäßigen Intervalle gewöhnt ist. Ist man hingegen mit dem Zug auf längeren Strecken unterwegs, spielt es für die persönliche Orientierung eine große Rolle, wann man eingestiegen ist und wann man ankommen wird, weil der Takt in diesem Fall eine Ausnahmesituation ist. Die Input-Intervalle des Queue Replenishment Meetings und die Output-Intervalle des Release-Planungsmeetings müssen aber nicht zwangsläufig identisch sein (Bild 6.2). Hat sich in einem Kanban-Team zum Beispiel ein zweiwöchiger Release-Rhythmus etabliert, sollte das Release-Planungsmeeting auch alle zwei Wochen stattfinden. Das Queue Replenishment Meeting kann trotzdem wöchentlich oder vielleicht sogar täglich stattfinden, wenn es der Durchsatz des Teams so erfordert.

Am Release-Planungsmeeting nehmen alle teil, die für den Release nötig sind oder sich für den anstehenden Release interessieren, zum Beispiel:

- Konfigurationsmanager, Netzwerk- und Betriebsexperten
- Entwickler, Tester, Business-Analysten
- Direkte Vorgesetzte, Management

Gute Releases funktionieren übrigens – unabhängig von Kanban – am besten mit Checklisten. Zunächst werden einfach in einem Template alle Punkte gesammelt, die für eine erfolgreiche Auslieferung erfüllt werden müssen. Im Release-Planungsmeeting werden diese Punkte für die jeweils anstehende Auslieferung adaptiert und die Zuständigkeiten geklärt.

Was ist ein gutes Lieferintervall?

Um diese Frage beantworten zu können, muss man sich zunächst eine andere Frage stellen: Wann ist eine Auslieferung ökonomisch sinnvoll? Releases sind nicht gratis. Je nach Art und Komplexität eines Projekts können die Auslieferungskosten sogar einen ganz beträchtlichen Anteil an den Gesamtkosten ausmachen. Im Wesentlichen fallen zwei Kostenarten für eine Auslieferung an:

- **Koordinationskosten:** Dazu zählen alle nötigen Tätigkeiten, um eine Auslieferung zu koordinieren – also auch die Release-Planungsmeetings.
- **Transaktionskosten:** Bevor Software an einen Kunden übergeben werden kann, müssen zum Beispiel Tests durchgeführt, Datenbankschemata migriert, Server konfiguriert und Backups erstellt werden.

Um die Auslieferungseffizienz zu ermitteln, berechnen wir den Prozentanteil der Auslieferungskosten an den Gesamtkosten. Nehmen wir an, dass wir bei einem zweiwöchigen Lieferintervall Auslieferungskosten von 80 000 Euro bei Gesamtkosten von 100 000 Euro haben. Die Auslieferungseffizienz liegt also bei 20 % – d. h. 80 % unserer Kosten sind Auslieferungskosten. Ist das nun ökonomisch gesehen gut oder schlecht? Ein pauschales Ja oder Nein können wir dazu nicht abgeben, denn möglicherweise handelt es sich um ein Projekt, bei dem die Auslieferung nun mal sehr aufwendig oder wichtig ist. Welche Effizienz erstrebenswert ist, muss also jedes Unternehmen für sich selbst herausfinden. Wenn es aus ökonomischer Sicht aber absolut notwendig ist, die Auslieferungseffizienz zu steigern, haben wir zwei Alternativen:

1. **Wir liefern später aus,** denn der Anteil der Auslieferungskosten an den Gesamtkosten bleibt meistens gleich. Weiten wir das Lieferintervall in unserem Beispiel auf vier Wochen aus, steigen die Gesamtkosten, der Anteil der Auslieferungskosten bleibt hingegen gleich. Somit sinkt der prozentuale Anteil der Auslieferungskosten und erhöht damit die Auslieferungseffizienz. Das Problem dabei ist, dass die Auslieferungseffizienz theoretisch am höchsten wäre, wenn wir nie ausliefern. Und das ist ökonomisch wohl kaum vertretbar.

2. **Wir senken die Kosten der Auslieferung.** Viele Online-Plattformen können sich tägliche Release-Intervalle leisten, weil sich ihre Auslieferungskosten überspitzt formuliert auf einen Mausklick beschränken. Bis man an diesem Punkt angelangt ist, ist allerdings einiges an Arbeit nötig. Wo liegen die Einsparungspotenziale bei anderen Unternehmen? Dieser zweite Weg der Effizienzsteigerung stellt wieder direkte Ansprüche an die Fähigkeit zu Verbesserungen im eigenen System. Wie sich die Kosten der Auslieferung senken lassen, ist eine Frage der jeweiligen Gegebenheiten.

Kanban steht also durchaus hinter der Aussage, dass regelmäßige Lieferrhythmen sinnvoll sind. Es schreibt aber nicht vor, welchen der beiden Wege der Effizienzsteigerung wir beschreiten sollen und was ein optimales Lieferintervall ist, weil es wegen der großen Unterschiede in den Anforderungen einfach nicht möglich und nicht sinnvoll ist, solche Aussagen zu treffen.

Bild 6.2 zeigt den Zusammenhang von Queue Replenishment Meeting (Input), Daily Stand-up-Meeting (Throughput) und Release-Planungsmeeting (Output). Input-Intervalle und Output-Intervalle müssen nicht zwangsläufig im gleichen Takt stattfinden. Der wichtigste Ansatz für das Finden der passenden Intervalle sollte immer die ökonomische Sinnhaftigkeit sein.

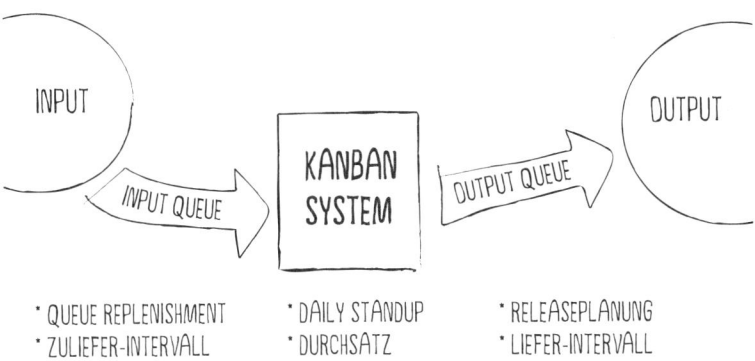

Bild 6.2 Zusammenhang von Queue Replenishment Meeting, Daily Standup-Meeting und Release-Planungsmeeting

Das ist einer der Gründe, warum es in Kanban keine Iterationen in festgelegten Timeboxes gibt (was aber nicht bedeutet, dass nicht mit Timeboxes gearbeitet werden kann!). Arbeiten lassen sich nicht immer so aufteilen, dass sie in eine Timebox passen. Eine kontraproduktive Reaktion darauf ist, dass die Dinge einfach passend gemacht werden, damit man sie innerhalb einer Timebox erledigen kann. Kanban entkoppelt die Priorisierung von Aufgaben im Queue Replenishment Meeting, die Entwicklung und die Auslieferung. Die Auslieferungsintervalle müssen nicht an die Priorisierungsintervalle gebunden sein, wenn es nicht der Arbeitsweise des Teams entspricht und wenn es aus den unterschiedlichsten ökonomischen Perspektiven nicht sinnvoll ist.

■ 6.4 Teamretrospektiven

Retrospektiven haben immer das Ziel, die Arbeit – und vor allem auch die Zusammenarbeit – eines bestimmten Zeitraums Revue passieren zu lassen und daraus Schlüsse darüber zu ziehen, was verbessert werden könnte. Es ist also ein sehr gezielter Blick auf die Arbeitsweise des Teams. Üblicherweise werden Retrospektiven in bestimmten Intervallen abgehalten. Wie wir aber in der Zwischenzeit wissen, soll in Kanban Verbesserung *permanent* passieren. Sobald ein Problem auftritt, macht man sich Gedanken darüber, wie man es lösen und damit im besten Fall den Arbeitsprozess optimieren kann. Aus dieser Kaizen-Sicht sind Retrospektiven konstruierte Ausnahmesituationen im Alltag, durch die ein künstlicher Abstand zwischen dem Auftreten eines Problems und dem Lerneffekt geschaffen wird. Realistisch gesehen ist aber nicht jeder Mensch in der Lage, den Kaizen-Gedanken sofort in der täglichen Arbeit umzusetzen. Bevor es eine Kultur der kontinuierlichen Verbesserung geben kann, braucht man zunächst eine Kultur der Verbesserung. Das ist einer der Gründe, warum Kanban auch in puncto Retrospektiven auf evolutionäre Veränderung setzt. Wenn ein Team mit Kanban zu arbeiten beginnt, sind wöchentliche Retrospektiven durchaus sinnvoll. In diesen Meetings sammeln Team, Management und andere involvierte Personengruppen Verbesserungsvorschläge und bringen sie in eine Reihenfolge der Dringlichkeit. Vielen Teams hilft es, dazu ein Verbesserungs-Board (oder Improvement-Backlog) zu installieren, um die Verbesserungen nacheinander umzusetzen. Wir haben auch schon Teams kennengelernt, die eine eigene Serviceklasse für Verbesserungsarbeiten einsetzen.

Retrospektiven sind aber auch dann noch sinnvoll, wenn ein Kanban-Team den Kaizen-Gedanken bereits sehr erfolgreich lebt. Bei der Fokussierung auf die laufenden lokalen Optimierungen in einem Ausschnitt der Wertschöpfungskette darf man nicht aus den Augen verlieren, dass alles im Sinne des großen Ganzen – der gesamten Wertschöpfungskette eines Unternehmens – passieren muss. Aus diesem Blickwinkel sind Retrospektiven sehr hilfreich, weil ein Team dadurch einen Schritt zurück macht und feststellen kann, ob durch die lokalen Verbesserungen der Bedarf an umfassenden Verbesserungen an mehreren Stellen im Unternehmen sichtbar geworden ist. In der Lean Production bezeichnet Kaizen die evolutionären, inkrementellen Verbesserungen. Der Begriff **Kaikaku** steht hingegen für größere, revolutionäre, radikale Verbesserungen. Wenn also ein Kanban-Team den Kaizen-Gedanken bereits in den Alltag integriert hat, können Retrospektiven zu Kaikaku-Events werden, bei denen die Erkenntnisse lokaler Verbesserungen zu Verbesserungen auf einer umfassenderen systemischen Ebene aggregiert werden.

■ 6.5 Operations Reviews

Der Blick aufs Ganze ist auch Sinn und Zweck von Operations Reviews. Jedes Kanban-Team macht bei seiner Arbeit wertvolle Erfahrungen, die es zunächst selbst weiterbringen, schlussendlich aber die Arbeitsweise der gesamten Organisation verbessern sollen. Mit Operations Reviews versuchen wir die von Eliyahu M. Goldratt angesprochene Fragmentierung zu überwinden, an der Unternehmen „leiden". In den Operations Reviews kommen

sämtliche Kanban-Teams eines Unternehmens zusammen, um ihre Erkenntnisse miteinander zu teilen und um teamübergreifende Probleme und Zusammenhänge zu klären.
Management und Stakeholder sind ausdrücklich willkommen. So bekommen sie einen
Überblick über die Fortschritte und ein besseres Gespür dafür, wo sie mit ihren Mitteln
helfen können. Im besten Fall finden Operations Reviews monatlich statt und sollten sich in
einem zeitlichen Rahmen von zwei Stunden bewegen. Ein straffes Zeitmanagement und
eine gute Moderation sind dafür unbedingt notwendig. Jedes Team präsentiert in diesem
Meeting die Messungen, mit denen es seinen Arbeitsfluss überwacht und welche Schlüsse
daraus gezogen werden konnten. Es handelt sich also um eine objektive, datengetriebene
Retrospektive zur Leistungsfähigkeit der Organisation.

In der Praxis beobachten wir, dass Unternehmen, die Operations Reviews zwischen ihren
Kanban-Teams unterstützen, wesentliche Leistungssteigerungen verzeichnen. Genauso oft
begegnen wir aber auch einer ablehnenden Sichtweise: Je größer ein Unternehmen ist, desto
mehr Mitarbeiter verbringen monatlich „unproduktive" Zeit in einem Meeting. Natürlich
müssen die Verantwortlichen jeweils selbst entscheiden, ob sie diese Möglichkeit zu umfassenden Verbesserungen nutzen wollen oder nicht. Oft muss das Bewusstsein, dass sich diese
zeitliche Investition langfristig lohnt, erst noch wachsen. Auch hier setzen wir in Sachen
Verständnis auf eine evolutionäre Veränderung.

Was Sie aus diesem Kapitel mitnehmen können

Kommunikation im Team, zwischen Teams und mit den Stakeholdern ist einer
der wichtigsten Erfolgsfaktoren für Kanban. Diese Kommunikation passiert
über die Visualisierung des Arbeitsprozesses am Board. Meetings in einem
regelmäßigen Rhythmus sind darüber hinaus sinnvoll, aber nicht zwingend vorgeschrieben.

Im **Daily Standup-Meeting** bespricht und koordiniert das Team jeden Morgen
die aktuell anstehenden Aufgaben. Das **Queue Replenishment Meeting** dient
dazu, die Input Queue regelmäßig mit Aufgaben zu befüllen. Dabei einigen sich
die teilnehmenden Stakeholder auf die Reihenfolge der Aufgaben. Am **Release-
Planungsmeeting** nehmen alle Personen teil, die für den Release nötig oder
auch einfach daran interessiert sind. Wie oft diese Planungsmeetings stattfinden, hängt von den Lieferintervallen ab, die sich im Laufe der Arbeit mit Kanban etablieren. Regelmäßige Lieferintervalle stärken das Vertrauen der Kunden
in das Team.

Teamretrospektiven sind vor allem zu Beginn der Arbeit mit Kanban sinnvoll.
Das Team lässt dabei die Arbeit eines bestimmten Zeitraums Revue passieren
und analysiert, wo Verbesserungen nötig sind. In den **Operations Reviews**
kommen sämtliche Kanban-Teams eines Unternehmens zusammen, um ihre
Erkenntnisse miteinander zu teilen und um teamübergreifende Probleme und
Zusammenhänge zu klären. Es handelt sich dabei um eine objektive, datengetriebene Retrospektive zur Leistungsfähigkeit der Organisation.

7 Metriken und Verbesserungen

Stellen Sie sich vor, Sie sind ein Flottenadmiral des britischen Empire im 18. Jahrhundert. Gerade haben Sie eine erfolgreiche Schlacht gegen die Franzosen bei der Belagerung von Toulon geschlagen. Die Männer feiern ausgelassen an Deck der 21 Schiffe, die Sie befehligen. Die Formation passiert Gibraltar und nimmt Kurs auf die Heimat. Als alter Seebär wissen Sie, wie tückisch die englische See sein kann. Die Franzosen haben Sie besiegt, aber wenn der Nebel langsam hervorkriecht, können Sie nur noch auf Gott und eine langsame Fahrt vertrauen. Also holen Sie alle Navigatoren zusammen, damit sie die Position des Flottenverbandes genau bestimmen. Und dann ist er da, der Nebel am Abend des 22. Oktober 1707. Das durchdringende Knirschen von Holz auf Stein, Schreie, das Klatschen des Wassers, als Hunderte Arme verzweifelt um sich schlagen, und dann ist es weg. Das Flaggschiff, die Association, ist verschwunden, innerhalb weniger Minuten. Kurz darauf werden auch die Eagle und die Romney sinken. Insgesamt vier Schiffe werden untergehen und mit ihnen 1450 Mann, bis der Rest der Flotte stoppen kann. „Die Länge, wir haben die Länge falsch berechnet", denken Sie sich noch, als Sie mehr tot als lebendig an den Strand von Cornwall gespült werden. Die westlich vorgelagerten Scilly-Inseln waren schneller da, als es die Navigatoren berechnet hatten.

Sie waren gerade Sir Cloudesley Shovell. Der verdiente britische Flottenadmiral fiel mit seiner Mannschaft einem der schwerwiegendsten Probleme der Seefahrt bis zum Ende des 18. Jahrhunderts zum Opfer: dem Längenproblem. Mit den Instrumenten des Himmels – Sonne, Mond und Sterne – konnten Seefahrer seit der Antike die Position in der geografischen Breite sehr genau bestimmen. Doch an den Längengraden, die für eine wirklich genaue Positionsangabe nötig sind – bissen sich die Astronomen die Zähne aus. Die Gestirne alleine sind kein verlässlicher Anhaltspunkt, um die eigene Lageveränderung zu definieren. Es kostete einige Matrosen das Leben, bis deutlich wurde, dass die Position am Längengrad vor allem als eine Metrik der Zeit zu betrachten ist. In 24 Stunden dreht sich die Erde ein Mal um ihre eigene Achse, das entspricht den 360 Längengraden, in die die Erde portioniert ist. Pro Stunde dreht sich die Erde also um 15 Grad weiter. Will man berechnen, auf welcher geografischen Länge man sich befindet, benötigt man dazu die Zeit des Heimathafens als Referenz und am Schiff eine eigene Uhr, die die Ortszeit anzeigt und die man einfach anhand des Sonnenstandes jeden Tag zu Mittag nachjustiert. Sieben Jahre nach dem schrecklichen Ende von Admiral Shovell lobte die britische Regierung mit dem „Longitude Act" einen Preis für denjenigen aus, der das Längenproblem mit präzisen Zeitmessern lösen konnte, denn die ersten Schiffsuhren von Christian Huygens waren noch zu unzuverlässig und für den Gebrauch an Bord zu instabil. Die behäbigen Pendeluhren gerieten durch die Schiffsschwankungen aus dem Takt, die Meeresluft setzte ihnen zusätzlich zu. Erst 1759 konnte der Tischler, Hobbyuhrmacher und Präzisionsfanatiker John Harrison eine hinreichend genaue und vor allem handliche Uhr anbieten, die das Längenproblem löste. Nach Jahrhunderten waren endlich eine Metrik und ein dazu passendes Instrument gefunden, die zusammen Veränderung anzeigen konnten (vgl. Sobel 1996).

■ 7.1 Metriken in Kanban

Metriken geben uns nicht nur Orientierung auf den Weltmeeren. Auch in unserer täglichen Arbeit helfen sie, unseren aktuellen Standort zu bestimmen und zu erkennen, wie weit wir uns in einer gewissen Zeitspanne weiterbewegt haben. Und vor allem können sie anzeigen, ob wir uns verbessert oder verschlechtert haben. Sie lösen uns von der Gefahr, uns ausschließlich auf das Bauchgefühl verlassen zu müssen. Auch in Kanban passiert der Einsatz von Metriken unter dem Aspekt von Veränderung und Verbesserung. So wie in der Nautik, bei der die Position des Arbeitssystems Schiff ermittelt wird, um danach den Offizieren und Seemännern die richtigen Anweisungen zu geben, messen wir in Kanban die Leistung des Systems, unseres Wertschöpfungsbereichs. Wir fokussieren also nicht auf die Performance einzelner Mitarbeiter. Wird die Leistung von Mitarbeitern als Maßstab herangezogen, muss der Einzelne immer unter dem Einfluss des Systems gesehen werden, in dem er arbeitet. Denn dieses System schafft die Voraussetzungen dafür, ob er oder sie seine oder ihre Arbeit gut erfüllen kann oder nicht. Wollen wir ein System verbessern, dann müssen wir in erster Linie feststellen, ob dieses System so gebaut ist, dass es effizientes Arbeiten möglich macht. Verbessern wir das System, wird das auch Auswirkungen auf die Arbeitsleistungen der einzelnen Mitarbeiter haben. Wenn wir die Leistung des Systems messen, wollen wir also in erster Linie sehen,

- ob das System so arbeitet, wie wir es erwarten,
- wo wir uns verbessern können und
- ob unsere Verbesserungsmaßnahmen funktionieren.

Das System zu messen, soll aber nicht bedeuten, daraus eine Hochleistungsdisziplin zu machen. Es macht keinen Sinn, alles Mögliche zu messen, weil wir es können, genauso wenig muss jede verwendete Metrik bis ins Detail ausgefeilt sein. Gemessen werden soll das, was nützt und einen Mehrwert bringt. Der Organisationstheoretiker Russell Ackoff bringt es auf den Punkt: „It is better to use imprecise measure of what is wanted, rather than precise measure of what is not." (Ackoff 1986, S. 37) Eine ungenaue Messung von dem, was gewünscht ist, ist besser als eine genaue Messung dessen, was nicht gewünscht ist. Es gibt unendlich viele mögliche Messungen. Welche eingesetzt werden soll, hängt schlussendlich von den Zielen ab, die verfolgt werden. Ein Ziel wird in vielen Fällen sein, verlässliche Aus- und Zusagen den internen und externen Kunden gegenüber zu treffen. Die Messungen zeigen an, wie verlässlich unsere Aussagen tatsächlich sind, und machen gleichzeitig deutlich, welche Variablen dabei welchen Einfluss haben.

Doch womit fängt man am besten an? Empfehlenswerte Basismessungen sind in diesem Zusammenhang solche, die Aussagen über die Durchgängigkeit des Arbeitsflusses zulassen, also zur Durchlaufzeit, zum Durchsatz und zur Flusseffizienz. Dadurch gelangt man zu Beginn einer Kanban-Initiative zu Informationen, die sich für zielgerichtete Optimierungen wie die Reduktion von Variabilität heranziehen lassen, die als Abweichung vom Standardarbeitsfluss Auswirkungen auf die Berechenbarkeit der Arbeit hat. Verursacht wird Variabilität etwa durch zu hohe WiP-Limits, unterschiedliche Komplexität von Aufgaben, hohe Anzahl an Blockaden oder zu viele Bugs. Ein weiterer Punkt, auf den sich Kanban-Teams beim Verbessern konzentrieren, ist die Reduktion von Verschwendung. Dabei handelt es sich um Aktionen, die keinen Mehrwert für den Kunden generieren. Davon sind aber solche Aktionen ausgenommen, die die Leistung des Teams negativ beeinflussen, wenn sie nicht durchgeführt werden.

Messungen als Leistungssport

In einer Straßenbahn in Zürich durften wir – mehr oder weniger gezwungenermaßen – eine interessante Unterhaltung mitverfolgen. Zwei ältere Herren in der Sitzreihe vor uns führten eine angeregte Diskussion darüber, was in ihrem Unternehmen als Umsatz gerechnet werden könne und was nicht. Es stellte sich heraus, dass gerade die Zielvereinbarungsgespräche für das neue Jahr liefen. Anscheinend wurden die Herren mit sehr ambitionierten Umsatzzielen beglückt, und nun versuchten sie herauszufinden, was man dem Vorgesetzten wohl als Umsatz verkaufen könnte. Unter den Ideen fanden sich Vorschläge wie „Jede Anwesenheit in einer Filiale des Unternehmens wird als Umsatz gezählt" oder „Hilfestellungen für interne Kunden" usw. Mit viel Kreativität wurde versucht, den zu erreichenden Messpunkt – das Umsatzziel – zu optimieren.

A Bug's Life

Ähnliches erleben wir immer wieder bei Software-Teams. Kunden sind zum Beispiel mit der Qualität der gelieferten Software nicht zufrieden. Deswegen schwört der Teamleiter seine Entwickler darauf ein, die Anzahl der Bugs zu senken. Damit er weiß, ob das Team auf dem richtigen Weg ist, werden Messungen durchgeführt. „Anzahl der Bugs im Produktivsystem" lautet dann beispielsweise die zu optimierende Maßzahl. Klingt ja sehr vernünftig! Der Plan sagt, dass die Entwickler ihre volle Aufmerksamkeit auf das Thema Qualität richten, und dann wird die Kundenzufriedenheit nur so in die Höhe schnellen.

Mit dem Marschbefehl der Bug-Minimierung geht es ans Werk. Relativ bald lassen sich skurrile Diskussionen zwischen Entwicklern und Produktverantwortlichen verfolgen: „Das ist doch kein Bug! Ihr habt das Feature eindeutig falsch beschrieben." Warum ist das wichtig? Na ja klar, die Entwickler sollen die Anzahl der Bugs im Produktivsystem reduzieren. Daher ist es sehr wichtig, was als Bug gezählt wird und was nicht. Jede gewonnene Diskussion bringt sie ihrem Ziel scheinbar näher – weniger Bugs im Produktivsystem.

Nicht die Messung muss optimiert werden, sondern das Produkt!

Doch was war der initiale Grund, warum die Messung eingeführt wurde? Den Kunden soll ein qualitativ hochwertiges Produkt geliefert werden. Wird die Qualität des Produkts durch die Diskussion „Was ist ein Bug und was nicht" höher? Sicher nicht. Das Resultat:

Es werden die Messungen optimiert und nicht die Qualität des Produkts.

Ganz nebenbei entwickelt sich dadurch auch noch eine hervorragende Fingerzeig-Kultur: „Du bist schuld, nicht ich!" Ähnliches haben die beiden Herren in
der Tram versucht: Es ging in der ganzen Diskussion nur darum, kreative
Schachzüge zu entwickeln, damit der Messpunkt „Umsatzziel" am Jahresende
erreicht werden kann.

*Es stellt sich immer wieder heraus, dass Messungen eine wirklich gute Sache
sind. Aber nur, wenn erstens das Ziel der Messung klar ist und zweitens das Ziel
tatsächlich verfolgt wird.*

■ 7.2 Cumulative Flow Diagram

Eine der aussagekräftigsten Metriken zum Arbeitsfluss ist das Cumulative Flow Diagram
(CFD). Wie der Name schon sagt, zeigt es, wie sehr ein System im Fließen ist (Bild 7.1). Wie
kommt man zu diesem Diagramm? Die x-Achse ist die Zeitachse. Jeden Tag wird hier – nach
Prozessschritten unterteilt – die Zahl der Tickets, die sich auf einem Board befindet, kumu-
liert eingetragen (y-Achse). Wichtige Ereignisse sollten bei den Daten vermerkt werden, um
ex post-Betrachtungen und das Erkennen von Zusammenhängen einfacher zu machen. Dass

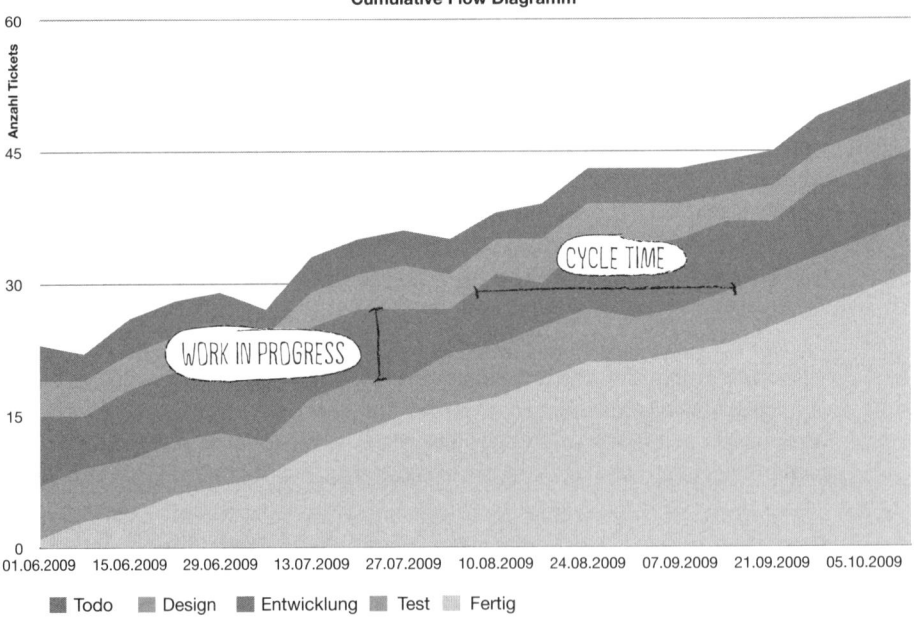

Bild 7.1 Cumulative Flow Diagram

ein System gut fließt, erkennt man daran, dass sich die Linien im Zeitablauf konstant nach oben bewegen und die Kanäle, die die einzelnen Linien bilden, eine konstante Breite aufweisen. Knicke in der Linie zeigen Engpässe zu bestimmten Zeitpunkten an. Mit den zeitlichen Informationen, zusammen mit gesammelten Infos über Blockaden etc., können wir genauer nachforschen, welches Problem ein System an einem bestimmten Datum oder in einer gewissen Zeitspanne hatte.

In der Vertikalen können wir für jeden Prozessschritt den Work in Progress ablesen, also wie viele Aufgaben pro Prozessschritt gerade in Arbeit sind, sich in der Input Queue (im Diagramm als „To do" bezeichnet) befinden oder bereits abgeschlossen sind. In der Horizontalen, entlang der x-Achse, können wir die durchschnittliche „Cycle Time" (Durchlaufzeit) von Arbeiten entnehmen. Die **Cycle Time** ist jene Zeit, die zwischen zwei beliebigen Stellen in einem Prozess benötigt wird. Hier gibt es oft Verwechslungen mit der „Lead Time": Die **Lead Time** ist die Zeit, die ein Ticket braucht, um den gesamten Prozess zu durchlaufen. Deren Messung beginnt mit dem Reinhängen einer Aufgabe in die Input Queue und endet mit der vollständigen Erfüllung des Wunsches des betreffenden Auftraggebers. Der Bereich, in dem die Cycle Time gemessen wird, ist immer kleiner als der gesamte Prozess, und demnach ist die Cycle Time immer kleiner als die Lead Time. Anhand der Cycle Time kann ein Team sagen, wie lange die Arbeiten im Prozess ungefähr brauchen werden.

Sehen wir uns anhand von Bild 7.2 an, welche Informationen aus einem Cumulative Flow Diagram gezogen werden können. Zwischen Woche zwei und drei erkennen wir: In diesem

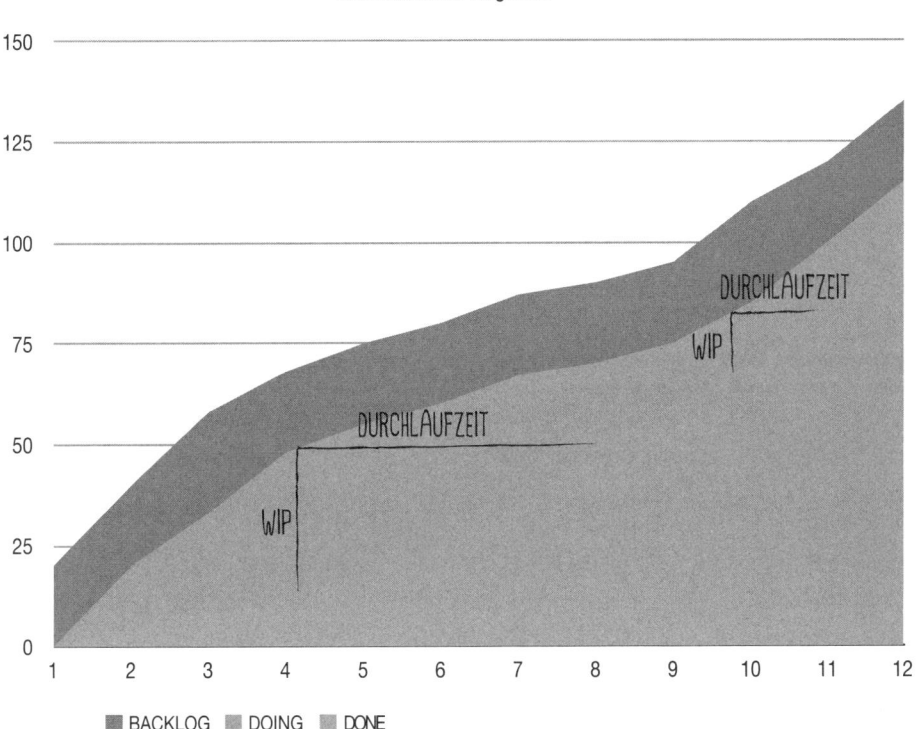

Bild 7.2 Cumulative Flow Diagram – Änderungen erkennen

System wird ohne WiP-Limits gearbeitet, der Work in Progress wird dadurch immer größer und die Kurve der fertiggestellten Arbeiten verläuft sehr flach – neue Arbeiten werden also nur langsam abgeschlossen. In Woche fünf fällt offensichtlich die Entscheidung, WiP-Limits zu setzen. Ab diesem Zeitpunkt steigt die Kurve der laufenden und fertigen Arbeiten im Graphen viel steiler an als zuvor. Das bedeutet, dass sich das WiP-Limit auf die Durchlaufzeit der Arbeit positiv ausgewirkt hat. Ohne WiP-Limits hätte das Team immer mehr Arbeiten begonnen, aber gleichzeitig immer weniger Aufgaben fertiggestellt. Beachtenswert ist der Zusammenhang zwischen WiP und Durchlaufzeit in Woche vier und Woche zehn: Die Durchlaufzeit liegt in Woche vier im Schnitt bei vier Wochen und bei Woche zehn im Schnitt bei einer Woche. Daraus erkennen wir:

Je höher das WiP-Limit angesetzt wird, desto höher werden auch die Durchlaufzeiten sein.

▪ 7.3 Messungen der Durchlaufzeit

Wir haben den Unterschied zwischen Lead und Cycle Time bereits erwähnt. Beides können wir unter dem Überbegriff „Durchlaufzeit" subsumieren. Die gesamte Durchlaufzeit (Lead Time) eines Auftrages beinhaltet die Durchlaufzeiten zwischen den einzelnen Prozessschritten (Cycle Times) und die dazwischen aufgetretenen Liegezeiten einer Aufgabe. In der Regel wird die Lead Time also immer etwas größer sein als die Summe der Cycle Times. In Tabelle 7.1 machen wir diesen Unterschied noch einmal deutlich.

 Tipp für die Praxis

Es ist sinnvoll, Start und Ende von Bearbeitungsschritten immer auf den einzelnen Tickets zu notieren, um zu einem späteren Zeitpunkt den Lauf der Arbeiten durch den Prozess nachvollziehen zu können.

TABELLE 7.1 Zusammenhang von Lead und Cycle Time

Prozessschritt	Datum	Cycle Time
Start/Input Queue	19.9.	1 Tag
Start Entwicklung	20.9.	2 Tage
Ende Entwicklung	22.9.	
Start Test	25.9.	4 Tage
Ende Test	29.9.	
Lead Time	**10 Tage**	*Stehzeit: 3 Tage*

Das Cumulative Flow Diagram gibt einen Überblick über den Fluss des gesamten Prozesses. Natürlich wollen wir aber die Verlässlichkeit unserer Aussagen bis auf die Ebene einzelner Serviceklassen und Arbeitstypen herunterbrechen. Wir wollen den Auftraggebern sehr genau sagen können, wie lange zum Beispiel die Bearbeitung eines Standard-Tickets in unserem System dauert bzw. mit welcher Wahrscheinlichkeit das Ticket innerhalb eines bestimmten Zeitraums fertiggestellt wird. Dazu müssen wir die Durchlaufzeiten der Tickets in den einzelnen Serviceklassen und Arbeitstypen mitverfolgen.

Die einfachste Methode ist es, für jede Serviceklasse einzeln oder für alle gemeinsam in einem Diagramm einzutragen, nach welcher Zeit ein Ticket fertiggestellt wurde (Bild 7.3). Die y-Achse zeigt die Lead Time oder die Cycle Time an – je nachdem, was wir messen wollen –, und die x-Achse kann wiederum die Zeitachse sein. Auf diese Weise erkennen wir nach einiger Zeit, ob die Durchlaufzeiten konstant bleiben, länger oder kürzer werden. Warum welche Veränderung in der Durchlaufzeit auftritt, lässt sich erkennen, wenn das Diagramm wieder in Zusammenhang mit anderen Informationen gebracht wird, die wir über unseren Prozess gesammelt haben. So ergibt sich dann ein Bild über die Auswirkungen von Entscheidungen, Engpässen, Blockaden etc. Auch mithilfe dieser Grafik werden wir so wie beim Cumulative Flow Diagram sehen, dass die Durchlaufzeit länger wird, wenn wir die WiP-Limits erhöhen, und kürzer, wenn wir die Limits senken.

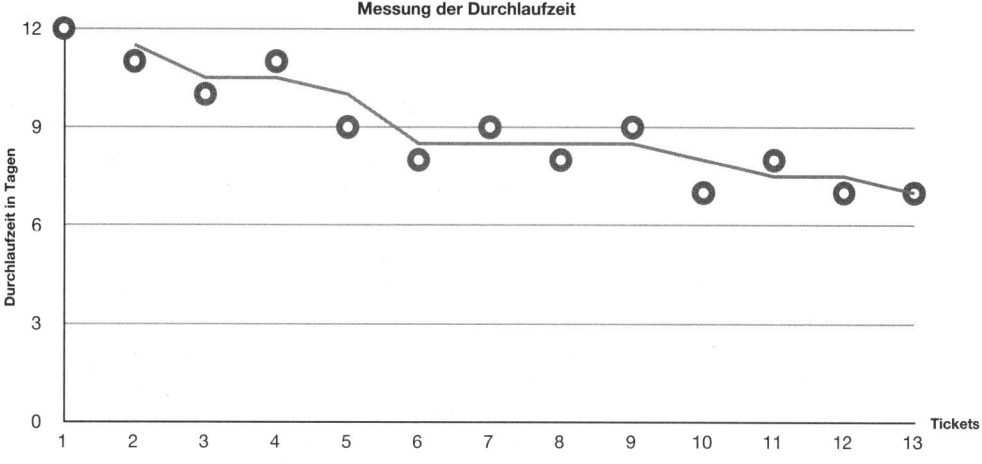

Bild 7.3 Tracking der Cycle Time

Für die Berechnung der Service Level Agreements sind Spektralanalysen der Durchlaufzeit besonders wichtig. Als Orientierungsgrößen tragen wir dazu auf der x-Achse fortlaufend die Durchlaufzeit in Tagen ein, die y-Achse steht für die Zahl der Aufgaben zur Verfügung. In Bild 7.4 auf der nächsten Seite können wir ablesen, dass wir für 13 Aufgaben eine Durchlaufzeit von 15 Tagen benötigt haben. Wir sehen auch zwei Ausreißer-Tickets, deren Bearbeitung 29 Tage gebraucht hat, eines sogar 34 Tage.

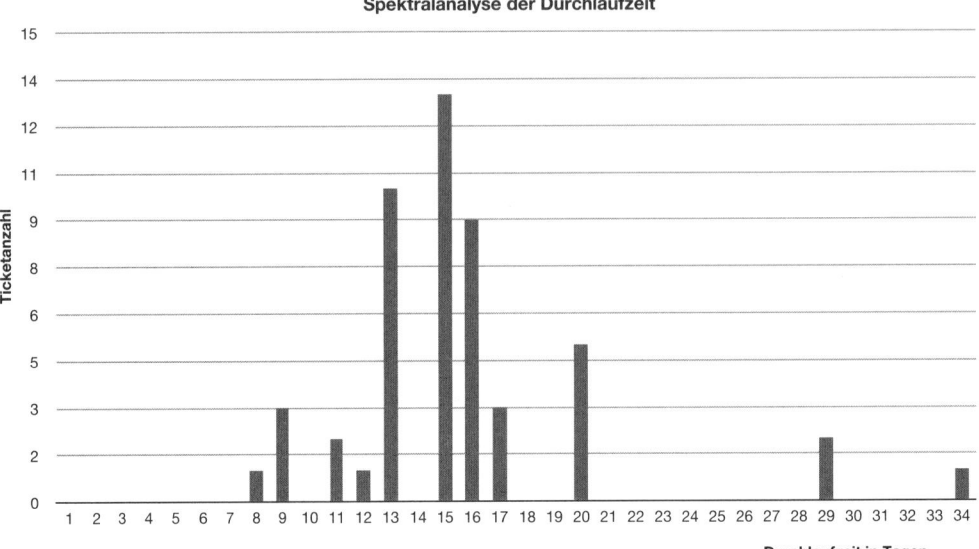

Bild 7.4 Spektralanalyse der Durchlaufzeit

Wenn wir alles zusammenzählen, hatten wir insgesamt 50 Tickets im Gesamtsystem, drei davon hatten eine Bearbeitungszeit von mehr als 20 Tagen. Also können wir sagen, dass Tickets der dargestellten Serviceklasse in 94 Prozent der Fälle innerhalb von 20 Tagen abgeschlossen werden. Um präzise Aussagen treffen zu können, sollte sich die Verteilung der fertiggestellten Tickets in einem engen Raum bewegen und wenige Ausreißer haben. Je weiter die Streuung, desto mehr Variabilität – also Abweichung vom Standardfall – weist das System auf. Nehmen wir an, der Balken wäre bei der Durchlaufzeit von 34 Tagen noch höher. Wenn wir die Tickets vom Board gesammelt haben, können wir diese genauer ansehen und nach der Ursache forschen – wodurch wurde diese hohe Durchlaufzeit verursacht? Vielleicht findet sich ein gemeinsamer Nenner, und es kristallisiert sich dabei zum Beispiel ein neuer Arbeitstyp für das Board heraus.

Durchsatz

Wenn wir die Durchlaufzeit messen, kann der Durchsatz „gratis" mitgemessen werden. Der Durchsatz beschreibt die Anzahl der Tickets, die in einem bestimmten Zeitraum ausgeliefert wurden. Der Durchsatz entspricht demnach der Velocity – einer Metrik, die in Scrum eine sehr hohe Bedeutung hat. Im Gegensatz zur Durchlaufzeit sollte der Durchsatz natürlich steigen. Hier haben wir wieder den direkten Zusammenhang: Je niedriger die Durchlaufzeit, desto höher der Durchsatz – und umgekehrt. Es bietet sich an, im Rahmen der Durchsatzmessung auch gleich mitzuverfolgen, wie sich das Einhalten von Service Level Agreements entwickelt hat. In Bild 7.5 beträgt im Januar der Durchsatz 14 Tickets. Zehn davon wurden termingerecht geliefert, bei vier wurden die Service Level Agreements nicht eingehalten. Wenn das Hauptziel sowieso die Kundenzufriedenheit ist, könnte man ausschließlich die Termintreue mitverfolgen.

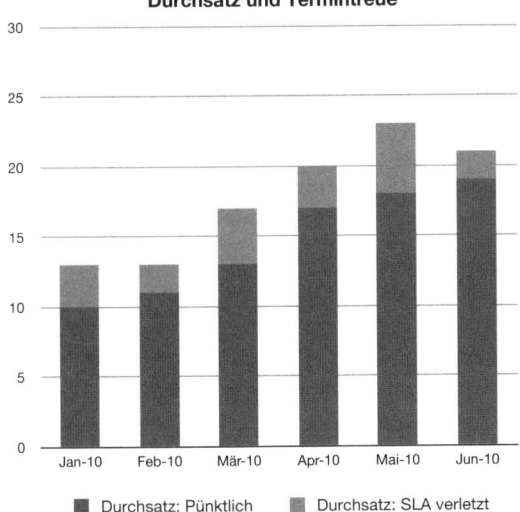

Durchsatz und Termintreue

- Durchsatz: Pünktlich
- Durchsatz: SLA verletzt

Bild 7.5
Kombinierte Information zu Durchsatz und
verletzten Service Level Agreements

 Flusseffizienz

Die Flusseffizienz ist ein bereits sehr fortgeschrittenes Zeitmaß, das zwar aus-
sagekräftig, aber für das tägliche manuelle Tracking zu aufwendig und nicht
wirklich geeignet ist. Hier ist man auf die Unterstützung durch elektronische
Tools angewiesen, denn die Flusseffizienz ist das Ergebnis von Messungen
dreier Werte:

1. Die **Bearbeitungszeit** beschreibt die Zeit, in der an einer Aufgabe *wirklich*
   gearbeitet wurde. In dieser Zeit war das Ticket nicht blockiert und hat auch
   nicht in irgendeinem anderen Bereich darauf gewartet, gezogen zu werden.

2. In der **Wartezeit** hat eine Aufgabe in einer Done-Queue auf die Übergabe
   gewartet und wurde nicht bearbeitet.

3. Die **Blockadezeit** zeigt die Zeit an, in der eine Aufgabe am Board war, aber
   nicht bearbeitet werden konnte, weil sie aus den unterschiedlichsten Gründen blockiert war.

Die Flusseffizienz ist nun der Prozentsatz der Zeit, in der an einem Ticket
am Board gearbeitet wurde (Bearbeitungszeit/Durchlaufzeit). Wir setzen die
gesamte Durchlaufzeit in Relation zur Bearbeitungszeit. Wenn man mit diesen
Messungen beginnt, sind die Ergebnisse manchmal zunächst erschreckend –
vor allem in nicht WiP-limitierten Systemen. Plötzlich bemerkt man nämlich,
dass nur ca. 20 Prozent der Zeit auf die tatsächliche Bearbeitung eines Tickets
entfallen, während es den Rest der Zeit wartend oder blockiert in Queues
verbringt. Man sieht schon, dass diese Metrik vor allem dafür geeignet ist, ein
Bild der Veränderung in einem größeren Zeitraum zu zeigen. Sich wöchentlich
mit erschreckender Flusseffizienz verrückt zu machen, wäre kontraproduktiv
und hätte nur eine geringe Aussagekraft über Verbesserungen und Fortschritte, die eine gewisse Zeit brauchen, um wirksam zu werden.

■ 7.4 Failure Load und Blockaden

Mit den Messungen zur Failure Load erfassen wir jene Aufgaben, die eigentlich schon abgeschlossen wurden, die aber wegen schlechter Qualität erneut bearbeitet werden müssen. (Anmerkung: Wir verwenden nicht den Begriff *Bruchlast* wie in der deutschen Übersetzung von David J. Andersons Buch, weil er unserer Ansicht nach in diesem Zusammenhang nicht zutreffend ist.)

Die Messungen zur Failure Load sind essenziell: Alles, was nicht ordentlich gemacht wird, landet irgendwann wieder in der Input Queue, möglicherweise als ein Bündel von Beschleunigt-Tickets. Wird Geschwindigkeit höher als Qualität bewertet, läuft ein Team Gefahr, über kurz oder lang selbst seinen Arbeitsfluss zu hemmen, weil es wieder sämtliche Register an Ausnahmen ziehen muss, um die zusätzliche Retour-Last an Tickets ausgleichen zu können. Das Problem ist nämlich, dass zwischen geliefertem Bug und reklamiertem Bug meist eine längere Zeitspanne liegt. Wenn der Fehler dann in das System zurückkehrt, ist am Anfang zunächst einmal einige Zeit der Wiedereinarbeitung und dann der Bug-Suche in der Software nötig. Die Zahl der Retour-Tickets sollte im Zeitverlauf sinken.

Sehr oft hört man in Teams: „Ach, wir testen jetzt nicht so genau und gehen lieber in den Release." Aber das hat unterm Strich den gleichen Effekt, als würde man zum Blutspenden gehen, um abzunehmen. Man verliert zwar zunächst leicht an Gewicht, bringt aber nach kurzer Zeit wieder dieselbe Menge an Kilos auf die Waage wie vorher.

Blockaden

Im Gegensatz zur Failure Load treten Blockaden noch während der Bearbeitung einer Aufgabe auf. Um sie sichtbar zu machen, werden sie am Board zum Beispiel mit einem roten Sticker auf der Aufgabe und einer entsprechenden Information signalisiert. Für Verbesserungen ist es natürlich sinnvoll, diese Sticker nicht wegzuwerfen, wenn die Blockaden beseitigt sind. Werden diese Blockade-Tickets gesammelt, geclustert und auf die Ursachen der Blockaden hin analysiert, ergibt das wieder einige Ansatzpunkte, um die Durchlaufzeiten zu verbessern. Denn Blockaden erhöhen natürlich die Durchlaufzeit. Die Anzahl der Blockaden lässt sich durch die Sammlung außerdem wieder im Zeitablauf darstellen (Bild 7.6). Und werden die Blockaden hinreichend analysiert, die Ursachen identifiziert und der richtige Umgang damit gefunden, sollte die Kurve einen Abwärtstrend erkennen lassen.

So wie bei Aussagen über die Durchlaufzeit ist auch für Blockaden die Spektralanalyse ein spannendes Instrument. Wir halten dabei fest, wie viele Tickets wie lange blockiert waren. Aus der Darstellung im Diagramm können wir Schlüsse darüber ziehen, wie agil ein Unternehmen bereits ist. Werden Blockaden schnell oder erst nach zwei Wochen beseitigt? In welchen Abteilungen und Bereichen fallen die Blockaden an, treten Blockaden vielleicht in bestimmten Abständen auf?

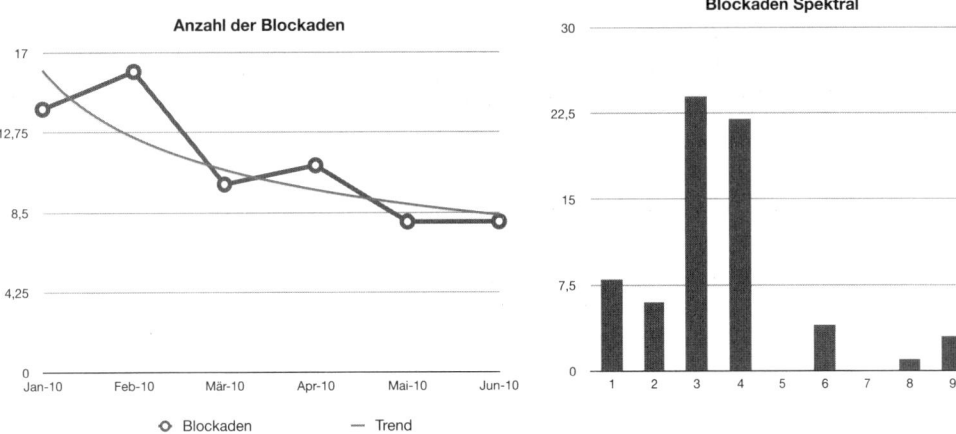

Bild 7.6 Messung von Blockaden

■ 7.5 Verbesserungen

Messungen zeigen uns, wo es im System noch „hakt", wie es sich entwickelt hat und wo wir etwas ändern müssen, um die gesetzten Ziele zu erreichen. Messungen bringen uns auf die richtige Fährte, sie sind der erste Schritt. Um wirklich Erfolg zu haben, müssen wir natürlich Verbesserungen durchführen. Dazu gibt es die unterschiedlichsten Ansätze, einen davon haben wir mit der Engpasstheorie in Kapitel 4 bereits angeführt. Doch bevor wir spezielle Verbesserungsmethoden anwenden, müssen wir die Frage stellen: „Warum ist die Situation überhaupt so, wie sie ist?" So kann die Engpasstheorie zum Beispiel ein überzogener oder gar falscher Ansatz sein, wenn wir wandernde Engpässe vor uns haben, die lediglich urlaubsbedingt auftreten. Die Basis aller Verbesserungsansätze ist daher das eingehende Verständnis von Problemen.

Ursachenanalysen stellen Ursache und Wirkung in einen direkten Zusammenhang. Man kann die Sache recht akademisch betreiben und Cause-Effect-Graphen zeichnen. Es gibt aber wesentlich einfachere und oft gerade deshalb effektivere Formen der Umsetzung. Wenn in einem System immer wieder die gleichen unerwünschten Situationen (Symptome) auftreten, dann ist es die einfachste und sinnvollste Form einer Ursachenanalyse, sich ein paar Mal die Frage „Warum?" zu stellen. Man fängt auf der für alle offensichtlichen Ebene des Problems an zu fragen und arbeitet sich schrittweise bis zur tatsächlichen Ursache durch.

Warum?

Sehen wir uns ein vermeintliches Problem an, das aber eigentlich ein Lösungsvorschlag ist. Im Zuge einer Kanban-Implementierung hatten wir mit den
Stakeholdern Interviews geführt, um Probleme zu identifizieren, die es mit
dem Team gab. Dabei wurde als Problem formuliert, dass kein einheitliches
Kalendersystem eingesetzt wird.

Feststellung: „Wir haben kein einheitliches Kalendersystem im Einsatz."

Frage: „Warum braucht ihr ein einheitliches Kalendersystem?"

Antwort: „Weil jeder die Termine in einem eigenen Kalender einträgt."

Frage: „Warum ist das ein Problem?"

Antwort: „Weil wir nicht wissen, welche Termine unsere Entwickler haben."

Frage: „Warum müsst ihr wissen, welche Termine eure Entwickler haben?"

Antwort: „Damit wir sehen, wann sie verfügbare Kapazitäten haben."

Frage: „Warum müsst ihr sehen, wann sie verfügbare Kapazitäten haben?"

Antwort: „Weil wir wissen wollen, wann die Entwickler arbeiten."

Frage: „Warum wollt ihr wissen, wann die Entwickler arbeiten?"

Antwort: „Weil wir verdammt noch mal wissen wollen, wann unsere Sachen
endlich fertig werden."

Allerdings gibt es viel effektivere Methoden als ein einheitliches Kalendersystem, um dieses Problem zu lösen. Man beachte auch gewisse Sprünge in der
Logik – in der Praxis treten sie sehr häufig auf.

Erst wenn wir herausgefunden haben, wodurch ein Problem bedingt ist, und wenn wir
unser Problem richtig verstehen, macht es Sinn, über die Problembeseitigung nachzudenken. Meistens handelt es sich um eine Verflechtung mehrerer Probleme, und daher stellt
sich immer die Frage, ob ein Lösungsvorschlag das „richtige" Problem löst, ob er wirklich
eine nachhaltige Veränderung bewirkt oder nur temporär die Symptome beseitigt. Albert
Einstein hat einmal gesagt: „Wenn man mir eine Stunde Zeit geben würde, ein Problem zu
lösen, von dem mein Leben abhängt, würde ich 55 Minuten auf die Analyse des Problems
und fünf Minuten auf seine Lösung verwenden."

7.5.1 Engpasstheorie

Erinnern wir uns: Die Engpasstheorie geht von der Erkenntnis der Systemtheorie aus, dass
der Durchsatz eines Systems ausschließlich von einem begrenzenden Faktor bestimmt wird
(Kapitel 4). Den Durchsatz können wir nur verbessern, wenn das Gesamtsystem – ausge-
hend vom begrenzenden Faktor – übergreifend optimiert wird. Dabei haben wir Eliyahu
M. Goldratts fünf Fokussierungsschritte genannt, die der Kern im Umgang mit Engpässen
sind. In vielen Unternehmen wird von diesen fünf Schritten nur einer durchgeführt: Man
versucht, den Engpass zu erweitern, indem man sämtliche Ressourcen in den Engpass

stopft. In Goldratts Schema ist das aber der vierte Schritt von fünf, und dieser sollte erst gemacht werden, wenn die drei Schritte davor erledigt wurden.

Tatsache ist: Projekte werden nicht schneller, wenn kurzfristig mehr Ressourcen investiert werden. Zunächst müssen die zusätzlichen Ressourcen gefunden werden (z. B. neue Mitarbeiter). Dann brauchen die neuen Ressourcen eine bestimmte Anlaufzeit – etwa in Form von Einarbeitung neuer Kollegen. Solche Aktionen hemmen die Durchlaufzeit eher noch zusätzlich, als sie zu reduzieren, oder wie Frederick P. Brooks sagte: „Adding resources to a late project makes it later." (Brooks 1995) Zusätzliche Ressourcen lassen den bereits verspäteten Projektabschluss also noch weiter nach hinten rücken. Welches Verbesserungspotenzial hat die Engpasstheorie im Rahmen von Kanban, wenn die fünf Schritte richtig angewendet werden?

1. **Den Engpass identifizieren:** Kanban macht uns diesen Schritt sehr leicht, weil wir durch die Visualisierung schnell erkennen, wo es sich im System staut. Aber Vorsicht, denken wir wieder an die Ursachenanalyse: Haben wir am Board vor uns einen tatsächlichen permanenten Engpass? Oder ist es nur ein temporärer oder wandernder Engpass, der durch Variabilität verursacht wird? Erst wenn diese Frage geklärt ist, sollte ein Engpass tatsächlich als solcher behandelt werden.

2. **Den Engpass ausnutzen:** Die optimale Ausnutzung eines Engpasses ist eine Kombination aus Entlastung und Belastung.

    a) *Ein Engpass muss von allen Aufgaben entlastet werden, die nicht unbedingt im Engpass gemacht werden müssen.* Das bedeutet zum Beispiel, administrative Aufgaben zu reduzieren, die keinen unmittelbaren Ergebniszusammenhang für einen Auftrag haben. Blockierungen sollten von Mitarbeitern außerhalb des Engpasses gelöst werden, damit sich die Mitarbeiter des Engpasses ganz auf ihre eigentlichen Aufgaben konzentrieren können. Außerdem können Risikoprofile von Arbeiten im Engpass festgelegt werden, damit manche Arbeiten von Mitarbeitern übernommen werden können, die nicht zum Engpass gehören.

    b) *Der Engpass darf nie leer laufen.* Gleichmäßigkeit in der Zuteilung von Aufgaben ist nötig, um den Durchsatz eines Engpasses stabil zu halten. Leerläufe im Engpass sind dabei genau so schlecht wie eine permanente Überlastung. Damit es zu keinen Leerläufen kommt, bauen wir vor dem Engpass Puffer ein, die Variabilitäten in den vorgelagerten Schritten ausgleichen – wenn zum Beispiel Ressourcen nicht immer zur Verfügung stehen. Diese Puffer sollen so klein wie möglich sein, aber groß genug, um einen gleichmäßigen Arbeitsfluss zu etablieren.

3. **Alles den bisherigen Entscheidungen unterordnen:** Wir sorgen dafür, dass immer nur so viel Arbeit im Gesamtsystem ist, wie der Engpass verarbeiten kann – d. h. wir passen die WiP-Limits entsprechend an.

4. **Den Engpass beheben:** Wenn wir aufgrund der drei bisherigen Schritte davon ausgehen können, dass im Engpass optimal gearbeitet wird und wir mit den WiP-Limits für einen stetigen Arbeitsfluss gesorgt haben, sehen wir uns den Engpass noch einmal genau an. Wie stellt sich der Engpass nach diesen ersten Maßnahmen dar? Was wird jetzt noch benötigt, um den Engpass dauerhaft zu beheben, sofern er immer noch besteht? Erst an dieser Stelle tun wir das, was in den meisten Unternehmen sofort gemacht wird: Ressourcen investieren.

5. **Wieder bei Schritt 1 beginnen:** Im Sommer 2011 trat zum Leidwesen vieler Urlauber die Engpasstheorie sehr deutlich erlebbar in Erscheinung. In der Verbindung zwischen Nord- und Südeuropa war der österreichische Tauerntunnel seit jeher ein Nadelöhr. Jeden Sommer wurden Staurekorde gemeldet, bis man sich – nicht zuletzt wegen der Brandkatastrophe im Jahr 1999 – zum Bau einer zweiten Röhre entschied. Diese zweite Röhre wurde am 30. Juni 2011 eröffnet. Alle freuten sich, weil der Verkehr zügig durchrollte, bis er sich dann wenige Stunden später vor dem einröhrigen Karawankentunnel auf 60 Kilometer zurückstaute. Ein solches Phänomen tritt nicht nur bei Engpässen im Straßenverkehr auf, es ist auch ein Spiel, das wir in Unternehmen spielen müssen. Haben wir an einer Stelle einen Engpass beseitigt, tritt an einer anderen Stelle ein neuer auf. Im bildlichen Sinne forschen wir den Engpässen im Unternehmen so lange hinterher und beseitigen immer wieder neue Engpässe, bis sich der Engpass schlussendlich aus dem Unternehmen hinaus auf den Markt verlagert. In einer optimalen Welt könnten wir also schneller liefern, als der Markt fordern kann.

7.5.2 Waste reduzieren

In Kanban wollen wir nicht nur einfach schneller liefern, sondern eine ökonomische Sichtweise auf unsere Arbeit entwickeln. Die Costs of Delay, die den Hintergrund von Serviceklassen bilden, sind zum Beispiel so ein ökonomischer Ansatz. Auch beim Release-Planungsmeeting (Kapitel 6) versuchen wir, ein ökonomisch sinnvolles Lieferintervall zu finden, und sparen dabei zum Beispiel Zeit mit Checklisten. Zum ökonomischen Denken gehört vor allem das Wissen, was nicht ökonomisch ist – was also als „Waste" oder Verschwendung bezeichnet werden kann. In der Softwareentwicklung handelt es sich dabei um sämtliche Aktivitäten und/oder Kosten, die für den Kunden keinen Mehrwert bringen. In erster Linie gehören dazu große Mengen an nur teilweise fertigen Arbeiten, Task Switching oder lange Aufgabenlisten – vieles davon lässt sich mit der Herangehensweise in Kanban bereits eliminieren bzw. stetig optimieren. Waste sind aber auch Features, die ein Kunde weder braucht noch bestellt hat und die Entwickler oft nur einbauen, weil sie von ihren eigenen Fähigkeiten so begeistert sind. Dann gibt es noch zwei weitere große Verschwendungsposten, bei denen man ansetzen kann:

- **Transaktionskosten:** Dazu zählen die vor- und nachbereitenden Arbeiten, die bei einem Projekt anfallen, also Setup-Aktivitäten, Projektplanung, Ressourcenplanung, Risikoplanung, Budgetierung, Auslieferung, Benutzertraining, Retrospektiven, Reviews etc.
- **Koordinationskosten:** Hier fällt der teilweise enorme Brocken an, den schlecht vorbereitete und schlecht moderierte Meetings jeglicher Art verursachen. Eine der am kostengünstigsten umsetzbaren Verbesserungen ist es, effiziente Meetings durchzuführen. Daily Standups können zum Beispiel auf zehn Minuten beschränkt und Detailfragen in Anschlussmeetings verlagert werden, um nicht unnötig die Ressourcen unbeteiligter Mitarbeiter zu lange zu binden. Das setzt Zeitkapazitäten frei, in denen am Projekt des Kunden gearbeitet werden kann.

Der Terminus „Waste" stammt aus der Lean Production und hat für viele wahrscheinlich eine sehr drastische Anmutung. Waste zu reduzieren, bedeutet nicht, kompromisslos alles zu streichen, was Kunden keinen Mehrwert bringt. Es bedeutet, Aktivitäten, die wir selbst zur Umsetzung eines Projekts setzen müssen, so zu optimieren, dass sie die geringstmöglichen Kosten (in Form von Zeit und Geld) verursachen. Wir stellen also die Frage nach wertschöpfenden Aktivitäten: „Bringt es einen Mehrwert für den Kunden, wenn wir mehr davon machen?" Drei Meetings mehr bringen weder dem Kunden noch dem eigenen Unternehmen etwas, wenn dabei keine handfesten Ergebnisse herauskommen.

7.5.3 Variabilität reduzieren

Als Variabilität bezeichnen wir Abweichungen im Standardarbeitsfluss. Je mehr Variabilität ein System aufweist, desto schwerer lassen sich verlässliche Aussagen über Durchlaufzeiten treffen. Im Gegensatz zur Industriefertigung mit ihren getakteten Maschinen wird es in der Wissensarbeit durch den eigenwilligen Produktionsfaktor Mensch immer ein hohes Maß an Variabilität geben. Die Frage ist, ob diese Variabilität auf ein Minimum reduziert werden soll oder ob Variabilität nicht auch Chancen birgt. Wir brauchen sie bis zu einem gewissen Maß sogar in einem System, um das zu produzieren, was wir in Kapitel 4 als „Slack" bezeichnet haben. Durch Variabilitäten im System wird es immer wieder Mitarbeiter geben, die temporär arbeitslos sind. Das sind Stand-by-Kapazitäten für Notfälle, Verbesserer und Innovatoren, die gezielt und bewusst eingesetzt die Schwachstellen eines Systems beheben und in Stärken wandeln können, während die anderen mit ihrer täglichen Arbeit beschäftigt sind. Die radikale Eliminierung von Unschärfen bringt nur dort etwas, wo sie massiv stören. Das tun sie zum Beispiel, wenn wir Vereinbarungen (Service Level Agreements) mit unseren Kunden treffen wollen und bei der Fertigstellung der Aufträge eine extreme Variabilität haben. Was soll ein Kunde mit einer Aussage wie dieser anfangen: „Die Fertigstellungsdauer der Aufträge beträgt zwischen einem und 100 Tagen." Weil wir es selbst nicht so genau wissen, könnte der Auftrag in zehn Tagen fertig sein oder aber in 99. Der Effekt: Ein verärgerter Kunde, der nicht planen kann, weil wir keine genauen Aussagen treffen können.

Wodurch kann hohe Variabilität entstehen (die Aufzählung ist nicht erschöpfend)?

- Durch unterschiedliche Ticket-Größen
- Durch fehlende WiP-Limits für Arbeitstypen
- Durch zu hohe Limits bei den unterschiedlichen Serviceklassen (z. B. zu viele Express-Tickets)
- Durch zu viele Fehlerausbesserungen wegen Bugs
- Durch einen stockenden Arbeitsfluss wegen zu vieler blockierter Tickets

Mit all den Analysen und anderen Instrumenten, die Kanban zur Verfügung stellt, lässt sich herausfinden, wodurch in einem System Variabilität verursacht wird und wie sie sich auswirkt. Variabilität sollte aber nicht reduziert werden, allein um sie zu reduzieren. Dann, wenn sie massiv stört und die Beziehungen zu Kunden beeinträchtigt, sollte sie auf ein verträgliches Maß eingedämmt werden. Wir müssen uns aber auch mit dem Gedanken anfreunden, dass Variabilität ein markanter Wesenszug der Wissensarbeit ist.

Mit Kanban wollen wir die Leistung der Arbeitswelt verbessern. Es sollen keine Kampfprogrammierer gezüchtet werden, die noch mehr in noch kürzerer Zeit programmieren können, damit noch mehr Aufträge angenommen oder Schwächen damit überspielt werden können. Kanban sieht nicht den Menschen als Schwachstelle, sondern betrachtet die Systeme, in denen wir uns bewegen, als ein manchmal fehleranfälliges Netz aus Interaktionen. Durch seine Instrumente macht Kanban seine Anwender zu Systemdenkern, die erkennen und verstehen, wie verschiedene Vorgehensweisen einander beeinflussen. Die Beteiligten beginnen, in Prozessen statt in Zuständen zu denken, und sehen nicht mehr nur Schwarz oder Weiß, sondern die Abstufungen dazwischen. Mit der Zeit wird immer deutlicher, dass alles in einem System miteinander verbunden ist und seinen Beitrag zum Funktionieren leistet.

 Was Sie aus diesem Kapitel mitnehmen können

Metriken sind in der Arbeit mit Kanban wichtige Instrumente, um Veränderungen und Verbesserungen in den Prozessen eines Teams nachvollziehen zu können. Gemessen wird in Kanban allerdings immer das System, nie die Leistung des einzelnen Mitarbeiters. Wenn wir die Leistung des Systems messen, wollen wir sehen, ob das System so arbeitet, wie wir es erwarten, wo wir uns verbessern können und ob Verbesserungen greifen. Messungen sollen nicht bis ins Detail verfeinert sein, sondern rasche und zuverlässige Aussagen über das liefern, was ein Team wissen will und muss. Welche Messungen eingesetzt werden, hängt von den Zielen ab, die ein Kanban-Team verfolgt.

Empfehlenswerte Basismessungen betreffen Durchlaufzeit, Durchsatz und Flusseffizienz eines Prozesses. Metriken dafür sind zum Beispiel das Cumulative Flow Diagram, Tracking und Spektralanalysen von Lead und Cycle Times, Failure Load und Blockaden. Die Ergebnisse dieser Messungen sind die Grundlage für Entscheidungen über Verbesserungen.

Bevor wir spezifische Verbesserungsmethoden anwenden, sollten wir uns die Frage stellen, warum die Situation so ist, wie sie ist. Die Ursachenanalyse ist dabei ein Instrument, um die Gründe zu identifizieren. In puncto Verbesserungen helfen die fünf Fokussierungsschritte der Theory of Constraints, (tatsächliche) Engpässe zu identifizieren, sie optimal auszulasten und schrittweise zu erweitern. Mit der Reduzierung von Waste konzentrieren wir Prozesse auf jene Aktivitäten, die einem Kunden echten Mehrwert bringen, und mit der Reduzierung von Variabilität bringen wir mehr Zuverlässigkeit in die Aussagen gegenüber den Stakeholdern eines Teams.

Teil II:
Change und Management

8 Kräfte der Veränderung

Ein kleiner Junge spaziert über einen Strand, auf dem Tausende von Seesternen liegen. Alle paar Meter bückt er sich, um einen der Seesterne aufzuheben und wieder ins Meer zu werfen. Ein Mann, der den Jungen beobachtet, tritt kopfschüttelnd an ihn heran und fragt: „Was machst du da?" „Ich rette die Seesterne", antwortet der Junge. „Aber das hat doch überhaupt keinen Sinn" entgegnet der Mann konsterniert. „Was macht das schon für einen Unterschied, bei den Abertausenden Seesternen, die hier am Strand liegen?" „Für diesen einen macht es einen Unterschied", erwidert der Junge und wirft einen weiteren Seestern ins Meer.

„Einen Unterschied machen" – das ist wohl die Basisformel von Veränderung. „Viele kleine Unterschiede machen", könnte dann die dazu passende Kanban-Formel lauten. Das mag ebenso Kopfschütteln auslösen wie die Geschichte des Jungen: Wozu sich um einzelne Seesterne kümmern, wo doch ein umfassendes Rettungsprojekt nötig ist? Wozu kleine Schritte setzen, wo es doch heutzutage stets um den großen Wurf geht? Weil viele kleine Unterschiede auch einen großen Unterschied machen, ließe sich anhand der Strandgeschichte antworten. Weil jeder zurückgeworfene Seestern eine kleine Verbesserung mit sich bringt. Und weil wir es wie der Junge am Strand selbst in der Hand haben, diese Verbesserung herbeizuführen.

Freilich muss sich etwas verändern, damit sich etwas verbessern kann. Und mit der Veränderung ist das, wie auch die Seesterngeschichte zeigt, so eine Sache. Einerseits scheint sie ja von selbst zu passieren. Ein umschlagender Wind, eine unerwartete Meeresströmung, und plötzlich ist der Strand voller Seesterne. Andererseits tun wir vieles dafür, um die natürlichen Veränderungsflüsse mehr oder weniger kunstvoll zu lenken. Wir versuchen die Wetterbedingungen vorherzusehen, wir richten unsere Aufmerksamkeit auf den Strand, wir bauen Staudämme gegen die Meeresbrandung. Und wir werfen angespülte Seesterne ins Meer zurück. Schritt für Schritt sorgen wir auf diese Weise für Unterschiede.

„Management macht einen Unterschied" (Baecker 2011, S. 28), definiert der deutsche Systemtheoretiker Dirk Baecker. Management, so Baecker, führt Differenzen in die bestehenden Verhältnisse ein. Mit anderen Worten: Management sorgt für Veränderung. Dass Management heutzutage vor allem Change Management ist, ist alles andere als eine neue Erkenntnis. Allein die Anzahl der aktuellen Google-Treffer zeigt, dass die Veränderung selbst eine Art Naturgewalt geworden ist: 4 Milliarden 390 Millionen Einträge zu Change, 868 Millionen Einträge zu Change Management (Stand: Februar 2012).

Doch wozu ist Change Management überhaupt notwendig? Welche Konzepte gibt es dazu? Was bringt die evolutionäre Veränderung mit Kanban mit sich? Und wie macht man das Beste aus den Geistern, die man damit ruft? Im Folgenden wollen wir diesen grundsätzlichen Fragen nachgehen und in sechs Kapiteln möglichst bündige Antworten liefern. Dabei konzentrieren wir uns auf:

- **Kräfte der Veränderung,** um Ihnen eine Übersicht über die wichtigsten Faktoren zu bieten, die heutzutage zu professionellem Change Management anhalten.
- **Umwelten und Systeme,** um die theoretische Grundlage für ein angemessenes Verständnis von Organisation zu schaffen.
- **Organisatorische und persönliche Veränderung,** um deutlich zu machen, wie unternehmerischer Change erlebt und verarbeitet wird.
- **Emotionen in Veränderungsprozessen,** um die besondere Dynamik des Change Managements zu erkunden.
- **Unternehmenskultur und Politik,** um diese Dynamik in einem breiteren Zusammenhang zu sehen.
- **Schlussfolgerungen für Kanban Change Management,** um Leitlinien für eine Kultur der kontinuierlichen Verbesserung zu schaffen.

■ 8.1 Turbulente Zeiten

„The Times They Are a-Changin'" intonierte Bob Dylan bereits 1964, um von drohenden Gefahren zu singen, vom Verschwinden der alten Ordnung und von der Notwendigkeit, die Augen offen zu halten. „The Times They Are a-Changin'" könnte durchaus als Titelsong für den intensiven Wandel dienen, den wir in den letzten 50 Jahren erleben. Als Dynamos für diesen Wandel lassen sich unter anderem folgende Faktoren identifizieren:

- **Neue Technologien,** die in Höchstgeschwindigkeit weiterentwickelt wurden.
- **Die Globalisierung von Arbeits- und Konsummärkten,** die die Angebotssituation ähnlich radikal verändert hat wie die Nachfrage.
- **Die Individualisierung von Kundenwünschen,** vorangetrieben durch eine starke Lifestyle-Orientierung in den mächtigen Industriestaaten, aber auch durch höhere Lebensstandards in den aufstrebenden Schwellenländern.
- **Die Mobilität der Menschen und der Arbeit,** die völlig neue Vernetzungen ermöglicht.
- **Die Internationalisierung der Zusammenarbeit** auf ökonomischer und politischer Ebene.
- **Die Auslagerung von Produktionsprozessen** in sogenannte Billiglohnländer, was nicht nur eine Potenzierung von Transportwegen zur Folge hat, sondern auch die Erosion von Sozialstandards.
- **Bessere Ausbildungen** für immer mehr Menschen und das Entstehen regionaler Wissenscluster.

- **Der demografische Wandel,** der zumindest die Unternehmen der westlichen Hemisphäre vermehrt dazu zwingt, sich auf neue Weise mit den Themen Alter, Herkunft oder Kultur auseinanderzusetzen.

- **Ein aggressiver Wettbewerb,** der Unternehmen wie Einzelpersonen unter permanenten Leistungsdruck setzt.

- **Eine grassierende Verunsicherung,** die durch Finanzspekulationen ebenso vorangetrieben wird wie durch politische Konflikte oder verheerende Umweltkatastrophen.

All diese Entwicklungen bringen neue Herausforderungen mit sich. Wie bei einem Jonglierakt mit vielen Bällen müssen gleichzeitig die unterschiedlichsten Kräfte koordiniert werden. Dabei sind für jedes Unternehmen ganz bestimmte Kräfte relevant. Manche haben massive Auswirkung auf die aktuelle Geschäftssituation, andere bleiben im Hintergrund.

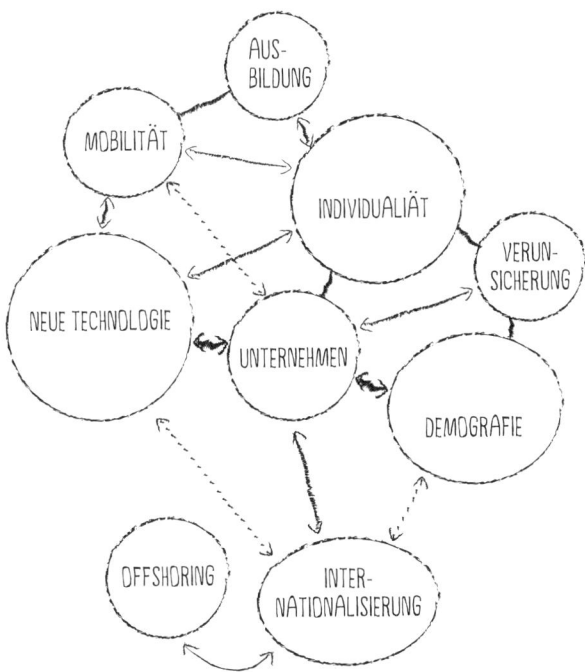

Bild 8.1 Aktuelle Herausforderungen eines Finanzdienstleistungsunternehmens

Bild 8.1 zeigt das Kräftenetz eines Finanzdienstleisters, dessen aktuelle Veränderungstreiber durch unterschiedliche Größen und Näheverhältnisse dargestellt sind. Neue Technologien sind für dieses Unternehmen vor allem aufgrund der Virtualisierung vieler Leistungsbereiche bedeutsam. Die Individualisierung spiegelt sich in den maßgeschneiderten Produkten, die heutzutage angesagt sind. Und der demografische Wandel weist in eine Zukunft, in der Alter, aber auch Migration eine wesentlich größere Rolle spielen werden. Die zunehmende Verunsicherung der Menschen und der Wettbewerb lauern sozusagen im Hintergrund, während die Internationalisierung oder der Offshoring-Faktor derzeit keine strategische Relevanz haben.

Die wichtigsten Umweltfaktoren erfordern spezifische unternehmerische Maßnahmen: etwa die Entwicklung eines neuen CRM-Systems, die Ausrüstung aller Außendienstmitarbeiter mit iPads oder Diversity Trainings, um den oft unterschätzten demografischen Wandel besser zu verstehen. Freilich sollten alle Beteiligten im Hinterkopf behalten, dass es sich bei diesem Kräftediagramm um eine Momentaufnahme handelt. Die Halbwertszeit dieses Bildes ist kurz. Aufgrund unserer angespannten Wirtschaftslage können nämlich jederzeit neue Kräfte ins Spiel kommen. Scheinbar vertraute Anforderungen verändern sich schlagartig, Mitbewerber tauchen in gewinnbringenden Nischenmärkten auf, Kunden versorgen sich mithilfe des Internets selbst. Hinzu kommen unberechenbare Wechselwirkungen zwischen dem Unternehmen und seinen relevantesten Veränderungsfaktoren, aber auch zwischen den Faktoren selbst. Wie der Finanzdienstleister in den letzten Jahren intensiv erleben durfte, beeinflusst die zunehmende Mobilität die technischen Anforderungen, aber auch die Beratungstätigkeit selbst. Die Individualisierung verändert Angebot wie Nachfrage. Ältere oder Kunden mit Migrationshintergrund stellen neue Ansprüche und ähnliches mehr.

Längst können sich Unternehmen nicht mehr aussuchen, ob sie an diesem Kräftespiel teilnehmen oder nicht. Change ist zum Pflichtprogramm geworden.

Der Versuch, den Status quo zu bewahren, gleicht dem Versuch, die Blätter das ganze Jahr über auf den Bäumen zu halten. Wie die folgende Übersicht zeigt, vergrößert Nicht-Veränderung heutzutage eine Vielzahl von Gefahren.

 Gefahren der Nicht-Veränderung

Ökonomische Gefahren – verändert man sich nicht, ist man aus dem Geschäft oder verliert zumindest Marktanteile.

Politische Gefahren – verändert man sich nicht, wird man von einer mächtigeren Gruppe geschlagen.

Technologische Gefahren – verändert man sich nicht, verliert man den Anschluss an zukunftsweisende Standards.

Juristische Gefahren – verändert man sich nicht, muss man Restriktionen befürchten.

Moralische Gefahren – verändert man sich nicht, gilt man als sozial unverantwortlich.

Persönliche Gefahren – verändert man sich nicht, verliert man Anerkennung, Einfluss oder sogar seinen Arbeitsplatz (vgl. Schein 2003)

Will ein Unternehmen erfolgreich sein, muss es diese Gefahren überwinden und die Chancen nützen, die jede Veränderung mit sich bringt. Mit anderen Worten, es muss mit den aktuellen Herausforderungen des Marktes Schritt halten – oder ihnen im Idealfall sogar eine Nasenlänge voraus sein. Dumm nur, dass sich dieser Markt unberechenbar verhält. Was heute Top ist, kann morgen schon Flop sein, der gestrige Erfolgsfaktor über Nacht zum Hemmschuh werden. „Business Agility" wird zum Zauberwort für erfolgreiches Unternehmertum im 21. Jahrhundert. Verbesserung und Innovation sind längst zum Pflichtprogramm für jede Organisationseinheit geworden. Vorhandene Chancen sollen genutzt, neue Möglichkeiten entdeckt, Wettbewerbsvorteile erzielt werden.

Obwohl dieses Mantra auf nahezu jeder Unternehmensfahne prangt, spricht die Statistik eine ganz andere Sprache. Laut aktuellen Untersuchungen ist nur einer von fünf Mitarbeitern voll engagiert, 75 % fehlt es an Motivation und Leidenschaft, und nur 15 % aller Teams können ihr volles Potenzial entfalten (Raelin 2003, S. 15). Hinzu kommt, wie Managementpionier Peter F. Drucker darlegt, dass viele Unternehmen Veränderungen nach wie vor ähnlich wie den Tod oder die Steuern betrachten: als unerwünschte, aber unvermeidliche Dinge, die man so lange wie möglich aufschiebt (Drucker 1991, S. 171). Doch selbst die Veränderungsprojekte, die schließlich in Angriff genommen werden, erreichen selten die gesetzten Ziele. Allgemeingültige Zahlen liegen zwar nicht vor, unterschiedliche Stichproben weisen aber relativ einheitlich zwischen 60 und 80 Prozent an Fehlschlägen aus.

In diesem Zusammenhang sollte nicht übersehen werden, dass mit der Umwelt auch viele organisationsinterne Change-Projekte in Turbulenzen geraten. Wie die Zukunft ist auch die Veränderung nicht mehr das, was sie einmal war. Die Anzahl sowie die Vielfalt von Veränderungsinitiativen haben enorm zugenommen. Gleichzeitig laufende Rationalisierungs- und Innovationsprojekte, Outsourcing- und Merger-Maßnahmen, Abbau von Mitarbeitern und gezielter Zukauf von Expertise sind in vielen Unternehmen gang und gäbe. Wie Tabelle 8.1 zeigt, hat der „Dance of Change" (Senge 1999) heutzutage die unterschiedlichsten Spannungsfelder zu berücksichtigen.

Tabelle 8.1 Spannungsfelder im Change Management

Langfristige Planung	Kurzfristige Resultate
Veränderungen brauchen Zeit	Druck zu schnellen Veränderungen
Strategische Vorgaben	Offenheit für ungeplante Prozesse
Fokussierung klarer Ziele	Fokussierung von Flexibilität
Vorgaben des Projektmanagements	Kreative Handlungsspielräume
Schrittweise Verbesserung	Radikale Innovation
Kunden- bzw. Marktorientierung	Mitarbeiterorientierung
Gefahren bearbeiten	Chancen erweitern
Genaue Problemanalyse	Rasche Lösungen

■ 8.2 Turbulente Veränderung

Insgesamt ist der Umsetzungsdruck enorm gestiegen. Veränderungsvorhaben müssen möglichst rasch umgesetzt werden, sonst drohen sie, obsolet zu werden, bevor sie zur Gänze implementiert sind. Das macht die Zeitfenster für die notwendige Mobilisierung ebenso eng wie für das gemeinsame Nachdenken. Ganz zu schweigen von einer am tatsächlichen Veränderungsprozess orientierten Adaption des ursprünglichen Vorhabens. Auf diese Weise wird, wie der deutsche Betriebswirtschafter Günther Ortmann ausführt, das sich Überschlagen zu einer charakteristischen Organisationserfahrung des 21. Jahrhunderts (Ortmann 2008, S. 152). Einem unaufhörlichen Flickflack gleich überschlagen sich die Marktentwicklungen in ähnlichem Maße wie die Versuche von Unternehmen, mit diesen Entwicklungen Schritt zu halten. In der Ära des Hyperwettbewerbs bleibe daher kaum mehr Zeit für das Einspielen, das sich Bewähren oder das Finetuning von Neuem. Bevor sich Veränderungsprojekte richtig amortisieren können, rollt zumeist bereits die nächste Veränderungswelle darüber hinweg.

Das Tempo von Veränderungsmaßnahmen reißt nicht nur den Protagonisten den Boden unter den Füßen weg. Mitunter verhindert es sogar, dass der ursprünglich angepeilte Nutzen verwirklicht wird.

Das Neue kann kaum verdaut und im Arbeitsalltag integriert werden. Auf diese Weise kommt es leicht zu dem, was ein befreundeter Manager das „oftmalige sauer Aufstoßen und Wiederkäuen" von Veränderungen nennt. Kein Wunder, laufen doch allein im Verantwortungsbereich unseres Managementfreundes, seines Zeichens CTO in einem Telekommunikationsunternehmen, gleichzeitig sieben verschiedene Veränderungsinitiativen: zwei Initiativen zur Prozessverbesserung, zwei Trainings- und Coachingprojekte zur Stärkung der individuellen Führungskompetenzen, eine Workshopserie zur kulturellen Integration nach einem Merger, ein Teambuilding und last but not least die Einführung von Kanban im Betrieb. Verschärfend wirkt, dass sich bereits in zwei dieser Initiativen die ursprünglichen Ziele geändert haben. Eine der Prozessverbesserungsinitiativen geht stärker in Richtung abteilungsübergreifende Zusammenarbeit, die Trainingsinitiative ist nach dem Kauf eines Mitbewerbers ganz auf das Integrationsmanagement abgestellt. Die einstigen Prioritäten – die bereichsweite Verbesserung der agilen Vorgehensweise sowie ein darauf abgestimmtes Agile Leadership Training für das Management (vgl. http://p-a-m.org/services/) – sind gleichsam vom Winde verweht. Neue Themen treten an ihre Stelle und treiben so manchem Change Agent den Schweiß auf die Stirn.

„Moving targets" wird zum geflügelten Wort. Was zu Projektbeginn zentral erscheint, kann im Laufe eines Projektes leicht zur Nebensache werden. Stattdessen tauchen allerorts, wie unser Freund weiter berichtet, zusätzliche Change Requests auf, die es optimal in die laufende Veränderungsarbeit zu integrieren gilt: Der Kunde wünscht sich neue Produktfeatures, die Konkurrenz bietet ein vergleichbares Produkt zum Kampfpreis an, und die EU verschärft die gesetzlichen Vorgaben im Onlinebereich.

Die Erlebnisse unseres CTO umreißen beispielhaft, was derzeit in vielen Unternehmen auf der Tagesordnung steht. Gerade große Unternehmen müssen ihre chronische *Projektitis* in den Griff und eine Vielzahl an Veränderungsimpulsen unter einen Hut bekommen. Verschiedene Unternehmensbereiche setzen auf ganz unterschiedliche Vorgehensweisen:

- auf kontinuierliche Verbesserung mit Kanban
- auf innovatives Prototyping
- auf Six Sigma
- auf Outsourcing
- auf wasserfallartige oder auf Softwareentwicklung mit Scrum
- auf Corporate Social Responsibility, Diversity Workshops oder Customer Value Management

Dieses Nebeneinander unabgestimmter Veränderungsprojekte bringt eine Menge neuer Schnittstellen und damit auch die Gefahr von Abstimmungskonflikten mit sich. Zudem erzeugt die Unabgestimmtheit aus Veränderungsinitiativen eine Art von Meereswellen, die auf der Oberfläche der Organisation zwar für Bewegung sorgen, jedoch oft keinen Tiefgang haben. Statt Einstellungen zu verändern, werden diese Change-Wellen routiniert abgesurft.

Alles in allem muss man kein Hellseher sein, um in vielen Unternehmen eine ausgeprägte Veränderungsmüdigkeit zu erkennen. Statt auf Engagement treffen viele Projekte eher auf eine „Nicht schon wieder!"-Haltung.

Überdruss und ein hohes Maß an Nicht-ernst-Nehmen stehen auf der Tagesordnung. Diese Haltung wird auch durch den Umstand gefördert, dass viele Organisationen mit ungeeigneten Mitteln auf die Krisen in ihrem Umfeld reagieren. Es wird über Lösungen diskutiert, bevor Einigkeit über das Problem besteht. Die aktuellen Herausforderungen werden nicht gemeinsam diagnostiziert, sondern vorgegeben. Der Nutzen der bestehenden Situation wird nicht ausreichend in Betracht gezogen. Oder Veränderungen werden ohne Berücksichtigung der tatsächlichen Kosten in Angriff genommen. Wirft man einen genauen Blick auf diese kleine Hitparade des Misserfolgs, lässt sich leicht entdecken, dass viele Veränderungsprojekte nicht an schlechten Prozessen oder fehlenden Werkzeugen scheitern. Vielmehr werden diese Projekte Opfer falscher Grundannahmen. Ein paar Beispiele gefällig?

- Da wäre etwa die **Annahme, dass das Problem sonnenklar ist und es bloß um eine rasche Lösung geht.** „Wir brauchen keine Diagnose", war sich der CEO einer Immobilienplattform sofort sicher, als wir ihm im Rahmen der Auftragsklärung unser bewährtes Vorgehen darlegen wollten: „Wir brauchen nur ihren fachlichen Rat, wie wir möglichst schnell unsere Entwicklungsgeschwindigkeit erhöhen und die Testfehler reduzieren können. Sagen Sie uns einfach, was wir tun sollen!"

- Da wäre die **Annahme, dass ein erfolgreiches Veränderungsmanagement vor allem gute Projektpläne braucht, die dann bloß noch umgesetzt werden müssen.** „Ich kapiere nicht, was mit denen los ist", schüttelte der Produktionsleiter verständnislos den Kopf, als es um die Vorbereitung der neuen Jahresklausur ging: „Bisher waren die Schichtführer auf einer Linie mit uns. Doch seit sie den neuen Vorgaben der Qualitätssicherung folgen sollen, gibt es andauernd Schwierigkeiten. Auf der Klausur müssen wir sie endlich zur Räson bringen!"

- Und da wäre die **Annahme, dass man für eine erfolgreiche Veränderung bloß die besten Fachexperten zusammenbringen muss.** „Ein Kinderspiel", haben wir die überzeugte Stimme des R & D-Leiters noch im Ohr, als wir ihn nach dem Schwierigkeitsgrad der angestrebten Lösung befragten: „Schließlich habe ich meine besten Leute darauf angesetzt." Dass diese Leute weder aufeinander eingespielt waren noch alle notwendigen Kompetenzen hatten, wurde erst bemerkt, als sie die gesetzten Meilensteine verfehlten.

Dass ungeprüfte Annahmen nicht nur Fehlsichtigkeit produzieren, sondern handfeste Konsequenzen haben, hat der deutsche Organisationsforscher Dietrich Dörner in seiner „Logik des Misslingens" treffend analysiert (Dörner 1989). Die Essenz seiner Analyse: Durch Aktionismus, die Überdosierung von Maßnahmen oder die Verleugnung von Nebenwirkungen machen wir uns das Veränderungsmanagement nicht gerade leichter. Leider doktern viele Unternehmen eher an vertrauten Symptomen herum, als nach ihnen unbekannten Ursachen zu forschen.

Die Logik des Misslingens

Handeln ohne vorherige Situationsanalyse

Tendenz zum Aktionismus

Handeln ohne Berücksichtigung von Fern- und Nebenwirkungen

Tendenz zur Überdosierung von Maßnahmen, insbesondere unter Zeitdruck

Handeln ohne Berücksichtigung von Prozessen

Tendenz zur Steuerung punktueller Zustände statt dynamischer Prozesse

Handeln ohne genaue Fehlersuche

Tendenz zum Professionalismus, bei dem man das löst, was man lösen kann, statt das, was man lösen soll

Handeln ohne Bedenken

Tendenz zum Expertismus, die zur Selbstüberschätzung und zum Übergehen von Sicherheitsregeln verführt

Handeln ohne Organisationsbewusstsein

Tendenz zur isolierten Projektemacherei, die den gesamtorganisatorischen Veränderungsbedarf unberücksichtigt lässt

Handeln ohne kritische Selbstreflexion

Tendenz, der Verunsicherung durch die Verleugnung oder die Delegation des Problems zu entfliehen (vgl. Dörner 1989)

Bisweilen erinnert die Veränderungsarbeit an Mark Twains kleine Geschichte „Die Uhr", in der ein Uhrmacher, der früher Dampfbootmaschinist war, in Anbetracht einer defekten Taschenuhr meint: „Sie macht zuviel Dampf – wir müssen den stellbaren Schraubenschlüssel an das Sicherheitsventil hängen." Und ein zweiter Uhrenspezialist, ein ehemaliger Büchsenmacher, ist sich wiederum sicher: „Der Hauptzapfen ist zerbrochen." Nach erfolgter Reparatur geht die Uhr zwar eine Weile, bleibt dann aber plötzlich stehen. Nach einiger Zeit springt sie wieder an, stellt aber kurz darauf aufs Neue die Arbeit ein, um eine Minute später den Betrieb wieder aufzunehmen, neuerlich stehenzubleiben, wieder anzuspringen und so weiter und so fort. Wobei die Uhr jedes Mal, wenn sie losgeht, einen Rückschlag tut wie eine Muskete. „Eine Zeit lang", so Mark Twains bedauernswerter Uhrenbesitzer, „wattierte ich mir die Brusttasche aus, schließlich trug ich die Uhr zu einem anderen Uhrmacher." (Mark Twain nach Ortmann 2011, S. 99)

Kommt Ihnen das bekannt vor? Haben Sie vielleicht in Ihrem Unternehmen ebenfalls einige „Uhrmacher", die eigentlich eine andere Profession haben? Change Manager, die nur das verändern, was sie ihrer spezifischen Wahrnehmung nach verändern können? Veränderungsexperten, die nur in ihnen bekannten Bereichen arbeiten und nicht an dem, was man tatsächlich in Angriff nehmen sollte? Die die eigenen blinden Flecken ebenso ausblenden wie die Risiken, die mit diversen Reparaturmaßnahmen einhergehen? Wem diese Veränderungslogik bekannt vorkommt, den dürfte kaum erstaunen, dass 60 bis 80 % dieser Projekte scheitern und die durchschnittliche Lebenserwartung von Organisationen mittlerweile weniger als 20 Jahre beträgt.

Was Sie aus diesem Kapitel mitnehmen können

Veränderung ist heutzutage nicht die Ausnahme, sondern die Regel. Das professionelle Management dieser Veränderung gehört zum Tagesgeschäft jedes erfolgreichen Unternehmens.

Dabei muss einerseits eine Fülle externer Veränderungstreiber berücksichtigt werden, die stichwortartig mit Globalisierung, Mobilität, Diversifizierung und demografischer Wandel umrissen werden können.

Außerdem muss berücksichtigt werden, dass sich auch die internen Rahmenbedingungen für Change-Projekte geändert haben. Vor allem in großen Unternehmen sind die Vielfalt und die Geschwindigkeit von Veränderungsinitiativen geradezu explodiert.

Dieser Explosion steht eine Implosion der Motivation gegenüber. Überdruss, Müdigkeit und diverse Formen von Widerstand gehören ebenso zur Veränderungsarbeit des 21. Jahrhunderts wie das Engagement und die Leidenschaft vieler Beteiligter.

Die Veränderungsarbeit wird oft durch ungeeignete Handlungsstrategien erschwert. Aktionismus, die Überdosierung von Maßnahmen oder die Ausblendung von Folge- und Nebenwirkungen sind definitiv keine geeigneten Mittel, um der Komplexität des Marktes angemessen zu begegnen.

Umwelten und Systeme

Das Scheitern an der Veränderung scheint also zum Tagesgeschäft zu gehören. Fragt sich bloß: Was lässt sich dagegen tun? Wie kann man bestmöglich mit der überwältigenden Fülle an Veränderungsimpulsen umgehen? Was hilft, um erfolgreiches Change Management nicht zum reinen Schicksal werden zu lassen?

Lassen Sie uns zu diesen Fragen ein wenig ausholen. Schließlich sind fundierte Antworten nicht ohne eine entsprechende Grundlagenforschung zu haben. „Es gibt nichts Praktischeres als eine gute Theorie", meinte schon Veränderungspionier Kurt Lewin (Lewin 1951, S. 169). Versuchen wir also, Change Management auf eine solide Basis zu stellen. In der systemischen Weltsicht setzt die Gretchenfrage nach erfolgreichem Change Management beim eigenen Organisationsverständnis an. Wie verstehe ich das, was ich verändern möchte? Was ist überhaupt eine Organisation?

Wenn wir im Alltag von Organisation reden, scheinen wir ja genau zu wissen, was wir meinen. Wir denken an politische Institutionen wie ein Ministerium oder eine Parteizentrale, an Konzerne wie Shell und BMW oder an Social Profit-Organisationen wie die Caritas und Greenpeace. Dem Beratungsduo Königswieser und Hillebrand zufolge haben wir nur wenig von Organisation verstanden, wenn wir sie auf Gebäude oder Marken reduzieren (Königswieser, Hillebrand 2004). Lässt sich denn, so der Einwand, eine Organisation überhaupt so einfach wahrnehmen? Sind wir in einer Organisation, wenn wir durch eine Firmentür gehen oder einen Anstellungsvertrag unterschreiben? Was ist, wenn am Abend alle Mitarbeiterinnen und Mitarbeiter nach Hause gegangen sind? Haben sie die Organisation dann in ihren Köpfen mitgenommen? Oder verbleibt die Organisation in den Räumen, im Mobiliar oder in den Dokumenten und wartet, bis sie am nächsten Tag wieder zum Leben erweckt wird?

Fakt ist, dass sich Organisationen weder auf Gebäude noch auf getriebeartige Räderwerke reduzieren lassen, für deren Veränderung man bloß einen neuen Gang einlegen muss. Organisationen sind, um Heinz von Foersters berühmtes Diktum zu zitieren, keine „trivialen Maschinen" (von Foerster 1997, S. 357), die man auf Knopfdruck steuern kann. Stattdessen können wir sie systemtheoretisch als lebendige soziale Systeme verstehen, die einen hohen Grad an Komplexität aufweisen. Systeme sind so dynamisch und in sich widersprüchlich wie die Umwelt, von der sie sich abgrenzen. Einerseits sind sie von der Umwelt abhängig, weil nur diese sie gleichsam mit Nahrung versorgt (in Form von Geld, Personal, Aufmerksamkeit etc.). Andererseits folgen sie immer nur ihren eigenen Gesetzen, die von außen kaum zu erkennen und deswegen auch nur schwer zu beeinflussen sind. Aus Kundensicht agieren IBM, Nokia oder Apple wie klassische *Blackboxes*. Niemand kann von außen erkennen, wie sie intern funktionieren. Verlieren diese Unternehmen jedoch die Fähigkeit, ihrerseits die Marktsituation zu erkennen, geraten sie in Schwierigkeiten.

De facto entscheiden Organisationen immer autonom, wie sie auf die Umwelt reagieren. Jeder, der schon einmal versucht hat, eine Reklamation bei den Österreichischen Bundesbahnen einzubringen oder am Gesundheitsamt einen persönlichen Termin zu vereinbaren, weiß davon ein Lied zu singen.

Doch nicht nur bei alltäglichen Anforderungen entscheiden Organisationen nach ihren eigenen Gesetzen. Auch bei schwerwiegenden, zuweilen sogar existenzbedrohlichen Veränderungsimpulsen greift sie ausschließlich auf eigene Erfahrungen zurück. Das kann wie im folgenden Praxisbeispiel dazu führen, dass in der ganzen Organisation die Alarmglocken läuten und alles daran gesetzt wird, die Krise zu meistern. „Das kann so nicht weitergehen!", lautete die aufrüttelnde Kernbotschaft des Vertriebsleiters eines mittelständischen Unternehmens, das auf Software-Testing spezialisiert ist. „Mittlerweile sind alle im Vertriebsteam davon überzeugt, dass unsere Produkte nicht mehr zeitgemäß und die Dienstleistungen in der jetzigen Form auch zu teuer sind." Dieses Mal kam die Botschaft des als eher zurückhaltend geltenden Vertriebsleiters bei der gesamten Geschäftsführung an. Statt nun aber in hektischen Aktionismus zu verfallen und diverse Reparaturmaßnahmen zu starten, nahm man sich Zeit für eine umfassende Diagnose: Stammkunden, zu denen man über die Jahre ein gutes Vertrauensverhältnis aufgebaut hatte, wurden ebenso befragt wie Leistungsträger aus dem eigenen Unternehmen. Zum einen ergaben die Gespräche ein noch wesentlich kritischeres Bild. Neben den vom Vertriebsleiter genannten Problemen zeigten sich viele Kunden mit den Durchlaufzeiten, der Lösungsflexibilität sowie der Zuverlässigkeit in der Zusammenarbeit unzufrieden. Zum anderen förderten diese Gespräche aber auch ganz konkrete Lösungsansätze zutage: etwa die Ausweitung der Dienstleistungspalette um agile Angebote, den sukzessiven Aufbau eines entsprechenden Know-hows, die Intensivierung der Zusammenarbeit zwischen verschiedenen Fachabteilungen, und last but not least die Einführung von Kanban, um die Prozesssteuerung im gesamten Softwareentwicklungsbereich zu verbessern.

Die Selbstreferenzialität von Organisationen, also das systemische Im-eigenen-Saft-Braten kann jedoch, wie ein anderes Fallbeispiel zeigt, auch zur Abwehr von Umweltimpulsen führen. So schien der Geschäftsführer eines alteingesessenen Elektrohändlers die Veränderung des Marktes völlig zu ignorieren. Anstatt einen Onlinevertrieb aufzubauen, setzte er weiterhin nur auf persönliche Kontakte. Der wachsenden Konkurrenz großer Handelsketten hielt er die Treue seiner Stammkundschaft entgegen. Und im Angesicht des wachsenden Preisdrucks pochte der Seniorchef gebetsmühlenartig auf den „guten Ruf seiner Firma" und die „Sonderkonditionen, die man uns immer eingeräumt hat". Erst als klar war, dass das Unternehmen - treue Kunden hin, Sonderkonditionen her - mit dem Rücken zur Wand stand, wurde der Widerstand gegen den Wandel aufgegeben. Der Senior trat zurück und überließ seinem Sohn das Steuer. Symptomatisch für den Wurm, der im Unternehmen steckte, beschloss der Sohn jedoch, einen externen Krisenmanager mit dem Turnaround zu beauftragen. Ebenso symptomatisch, dass dieser Manager die Veränderungsfähigkeit des Unternehmens ebenso überschätzte wie seinen eigenen Einfluss. Statt die Besonderheiten des Elektrohändlers zu respektieren, arbeitete er auf der Basis von Best Practices aus anderen Bereichen. Weder wurden das vorhandene Wissen für den Wandel genutzt, noch die Mitarbeiter aktiv einbezogen. Stattdessen versuchten der Sohn und sein Krisenmanager, die neue Firmenstruktur von oben herab durchzusetzen. Kein Wunder, dass es damit nicht gelang, das Ruder rechtzeitig herumzureißen. Im Gegenteil: Einige der erfahrensten Mitarbeiter wurden gekündigt, andere flüchteten in den Krankenstand oder zogen sich auf „Dienst nach Vorschrift" zurück. Wie in einer Inszenierung von Murphy's Law sprangen nun auch einige der treuesten Kunden ab – schließlich waren ihre vertrauten Ansprechpartner nicht mehr im Unternehmen. Die geplante Nischenstruktur, die eigentlich die vorhandene Spezialisierung nutzen wollte, griff ebenfalls nicht. Nach weiteren sechs Monaten war die Insolvenz schließlich unabwendbar.

Ob ein anderes Veränderungskonzept geholfen hätte, das Scheitern abzuwenden? Wir wissen es nicht und wollen auch nicht spekulieren. Festhalten können wir allerdings, dass die Grundhaltung zur Veränderung nicht hilfreich war. Change vom Reißbrett greift für gewöhnlich ebenso wenig wie ein reines Top-down-Management. Beiden Zugängen fehlt es schlicht und ergreifend an Respekt – und zwar sowohl den einzelnen Mitarbeitern als auch der gesamten Organisation gegenüber. Theoretisch gesprochen: Es fehlt das Bewusstsein für jene „prekäre Ausgangslage des Versuchs der wirkungsvollen Beeinflussung eines autonomen sozialen Systems" (Königswieser, Exner 1998, S. 17), die zwangsläufig im Zentrum jeder professionellen Change-Initiative steht. Gut gemeint ist eben oft das Gegenteil von gut.

„Autopoiesis" lautet der systemtheoretische Begriff dafür, dass Organisationen sich selbst erfinden, steuern und verändern. Die Autopoiesis bestimmt, wie sich eine Organisation von ihren Umwelten abgrenzt, wer in welcher Funktion zu ihr gehört, welche Produkte und Dienstleistungen angeboten werden und wo sie sich wann in welcher Form verändert. Sobald diese Veränderung jedoch an den Mitarbeitern und am Markt vorbeigeht, sobald die unternehmerische Wertschöpfungskette nicht mehr konsequent an den Kundenbedürfnissen ausgerichtet ist, sobald Wettbewerbsbedingungen ignoriert oder Gesetzesvorgaben missachtet werden, bekommen Organisation ihre Abhängigkeit zu spüren. Sinkende Umsatzzahlen, begleitet von häufigeren Beschwerden, legislative Sanktionen oder schlechte Publicity sind dafür typische Symptome.

 Systems Thinking For Dummies

„Systeme kann man nicht küssen", pointierte der deutsche Organisationstheoretiker Fritz B. Simon einmal die Abstraktheit des Phänomens Organisation (Simon 1997, S. 14). „Die Systemtheorie lässt sich nicht bloß nicht küssen", spitzte eine Beratungskollegin zu, „sie lässt sich nicht einmal lesen, geschweige denn verstehen!" Die kollegiale Polemik ist nicht von der Hand zu weisen. Systemtheorie wirkt sperrig, akademisch, fern der konkreten Praxis. Dennoch halten wir sie für wertvoll, wenn es um ein angemessenes Verständnis von Organisationen und ihrer möglichen Veränderung geht. Vor allem die Begriffe der Komplexität, der Kontingenz und des Konflikts sind hilfreich, um richtig an die Sache heranzugehen. Im Schnelldurchlauf definiert sind Organisationen:

- **Komplex,** weil sie aus vielen verschiedenen, vielfältig vernetzten und nicht-kausal miteinander gekoppelten Kommunikationen besteht. Es ist die Kommunikation, die das Kernelement jeder Organisation darstellt. Das hat zur Folge, dass jedes Veränderungsmanagement mit Überraschungen rechnen darf.

- **Kontingent,** weil jede Organisation eine strukturierte Kombination solcher Kommunikationen darstellt, diese Strukturen aber auch ganz anders aussehen könnten. Was wiederum erklärt, warum die Veränderung selbstreferenzieller Systeme überhaupt möglich ist.

- **Konfliktreich,** weil es immer darum geht, bestimmte Möglichkeiten zu realisieren und andere zu vernachlässigen – und es naheliegender Weise umstritten ist, was wer wann für bewahrens- oder veränderungswert hält.

Alle drei Begriffe ziehen sich, wie das Systemdenken insgesamt, als rote Fäden durch dieses Buch.

■ 9.1 Organisationen in Nahaufnahme

Doch was spielt sich im Inneren von Organisationen ab? Wie hilft uns die Systemtheorie, die *Blackbox* angemessen zu begreifen? Sie tut das mittels provokanter Behauptungen: Organisation ist ein Prozess, in dessen Zentrum nicht Menschen oder Persönlichkeiten stehen, sondern Kommunikationen und Entscheidungen. Zum einen ist Organisation also kein Objekt, nichts Fixes oder ein für allemal Fertiges. Sie wird vielmehr kontinuierlich reproduziert. Zum anderen sind die Mitglieder einer Organisation, so die oft verwirrende Pointe der Systemtheorie, das Mittel und nicht der Mittelpunkt dieses Reproduktionsprozesses. Denn was würde passieren, fragt Obersystemiker Niklas Luhmann, wenn Organisationen aus Menschen bestünden? Würde dann, wenn diese Menschen zum Friseur gehen, auch ein Stück von der Organisation abgeschnitten? (Luhmann nach Kruckis 1999, S. 51) Menschen bringen sich eben nicht mit Haut und Haar in die Organisation ein, sondern auf Basis spezifischer Erwartungen:

- **Inhaltliche Erwartungen:** „Wie ich hier meine Expertise anwenden und zum Erfolg beitragen will"

- **Soziale Erwartungen:** „Wie ich hier zusammenarbeiten und Anerkennung bekommen möchte"

- **Zeitliche Erwartungen:** „Wie ich gerne lernen und mich entwickeln würde"

Diese Erwartungen führen dazu, dass sich in jeder Organisation ganz bestimmte Kommunikationsroutinen und Entscheidungsmuster herauskristallisieren. Wie das der Marketingleiter eines Medienunternehmens ausdrückte: „Bis die Art, wie bei uns geredet und gehandelt wird, allen in Fleisch und Blut übergegangen ist." Die spezifische Form, wie sich eine Organisation organisiert, wird für ihre Mitglieder zu etwas Selbstverständlichem, ja geradezu Naturhaftem. Mit den Worten des Marketingchefs: „So und nicht anders läuft das bei uns.

Alles andere ist sinnlos." Dementsprechend konsequent wird diesen Naturgesetzen gefolgt – zumindest so lange das Überleben gesichert scheint. In Anbetracht der aktuellen Lebenserwartung von Organisationen muss man wohl hinzufügen: manchmal leider auch länger.

Müssen Organisationen also zwangsläufig scheitern? Ist es nur eine Frage der Zeit, bis sie an ihrer Selbstreferenz zugrunde gehen? Erleiden alle dasselbe Schicksal? Keineswegs, wie das praktische Beispiel zahlreicher, zum Teil über 100 Jahre alter und nach wie vor höchst agil agierender Unternehmen zeigt. Selbiges lässt sich freilich auch systemtheoretisch argumentieren. Schließlich sind Organisationen bei aller Eigengesetzlichkeit nicht zum totalen Autismus verurteilt.

- Wie alle lebenden Systeme handeln Unternehmen zwar auf Basis ihrer **eingespielten Muster,** sie sind aber zugleich **offen für ihre Umwelt.**

- Sie folgen nur ihren eigenen Regeln; sie müssen aber auf **neue Spielregeln am Markt** rechtzeitig mit **internen Regeländerungen** reagieren, um sich nicht ins Aus zu katapultieren.

- Sie **schotten sich gegenüber den allermeisten externen Impulsen ab** und reagieren dennoch auf bestimmte Dinge höchst sensibel.

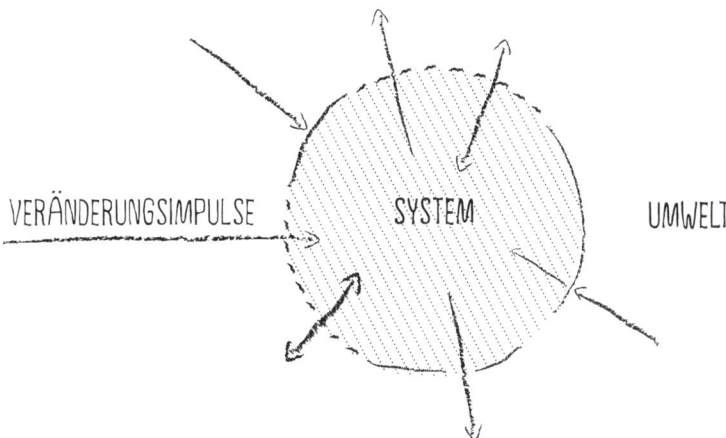

Bild 9.1 System und Umwelt

Change Management darf also, wie Bild 9.1 zeigt, mit der strategischen Offenheit von Organisationen rechnen. Um ausreichend Veränderungsenergie zu mobilisieren, müssen jedoch die richtigen Punkte berührt werden. Es gilt, nachhaltig für Spannung und einen gewissen Druck zu sorgen. Andernfalls droht die strategische Tür gleich wieder zuzufallen.

Folgen wir dieser systemischen Sicht auf Organisationen, lassen sich daraus einige Wegweiser für das Management von Veränderungen ableiten. Zunächst macht die Systemperspektive klar, dass Organisationen nicht wie Maschinen funktionieren. Folglich braucht es für deren Change auch mehr als den handelsüblichen Werkzeugkasten.

Fakt ist, dass die hierarchisch-bürokratischen Megakonzerne des 20. Jahrhunderts zunehmend einer Vielfalt von heterarchisch-netzwerkartigen Unternehmensformen weichen.

Nimmt man das Risiko übertriebener Polarisierung in Kauf, lassen sich zwei völlig unterschiedliche Unternehmensmodelle umreißen:

1. Ein **mechanistisches,** das kurz gesagt auf der Annahme linearer Kausalketten, rationaler Pläne und zentraler Steuerungsmöglichkeiten beruht.

2. Ein **systemisches,** das auf der Annahme vielfältiger Feedbackschleifen, nicht gänzlich durchschaubarer Widersprüchlichkeiten und einer latenten Unsteuerbarkeit aufsetzt.

Während die etablierten Prozesse im ersten Modell primär, wie in Tabelle 9.1 dargestellt, auf zweckgetriebenem Vorgehen, harten Fakten, durchgängigen Anweisungen und Kontrollen basieren, sind sie im zweiten Modell eine Sache der Sinnstiftung, der Integration harter und weicher Faktoren sowie des Vertrauens in die Selbststeuerung. Veränderung ist im mechanistischen Denken folgerichtig eine Sache von Instruktion und Anweisung, im systemischen Denken des Dialogs und der Überzeugung.

Tabelle 9.1 Organisationsbilder

Mechanistisches Organisationsbild	Systemisches Organisationsbild
Überschaubar und klar strukturiert	Komplex und in sich widersprüchlich
Lineare Kausalketten	Vielfältige Wechselwirkungen
Zentrale Steuerung, nach rationalem Plan zu leiten	Selbststeuerung, ihren eigenen Gesetzen folgend
Formale Logik	Integration von Widersprüchen
Primär zweckgetrieben	Primär sinngetrieben
Harte Fakten und rationale Beziehungen	Harte und weiche Faktoren, Emotionen
Struktur- und prozessorientiert	An Handlungsmustern und Routinen orientiert
Hohe Bedeutung von individuellen Vorgaben und Kontrollen	Hohe Bedeutung gemeinsamer Reflexion, Zusammenarbeit und Ergebnissicherung
Veränderung durch Instruktion und Befehl	Veränderung durch Dialog und Überzeugung
Zentralistische Führung	Polyzentrische Führung

Des Weiteren macht die systemische Perspektive klar, dass Umweltveränderungen für bestehende Organisation immer eine Zumutung darstellen. Aller offiziellen Innovationsrhetorik zum Trotz sind soziale Systeme per se konservativ – schließlich sind sie primär auf Bestand ausgerichtet. Ja, unter systemischer Perspektive darf man Organisationen sogar ein hohes Maß an Ignoranz unterstellen. Wahrgenommen wird nur, was wahrgenommen werden will. Was nicht am Radar der eingespielten Wahrnehmungsroutinen auftaucht, wird auch nicht zum Thema der unternehmensinternen Kommunikation. Unter diesem Gesichtspunkt braucht uns das Desinteresse von Organisationen an vielen, nicht nur ökologischen Umweltproblemen nicht zu verwundern.

> **Der systemische Zugang stellt klar, dass Organisationsveränderungen immer von außen nach innen organisiert werden müssen.**

Die bestehende Wertschöpfungskette und deren einzelne Glieder sind konsequent zu stärken. Die jeweilige Marktsituation muss richtig wahrgenommen und mit attraktiven Produkten und Dienstleistungen versorgt werden. Es gilt, maßgeschneiderte Angebote ohne unnötigen Informations- oder Zeitverlust auf den Markt zu bringen, diese Angebote immer wieder zu prüfen und gegebenenfalls rasch zu modifizieren. Veränderungen sind also sowohl nach dem notwendigen Bedarf als auch dem möglichen Mehrwert auszurichten – was, wie wir noch ausführen werden, zu ganz unterschiedlichen Veränderungsoptionen führen kann.

Wenn Entwicklungsimpulse von außen in diesem Sinne wahrgenommen werden, wird in der Organisation zuerst nach der Veränderungsnotwendigkeit gefragt: Müssen wir wirklich? Ist es so wichtig? Gar wichtig und dringend? Lautet die Antwort „Ja", geht es um die Klärung, wie umfassend der notwendige Wandel ist. Worin besteht die Not, die es abzuwenden gilt? Welche Gefahr droht der Organisation, wenn sie sich nicht verändert? Und welche Art von Veränderung braucht die Organisation, um diese Gefahr wirksam zu bannen? „Wozu das ganze Theater?", wollte beispielsweise der Seniorchef eines in der Pharmabranche tätigen Familienunternehmens gleich zu Beginn des Klärungsgesprächs wissen, zu dem uns seine beiden Söhne und Juniorchefs eingeladen hatten. Die von den Junioren wahrgenommene Veränderung des Stammmarktes konnte der Senior so wenig nachvollziehen wie deren Befürchtung, dass sich einer der größten Unternehmensbereiche bereits seit Längerem in einer Sackgasse bewegte. Wobei ihn wohl auch die Einladung von uns externen Beratern irritierte, die sich in Familienunternehmen ja gerne einmal wie ungebetene Gäste am sonntäglichen Mittagstisch fühlen.

Den Fragen nach der Veränderungsnotwendigkeit folgen die Fragen nach der Veränderungsfähigkeit. „Was bräuchten wir denn alles, um tatsächlich eine strategische Neuausrichtung zu schaffen?", fragte einer der beiden Juniorchefs besorgt in diesem Fall. „Welche unserer Kernkompetenzen können wir nützen und was müssen wir schleunigst aufbauen?" Die darauf folgende Diskussion darf durchaus als typisch für den Beginn von Change-Initiativen angesehen werden. Während der eine Sohn sofort in medias res gehen und konkrete Maßnahmen definieren möchte und der andere Sohn auf eine genaue Diagnose pocht, zweifelt der Senior nach wie vor an der Notwendigkeit des Veränderungstheaters. Es entsteht eine spannungsgeladene Diskussion über das Für und Wider verschiedener Optionen. Was spricht für den Versuch, den Status quo zu erhalten? Was spricht für Veränderung? Welche Veränderung ist überhaupt nötig? Und wie kann diese mit den vorhandenen Mitteln bewerkstelligt werden?

■ 9.2 Eine Landkarte der Veränderung

Umweltanforderungen und Systemkompetenzen kombinierend haben die systemischen Organisationsberater Barbara Heitger und Alexander Doujak eine Landkarte des Change Managements entworfen (Heitger, Doujak 2002, S. 28). Wo Change draufsteht, ist eben noch lange nicht Change drin – zumindest nicht der gleiche. Die strategische Neuausrichtung aus obigem Fallbeispiel braucht einen anderen Veränderungsprozess als die Implementierung eines unternehmensweiten Führungskräfteprogramms oder die Umstellung auf agile Softwareentwicklungsprozesse. Zudem spielen strukturelle Faktoren wie die Unternehmensgeschichte, die Größe, die Branche, die Eigentümerstruktur und nicht zuletzt die bisherigen Erfahrungen mit Veränderungsprojekten eine wesentliche Rolle.

Wie Bild 9.2 zeigt, können durch die Kombination unterschiedlich hoher Veränderungsnot-wendigkeiten (vertikale Achse) und Veränderungsvermögen (horizontale Achse) fünf Ver-änderungstypen unterschieden werden:

Bild 9.2 Landkarte des Change Managements

- **Überleben sichern,** wenn die Veränderungsnotwendigkeit so hoch ist, dass es primär um die Absicherung des Überlebens geht und entsprechend harte Schnitte geboten erscheinen.

- **Mobilisieren,** wenn der Veränderungsdruck relativ niedrig ist und man gerade in ruhi-gen Gewässern segelt. Um nicht vom umschlagenden Wind überrascht zu werden, wird auf rechtzeitiges Lernen und möglichst hohe Reaktionsgeschwindigkeit gesetzt – wodurch sich oftmals auch die wahrgenommene Veränderungsnotwendigkeit verändert.

- **Radikales Neupositionieren** will angesichts der wahrgenommenen Veränderungsnot-wendigkeit eine mögliche Krise verhindern, indem sich die Organisation strategisch neu ausrichtet und ihre Veränderungskompetenz ausbaut.

- **Erneuern** versucht bei moderatem Veränderungsdruck neue Spielräume auszuloten. Es wird bewusst in Innovationsmaßnahmen investiert und die Veränderungskompetenz erweitert.

- **Lernende Organisation** sieht Veränderung als Teil des Tagesgeschäfts, in dem die gemeinsame Wahrnehmungsfähigkeit gestärkt und dem Lernen eine strategische Bedeu-tung zugemessen wird.

Vereinfacht lässt sich sagen, dass die Change-Landkarte das Spannungsfeld zwischen eher radikalen, gewissermaßen revolutionär ausgerichteten Veränderungsvorhaben (links oben) und emergenten, evolutionär ausgerichteten Initiativen (rechts unten) absteckt. Während der eine Ansatz nicht ohne tiefgreifende Einschnitte auskommt, versucht der andere, Ver-änderung durch kontinuierliche Verbesserungsarbeit voranzutreiben.

Bild 9.3 veranschaulicht die Position, die Kanban aus unserer Sicht auf der Landkarte ein-nimmt. Kanban setzt meistens bei niedrigem bis mittlerem Veränderungsdruck an und verlangt von einer Organisation keine besonders hohe Veränderungskompetenz. Die Pfeile wollen die strategische Agilität von Kanban unterstreichen. Kanban kann sowohl zur Mobilisierung als auch zur Neupositionierung beitragen. Kontinuierliche Verbesserung fördert sukzessive Anpassung und Wachstum gleichermaßen. Zudem zieht der Kaizen-Gedanke Kanban in die Richtung einer lernenden Organisation, der es vor allem um bessere Kunden- und Marktorientierung geht.

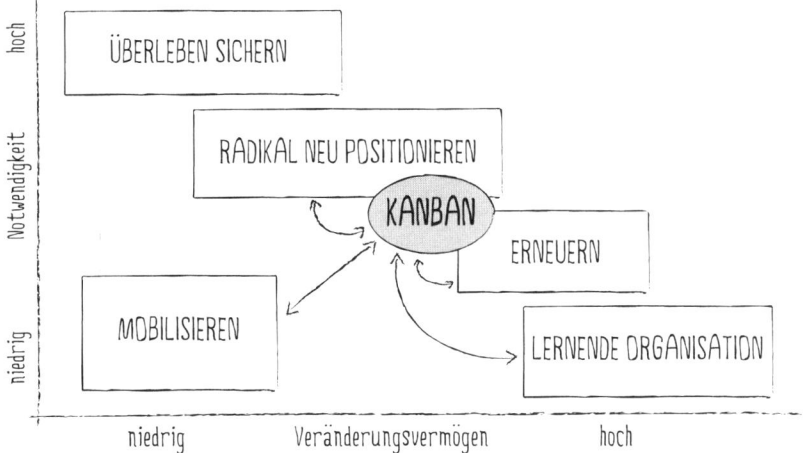

Bild 9.3 Kanban auf der Veränderungslandkarte

Wo immer man Kanban platzieren mag – eine rein analytische Verwendung der Veränderungslandkarte erinnert an das Sprichwort von der Rechnung, die ohne den Wirt gemacht wird. Anders gesagt: Man darf die Personen nicht vergessen, die Veränderungen verwirklichen – oder eben nicht. Es geht darum, wie jede und jeder Einzelne sich in Bewegung setzt, was sie oder ihn antreibt und wie all die Herausforderungen verarbeitet werden, die im Zuge von Veränderungsprojekten zugemutet werden. Die zahlengetriebene Logik des Veränderungsmanagements ist nämlich, wie wir in den nächsten beiden Kapiteln darlegen wollen, untrennbar mit der Logik der Gefühle verbunden.

 Was Sie aus diesem Kapitel mitnehmen können

Um Change-Prozesse professionell gestalten zu können, ist nicht nur ein angemessenes Verständnis der äußeren Veränderungstreiber notwendig. Vielmehr gilt es, auch das interne Funktionieren von Organisationen zu klären.

Die Systemtheorie hilft, Organisationen nicht mehr länger in mechanistischen Kategorien zu denken. Stattdessen dürfen sie als lebendige soziale Systeme aufgefasst werden, die hochkomplex und in sich widersprüchlich sind. Einerseits sind sie abhängig von den Systemumwelten, die sie nähren (mit Geld, Personal, Anerkennung, Aufmerksamkeit etc.). Andererseits folgen sie ausschließlich ihren eigenen Gesetzen, sind autonom und selbstreferenziell. Einfach gesagt: Organisationen lassen sich von niemandem dreinreden.

Dementsprechend eigensinnig reagieren Organisationen auf Veränderungsimpulse der Umwelt. Die meisten Impulse werden ignoriert. Ein weiterer Teil fällt den eingespielten Wahrnehmungs- und Kommunikationsroutinen zum Opfer. Nur ein Bruchteil wird wirklich ernst genommen.

Die Kombination der Fragen nach der Notwendigkeit von Veränderung und nach der Fähigkeit zur Veränderung ermöglicht die Unterscheidung verschiedener Change Management-Typen: Krisenmanagement zur Überlebenssicherung, radikale Transformationen, strategische Innovationen, Mobilisierungsinitiativen und lernende Organisationen.

Kanban Change Management kann auf dieser Landkarte auf mittlerem Niveau positioniert werden, zeichnet sich jedoch durch eine hohe strategische Flexibilität aus.

10 Organisatorische und persönliche Veränderung

Die deutschen Organisationsberater Klaus Doppler und Christoph Lauterburg haben überzeugend ausgeführt, wie persönlich die systemischen Anforderungen genommen werden. „Muss ich das? Kann ich das? Will ich das?" fragt sich ihrem Buchklassiker zufolge jede Person, die von einem organisatorischen Veränderungsprozess betroffen ist (Doppler, Lauterburg 1989).

Muss ich das?

Die generelle Frage nach dem Müssen, der Notwendigkeit, zuweilen sogar Unerlässlichkeit der Veränderung wird unter anderem von folgenden Unklarheiten genährt:

- Warum Veränderung?
- Was sind die Ursachen dafür?
- Sagt uns die Leitung alles oder gibt es Dinge, die uns verschwiegen werden?
- Ist die Sache wirklich wichtig – oder gäbe es dringendere Probleme, um die wir uns kümmern sollten?

Es wird kaum überraschen, dass für die Bearbeitung dieser Fragen das Vertrauen eine entscheidende Rolle spielt.

Wie wir noch genauer darlegen werden, zeigt sich bereits bei den scheinbar neutralen Informationsfragen, wie es um die Beziehungsqualität tatsächlich steht: in der gesamten Organisation, in den einzelnen Teams, zwischen Führungskräften und Staff, aber auch unter den Mitarbeitern und Mitarbeiterinnen selbst. „Wie offen läuft denn die Auseinandersetzung bei uns?", wurden wir unlängst zu Beginn eines Diagnoseinterviews gefragt. Was uns der von unserem Auftraggeber, dem Head of Development einer internationalen Versicherungsgruppe ausgewählte Senior Developer erzählte, hätte dem Head of wohl eher nicht gefallen. „Dem (Head of) glaube ich sowieso nichts mehr", brachte der Entwickler seinen Unmut auf den Punkt, um auf unser Nachfragen auszuführen: „Es werden Geschichten erzählt. Kritisches Nachfragen ist nicht erwünscht. Offiziell werden wir natürlich eingebunden, dazu gibt es schöne Informationsveranstaltungen. Unsere Bedenken werden jedoch nicht gehört. Unsere eigenen Erfahrungen spielen offensichtlich überhaupt keine Rolle für den Veränderungsprozess. Man hat das Gefühl, es ist bereits alles ausgemacht, und wir sollen nur noch abnicken."

Kann ich das?

Wie auch immer die Veränderungsnotwendigkeit kommuniziert wird – die Frage „Muss ich denn?" ist auch auf der individuellen Ebene eng mit der Frage „Kann ich das überhaupt?" verbunden:

- Bin ich dem gewachsen, was da auf mich zukommt?
- Habe ich alle Skills, die ich brauche, um die Veränderung zu meistern?
- Wie stehen meine Chancen für gute Arbeitsergebnisse?
- Was heißt unter den neuen Bedingungen Erfolg?

Für die persönliche „Changeability" (Jarrett 2007) spielt das Vertrauen ebenfalls eine wesentliche Rolle. Auf der einen Seite das Vertrauen der anderen in die eigenen Stärken, auf der anderen Seite das Selbstvertrauen, geht es doch um eine ehrliche Einschätzung dessen, was man sich im Zuge der Veränderung zutraut. Dabei geht es weniger um private Befindlichkeiten à la „Habe ich womöglich gerade eine Scheidung vor mir oder bin ich frisch verliebt?" oder um Persönlichkeitsstrukturen im Sinne von „Bin ich von meinem Naturell her eher veränderungsfreudig oder konservativ, eher aufgeschlossen oder ängstlich gegenüber dem Neuen?" Jenseits von Lebenssituationen und Psychogrammen spielt die Unternehmenskultur eine überragende Rolle für das eigene Kompetenzgefühl.

In einer Gruppendiskussion mit Führungskräften eines IT-Dienstleisters hörte sich das zuletzt so an: „Ehrlich gesagt habe ich nicht das Gefühl, dass wir in unserer Firma großen Respekt genießen." Allgemeines Nicken. „Habt ihr den Eindruck, ein besonderer Teil dieses Unternehmens zu sein?" Fragende Blicke, vereinzeltes Kopfschütteln. „Werden eure Leistungen wirklich geschätzt? Oder wird es nicht sowieso für selbstverständlich gehalten, dass sich jeder den A… für die Firma aufreißt?" Eine zweite Führungskraft spontan: „Vor allem jetzt, wo es ans Eingemachte geht, lässt man uns im Stich! Habt ihr etwa das Gefühl, dass wir unterstützt werden?" Eine dritte Führungskraft, bitter auflachend: „Unterstützt? Man redet ja nicht einmal mit uns, sondern gibt nur Marschbefehle aus!"

Will ich das?

Wer schon einmal in einer ähnlichen Unternehmenssituation war, wird leicht nachvollziehen können, wie schnell, ja geradezu reflexhaft die bisherigen Organisationserfahrungen hochgerechnet werden. Es ist vor allem dieses emotionsbetonte Rechnen, das auch die Frage nach dem generellen Wollen dominiert:

- Was bringt mir die Veränderung?
- Sind die neuen Tätigkeiten interessant?
- Mit welchen Leuten habe ich dann zu tun?
- Besteht das Risiko, etwas zu verlieren: Einkommensanteile, einen guten Vorgesetzten, angenehme Kollegen, interessante Karriereperspektiven?
- Oder darf ich mir ausrechnen, durch die Veränderung etwas zu gewinnen?

Die inhaltliche, vor allem aber die emotionale Qualität der Antworten bestimmt die Grundhaltung gegenüber dem Change. Von dieser Haltung hängt es ab, wie viel Veränderungsenergie mobilisiert wird. Bin ich der Veränderung gegenüber eher positiv eingestellt oder eher negativ? Was ist meine individuelle Bilanz in Anbetracht all der Informationen, die ich erhalten, der Diskussionen die ich geführt, und der Einschätzungen, die ich getroffen habe? Was denke ich mir? Was sagt mein Bauchgefühl? Und wie werde ich mich dementsprechend verhalten?

◼ 10.1 Der Eisberg der Veränderung

Die Summe meiner Antworten zum „Müssen", „Können" und „Wollen" ergibt meine Einstellung zur Veränderung. Der in Bild 10.1 dargestellte „Eisberg der Veränderung" ruft in Erinnerung, dass es dabei nur zu einem geringen Teil um sachliche Gründe geht.

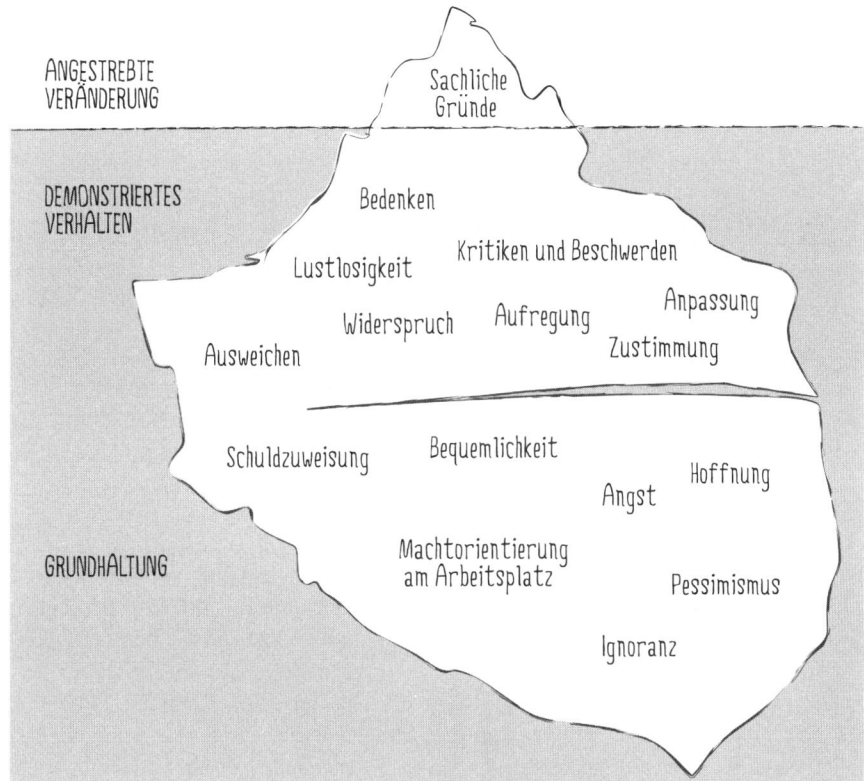

Bild 10.1 Der Eisberg der Veränderung

Ob diese Gründe nun bloß das vielzitierte Siebtel des gesamten Veränderungsgeschehens ausmachen oder nicht – unter der rationalen Spitze breitet sich das emotionale Volumen eines Eisberges aus, der eben zum Großteil unter der Wasserlinie der reinen Vernunft liegt.

Das Bild verdeutlicht, dass die inhaltliche Begründung der Veränderung, die Vermittlung von Strategien und Zielen oder die Darstellung eines Projektplans zumeist nur einen Bruchteil dessen ausmachen, was in intensiven Veränderungsphasen tatsächlich bewegt. Dass viele Change-Vorhaben Schiffbruch erleiden, hat damit zu tun, dass sich diese Vorhaben oft nur an der Oberfläche orientieren. Und mitunter auch damit, dass die Orientierung durch schlechte Kommunikation zwischen Kapitän, Offizieren und Besatzung zusätzlich eingeschränkt wird. Erfasst eine Initiative jedoch nur die berühmt-berüchtigte Spitze des Eisberges, braucht man sich nicht zu wundern, wenn man als Veränderungs-Titanic endet.

Immerhin, so ließe sich neue Hoffnung schöpfen, bleibt der emotionsbetonte Teil des Eisbergs nicht immer im Verborgenen. Zudem tauchen nicht bloß Kritik und Beschwerden auf, sondern ebenso Neugier, Interesse und Engagement. Man hat alle im Boot, der Kurs ist klar, jeder greift tatkräftig in die Ruder, sodass es volle Kraft voraus geht mit der Veränderung. Ein guter Sinn für Humor hilft, die Change-Monster zu bannen und neue Energien freizusetzen.

Die Change-Monster

„You have to expect the unexpected. Unforeseen trials and tribulations will occur", prophezeit Jeanie Daniel Duck in ihrem lesenswerten Buch „The Change Monster" (Duck 2000). Monströs geht es im Übrigen auch in Disneys Animationsfilm „Die Monster AG" zu. In diesem Film müssen Monster systematisch Kinder erschrecken, da die Energieversorgung ihres Unternehmens durch die kindlichen Angstschreie sichergestellt wird. So treiben die Monster ihr finsteres Spiel, bis sie eines Tages zufällig entdecken, dass das Lachen eine wesentlich höhere Energie produziert als das Schreien. Ganz nebenbei stiftet dieses Vergnügen völlig andere Beziehungen. Fortan müssen sich die Monster nicht mehr vor dem zerstörerischen Potenzial der Kinderberührung fürchten, sondern freuen sich über engen Kontakt mit den Kindern. Folgerichtig ändert das ganze Unternehmen Monstropolis seine Strategie, um hinkünftig nicht mehr für deren Schreie, sondern deren herzhaftes Lachen zu sorgen. ∎

Leider ist ein positiver Energiefluss zu Beginn von Veränderungsinitiativen eher der Ausnahme- als der Regelfall. Zumeist tauchen schon früh Bedenken auf. Skepsis wird allerdings oft nicht geäußert: Man taucht eher ab, weicht aus oder demonstriert Lustlosigkeit. So sehr uns die Formel „Wo Veränderung ist, ist Widerstand" helfen kann, diese Phänomene zu verstehen, so gefährlich ist es, nur auf dieser Ebene anzusetzen. Kämpfen, Fliehen oder Totstellen sind nämlich nur Symptome für tiefer liegende Ursachen. Erst wenn wir beginnen, den ganzen Eisberg zu ermessen, steigen die Chancen, nicht früher oder später daran zu scheitern. Angst muss akzeptiert, Ärger Raum gegeben und Pessimismus respektiert werden. Gerade weil diese Ursachen nicht so einfach an die Oberfläche kommen, braucht es professionelle Kommunikation, die sowohl um die Tiefe des Eismeeres weiß als auch um die Möglichkeit erkenntnisreicher Tauchgänge. Je nach Veränderungssituation braucht es diese Tauchgänge für die gesamte Organisation, für jedes am Change beteiligte Team und für jeden Einzelnen.

Selbst wenn Systemiker nicht müde werden, auf den Unterschied zwischen sozialen Systemen und psychischen Systemen hinzuweisen, darf die Übersetzung der unternehmerischallgemeinen in eine personenspezifisch-besondere Veränderungszumutung als zentrales Kriterium angesehen werden. Erst diese Übersetzung sorgt dafür, dass echte Betroffenheit entsteht und die Dinge in Bewegung kommen. So heißt es zwar, dass die Zeiten die Dinge von selbst verändern. Will man diese Zeiten in eigenem Sinne gestaltet wissen, muss man jedoch immer noch selbst für Veränderung sorgen, Schließlich werden auch die sprichwörtlichen Berge nicht durch den reinen Glauben, sondern durch Schaufelbagger versetzt.

Unangenehmerweise wird mit der Erkenntnis, dass einen die Veränderung sehr wohl etwas angeht, sogleich die eigene Person in Frage gestellt. Die individuellen Expertisen werden davon ebenso erfasst wie die Handlungsroutinen, mit denen diese Expertisen bislang in den Organisationsalltag eingebracht wurden. Ist das eigene Wissen noch zeitgemäß? Trägt die eigene Kompetenz weiter zum Erfolg des Unternehmens bei? Ist die Form, in der dieser Beitrag geleistet wird, noch adäquat? Mit solchen Fragen geht eine mehr oder weniger tief greifende Verunsicherung einher. Im Zuge des Veränderungsprozesses fragt man sich zwangsläufig, was dieser Prozess wohl für den eigenen Status und das Beziehungsgefüge im Unternehmen bedeuten wird.

Ganz im Sinne von Henry Fords berühmter Klage, dass er doch nur ein gutes paar Hände wolle und nicht die ganze, an diesen Händen hängende Person, werden hier jede Menge Emotionen ins vermeintlich zweckrationale System der Organisation gepumpt. Zuweilen kommt es dabei zu unerwarteten Überschwemmungen. So bat uns vor Kurzem der Abteilungsleiter einer Bank, die offensichtlich mit ihrer Emotionspumpe zu kämpfen hatte, um Unterstützung. Dass dort die Wogen gerade in jenen Abteilungen besonders hochgingen, die mit dem internationalen Geschäft zu tun haben, überrascht angesichts der täglichen Wirtschaftsnachrichten wenig. Dass in einem der bislang erfolgreichsten Teams jedoch plötzlich die Nerven blank lagen, war doch eine unerwartete Eskalation. „Zickenkrieg", erklärte uns der Leiter der über Jahre sehr erfolgreich agierenden Investmentabteilung lapidar, als wir ihn nach seinen Beobachtungen fragten. Die Erklärung des Abteilungsleiters war einerseits interessant, da das betreffende Team, mit dem wir offiziell einen Strategieworkshop durchführen sollten, nur aus Männern bestand. Andererseits ließ die demonstrative Abwertung des Abteilungsleiters eine tiefer liegende Sorge vermuten. Man muss kein Rätselkönig sein, um diese Sorge mit dem weiteren Schicksal der plötzlich zu Verlierern gewordenen Ex-Stars in Verbindung zu bringen. „Dampfplauderer", „Frühstücksdirektor", „Sesselwärmer" beschrieben die Teammitglieder während unserer Vorbereitungsgespräche wiederum den Abteilungsleiter, als ginge es um ein Revanchefoul. Die Aggressivität, mit der die Teammitglieder unisono ihren Vorgesetzten, aber auch andere Kollegen heruntermachten, verschlug uns den Atem. Mit jedem weiteren Gespräch verstärkte sich der Eindruck, dass der geplante Ein-Tages-Workshop höchstens der sprichwörtliche Tropfen auf den heißen Stein sein konnte. Als wir dem Abteilungsleiter unsere wichtigsten Eindrücke rückmeldeten und dringend eine längerfristige Auseinandersetzung empfahlen, sorgte die Emotionspumpe für die nächste Überschwemmung. Mit hochrotem Kopf resümierte der Abteilungsleiter, dass wir „offensichtlich nicht gewillt sind, das Problem in der vorgegebenen Zeit zu lösen". Daher müsse er uns den Auftrag leider wieder entziehen.

Was wir aus dieser Geschichte mitgenommen haben?

▪ Die **Bestätigung,** dass der Eisberg kein rein akademisches Modell ist.

▪ Die **Einsicht,** dass man auch als Berater leicht im Gefühlsmeer untergehen kann.

- Die **Lektion,** dass es bei Veränderung immer um den Faktor Zeit geht.
- Den **Hinweis** auf ein wohlbekanntes Dilemma, das mit dem Zeitfaktor verbunden ist: einerseits wird kein Mensch bestreiten, dass Veränderung Zeit braucht – der Erfahrung nach umso mehr, je mehr Emotionen im Spiel sind; andererseits ist niemand damit glücklich, dass die Zeitspanne für die erfolgreiche Umsetzung von Veränderung oft nur schwer abzuschätzen ist.

■ 10.2 Die Veränderungskurve

Während das Eisbergmodell das Zusammenspiel inhaltlicher *hard facts* und sozialer *soft factors* visualisiert, wird zur Einschätzung des Zeitfaktors häufig die sogenannte Veränderungskurve herangezogen. Diese in Bild 10.2 dargestellte Kurve versucht, den Normverlauf des persönlichen Veränderungsmanagements nachvollziehbar zu machen.

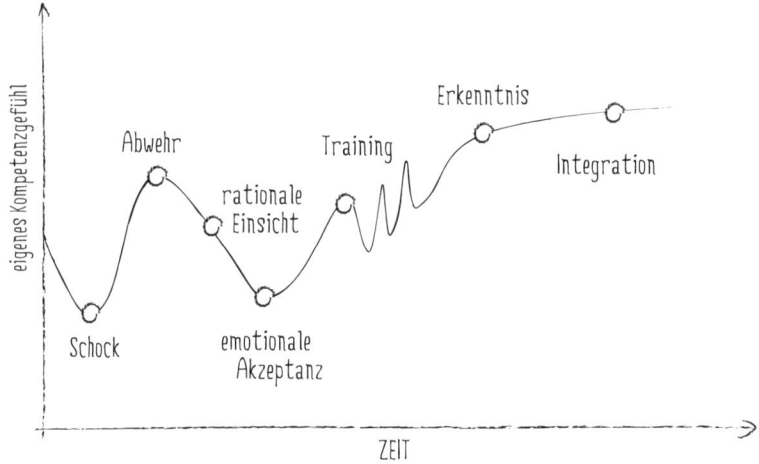

Bild 10.2 Die Veränderungskurve

Die Veränderungskurve wurde von der amerikanischen Psychiaterin Elisabeth Kübler-Ross bereits in den 1960er-Jahren ausgearbeitet und seitdem vielfach variiert (vgl. Kübler-Ross 1969) und seitdem vielfach variiert, zum Beispiel von Oliver Kohnke und Doris Wieser (vgl. Kohnke, Wieser 2012). Sie gehört zu den klassischen Versuchen, der systemischen Unberechenbarkeit des Wandels doch einige Gesetzmäßigkeiten abzuringen. Die Dynamik von persönlichen Veränderungsprozessen wird anhand von zwei Achsen erfasst: der Zeitachse sowie der Achse des eigenen Kompetenzgefühls. Der Graph stützt sich auf die Tendenz vieler Menschen, Veränderungen erst einmal schockartig zu erleben – zumindest Veränderungen, die von außen auf uns zukommen, also bei unerwartetem Organisationswandel, verdrängten Krisen oder akutem Reorganisationsbedarf. Wir erschrecken, wir sind überrascht, wir fühlen uns vor den Kopf gestoßen. Diese Erlebnisse gehen, so eine zentrale

Pointe des Kurvenmodells, mit einem Verlust des eigenen Kompetenzgefühls einher. Schlagartig wird klar, dass

- **etwas passiert** sein muss, das vielleicht schon die längste Zeit übersehen wurde,
- es offensichtlich **nicht so weitergehen** kann wie bisher,
- eine **Menge offener Fragen** im Raum stehen.
- sich **Gefühle von Unsicherheit, Bedrohung, Irritation** breitmachen,
- vor allem bei hohem Veränderungsdruck **kein Patentrezept** vorhanden ist, um diese unangenehmen Gefühle zu bannen,
- die **Veränderungszumutung nicht einfach ignoriert** und wieder zum Tagesgeschäft übergegangen werden kann,
- man **viel zu wenig selbst in der Hand** hat, um die Veränderung erfolgreich zu meistern.

Selbstverständlich wird Veränderung von jeder Person anders erlebt. Was für den einen primär neue Chancen bietet, geht dem Zweiten sofort gegen den Strich, verunsichert den Dritten und begeistert den Vierten. Und natürlich gibt es Organisationskulturen, die ständig nach neuen Herausforderungen suchen. Nichtsdestoweniger erstaunt uns, welche Betroffenheit Veränderungsmaßnahmen oft auslöst – sei es hinsichtlich der Schocktiefe, sei es hinsichtlich der Vehemenz der Ablehnung, sei es hinsichtlich der Dauerhaftigkeit von Verdrängung.

> **Psychologisch betrachtet geht der systemische Schock mit einer persönlichen Kränkung einher. Das bisher Geleistete ist nicht mehr gut genug, die eigene Fachexpertise womöglich nicht mehr gefragt, der persönliche Einsatz anscheinend vergeblich.**

Selbst die vermeintlich sanften Veränderungstypen „Mobilisieren" oder „Erneuern" können heftigen Gegenwind entfachen. Führungskräfte wollen nicht an Schulungsmaßnahmen teilnehmen, Teams verweigern Retrospektiven, das Top-Management sagt zum wiederholten Mal die Teilnahme an der Steuergruppe ab und Ähnliches mehr.

10.2.1 Angst und Abwehr

Wie lassen sich solche Symptome erklären? Warum tun sich viele Menschen schwer, Veränderung als Chance zu sehen? Was motiviert Widerstand? Wie die Erfahrung zeigt, lösen Veränderungen eine Vielzahl von Befürchtungen aus:

- Befürchtungen, dass die **eigene Unsicherheit sichtbar** wird;
- Befürchtungen, dass **die Leichen aus dem Keller auftauchen** und Kritik, Mängel und Defizite im Brennpunkt stehen;
- Befürchtungen, der **Komplexität des Change Managements** nicht gewachsen zu sein; oder
- Befürchtungen, dass die **Veränderung keine Verbesserungen,** sondern negative Folgen mit sich bringt.

Überschwemmt von derartigen Befürchtungen droht mit dem individuellen Kompetenzempfinden auch gleich das Selbstwertgefühl den Bach hinunterzugehen. Genau diese

Dynamik versucht die Veränderungskurve ins Bild zu setzen. Hierbei gilt die Faustregel: Je umfassender die Veränderungszumutung (bis hin zur möglichen Kündigung), desto größer der Schock (d. h. Gefährdung der Kompetenz) und desto tiefer die Kränkung (sprich: empfundene Entwertung). Die wahrscheinlichen Folgen einer derartigen Dynamik sind leicht abzusehen: Zurückweisung, Verleugnung, Bagatellisierung, Lächerlichmachen, kurzum: Abwehr der Veränderungszumutung.

Diese Abwehr kann viele Formen annehmen: heftig oder schleichend, kurzfristig-cholerisch oder langfristig-demotiviert, lautstark oder stillschweigend. Was auch immer die inhaltlichen Anliegen sein mögen – emotional dient die Abwehr vor allem dazu, unser gekränktes Selbstwertgefühl wieder aufzumöbeln. Vereinfacht lässt sich sagen: Wenn wir die Veränderungszumutung von uns weisen, dann sind wir wieder wer!

Unvergesslich, wie uns diese spezielle Form des Selbstermächtigung in dem Produktionsbetrieb entgegenschlug, in dem wir eine Klausur zum Thema „Neue Arbeitsabläufe" moderieren sollten. Als wir nämlich unseren angekündigten Lokalaugenschein antraten, um die Arbeitszusammenhänge kennenzulernen und mit den beteiligten Schichtführern vor Ort ins Gespräch zu kommen, hatten wir sofort das Gefühl, in ein Bilderbuch zum Thema Widerstand eingetreten zu sein: verschränkte Arme, finstere Gesichter, Kopfschütteln, Augenrollen, unmutige Zischlaute. „Da haben sich die feinen Herren wieder was Tolles einfallen lassen", hieß es dazu auf der Tonspur. „Die sollen doch lieber einmal ihre eigenen Hausaufgaben machen", „Die können sich ihre neuen Arbeitsabläufe sonstwo hinstecken" oder auch: „Klausur? Das ist ja wohl das Sinnloseste, was ich je gehört habe!" Ein Rest an Höflichkeit verhinderte, dass man uns hochkant aus dem Betrieb warf. Was wir, gewissermaßen durch den Widerstand hindurch watend, dann doch erfuhren, schien die klassische Logik des Misslingens zu belegen. Die Veränderung wurde als von oben angeordnet erlebt, die ohne jede Rücksprache aufs Auge gedrückt und teilweise sogar als absichtliche Schikane erlebt wurde.

10.2.2 Rationale Einsicht und emotionale Akzeptanz

Dass es für die Organisationsänderung handfeste Gründe gab – von Produktionsengpässen über chronische Maschinenschäden bis zu schlechter Schichtübergabe –, wurde im Laufe der schließlich doch von allen akzeptierten Klausur zum Thema. Doch erst die offene Auseinandersetzung mit dem emotionalen Widerstand ermöglichte es, in vernünftiger Form über die notwendige Veränderung zu reden. Im Verlauf der Klausur mussten wir mehrmals an die typische Bewegung der Veränderungskurve denken. Denn wodurch auch immer der Widerstand inhaltlich begründet sein mag: Emotional beginnen wir, wie die dritte und vierte Etappe auf der veränderungstypischen Berg- und Talfahrt deutlich machen, die Veränderungsnotwendigkeit erst zu akzeptieren, wenn wir uns differenzierter mit der Situation auseinandersetzen.

Bezüglich des Managements von Veränderungen wollen wir vorausblickend festhalten, dass in dieser Phase angemessene Kommunikationsgelegenheiten sowie deren professionelle Moderation erfolgskritisch sind. Wie die Erfahrung aus der beschriebenen Produktionsklausur zeigt, kann durch eine sorgsame Gestaltung solcher Kommunikationsgelegenheiten die Schockphase stark verkürzt werden. Einem Magenbitter gleich können Klausuren,

Einzelcoachings, Teamworkshops oder Großgruppenveranstaltungen die Veränderungs-zumutung zwar nicht wegzaubern – sie helfen jedoch, den Eisberg der Veränderung besser zu erkunden.

Eine gut dosierte Hilfe zur Selbsthilfe erscheint umso wichtiger, als in diesem Abschnitt der Veränderungskurve die wahrgenommene Eigenkompetenz am Tiefpunkt angelangt ist. Gleichzeitig kann in dieser Phase das systemische Münchhausen-Prinzip gut unterstützt werden. Wir ziehen uns selbst aus dem Sumpf, weil das – apropos Selbststeuerungsprinzip – niemand anderer für uns tun kann. Die beschriebene Produktionsklausur zeigt exempla-risch, wie das durch gemeinsame Streit- und Aushandlungsforen unterstützt werden kann. Kleine Gesprächsgruppen ermöglichten es gleich zu Beginn, den vorhandenen Unmut direkt zur Sprache zu bringen. Die wichtigsten Kritikpunkte wurden auf Karten geschrie-ben und im Plenum präsentiert. Nach einer Verdichtung der wichtigsten Themen und deren gemeinsamer Priorisierung ging es in neu gemischten Gruppen um mögliche Verbesse-rungsmaßnahmen. Diese Maßnahmen wurden in Form einer Galerie vorgestellt und noch einmal grundsätzlich diskutiert. Danach erstellte die ganze Gruppe einen konkreten Umset-zungsplan, der abschließend sowohl die Zustimmung der Produktionsleitung als auch die jedes einzelnen Schichtführers fand.

10.2.3 Training des Neuen

Natürlich dürfen derartige Veranstaltungen nicht überschätzt werden. Selbst wenn die rich-tigen Leute zusammengebracht und mit guten Hilfsinstrumenten versorgt werden, sind sie kein Wundermittel des Change Managements. In homöopathischen Dosen eingesetzt kön-nen sie jedoch sehr heilsam wirken. Darüber hinaus stellen Klausuren, Workshops oder Trainings gute Übungsgelegenheiten dar. Diese Gelegenheiten sind, wie die fünfte Phase der Veränderungskurve vor Augen führt, für eine produktive Verarbeitung der Verände-rungszumutung essenziell. Schließlich muss im Zuge der Veränderung fast immer Neues gelernt und, wie gerne vergessen wird, Altes verlernt werden (vgl. Simon 1997). Strukturen müssen belebt, Prozesse eingespielt, Kompetenzen erworben, Verhaltensmuster kultiviert werden. Eine Kultur der offenen Kommunikation, aber auch der klaren Entscheidungen ist in dieser Übungsphase umso bedeutender, als soziale Systeme eben primär über den Modus der Kommunikation Sinn produzieren. Eine vertrauensvolle Begleitung hilft, das unver-meidliche Auf und Ab im Lernprozess möglichst konstruktiv zu bewältigen.

Eine solche Begleitung ist umso wichtiger, als das Kompetenzempfinden in dieser Phase ebenso mitschwingt. Einmal himmelhoch jauchzend, einmal zu Tode betrübt – so ließe sich die emotionale Seite des für diese Phase typischen Lernprozesses auf den Punkt bringen. Weniger pathetisch ausgedrückt: Es ist eine Phase, in der Zweifel und Bestärkung, Zuver-sicht und Skepsis, Freude und Ärger eng beieinander liegen. Die Würdigung von erreichten Meilensteinen, die wiederholte Einschätzung von Zwischenergebnissen und insbesondere die Würdigung von Teilerfolgen sind hier bewährte Mittel, um die Etablierung von Verände-rung zielorientiert zu unterstützen.

10.2.4 Lernen und Integrieren

Der Übungsphase folgt, wie der weitere Kurvenverlauf anzeigt, eine Phase vielfältigen Lernens. Dabei wird erkannt, dass

- die **Veränderung tatsächlich machbar** ist,
- es nun wirklich **anders weitergeht** als vor der Veränderung,
- viele **Fragen zufriedenstellend beantwortet** sind,
- der eigene Gefühlshaushalt wieder von **positiven Emotionen** dominiert wird,
- man **wieder selber weiß**, wie es geht,
- die Veränderung Sinn ergibt, vor allem hinsichtlich **Ausblick und Sicherheit,**
- neben allen anderen Lernschritten vor allem die **Gewissheit** bleibt, Veränderung gut bewältigen zu können.

Diese Erkenntnisse führen in den letzten Abschnitt der Veränderungskurve, in die sogenannte Integrationsphase. Hier geht es vor allem um Stabilisierung, um die Absicherung von neuen Routinen und Mustern – was heutzutage umso schwieriger zu verwirklichen ist, als die nächste Veränderungswelle höchstwahrscheinlich nicht lange auf sich warten lässt. Oder einen aufgrund der Gleichzeitigkeit unterschiedlicher Veränderungsinitiativen längst schon überrollt.

Tatsächlich, so die nahe liegende Schattenseite eines idealtypischen Modells, folgt die Veränderung in Organisationen natürlich nicht nur einer einzigen Kurve.

1. Der Graph nimmt für jede Person eine spezifische Form an. Wie bereits erwähnt, spielen viele Faktoren eine Rolle, wenn es um die Tiefe des Schockerlebnisses, die Vehemenz der Ablehnung, die Schwierigkeit von Akzeptanz und Übung und last but not least die Dauer der Integration geht.

2. Die Erfahrung lehrt, dass die Veränderungskurve auch von der hierarchischen Position maßgeblich beeinflusst wird. Wie Bild 10.3 zeigt, treten Manager und Managerinnen für gewöhnlich früher in die verschiedenen Phasen ein als Mitarbeiter und Mitarbeiterinnen – was zum Teil durch den strukturbedingten Informationsvorsprung, zum Teil aber auch durch größeres Know-how zu erklären ist.

3. Die Kurven differieren auch dadurch, dass bestimmte Unternehmensbereiche unterschiedlich stark vom Change betroffen sind. Je nach Unternehmenskomplexität wird beispielsweise ein in der Softwareentwicklung notwendiger Agilisierungsprozess die Vertriebsabteilung ganz anders betreffen als das Projektmanagement oder die Personalabteilung. Die Zusammenlegung zweier Cash Management-Abteilungen im Zuge einer Bankenfusion wird die Mitarbeitenden in diesem Bereich wesentlich heftiger unter Druck setzen als die nicht zusammengelegte Abteilung Internationale Finanzierung. Und die marktbedingte Umstellung des Maschinenparks wird die Schichtführer in der Produktion mehr herausfordern als die Marketingleitung.

4. Es ist ein Irrglaube, dass persönliche Veränderungsprozesse in linearer, stets progressiver Form voranschreiten. In der Realität sind solche Prozesse fast immer von unberechenbaren Brüchen, Pendelbewegungen oder sogenannten Ehrenrunden bestimmt: Führungskräfte verharren in der Veränderungsrhetorik, Teams verändern sich in die angezeigte Richtung, um gleichsam auf halbem Wege stecken zu bleiben, Mitarbeiter entwickeln neue Verhaltensformen und fallen unter Druck in alte Muster zurück.

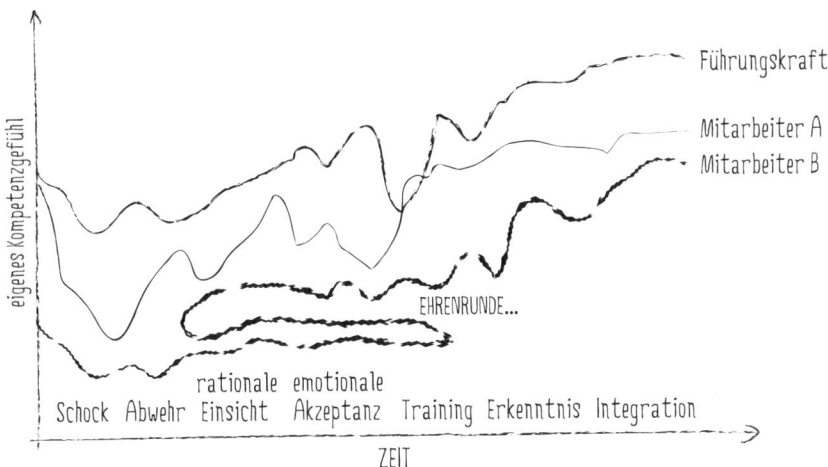

Bild 10.3 Unterschiedliche Veränderungskurven in einer Organisation

Warum wir die Veränderungskurve dennoch für nützlich halten? Das Modell hilft unserer Ansicht nach, Veränderung nicht als einheitlichen Block, sondern als dynamische Kombination unterschiedlicher Phasen zu sehen. Es unterstreicht die enge Verbindung zwischen der sachlichen Begründung und der emotionalen Verarbeitung von Veränderung. Und es zeigt, dass erfolgreiches Change Management vom professionellen Umgang mit den auftretenden Widerständen, Unsicherheiten, Zweifeln oder Befürchtungen abhängt.

„Ich weiß, das klingt alles sehr kompliziert", betonte schon der österreichische Altkanzler Fred Sinowatz, als er 1983 die von zahlreichen Skandalen überschattete Situation seines Landes beschrieb. In seiner Regierungserklärung hob Sinowatz die vielfältigen Baustellen einer politischen Veränderung hervor, die aus seiner Sicht höchst notwendig war. Er unterstrich damit die Komplexität von Veränderungsprozessen – bevor er im Zuge dieser Prozesse selbst in einige Baugruben fiel. Dennoch gilt für den politischen Wandel ebenso wie für den unternehmerischen, dass es eben immer auf die konkreten Umstände ankommt:

- auf die **konkrete inhaltliche Herausforderung,**
- auf die **organisatorische Situation,** in der diese Herausforderung bearbeitet wird,
- auf das **Management,** das diesen Arbeitsprozess stark beeinflusst
- und auf jeden **Einzelnen,** der diesen Prozess nach seinen eigenen Regeln mitgestaltet.

Damit bestätigt das Modell der Veränderungskurve schlussendlich zwei Binsenweisheiten des Change Managements. Erstens, dass alle Landkarten und Modelle grundsätzlich falsch, aber manche, wie die „Expedition ins Ungewisse" zeigt, trotzdem nützlich sind. Und zweitens, dass Modelle hilfreich sind, so lange man nicht an sie glaubt. Mögen sich Change Manager und Teammitglieder also davor hüten, die Veränderungskurve als allgemeingültigen Leitfaden heranzuziehen! Und mögen sie sich ebenso davor hüten, die unterschiedlichen Veränderungsphasen und deren emotionale Intensität zu unterschätzen. Mit diesem Rüstzeug im Gepäck wollen wir nun zu einer weiteren Expedition in Richtung „Logik der Gefühle" aufbrechen.

Eine Expedition ins Ungewisse

In seinem Buch „Sensemaking in Organizations" erzählt der amerikanische Organisationsforscher Karl E. Weick die Geschichte einer ungarischen Militäreinheit, die in den Schweizer Alpen ein Manöver durchführte (Weick 1985). Vom Unwetter überrascht, irrte diese Einheit zwei Tage lang zwischen Eis und Schnee herum und schien bereits verloren. Doch am dritten Tag kehrte sie unversehrt in ihr Basislager zurück.

Wie hatte es die Truppe geschafft, der schier rettungslosen Situation zu entkommen? Als sie sich schon aufgegeben hatten, erzählte der Truppenkommandant, fand einer seiner Kollegen zufällig eine Karte in seinem Rucksack. Schlagartig beruhigten sich alle, schlugen ein Lager auf und überstanden die Schneestürme. Am nächsten Tag führte der Kommandant seine Leute mithilfe der Karte zurück zum Basislager.

Die Überraschung war groß als man später entdeckte, dass diese Karte nicht die Alpen, sondern die Pyrenäen zeigte.

Was Sie aus diesem Kapitel mitnehmen können

„Muss ich das? Kann ich das? Will ich das?", fragt sich jede Person, die von einem Veränderungsprozess betroffen ist.

Die Übersetzung der organisatorisch-allgemeinen in eine persönlich-besondere Veränderungszumutung ist ein zentrales Kriterium für ein professionelles Change Management.

Das Eisbergmodell weist uns darauf hin, dass die sachliche Begründung der Veränderungsnotwendigkeit oft nur die Spitze eines stark emotionsbetonten Veränderungsgeschehens ist. Dabei geht es weniger um die Symptome dieses Geschehens als um deren tiefer liegende Ursachen.

Das Modell der Veränderungskurve zeigt wiederum, dass ein Change-Prozess aus verschiedenen Phasen besteht. Diese Phasen verbinden Logik und Emotion untrennbar miteinander.

So lange man diese vereinfachten Landkarten nicht mit der vielfältigen Landschaft eines Veränderungsprozesses verwechselt, können sie einem bei der Gestaltung des Change Managements gute Dienste erweisen.

11 Emotionen in Veränderungsprozessen

Welche Modelle man auch immer für das Change Management heranzieht: Fakt ist, dass Veränderungen untrennbar mit intensiven Gefühle verbunden sind. Bereits die etymologischen Wurzeln des Wortes Emotion weisen auf diese Verbindung hin. Emotion stammt nämlich vom lateinischen *movere*, also von „bewegen" ab. Doch was bewegt in Veränderungsprozessen? Welche Gefühle werden geweckt? Und wie können diese für die angestrebte Veränderungsbewegung genützt werden?

Mit Emotionen werden häufig Bilder von Chaos, roher Energie und unkontrollierter Dynamik assoziiert. Auf diese Weise werden Emotionen zum Gegenbild des zweckrationalen Unternehmertums.

Mit seiner Theorie der Affektlogik hat der Schweizer Psychoanalytiker Luc Ciompi jedoch überzeugend dargelegt, dass Fühlen und Denken keineswegs getrennte Welten sind (Ciompi 2007). Stattdessen greifen sie, wie auch die moderne Hirnforschung zeigt, stets ineinander. Ein affektfreies Denken, so Ciompis Kernthese, existiert nicht. Affekte werden von Ciompi als umfassende körperlich-seelische Gefühlszustände definiert, die unterschiedlich intensiv sein können. Solche Gefühlszustände können bewusst oder unbewusst auftreten, wenige Sekunden, aber auch für einige Stunden oder – wie etwa in manischen oder depressiven Verstimmungen – Tage anhalten. Außerdem sind Gefühle psychosomatische Phänomene – was sich in Formulierungen wie „da blieb mir das Herz stehen", „da lief es mir kalt den Rücken hinunter" oder „was ist denn dem über die Leber gekrochen?" niederschlägt. In jedem Fall sind Affekte „energetische Zustände, genauer: Energieverteilungsmuster" (Ciompi 2007, S. 23), die laufend den Fokus der Aufmerksamkeit beeinflussen,

Es liegt auf der Hand, dass diese energetische Fokussierung gerade in Veränderungsphasen eine zentrale Rolle spielt. In ihrem Buch „Die Logik der Gefühle und die Macht der Zahlen" (Heitger/Doujak 2002) greift das Beratungsduo Barbara Heitger und Alexander Doujak die Thesen von Ciompi auf und wenden sie auf den Bereich des unternehmerischen Change Managements an. Was sind die charakteristischen Affekte, die in Veränderungen auftreten? Was ist ihre spezifische Funktion? Was lösen sie aus? Und wie sollte man mit ihnen umgehen?

Heitger und Doujak nennen vier Kategorien von Gefühlen, die in Veränderungsprozessen typischerweise auftreten:

- **Unsicherheit, Sorge, Angst** kommen vor allem in der ersten Phase der Veränderungskurve vor.

- **Ärger und Aggression** bestimmen die zweite Phase eines idealtypischen Veränderungsverlaufs.
- **Trauer und Enttäuschung** kennzeichnen die Phase der „emotionalen Akzeptanz".
- **Aufbruchstimmung, Freude und Mut** gehen in Change-Prozessen mit Erkenntnis, intensiver Übung und Integration ein.

Im Folgenden wollen wir eine genauere Übersicht über diese Kategorien geben.

■ 11.1 Unsicherheit, Sorge, Angst

Die Hauptfunktion von Emotionen dieser Kategorie ist es, Energie zu sammeln und auf mögliche Gefahrenpunkte zu konzentrieren. Während Unsicherheit dies eher diffus tut, im Stile von „Ich merke, ich schwimme – wo schwimme ich eigentlich?", ist Sorge fokussierter. Wir machen uns Sorgen um jemanden oder etwas Bestimmtes. Sinngemäß: „Ich schwimme bezüglich meiner bisherigen Position und würde gerne wissen, wo es mich hintreibt."

Angst verstärkt die Gefühle von Sorge und Unsicherheit: „Hilfe, ich schwimme – und ich könnte dabei ertrinken!". Selbst wenn die Angst uns oft innerlich einschnürt, hat sie eine positive Seite. Sie hilft nämlich dabei, die vorhandenen Bedrohungen genauer zu identifizieren und uns auf entsprechende Schutzmaßnahmen vorzubereiten: „Welche Welle kommt hier auf mich zu? Und wo ist der nächste Rettungsring?" Eine Patentmaßnahme hierzu ist Flucht: „Nichts wie weg hier!", lautet die Parole. Wenn man mitten im Ozean treibt, ist das allerdings leichter gesagt als getan. Die Suche nach möglichen Rettungsringen intensiviert sich.

In der Praxis treten solche Gefühle weder sauber sortiert noch in Reinkultur auf. Was Unsicherheit, was Sorge und was bereits Angst ist, lässt sich im Alltag meist nicht exakt feststellen. Zudem verbergen sich diese Gefühle oft. Da Unsicherheit oder Angst verletzlich machen, werden diese Gefühle – gerade von Männern – gerne in der rauen Schale der Aggression präsentiert. So wie bei den Schichtführern während der im letzten Kapitel beschriebenen Klausurvorbereitung stehen dann Vorwürfe oder Abwertungen im Vordergrund. Auf der anderen Seite verbergen sich die Gefühle schlicht und ergreifend dadurch, dass sie zurückgehalten werden – genau wie in dem Fallbeispiel, in dem sich einige der beteiligten Schichtführer bewusst im Hintergrund gehalten und abgewartet haben, in welche Richtung sich das Geschehen entwickelt. „Entspannt sich die Situation vielleicht wieder? Klärt sich gleichsam von selber auf, was mich derzeit verunsichert? Werden meine größten Bedenken von selbst entsorgt?"

Neben Kampf und Aggression sind Flucht und Ignoranz ebenso bewährte Formen, mit unangenehmen Gefühlen umzugehen. Im Organisationsalltag sind mit Flucht indes nicht nur radikale Formen wie Kündigung oder Krankheit angesprochen. Auch Dienst nach Vorschrift oder die Suche nach Sündenböcken gehören dazu. Das Ignorieren, das Weg- oder Überhören, das Bagatellisieren oder Verdrängen von Veränderungszumutungen sind weitere bewährte Mechanismen.

Der amerikanische Organisationswissenschaftler Edgar H. Schein hat gezeigt, dass in Veränderungsprojekten vor allem zwei Formen der Angst auftreten: Existenzangst, wie wir ja bereits ausgeführt haben, aber auch Lernangst (Schein 2004, S. 123).

Beide Ängste entspringen ganz unterschiedlichen Quellen. So geht es bei der Existenzangst in vielen Fällen weniger um das ökonomische Überleben im Sinne eines „Morgen stehe ich auf der Straße". Stattdessen geht es um

- drohenden **Statusverlust**: „Morgen bin ich keine Führungskraft mehr!"
- die **Entwertung** der eigenen Expertise: „Morgen zählt meine ganze Erfahrung als Projektleiter nichts mehr!"
- die drohende **Auflösung** der vertrauten Umgebung: „Morgen arbeite ich in einem völlig neuen Team"

Beim Lernen werden Ängste wiederum sowohl durch den nötigen Erwerb neuer Skills oder Wissensbereiche als auch durch das ebenso notwendige Verlernen des Alten wachgerufen. Etwa Ängste

- vor vorübergehender oder dauerhafter **Inkompetenz:** „Ich kann das einfach nicht!",
- aufgrund der Inkompetenz **Bestrafungen oder zumindest Benachteiligungen** erwarten zu müssen: „Wenn ich das nicht schaffe, verliere ich meine Position!",
- einen persönlichen **Identitätsverlust** zu erleiden: „Ich war mein Leben lang Entwicklungsspezialist, wieso muss ich plötzlich auch analysieren oder testen?",
- **nicht mehr Mitglied** einer bestimmten Gruppe oder Community zu sein: „Was, wenn ich in meinem Spezialgebiet plötzlich den Anschluss an meine Kollegen verliere?"

Tote Pferde

Apropos notwendiges Verlernen – die Dakota-Indianer haben ein schönes Sprichwort: „Wenn du merkst, dass du auf einem toten Pferd reitest, dann steig ab." Selbstverständlich gibt es, wie der amerikanische Managementexperte Gary Hamel kommentiert, noch andere Möglichkeiten:

- Du kannst den Reiter austauschen.
- Du kannst eine Projektgruppe einrichten, die das tote Pferd genau untersucht.
- Du kannst behaupten, dass es billiger sei, ein totes Pferd zu füttern.
- Du kannst mehrere tote Pferde zusammenspannen.

Aber auch nachdem du all das versucht hast, bleibt dir das Absteigen nicht erspart (Hamel 2002, S. 55)

Wie erwähnt, geht es in Veränderungsprozessen nicht bloß um das Lernen von Neuem. Es muss immer auch Altes verlernt, also all das entsorgt werden, was dem Wandel im Wege stehen könnte. Um Gary Hamels Dakota-Pointe aufzugreifen: Von einem toten Pferd muss man jedenfalls absteigen, wenn man weiterkommen will. Unternehmerisch gesprochen heißt das: Überkommene Routinen müssen verlernt, nicht mehr wichtige Konzentrationspunkte getilgt und nicht zuletzt persönliche Verhaltensformen überwunden werden, um der

Veränderung eine Chance zu geben. Dies ist ein Prozess, der Zeit braucht, Geduld, Konsequenz und vor allem einen langen Atem. Schließlich können alte Gewohnheiten, wie schon Mark Twain wusste, nicht einfach zum Fenster hinausgeworfen werden. Sie müssen Stufe für Stufe die Treppe hinuntergetragen werden.

Das ist eine kraftraubende Angelegenheit. Kein Wunder, dass dieses für jeden tiefgreifenden Veränderungsprozess notwendige Ausmisten zuweilen heftige Widerstände hervorruft. Wir erinnern uns hier vor allem an einen Workshop mit IT-Projektmanagern, in dem es um die Einführung der agilen Softwareentwicklung mit Scrum ging. Die Botschaft des eingeladenen Scrum-Experten schlug hohe Wellen: Projektmanagement nach dem Wasserfallmodell sei dysfunktional, nur der agile Zugang generiere *Business Value*, Pläne könne man vergessen, die Idee eines zentralen Projektleiters sowieso.

Wenig überraschend, dass wir den Experten vor der Kreuzigung retten mussten. Genauso wenig überraschend, dass sein Schicksal besiegelt war, weil er alles in Frage stellte, was den Projektmanagern seit Jahren heilig war. Ja, mehr noch: Mit der Abwertung der bisherigen Erfahrungen ging eine emotionale Kränkung einher, die Abwehr auf den Plan rief. „Was glaubt der eigentlich?", brachte es einer der Projektmanager im Pausengespräch auf den Punkt. „Dass wir bisher nur Schwachsinn produziert haben?"

So wie in dem geschilderten Fallbeispiel wird die Psychodynamik des Verlernens in vielen Veränderungsprojekten ausgeblendet. Stattdessen wird davon ausgegangen, dass Change an sich zum Lernen motiviert.

> **Der Angst, sich im Prozess des Lernens und Verlernens zumindest vorübergehend inkompetent zu fühlen, wird keine Beachtung geschenkt – während man sich gleichzeitig mit vermeintlichen Fachproblemen herumschlägt.**

Eine der größten Herausforderungen im Umgang mit solch existenziellen Affekten besteht folglich darin, sie überhaupt einmal zu akzeptieren. Naheliegenderweise muss diese Akzeptanz immer bei einem selbst beginnen. Wie wir aus eigener Erfahrung wissen, ist das kein Kinderspiel. Worüber macht man sich denn selbst Sorgen? Was beschäftigt einen am meisten, wenn es um Veränderung geht? Welche Szenarien tauchen auf? Und wo hängt man immer wieder? Da beim Change Management niemand am sicheren Ufer steht, tendieren wir alle zur Flucht: Unsicherheiten werden mit Projektplänen in Schach gehalten, persönliche Sorgen rationalisiert, Bedrohungen durch gepflegten Aktionismus gebannt. Kurzum: Es wird zu beweisen versucht, dass es überhaupt keinen Grund zur Besorgnis gibt. Dass das Veränderungsvorhaben oft schwer zu verstehen ist, dass Informationen nicht fließen und die Leute sich einfach nicht in Bewegung setzen, unterstreicht die Beharrlichkeit von Emotionen in Veränderungsprozessen. Diese Emotionen lassen sich, um noch einmal das Bild des Eisbergs aufzugreifen, zwar eine Zeit lang unter der Wasseroberfläche halten, feiern aber beharrlich „fröhliche Urständ". Einer besonderen Schwerkraft gleich ziehen sie die Ratio des Change Managements in die Tiefe des emotionalen Eismeeres.

Worauf soll man also achten? Der wichtigste Fingerzeig der ersten Gefühlskategorie ist wahrscheinlich derjenige, dass auch negativ konnotierte Emotionen Zeit und Raum brauchen. Bevor es um eine kognitive Auseinandersetzung gehen kann, müssen die Ängste ernst genommen und in angemessener Form ausgedrückt werden. Es gilt eine Sprache dafür zu finden und geschützte Gelegenheiten, um tatsächlich miteinander ins Gespräch zu kommen.

■ 11.2 Ärger und Aggression

Vor Bedrohungen kann man bekanntlich nicht nur fliehen – man kann sich ihnen ebenso stellen und sie bekämpfen. Ärger und Aggression sind probate Mittel dazu. Wenn im Rahmen von Informationsveranstaltungen lautstarke Buhrufe ertönen, wenn der Teamleiterin im Jour Fixe Verrat vorgeworfen wird oder wenn in der Kaffeeküche nur noch über „die da oben" geschimpft wird, sind wir schon mitten im Thema. Es geht darum, Grenzen zu setzen. Die eigene Identität muss behauptet und Bedrohliches selbstbewusst in Schach gehalten werden.

Ärger und Aggression sind hitzige Gefühle, die schnell entflammen, aber auch schnell wieder verrauchen können. Ähnlich wie die Angst mobilisieren sie und können ungeahnte Energien zutage fördern. Alle, die schon einmal mit solchen Explosionen konfrontiert waren, wissen, wie sehr hier der Adrenalinspiegel steigt. Wütende Protestmails, heftige Wortgefechte in Meetings, demonstratives Verschränken der Arme oder ein ständiges Augenrollen lassen uns leicht die Fassung verlieren. Dies folgt der klassischen Logik des Hochschaukelns. Aggression provoziert Gegenaggression. Insbesondere in Situationen, in denen sich bereits eine gewisse Grundspannung aufgebaut hat, reicht oft der sprichwörtliche kleine Funke, um das große Pulverfass zu entzünden. Wir erinnern uns an eine Abteilungsklausur im Bankenbereich, in der es offiziell um eine Bilanz zu einem intensiven Veränderungsjahr ging. Bereits im Vorfeld tauchten im Rahmen unserer Interviews mit ausgewählten Mitarbeiterinnen und Mitarbeitern allerdings ganz andere Themen auf:

- **Konflikte** zwischen zwei Abteilungsbereichen,
- **Emotionale Eskalationen** aufgrund der Kündigung eines Mitarbeiters,
- **Polarisierungstendenzen** zwischen Veränderungsfans und -gegnern,
- **Kritik an der Führung** – schließlich, so der Tenor dieser Kritik, sei die Abteilungsleiterin „nie da gewesen", habe „die Abteilung vernachlässigt" und von „den schwelenden Konflikten überhaupt nichts mitbekommen".

Im Nachhinein betrachtet, erscheint uns klar, dass sich die angespannte Situation auf der Klausur entladen musste. Die Heftigkeit, mit der diese Entladung dann tatsächlich erfolgte, hat uns dennoch überrascht. Bereits bei der Präsentation der zweiten Kleingruppen zum Thema „Unsere Retrospektive" brach nämlich eine Diskussion rund um das Thema Motivation los, die im Plenum ein lautstarkes Echo fand. Die Stimmen mehrten sich, die in klaren Worten ihrem Ärger Luft machten. Von „frustrierenden Veränderungsschritten" wurde da gesprochen, von „unglaublich chaotischen Zuständen", „noch nie dagewesener Demotivation" und dem Gefühl, sich „von der Reorganisation überrollt zu fühlen". Zugleich wurde die Kritik an der Leitung immer expliziter.

Aufgrund ihrer intensiven Psychodynamik sind Ärger und Aggression alles andere als angenehme Erscheinungen. Wie im Fallbeispiel der Bankenklausur bewirken sie, dass man auf Abstand geht. Es ist, wie die betroffene Abteilungsleiterin beschrieb, „als ob ein Sturm über einen hinwegzieht" – man versucht in Deckung zu gehen und sich zu schützen. Gleichzeitig sind Ärger und Aggression wichtige Anzeichen dafür, dass es zur Sache geht. Mit anderen Worten: Das Ausbleiben dieser Widerstandsformen gibt eher Anlass zur Beunruhigung. In roher Form werden die großen Veränderungsthemen wie Vergangenheit und Zukunft, Zusammenarbeit und Führung, Beteiligung und Entscheidung zur Sprache gebracht.

Ärger und Aggression haben also eine wichtige Funktion im Rahmen tiefgreifender Veränderungsprozesse, die es anzunehmen und auszuhalten gilt. Dampf muss abgelassen werden, um Platz für Neues zu schaffen. Dabei werden auch inhaltliche Botschaften ventiliert. In unserem Fallbeispiel waren dies vor allem Botschaften zu den Themen Vertrauen und Zusammenarbeit. Folgerichtig entschlossen wir uns nach Abschluss der Retrospektive, in themenspezifischen Gruppen zu den wichtigsten Themenclustern weiterzuarbeiten. Das World Café-Format ermöglichte ein hohes Maß an Fokussierung bei gleichzeitiger Flexibilität (alle dürfen Tische bzw. Themen wechseln, wann sie wollen) und Transparenz (die wichtigsten Diskussionspunkte werden direkt auf am Tisch liegenden Flipcharts festgehalten). Dieses Format ermöglichte es, nicht nur weitere unangenehme Gefühle zum Ausdruck zu bringen, sondern auch hier und jetzt Veränderung passieren zu lassen. Denn die persönliche Auseinandersetzung zwischen den wesentlichsten Konfliktpartnern inklusive der Abteilungsleiterin verwandelte die problemorientierte Energie in eine zunehmend lösungsfokussierte. Missverständnisse wurden weiter geklärt, notwendige Verbesserungsschritte und unterschiedliche Zukunftsbilder abgeglichen. Plötzlich wurde sogar wieder miteinander gelacht.

Humor im Change Management

Da Veränderungsprozesse voller Überraschungen stecken, fordern sie des Öfteren zum Lachen heraus. Das hat mit den unerwarteten Ereignissen zu tun, die der Wandel oft mit sich bringt, mit den durch ihn ausgelösten Irritationen, aber auch mit witzigen Beobachtungen und guter Stimmung.

„Change Management ohne Humor ist witzlos", lautet unser Credo. In entspannten Situationen hat freilich jeder leicht lachen. Humor hilft jedoch besonders, wenn es um schwierige Veränderungsaspekte geht. Ernste Zusammenhänge können auf weniger bedrohliche Weise angesprochen, wichtige Botschaften besser kommuniziert und der oftmalige Bierernst von Widerständen mit einem herzhaften Lachen durchbrochen werden. Der Kulturphilosoph Arthur Koestler hat darauf hingewiesen, dass Witz im Sinne von Humor und im Sinne von Geist derselben Wurzel entspringen. Der grundlegende Mechanismus beim Lachen und beim Forschen oder Erfinden ist der gleiche: das „Haha" des Lachens, das „Aha" des Begreifens und das „Aah" des Entdeckens sind drei Aspekte des selben Spektrums (vgl. Koestler 1983).

Die Change Management-Moral dieser Veränderungsgeschichte? Durchs Reden kommen d'Leit z'samm – was sich nirgends mehr bewahrheitet als im Umgang mit Widerstand. Im Hinblick auf die Rolle der Abteilungsleiterin demonstriert das Fallbeispiel eine der wichtigsten Führungsaufgaben in turbulenten Veränderungsphasen: nämlich die Aufgabe, mit den eigenen Emotionen fertig zu werden. Der kritische Faktor im Umgang mit Widerstand ist letztlich immer der Umgang mit sich selbst. Manager und Managerinnen müssen sich selbst in Frage stellen, die vorhandene Spannung aushalten und zugleich angemessene Rahmenbedingungen schaffen, damit sich die Spannung wieder auflösen kann. Gewitter

haben bekanntlich eine reinigende Funktion – vorausgesetzt, man sorgt für gute Blitzablei-
ter, nicht zuletzt in Form professioneller Unterstützung durch erfahrene Change-Modera-
toren.

■ 11.3 Trauer und Enttäuschung

Trauer hilft, bestimmte Dinge los und hinter sich zu lassen. Damit etwas wirklich zu Ende
gehen kann, muss es in angemessener Form verabschiedet werden. Das passiert, indem wir
weder fliehen noch kämpfen, sondern emotional zu akzeptieren beginnen, dass wir uns in
einem Übergang befinden. Das Loslassen und Verabschieden ist zuweilen von intensiver
Trauer begleitet.

Trauer taucht vor allem im Format des persönlichen Coachings auf, wo wir im geschützten
Rahmen an der Akzeptanz von Veränderung arbeiten können. So war es auch im Falle des
ehemaligen IT-Abteilungsleiters, der im Zuge eines großen Reorganisationsprojekts seine
Führungsfunktion verlor. Typisch, dass seine Trauer erst nach einer Phase der Wut aufge-
taucht ist. Zuerst musste noch lautstark die Ungerechtigkeit der Organisation beklagt und
sein neuer Vorgesetzter zum Teufel gewünscht werden. Ebenfalls typisch, dass ein so ver-
letzliches Gefühl wie Trauer durch einen Blick in die Vergangenheit animiert wird. Wie
viele andere, die sich als Opfer von Veränderungsmaßnahmen fühlen, tendierte der Abteilungsleiter nämlich zur Verklärung seiner bisherigen Arbeitsgeschichte. Früher war alles
besser, könnte die dazu passende Überschrift lauten. Das Team war großartig, die Rahmenbedingungen motivierend, man wurde für seine Arbeit geschätzt. Im O-Ton: „Es machte
einfach jeden Tag Spaß, in die Firma zu kommen und weiterzuarbeiten."

Ob dieser Rückblick nun der Arbeitsrealität angemessen war oder nicht – zur Unterstützung des persönlichen Veränderungsmanagements ist es wichtig, auch dem Sentimentalen
und Melancholischen Raum zu geben. Denn bevor wir uns der Zukunft öffnen können, ist
unsere Gegenwart von unterschiedlich eingefärbten Erinnerungsbildern dominiert. Auch
diese Trauerbilder müssen, ähnlich wie Ärger oder Aggression, geäußert werden dürfen.

Im Unterschied zu Ärger und Aggression ist Trauer allerdings ein langsames Gefühl.
Trauern erfordert Zeit, da wir uns durch die unterschiedlichsten Gefühle von Verlust und
Abschied, aber auch durch Ehrenrunden an Angst und Ärger durcharbeiten müssen. Veränderungsprozesse brauchen oft genau diese Verlangsamungen und Wiederholungen, bevor
ein Neuaufbruch gelingen kann.

Auf eine simple Formel gebracht: Je intensiver die ausgelösten Existenz- und Lernängste,
desto tiefer gehen die Gefühle, die durchgearbeitet werden sollten. Drastische Veränderungen tendieren dazu, uns das ganze Volumen des Eisberges erfahren zu lassen. Das war auch
im erwähnten Fall des IT-Abteilungsleiters so, der seine Verletztheit erst nach und nach
eingestehen konnte. Allein das Finden der richtigen Worte nahm viel Zeit in Anspruch: Wie
das Gefühl von Degradierung beschreiben? Wie einen angemessenen Ausdruck für die
Zukunftsängste des immerhin bereits 53-Jährigen zu finden? Wie sich über die empfundene
Illoyalität eines Unternehmens empören, dem er fast 30 Jahre lang angehört hatte? Zudem
brauchte es seine Zeit, um das Vertrauen zwischen uns so zu festigen, dass Trauer und

Enttäuschung offen gezeigt werden konnten: Trauer und Enttäuschung über den „enormen Wandel des Unternehmens", über seinen „Status als Veränderungsverlierer" und darüber, dass es „nun endgültig mit vielen Freiräumen vorbei ist". Dennoch sei ihm klar, so die Conclusio des ehemaligen Abteilungsleiters, dass kein Weg an dieser Veränderungsarbeit vorbei führe. Für einen wirklichen Neuanfang muss man eben zuerst das Alte loswerden, sonst hängt man daran wie an dem erwähnten toten Pferd. Von diesem Pferd abzusteigen, ist zuweilen mit einem sozialen Abstieg verbunden. „Es war für mich eine schrittweise Befreiung", meinte der Abteilungsleiter zum Abschluss unseres Coachings, „aber es war verdammt harte Arbeit, mir selbst gegenüber ehrlich zu sein."

Trauer ist nicht nur ein langsames, sie ist auch ein stilles Gefühl. Eine passende Sprache dafür zu finden hilft, sie buchstäblich loszuwerden. Die persönliche Präsenz und gezielte Kommunikationsangebote von Führungskräften unterstützen die Abnabelung. Gemeinsame Rituale wie etwa Abschiedsfeste oder inszenierte Übergänge sind ebenfalls bewährte Formen, um Veränderung zu erleichtern.

■ 11.4 Aufbruchstimmung, Freude, Mut

Werden negativ erlebte Gefühle wie Angst, Ärger oder Trauer gut verarbeitet, ist wieder Platz für Positives. Dem wirklichen Loslassen folgt die oft überraschende Öffnung für die Veränderung. Die Energie kann sich nun auf das Lernen richten, auf das Einüben verbesserter Abläufe und die Integration modifizierter Arbeitsweisen. Alte Stärken werden in neuen Zusammenhängen abrufbar, das Bewährte tritt in anderer Gestalt auf. Es kommt zu einer wirklichen Versöhnung, zu einem Brückenschlag zwischen Gestern, Heute und Morgen.

Es liegt nahe, diese Aufbruchstimmung möglichst gut zu nützen. Ohne überzogene Euphorie müssen hier Fortschritte im Lernprozess sichtbar gemacht und anerkannt werden. Die ehrliche Wertschätzung dieser Schritte kann die Veränderung geradezu Red-Bull-mäßig beflügeln – wie der achtsame Einsatz von „Success Stories" beispielhaft zeigt.

Success Stories

In einem international aufgestellten IT-Department eines Energiekonzerns wurden diese Stories in beeindruckender Form in Szene gesetzt. Nach einem standortübergreifenden Workshop, in dem es um die konkrete Durchführung der Reorganisation ging, wurde ein Template ausgearbeitet, anhand dessen alle ihre positiven Veränderungsschritte aufarbeiten sollten:

- Worum ging es in dem Veränderungsschritt?
- Wer war dessen Sponsor?
- Welche Stakeholder waren beteiligt?
- Was ist gelungen?
- Was ist als Nächstes geplant?

> Die jeweiligen Antworten sollten durch Bilder, Screenshots oder Zitate ergänzt werden, um die Geschichte möglichst gut nachvollziehbar zu machen.
>
> Bei einem Department Meeting zwei Monate nach dem Kick-off-Workshop wurden diese „Success Stories" in Form einer offenen Galerie vorgestellt. Zuerst suchte sich jeder einen Ausstellungsplatz für seine Erfolgsgeschichten (an der Wand, an den Säulen, am Fenster, sogar an der Decke). Nach dieser Vorbereitungsarbeit wurde die Ausstellung vom Department Manager offiziell eröffnet und zur Begutachtung eingeladen. Statt stillschweigend einer Frontal-präsentation folgen zu müssen, konnten alle ihrer persönlichen Neugier nach-gehen, die unterschiedlichen Geschichten erkunden und miteinander ins Gespräch kommen. Binnen kürzester Zeit war der Raum mit positivem Story-telling und einer für jeden spürbaren Aufbruchstimmung gefüllt. „Jetzt weiß ich erst, wie viel positive Veränderung wirklich stattfindet!", resümierte eine Teil-nehmerin den Nutzen dieses Meetings.

Wir wissen aus vielen Beratungseinsätzen, dass Veränderungsvorhaben, denen keine emo-tionale Mobilisierung gelingt, zum Scheitern verurteilt sind. Gefühle sind gleichsam der Motor für die erfolgreiche Umsetzung von Veränderungen. Ohne emotionale Beteiligung, ohne Engagement und Leidenschaft kommt kein Veränderungsprojekt voran. Deshalb ist es so wichtig, die dabei typischerweise auftauchenden Gefühle zu kennen und zu wissen, auf welche Drehzahl sie den Veränderungsmotor bringen.

Freilich wollen wir die verführerische Motorenmetapher gleich wieder ausbremsen. So wenig Organisationen triviale Maschinen sind, so wenig lassen sich Emotionen knopfdruck-artig steuern. Dafür sind das psychische System Mensch und das soziale System Organisa-tion viel zu komplex.

> **Als Mitglieder einer Organisation sind die Menschen so wenig auf einen einzigen Gefühlszustand programmiert, wie die Veränderungsdynamik einem singulären Gesetz folgt. Stattdessen werden Veränderungen von verschiedenen Emotionen in unterschiedlichen Intensitäten auf Trab gehalten.**

Nicht alle durchleben zur selben Zeit die gleichen Gefühle. Was den einen völlig kalt lässt, bringt die andere auf die Palme. Was die Erste mit stoischer Gelassenheit zur Kenntnis nimmt, löst beim Zweiten Zweifel aus und treibt den Dritten auf die Barrikaden. Und wäh-rend ein Team die Veränderung relativ schnell verdaut, muss ein anderes Team einige Ehrenrunden drehen und noch längere Zeit zwischen Altem und Neuem hin- und herpen-deln.

Neben der Ungleichzeitigkeit und unterschiedlichen Intensität von Emotionen sollte in Veränderungsprozessen eine oft beobachtete Tendenz zu Polarisierung im Auge behalten werden. Während eine Gruppe von Mitarbeitern im Wandel immer etwas Positives sieht, ist er für eine andere Gruppe primär bedrohlich. Veränderungen fördern Schwarz-Weiß-Male-reien im Sinne von „früher war alles besser – in Zukunft müssen wir uns wärmer anzie-hen". Sie können zudem Lagerbildungen von Veränderungsfreunden und Veränderungs-feinden befördern.

Emotionen treten also weder in einheitlicher Form noch gleichzeitig auf. Das haben wir zuletzt während eines Kick-off-Meetings im Gesundheitsbereich wieder erlebt. Bereits in der Eröffnungsrunde, in der die anwesenden Führungskräfte danach gefragt wurden, was sie derzeit am stärksten beschäftige, wie sie den bisherigen Veränderungsprozess sehen und was sie vom heutigen Treffen erwarteten, wurden völlig unterschiedliche Befindlichkeiten artikuliert.

- Eine Führungskraft **empörte sich** über die ihrer Ansicht nach sehr autoritäre Form der Veränderung (O-Ton: „Diktatur des Wandels").
- Eine Kollegin fühlte sich primär **vom geplanten Organisationsumbau bedroht,** „sodass ich gar nicht weiß, ob wir in zwei Monaten überhaupt noch da sind".
- Eine dritte Führungskraft äußerte ihre **Enttäuschung** „über den weiteren Verfall der früheren Unternehmenskultur".
- Eine weitere Abteilungsleiterin äußerte sich „**entsetzt über die Richtungslosigkeit** der Organisation". Es sei völlig unklar, welche Ziele der Wandel verfolge. Von einer überzeugenden Vision für die Zukunft ganz zu schweigen.

Nach einem bewegten Kick-off wurden auch in der Schlussrunde sehr unterschiedliche Emotionen geäußert: Zufriedenheit, dass „zumindest ein wichtiger Schritt an interner Klärung" passiert ist, ein Hauch von Zuversicht, dass „wir vielleicht einen zukunftsträchtigen Weg gefunden haben", aber auch Pessimismus. „Wir müssen da einfach realistisch bleiben. Wir haben in diesem Change nichts zu gewinnen."

Als zentrale Beweger unternehmerischer Prozesse sind Emotionen selbst ständig in Bewegung. Sie können sich abrupt verändern und sorgen immer wieder für Überraschungen. So können im Zuge von Change-Projekten unvermutet positive Gefühle entstehen, wie wir das einmal bei einem Finanzdienstleister erlebt haben. Denn trotz der im Rahmen der Vorgespräche geäußerten Skepsis gegenüber der angestrebten „Verbesserung der Zusammenarbeit" entstand beim ersten großen Zusammentreffen von Außen- und Innendienst eine für alle spürbare Aufbruchstimmung. Die gemeinsame Analyse der Ist-Situation, bei der auch einige Kritik und Unzufriedenheit ventiliert wurde, brachte diese Stimmung auf den Weg. Der darauf folgende Abgleich der unterschiedlichen Zukunftsbilder und die Übersetzung dieser Bilder in einen smarten Maßnahmenplan kanalisierte die vorhandene Energie in produktiver Weise.

Eine weniger schöne Überraschung war für uns, dass diese positive Energie bei der zweiten Großgruppenveranstaltung wieder in ihr Gegenteil umschlug. Die Präsentation der Zwischenergebnisse erhielt nämlich ebenso wenig Anerkennung wie die Lehren, die man aus den bereits umgesetzten Maßnahmen gezogen hatte. Welchen Reim wir uns darauf machen? Erstens kommt es in Change-Prozessen eben oft anders, und zweitens, als man denkt. Anders gesagt: Man hüte sich davor, Aufbruchstimmung mit bereits gelungener Veränderung zu verwechseln. Das Fallbeispiel erinnert daran, dass wir in Veränderungsprozessen oftmals einem Wechselbad von Gefühlen ausgesetzt sind. Ob wir dieses Bad nun als externer Berater, interne Change-Managerin, Linienführungskraft oder Mitarbeiterin nehmen – der professionelle Umgang mit den Gefühlsschwankungen bleibt eine große Herausforderung.

Auf der Ebene des Change Managements unterstreicht die Unberechenbarkeit von Veränderungsprozessen die Wichtigkeit eines agilen Vorgehens. Was sind bedeutsame Warnsymptome, die notwendige Veränderungen anzeigen? Was wird von unseren Kunden gefordert? In welchen Bereichen sollten wir uns dringend verbessern? Aber ebenso: Wer ist aktuell womit beschäftigt? Welche Gefühlslage ist gerade dominant? Sowie: Worauf gilt es jetzt besonders zu achten, um auf die richtigen Dinge zu fokussieren und trotzdem niemanden im Veränderungsprozess zu verlieren?

Aus dem systemischen Blickwinkel können die Handlungsroutinen, die das operative Business bestimmen, als eine Art von emotionaler Autobahn gesehen werden. Was wir immer schon so gemacht haben, ist eben nicht allein mit standardisierten Verhaltens-, sondern auch mit eingefahrenen Empfindungsmustern verknüpft. Einerseits folgt jede Person ihrer eigenen Spur, andererseits bewegen sich auf einer Autobahn selten nur einzelne Fahrer, sodass unweigerlich spezifische Spurrinnen entstehen. All das untermauert den enormen Aufwand, wenn im Zuge von Veränderungsprozessen eine neue Autobahn gebaut werden soll. Sehr wahrscheinlich bringt dieser Neubau nämlich diverse Verkehrsbehinderungen mit sich. Einzelne Fahrbahnen werden gesperrt, Umleitungen installiert, es kommt zu Staus, man verliert Zeit, das Unfallrisiko erhöht sich und Ähnliches mehr.

Der vom professionellen Change Management erhobene Anspruch, hierfür die richtigen Umleitungsschilder einzusetzen, führt uns von den einzelnen Bewegungen auf den emotionalen Autobahnen zu dem, was man die Straßenverkehrsordnung einer Organisation nennen könnte. Anders gesagt: deren Kultur.

 Was Sie aus diesem Kapitel mitnehmen können

Organisatorischer Wandel ist untrennbar mit persönlichen Emotionen verbunden. Diese Emotionen dürfen als das Lebenselixier jeder Veränderung angesehen werden. Sie energetisieren, sie stiften Sinn, sie treiben an.

Für gewöhnlich geht es in Veränderungsprozessen vor allem um vier Kategorien von Gefühlen:

1. Unsicherheiten, Sorgen, Ängste,

2. Ärger und Aggressionen,

3. Trauer und Enttäuschung,

4. Aufbruchstimmung, Freude und Mut.

Um Veränderungen auf Schiene zu bringen, ist es unerlässlich, diese Gefühle richtig zu verstehen. Erst eine profunde Kenntnis der unterschiedlichen Formen, Dynamiken und Funktionen von Emotionen bildet die Grundlage für ein erfolgversprechendes Change Management.

Man hüte sich jedoch vor Steuerungsillusionen. Emotionen treten weder in einheitlicher Form noch gleichzeitig auf. Sie benötigen unterschiedlich viel Zeit, Raum und Aufmerksamkeit. Sie sind nicht berechenbar. Und es gibt auch keine zauberhafte Lösungsformel, die alle emotionalen Herausforderungen beseitigt.

Trotzdem kann sich das Change Management die Auseinandersetzung mit Emotionen nicht ersparen. Denn ohne emotionale Mobilisierung kommt keine Veränderungsinitiative voran.

12

Unternehmenskultur und Politik

Was hat das bisher Erwähnte mit Kultur zu tun? Und von welcher Kulturform reden wir, wenn wir von Unternehmenskultur sprechen? Ähnlich wie bei der Definition des Begriffs Organisation scheinen wir sofort Bescheid zu wissen. Unser Alltagsverständnis drängt uns alle möglichen Artefakte auf, um die Kultur eines Unternehmens zu erfassen: zum Beispiel den Markennamen, die Architektur eines Firmengebäudes, die Ausstattung von Arbeitsplätzen, die Gestaltung des Werbeauftritts oder die Erlebnisqualität eines bestimmten Produkts. Tatsächlich spielen all diese Elemente eine gewisse Rolle, wenn es um die Definition von Kultur geht. Das vom amerikanischen Organisationsexperten Edgar H. Schein entworfene Kulturmodell macht indes deutlich, dass die Unternehmenskultur weit mehr ist als eine lose Kombination einzelner Elemente (Schein 2004).

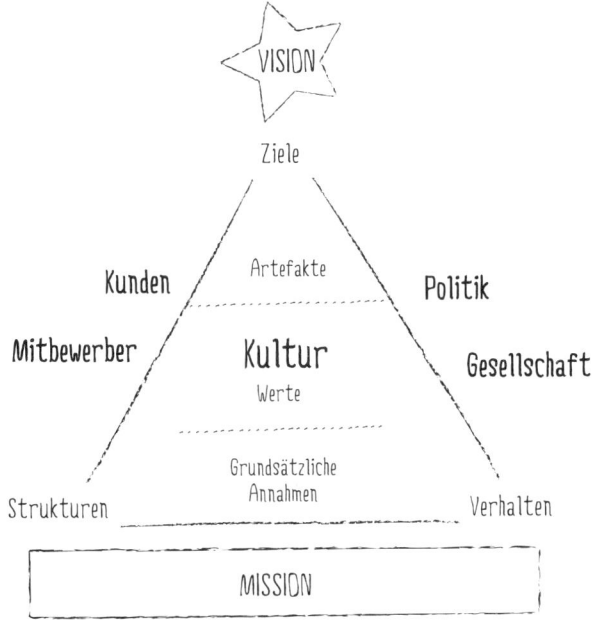

Bild 12.1 Unternehmenskultur

Bild 12.1 führt vor Augen, dass Kultur

- vom **Kontext** eines Unternehmenssystems maßgeblich beeinflusst wird. Organisationskultur ist kein in Beton gegossenes Monument. Sie reagiert vielmehr selektiv auf die jeweilige Marktsituation, das politische Klima, den Mitbewerb oder die gesellschaftlichen Entwicklungen;

- von einer bestimmten **Mission,** einem spezifischen Unternehmenszweck angetrieben und auf eine bestimmte **Vision** ausgerichtet ist;

- in einem dreiecksförmigen **Spannungsfeld zwischen Zielen, Strukturen und Verhalten** steht;

- in drei Ebenen unterteilt werden kann:

    I)   **Artefakte**, also alle Phänomene, die man sehen, hören oder spüren kann – wie etwa die Architektur einer Organisation, ihre Einrichtung, ihre Produkte oder ihr Stil. Die Ebene der Artefakte umfasst außerdem alle Prozesse, die dieses Verhalten zur Routine machen.

    II) **Öffentlich propagierte Werte**, also all jene Botschaften, die als Leitlinien gesetzt werden: die Organisationsziele, die offiziellen Strategien, um diese zu erreichen, aber auch die Werte oder Philosophien, die nach außen verkündet werden („Wir stehen für …", „Wir vertreten …", „Wir kümmern uns um …" etc).

    III) **Grundannahmen**, die als größtenteils unbewusste Selbstverständlichkeiten dem konkreten Verhalten seine Richtung vorgeben. Diese Grundannahmen regeln, was angesagt ist: Was erwartet die Unternehmensleitung? Welches Handeln ist von meinen Kollegen und Kolleginnen besonders erwünscht? Wie wird in diesem Team kommuniziert? Was ist hier verpönt? etc.

Die Kultur bestimmt die Aufmerksamkeit, wenn es um die Herausforderungen des Marktes oder die Verbesserung der organisatorischen Zusammenarbeit geht.

Wenn ich der Grundannahme anhänge, dass ich als CEO allein die Ausrichtung bestimme, werde ich zu anderen Schlüssen kommen, als wenn sich diese Ausrichtung aus mehreren Perspektiven ergeben soll. Wenn ich im Grunde davon überzeugt bin, dass es am Ende des Tages doch nur auf die Einzelleistung ankommt, wird Teamarbeit einen anderen Stellenwert haben, als wenn ich sie als Herzstück meines unternehmerischen Handelns sehe. Und wenn ich seit jeher auf alleinige Marktführerschaft durch unternehmensinterne Forschung und Entwicklung programmiert bin, wird mir der Ansatz einer wettbewerbsübergreifenden Innovation nicht so recht schmecken.

Wie hilft uns dieses Kulturmodell bei der professionellen Gestaltung von Veränderungen? Es hilft, indem es uns auf eine klassische Falle aufmerksam macht. Nämlich die Falle, die offizielle Kommunikation für ausschlaggebend zu halten. Wenn sich der CIO eines Medienunternehmens darüber wundert, dass er doch „drei Mal über die neue strategische Ausrichtung informiert habe und sich trotzdem niemand darum schert", sitzt er bereits in dieser Falle. Ähnlich ergeht es der neuen Abteilungsleiterin, die sich darüber mokiert, dass die Zusammenarbeit trotz ihrer wiederholten Appelle an den Teamgeist keinen Deut besser geworden ist. Und auch der erfahrene Change Manager vermag mit seinen ausgeklügelten Projektplänen in Sachen Vertriebsstärkung nicht wirklich zu punkten. Denn es sind nun einmal, so die überzeugende Pointe von Ed Scheins Modell, die Grundannahmen, die bestimmen, wo es wirklich langgeht.

Dass die Kultur in der Mitte des Unternehmensmodells steht, hebt ihre überragende Bedeutung hervor. Kultur umfasst alle Werte und Überzeugungen, die unser unternehmerisches Handeln prägen. Es ist all das, was wir für sinnvoll halten. Die Kultur bündelt die wechselseitigen Erwartungen und fasst all jene Selbstverständlichkeiten zusammen, die in Organisationen weder ausgesprochen noch erklärt werden muss: „Das ist eben bei uns so!"

Bild 12.2 Was ist Kultur?

Ed Schein setzt dafür eine schöne Metapher ein. Kultur ist all das, worin wir uns so natürlich bewegen wie ein Fisch im Wasser. Dementsprechend erstaunt sind wir, wie Bild 12.2 zeigt, wenn wir dieses Natürliche beschreiben sollen. Daraus lässt sich schließen:

- **Kultur ist tief:** Wenn wir nur die Oberfläche betrachten und glauben, die Kultur nach Belieben manipulieren zu können, ist das Scheitern bereits vorprogrammiert. Außerdem kontrolliert die Kultur eine Organisation stärker, als die Organisation die Kultur kontrolliert. Das ist auch richtig so, denn schließlich ist es die Kultur, die dem Arbeitsalltag Stabilität verleiht. Als Organisationsmitglieder lernen wir, was funktioniert, und entwickeln in diesem Prozess Überzeugungen, die allmählich ins Unbewusste wandern. Als Grundannahmen über die Welt im Allgemeinen und die Arbeit im Besonderen regeln sie fortan, wie in diesem Unternehmen vorgegangen wird.

- **Kultur ist breit:** Eine Organisation lernt, in ihrem Umfeld zu überleben, und ihre Mitglieder lernen, in der Organisation zu überleben. Für beides braucht es gewisse Spielregeln, die im Laufe der Zeit Naturgesetzen ähneln: So geht man bei uns mit dem Chef um, so mit den Kollegen und so mit Kunden, das muss man tun, um Karriere zu machen, jenes, um auf den Schleudersitz zu kommen, das sind die heiligen Kühe, jenes die Leichen im Keller usw.

- **Kultur ist stabil:** Die Mitglieder einer Gruppe wollen an ihren kulturellen Annahmen festhalten, weil Kultur Sinn stiftet und das Leben berechenbar macht. Die meisten Menschen mögen keine instabilen Situationen und bemühen sich sehr, eine möglichst hohe Beständigkeit zu erreichen.

■ 12.1 Die Macht der Unternehmenskultur

Ein solches Kulturmodell hat weitreichende Konsequenzen für das Vorhaben, eine Kultur der kontinuierlichen Verbesserung zu schaffen. Es erklärt, warum eine Unternehmenskultur nicht so einfach zu ändern ist. Immerhin repräsentiert sie das angesammelte Wissen einer Gruppe. Anders ausgedrückt: die Gedanken, Empfindungen und Wahrnehmungen, die eine Gruppe erfolgreich gemacht haben. Darüber hinaus ermöglicht dieses Modell die Einsicht, dass wesentliche Bestandteile der Kultur unsichtbar sind. Auf dieser tieferen Ebene lässt sich Kultur als gemeinsames mentales Modell verstehen, das die Mitarbeiter und Mitarbeiterinnen eines Unternehmens vertreten. Im Grunde können sie ihre Kultur nicht beschreiben – so wie auch die Fische im Bild 12.2, selbst wenn sie sprechen könnten, nicht zu erklären wüssten, was Wasser ist.

Mentale Modelle

Der bekannte Organisationstheoretiker Peter Senge hat in seinen fünf Disziplinen einer lernenden Organisation der Kultur ebenfalls eine zentrale Bedeutung beigemessen (vgl. Senge 1990). Für Senge ist Organisationskultur die Summe jener mentalen Modelle, die als tief verwurzelte Annahmen großen Einfluss darauf haben, wie in einem bestimmten Unternehmen die Welt wahrgenommen und darauf basierend gehandelt wird. Als Basiselemente jeder Unternehmenskultur sind mentale Modelle demnach

- wie eine Art von Glasplatte, die unsere Wahrnehmung einrahmt und auf subtile Weise verzerrt,
- Wegweiser in einer komplexen Welt,
- Landkarten, die ein gewisses Maß an Navigation ermöglichen,
- Annahmen, die wir zu Überzeugungen verdichtet haben,
- zwangsläufig fehlerhaft und unvollständig,
- meistens nicht überprüft und hinterfragt.

Mentale Modelle wirken also so ähnlich wie in dem Witz vom Autofahrer, der im Radio vor einem Geisterfahrer gewarnt wird. Woraufhin dieser Autofahrer empört ausruft: „Was heißt hier einer? Hunderte!"

Obgleich sich Unternehmenskulturen durch ein hohes Maß an Stabilität auszeichnen, sind sie keineswegs unveränderbar. Im Gegenteil: Die Kultur eines Unternehmens unterliegt ebenfalls einem spezifischen Lebenszyklus. Zu Beginn bildet jedes Unternehmen eine Pionier- oder Start-up-Kultur aus, die von den Werten der Gründer bestimmt ist. Wächst ein Unternehmen, etabliert es sich erfolgreich am Markt, wird sich auch seine Kultur ändern. Anpassungen werden notwendig, Werte werden neu definiert, Subkulturen entstehen. Alternde Unternehmen tendieren schließlich dazu, die einmal geschaffenen Verhältnisse als eherne Prinzipien zu betrachten. Kultur wird gewissermaßen einzementiert und zum Hindernis für Veränderung. „Das haben wir immer schon so gemacht", „Das funktioniert bei uns sicher nicht", „Das macht in unserem Unternehmen überhaupt keinen Sinn" sind oft gehörte Hinweise auf solche Veränderungsblockaden.

Worin liegt nun die konkrete Bedeutung der Kultur, wenn es um kontinuierliche Verbesserung geht? Die Bedeutung der Kultur, ließe sich programmatisch antworten, liegt darin, dass sie ein zentraler Faktor für den Erfolg eines Unternehmens ist. Sie ist eben kein „nice to have"-Phänomen, etwas, das alle heiligen Zeiten zu zelebrieren und von Sonderabteilungen zu pflegen ist.

> **Vielmehr bestimmt die Kultur ganz wesentlich, wie mit den externen und internen Anforderungen an ein Unternehmen umgegangen wird. Damit bestimmt die Kultur auch, wie Veränderung zu managen und Kaizen zu verwirklichen ist.**

Kulturell betrachtet gilt es nicht zuletzt, mit dem paradoxen Wesen der Unternehmensentwicklung fertig zu werden. Je mehr ein Unternehmen nämlich lernt, wie es die gestellten Anforderungen erfolgreich meistert und bestimmte Erfolgsmuster stabilisiert, umso schwerer fällt es, diese Muster wieder in Frage zu stellen. Bis dieses Unternehmen irgendwann einmal verlernt hat, sich neuen Anforderungen zu stellen, sich strategisch neu auszurichten, seine Strukturen anzupassen, andere Verhaltensformen zu etablieren, kurzum: sich zu wandeln.

Systemisch betrachtet geht es gar nicht so sehr darum, wie eine Kultur intern beschaffen ist. Vielmehr stellt sich die Frage, ob sie funktional ist. Das heißt, ob sie jene Strategien und Prozesse, Verhaltensformen und Haltungen befördert, die für eine erfolgreiche Bewältigung der aktuellen Herausforderungen nötig sind. Ob die Kultur den Geschäftserfolg eines Unternehmens beflügelt oder nicht, hängt von ihrer Konsistenz ab, das heißt von der Übereinstimmung zwischen Artefakten, öffentlich propagierten Werten und Grundannahmen. Greifen diese drei Ebenen nicht optimal ineinander, wird das kulturelle Herz geschwächt.

Tatsächlich wird dieses Herz in vielen Unternehmen von diversen Rhythmusstörungen geplagt. Einerseits entstehen solche Störungen, weil Widersprüche zwischen Artefakten und propagierten Werten übersehen werden. Beispielsweise wird

- ständig **von Offenheit geredet,** die Mitarbeiter sitzen jedoch in kleinen Einzelbüros, deren **Türen stets geschlossen** bleiben,
- zu allen offiziellen Anlässen die **Wichtigkeit der Kommunikation** betont, informeller Austausch jedoch als **bloßes Tratschen** abgewertet,
- die **Zusammenarbeit** allerorten als Leitwert propagiert und gleichzeitig **nichts dafür getan,** dass diese auch fach- oder hierarchieübergreifend stattfinden kann.

Ähnlich Unrhythmisches kann zwischen öffentlich propagierten Werten und konkretem Verhalten entdeckt werden. Unternehmen

- halten die **Fahne der Teamarbeit hoch,** richten sämtliche Belohnungs- und Kontrollsysteme jedoch an der individuellen Verantwortung aus. Was die Grundannahme nahelegt, dass **am Ende des Tages der Einzelne zählt** und nicht das Team;
- starten **unternehmensweit Diversity Management-Trainings,** lassen die **Einkommensschere** zwischen Männern und Frauen jedoch ebenso unverändert wie die **Karrierehindernisse** für Migranten oder die **Aussteuerung** älterer Mitarbeiter. Was wiederum auf die Grundannahme schließen lässt, dass die Arbeit junger, weißer, inländischer Männer nach wie vor höher zu bewerten ist;

- legen offiziell großen Wert darauf, **die Perspektiven der Mitarbeiterinnen und Mitarbeiter** zu berücksichtigen, reduzieren diese Beteiligung jedoch auf **anonyme schriftliche Befragungen** – was wohl einiges über das unternehmensinterne Vertrauen aussagt.

Selbst wenn fast überall Prinzipien wie Teamarbeit, offene Kommunikation, ermächtigte Mitarbeiter oder konsensorientierte Entscheidungsfindungen propagiert werden, so ist es doch eine Tatsache, dass diese Prinzipien in vielen Unternehmenskulturen nicht gelebt werden. Stattdessen werden nach wie vor die Prinzipien der Hierarchie und der zentralen Kontrolle verfolgt.

Obwohl Unternehmenskultur großteils auf unbewussten Annahmen beruht, so ist sie doch weder unzugänglich noch unveränderbar. Will eine Veränderungsinitiative Erfolg haben, muss sie der Kultur ausreichend Aufmerksamkeit schenken: Es muss gefragt werden, inwiefern die gelebten Annahmen die Leitwerte von Kaizen stärken oder behindern. Wenn ein Unternehmen eine Kultur kontinuierlicher Verbesserung etablieren will, ist dafür zweifellos eine besondere Form der Führungs- und Kooperationskultur notwendig. Es muss, wie wir noch genauer ausführen werden, verbindlich kommuniziert und nachvollziehbar entschieden werden, was wann von wem auf welche Weise verbessert wird.

 Kaizen

Der Begriff Kaizen kommt aus dem Japanischen und bedeutet wortwörtlich „Veränderung zum Besseren." Weit über ein rein technisches Change Management hinaus bezeichnet Kaizen eine Lebens- und Arbeitsphilosophie, in deren Zentrum das Streben nach ständiger Verbesserung steht. Dafür ist die konsequente Ausrichtung aller Unternehmensabläufe auf den Kundennutzen ebenso ausschlaggebend wie die Kultivierung der richtigen Grundhaltungen. Prozessoptimierung geht Hand in Hand mit einer Humanisierung, die wesentlich von einer professionellen Führung lebt. Diese Führungsarbeit beginnt immer bei einem selbst. Sie hört auch nie auf. Leitwerte wie Chancenorientierung, positives Denken, Selbstverantwortung oder Lösungsorientierung bleiben eine beständige Herausforderung.

■ 12.2 Unternehmenskultur und Mikropolitik

Stehen ein zahlenfixiertes Controlling, Einwegkommunikation und Defizitorientierung an der Tagesordnung, werden Verbesserungsinitiativen wie Kanban auch dann zum Scheitern verurteilt sein, wenn sie von offizieller Seite hochgejubelt werden. Vielleicht werden mit einigem Aufwand Visualisierungen, WiP-Limits oder Serviceklassen installiert – doch solange die kulturellen Gesetze, was hier wirklich angesagt ist, unberührt bleiben, wird Kanban Change Management nicht die gewünschten Ergebnisse bringen.

Aus dem Unternehmensalltag wissen wir zur Genüge, dass die gewünschten Ergebnisse oft auch aufgrund der Unternehmenspolitik nicht erreicht werden. Besser gesagt: aufgrund jener vorherrschenden kulturellen Dynamiken, die für gewöhnlich Mikropolitik oder Machtspiele genannt wird.

Wie ist das zu erklären? Zum einen dadurch, dass weder die Führungskräfte noch die Mitarbeiter selbstlose Agenten ihrer jeweiligen Organisation sind. Vielmehr verfolgen sie immer auch eigene Interessen. Man versucht sich Einflussmöglichkeiten zu schaffen, diese abzusichern und bei Gelegenheit zu vermehren. Zum anderen sind solche Phänomene dadurch zu erklären, dass es in Veränderungsprozessen, wie der Betriebswirtschaftler Oswald Neuberger schreibt, immer mehrere Beteiligte gibt, die unterschiedliche Ansichten, Informationen, Interessen, Werte und Ziele verfolgen können. Jede Handlungsweise ist eben grundsätzlich kontingent, also auch anders möglich und muss deshalb begründet und verteidigt werden (vgl. Neuberger 2002).

> **Die Interessensvielfalt unterstreicht, dass es in Veränderungsprozessen nicht allein um das Müssen, Können und Wollen geht. Auch das Dürfen stellt ein zentrales Kriterium dar.**

Ist die angestrebte Veränderung erlaubt? Erklären sich alle relevanten Stakeholder damit einverstanden? Wird professionelles Change Management gefördert? Genießt die Initiative die Aufmerksamkeit und aktive Unterstützung der mächtigen Player? Oder kommt sie eher von einer Randgruppe? Ziehen alle Entscheidungsträger an einem Strang? Oder ist das Veränderungsvorhaben ein Zankapfel? Sodass man mit dem eigenen Engagement leicht zwischen die Fronten geraten kann?

Mit Machtspiel ist demnach nicht heiterer Zeitvertreib (*play*), sondern ritualisierter Wettstreit (*game*) gemeint. Ein Wettstreit, der

- **ungerecht** ist, d. h. bestimmte Spieler sind schon von den Spielregeln her durch geringere Gewinnchancen benachteiligt,
- **nicht-symmetrisch** ist, d. h. ein Austausch der Spieler würde das Spiel verändern,
- **unbestimmt bleibt,** d. h. auf der Basis unvollständiger Informationen immer mehrere Lösungen zulässt,
- **kontext- und personenabhängig** ist,
- **auf Täuschen und Bluffen beruht** – etwa durch das Verschweigen bestimmter Informationen, durch Manipulation, durch Entfachung von Begeisterung bei Ausblendung kritischer Bedenken, durch Lagerbildungen, versteckte Fouls und vieles mehr (vgl. Ortmann 1988).

In diesem Sinne ist die Unternehmenspolitik ein perfektes Beispiel für die latente Widersprüchlichkeit der Unternehmenskultur. Auf der einen Seite gibt es die offiziell verkündeten, oft groß inszenierten makropolitischen Bekenntnisse zu diesem und jenem. Auf der anderen Seite die mikropolitischen Dynamiken, die durch Intransparenz gekennzeichnet sind. Denn bei Mikropolitik besteht grundsätzlich „ein Rumpelstilzchen-Effekt: In dem Moment, wo sie bei ihrem Namen genannt (aufgedeckt) wird, verliert sie viel von ihrer Kraft." (Neuberger 2002, S. 712).

Folglich geht es um die konsequente Exkommunikation des Themas. Über Macht darf nicht gesprochen, das politische Spiel nicht benannt, seine Kräfte nicht reflektiert werden. Es ist der Gegenentwurf zum bekannten „Tue Gutes und rede darüber." Er lautet: „Handle politisch und schweige darüber." Die Intransparenz, die Verschleierung als Sachzwang oder die sture Verleugnung bedingen, dass Mikropolitik nur schwer zu beobachten ist. Sie wird in den offiziellen Unternehmensartefakten ebenso wenig sichtbar wie im formellen Alltagshandeln. Um sie zu identifizieren, muss man hinter die Fassaden blicken. Man muss – apropos Grundannahmen – gewissermaßen in den Untergrund gehen.

Nichtsdestoweniger ist politisches Handeln in Organisationen keineswegs eine Fortsetzung des Krieges mit anderen Mitteln. Ganz im Gegenteil: Politisches Handeln ist auf eine strukturierte Ordnung der Zusammenarbeit ausgerichtet. Laut Neuberger ist Mikropolitik kein Betriebsunfall. Mikropolitik ist ein konstitutiver Bestandteil von Organisationen. *„Politisches Handeln bedeutet nicht Chaos, geboren aus dem Kampf aller gegen alle in selbstsüchtiger Verfolgung von Eigeninteressen. Im Gegenteil: Politisches Handeln ist auf soziale Ordnung gerichtet. Aber eben keine mechanische oder bürokratische, sondern eine, die aus dem ‚Spiel‘ der Kräfte resultiert. Eine solche Ordnung ist beweglich, sie passt sich neuen Lagen schneller an als ein starres formales Regelwerk."* (Neuberger 2002, S. 714).

Würden sich alle nur an die Regeln halten, würde in Organisationen bekanntlich nichts funktionieren. „Dienst nach Vorschrift" ist nach wie vor eines der größten Hindernisse für unternehmerischen Erfolg. Erfolg ist nur dann zu erwarten, wenn jemand eine Aufgabe zu seinem Anliegen macht und dieses mit Ideenreichtum und Einsatzfreude umsetzt. Selbst wenn die betreffende Person dabei Vorschriften überschreitet, vermintes Gelände überwinden oder neues Terrain erkunden muss.

Entscheidend für solche Einsätze ist die Auswirkung der Mikropolitik. Wie bei der Unternehmenskultur insgesamt geht es auch bei der Frage der Machtspiele in Veränderungsprozessen darum, ob diese funktional oder dysfunktional sind. Helfen sie, damit sich die richtigen Kräfte durchsetzen können? Oder hindern sie diese? Wird Verbesserung gefördert oder gestört? Erlaubt es die gelebte Politik, eine Kaizen-Kultur zu schaffen? Oder fühlen sich dadurch einflussreiche Akteure bedroht? Das Management in Frage gestellt? Führung ausgehebelt?

Um diese weiterführenden Fragen wird es im nächsten Kapitel gehen.

 Was Sie aus diesem Kapitel mitnehmen können

Unternehmenskultur ist weit mehr als eine lose Sammlung kultureller Artefakte. Sie verbindet vielmehr die Eckpfeiler Unternehmensziele, Organisationsstrukturen und persönliches Verhalten. Kultur fasst zusammen, wie die Dinge in einem Unternehmen laufen.

Dem Eisbergmodell ähnlich gibt es in der Unternehmenskultur drei Ebenen: Artefakte, öffentlich propagierte Werte und Grundannahmen. Während die ersten beiden Ebenen sicht- und hörbar sind, bleiben die Grundannahmen zum Großteil unausgesprochen und oft auch unbewusst.

- Woran wird in diesem Unternehmen geglaubt?
- Welche Annahmen werden herangezogen?
- Wie wird an bestimmte Dinge herangegangen?
- Was ist stilprägend?

Die Antworten auf diese Fragen geben unserem Verhalten die Richtung vor.

Unternehmenskultur ist ein ebenso tiefes wie stabiles Phänomen. Sie gleicht einer Autobahn, in der sich im Laufe der Zeit Spurrinnen eingegraben haben. Auf diese Weise wird unsere Wahrnehmung, unser Denken und Handeln auf bestimmten Bahnen gehalten.

Entscheidend für den Erfolg von Veränderungsprojekten ist es, ob diese kulturellen Bahnen funktional sind. Helfen sie, den angestrebten Change produktiv zu verarbeiten? Oder blockieren sie den Wandel eher? Müssen zuerst neue Autobahnen gebaut werden, um kontinuierliche Verbesserung zu ermöglichen?

Viele Verbesserungsvorhaben scheitern daran, dass die Macht der Unternehmenskultur nicht oder zumindest nicht angemessen wahrgenommen wird. Das Übersehen mikropolitischen Handelns und die Dysfunktionalität von Machtspielen in Change-Prozessen spielen dabei eine gewichtige Rolle. ∎

13 Schlussfolgerungen für Kanban Change Management

Was folgt aus dem bisher Gesagten für das Veränderungsmanagement mit Kanban? Welche Formen der Führung sind notwendig, um eine Kultur der kontinuierlichen Verbesserung zu schaffen? Will man angesichts der Komplexität heutiger Unternehmenswelten nicht gleich die Veränderungsflinte ins Umweltkorn werfen, lassen sich aus dem bisher Dargestellten drei wesentliche Schlüsse ziehen. Im Change Management geht es heutzutage vor allem um die

- **aufmerksame Wahrnehmung** dessen, was am Markt und in der Organisation vor sich geht, also beobachten, hören, fühlen, den richtigen Riecher haben, den Geschmack treffen,
- **professionelle Kommunikation** nach außen wie nach innen, d. h. mit allen Stakeholdern über Unternehmensgrenzen, Hierarchiestufen oder Fachabteilungen hinweg,
- **agile Gestaltung des Veränderungsprozesses** unter Einsatz von State-of-the-Art-Methoden.

Aufmerksames Wahrnehmen, professionelles Kommunizieren und agiles Gestalten von Prozessen sind für uns auch drei zentrale Faktoren eines erfolgversprechenden Kanban Change Managements. Und unser Marschgepäck für die Kulturreise in Richtung kontinuierlicher Verbesserung. Das verdient Erläuterung.

13.1 Wahrnehmung

Wie wir ausführlich dargelegt haben, startet auch Kanban mit einer aufmerksamen Wahrnehmung. Im Mittelpunkt steht dabei eine möglichst umsichtige Erfassung des Ist-Zustandes. Aus unterschiedlichen Perspektiven werden die bestehenden Arbeitsabläufe untersucht und auf dem Kanban-Board sichtbar gemacht. Es geht um eine gut strukturierte Darstellung des Wertschöpfungsprozesses, die die Gesichtspunkte aller wesentlichen Partner berücksichtigt.

Auf diese Weise wird in jedem Arbeitsbereich, der Kanban einführt, mit einem Blick auf das Ganze gestartet. Es geht um eine gesamtunternehmerische Wahrnehmung, die das Geschehen auf verschiedenen Ebenen fokussieren kann:

- Mit dem **Fokus auf den Markt und die interne Ablauforganisation:** Wie geschmiert laufen unsere Wertschöpfungsprozesse? Welche aktuellen Chancen und Problembereiche sehen wir? Wie gut werden diese von uns bearbeitet?

- Mit dem **Fokus auf die Aufbauorganisation:** Wie gut sind wir aufgestellt, um unsere Aufgaben zu erfüllen? Wie funktional sind unsere Strukturen? Wie klar ist unsere Funktionsaufteilung?

- Mit dem **Fokus auf die konkrete Zusammenarbeit:** Wie effektiv kooperieren wir? Wie passt unsere Kultur? Welchen Stellenwert hat Verbesserung für uns?

- Mit dem **Fokus auf die einzelne Person,** die ihre eigenen Reaktionen im Auge behält: Was verändert sich für mich? Was nehme ich wahr? Was empfinde ich dabei? Und welche Schlussfolgerungen könnte ich ziehen?

- Last but not least mit dem **Fokus auf das eigene Führungsverständnis.**

Die Bereitschaft von Führungskräften, mit der Wahrnehmung bei sich selbst anzufangen, hat der Wiener Organisationsberater Rudi Wimmer als Schlüsselfaktor für jedwedes Veränderungsmanagement definiert (vgl. Wimmer 2004). Erst die Einsicht des Managements, dass es sich selbst nicht als Change Agent propagieren kann, ohne zugleich nach der notwendigen Veränderung der eigenen Führungsleistung zu fragen, schafft die Grundlage für erfolgreichen Wandel. Laut Wimmer geht es nicht allein darum, aktuelle Marktchancen und -risiken angemessen wahrzunehmen. Vielmehr müssen auch die bestehende Unternehmenskultur überprüft und mögliche Dysfunktionalitäten des Managements aufgespürt werden.

Unserer eigenen Beobachtung nach ist dies jedoch alles andere als selbstverständlich. Offensichtlich fangen nur wenige Führungskräfte mit der Veränderung bei sich selbst an. Herausgefordert, verunsichert und in Frage gestellt scheinen primär die anderen zu werden. Ein kleines Beispiel gefällig?

> **Einer aktuellen Umfrage unter 1100 britischen First Line-Managerinnen und -Managern zufolge zweifeln satte 72 % der Befragten niemals an ihren eigenen Führungsfähigkeiten.**

Dieses Symptom mag ebenso auf das Konto managementspezifischer Selbstüberschätzung gebucht werden wie der Umstand, dass sich 80 % der Führungskräfte zu den besten 20 % zählen (Wall Street Journal nach Ortmann 2011, S. 27). Doch was steckt hinter solchen kuriosen Selbstbildern? Welches Beobachtungsmuster greift hier? Auf welchen kulturellen Annahmen beruhen solche Wahrnehmungen? Es erscheint uns nicht allzu weit hergeholt, dahinter das Managementparadigma des genialen Dirigenten, souveränen Schiffskapitäns oder allwissenden Generals zu vermuten. Der Altlast eines mechanistischen Organisationsbildes scheint ganz offensichtlich das Erbe eines Führungsmodells zu entsprechen, das sich weder mit kritischer Selbstreflexion abmüht noch mit angemessener Bescheidenheit. Dazu kommt ein Aufgabenverständnis, das der französische Managementpionier Henri Fayol bereits vor beinahe 100 Jahren festgelegt hat: Planen, Organisieren, Befehlen, Koordinieren und Kontrollieren (vgl. Fayol 1916). Bildhaft gesprochen: Dem Unternehmen als Maschine und Apparat entspricht der Manager als Mechaniker und Verwalter.

Im Laufe des 20. Jahrhunderts haben sich die Anforderungen an Organisationen ebenso radikal gewandelt wie die Anforderungen an deren Management. Trotz der umwälzenden Veränderungen, die wir im Laufe des 20. Jahrhunderts in den Bereichen Technologie, Lebensgewohnheiten oder Geopolitik erlebt haben, ist das Führungsparadigma nahezu gleichgeblieben. Nach Ansicht des renommierten Managementtheoretikers Gary Hamel beruht Führung nach wie vor auf dem Leitbild zweckrationaler *Business Administration* (vgl. Hamel 2007). Zielorientierung, Prozesskoordination oder Ergebniskontrolle bleiben auch im 21. Jahrhundert wesentliche Aufgaben. Das hierarchisch-bürokratische Managementmodell ist jedoch in vieler Hinsicht in die Jahre gekommen (vgl. Denning 2010).

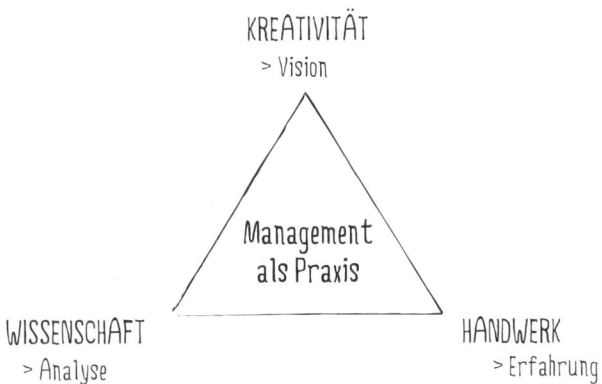

Bild 13.1 Die Praxis des Managements

Was zeichnet gutes Management heutzutage aus? „Du musst es selber herausfinden, wie beim Sex", pointiert Henry Mintzberg (Mintzberg 2009, S. 39). Auch wenn Mintzberg kein Erfolgsrezept ausstellt, verrät er uns zumindest einige Zutaten.

> **Grundsätzlich kombiniert effektives Management Kreativität, wissenschaftliche Analyse und handwerkliche Erfahrung.**

Bild 13.1 umreißt diese Eckpfeiler, die Mintzberg aus seiner Beobachtung des Arbeitsalltags unterschiedlicher Manager destilliert. Dieser Alltag ist durch Tempo, Fragmentierung und Diskontinuität charakterisiert. Die vielfältigen Kommunikationsanforderungen spülen die Vorstellung des souveränen Steuermanns gnadenlos über Bord. Vom „Ende des Managements" wird dann sogar gesprochen (Hamel 2009), von völlig veralteten Technologien oder von kontraproduktiven Routinen. Führung, so der Tenor der aktuellen Diskussion, sei zukünftig nicht mehr auf Verwaltung, sondern auf kontinuierliche Verbesserung und Innovation auszurichten.

13.1.1 Ein neues Paradigma für Management und Führung

Die Gegenüberstellung der dominanten Führungsmodelle des 20. und des 21. Jahrhunderts in Tabelle 13.1 verdeutlicht deren zentrale Unterschiede. Die ausschließliche Orientierung am Shareholder Value weicht einer ausgewogenen Orientierung an den Interessen aller Stakeholder, die Zentrierung auf den kurzfristigen Gewinn einer langfristigen Perspektive, das Primat rationaler Administration dem Bestreben, eine Kultur kontinuierlicher Verbesserung und Innovation zu schaffen.

Tabelle 13.1 Führungsmodelle

20. Jahrhundert	21. Jahrhundert
Primäre Orientierung am Shareholder Value	Ausgewogene Orientierung an allen Stakeholdern
Auf kurzfristigen Profit ausgerichtete Administration	Auf die langfristige Absicherung des Erfolgs durch kontinuierliche Verbesserung und Innovation ausgerichtet
Command-and-Control	Beobachtung, Kommunikation, Moderation
Hierarchie und Bürokratie	Flache und schlanke Netzwerke
Einwegkommunikation über Direktiven und Informationen	Zweiwegkommunikation über Reflexion und Dialog
Autorität qua Position	Autorität qua Praxis
Zentralistische Führung	Polyzentrische Führung
Singuläre Entscheidungen Top-Down	Führung als Teamsport: cross-funktionales und hierarchieübergreifendes Entscheiden
Der Manager als Held und Dirigent	Der Manager als Enabler und Coach

Auf diesem Wege wird der bisherige Administrator standardisierter Geschäftsprozesse zum essenziellen Gestalter flexibler Rahmenbedingungen für High Performing Teams (vgl. http://p-a-m.org/2011/09/high-performing-teams/). Dazu gehört die Fähigkeit, klare Konzentrationspunkte zu setzen, Entscheidungsmodi festzulegen und Ressourcen verfügbar zu machen. Dazu gehört aber auch die Fähigkeit, einen konstruktiven Umgang mit den eigenen Grenz- und Überforderungserlebnissen zu entwickeln. Professionalität heißt in diesem Zusammenhang, die unvermeidlichen Unsicherheiten, Verwirrungen oder Ahnungslosigkeiten selbst als Ressourcen zu nützen.

Besondere Führungsressourcen

„Das Nichtwissen macht es uns leichter, die meist unerfüllbare Forderung des völligen Verstehens durch nützliche Formen des Missverstehens zu ersetzen (...).

Die Hilflosigkeit zeigt uns ihre Freundschaftsdienste, indem sie uns daran erinnert, dass wir etwas so Komplexes (wie z. B. die Führung eines großen Unternehmens) niemals alleine „machen" oder gar zu einem geplanten Ziel führen können. (...)

Und schließlich zu dir, Verwirrung, liebe Freundin, Gefährtin aller Querdenker und wahren Systemiker, Frucht der Paradoxien, Botin des Wandels und Aufbruchs. (...)

Aber der Versuch, dich, Verwirrung zu meiden, entstammt meist dem Wunsch, umfassend zu beherrschen. Und dieser Wunsch, so hoffnungslos er auch stets vom Leben widerlegt wird, hat doch einen hohen Preis. Er verhindert wirkliches Lernen." (Kibed 2000, S. 155 f)

Im 21. Jahrhundert, so die Quintessenz der zeitgenössischen Management- und Führungs-
debatten, weicht *command and control* einer Kultur, die Selbststeuerung respektiert, ohne
den gesamtorganisatorischen Koordinationsbedarf aus den Augen zu verlieren.

**An die Seite des hierarchischen Managements treten neue Formen netzwerkartiger
Führung, um die vorhandenen Expertisen, insbesondere hinsichtlich einer akkura-
ten Wahrnehmung der Umweltdynamik optimal zu nützen. „Führung als Teamsport" wird zum Schlüsselfaktor.**

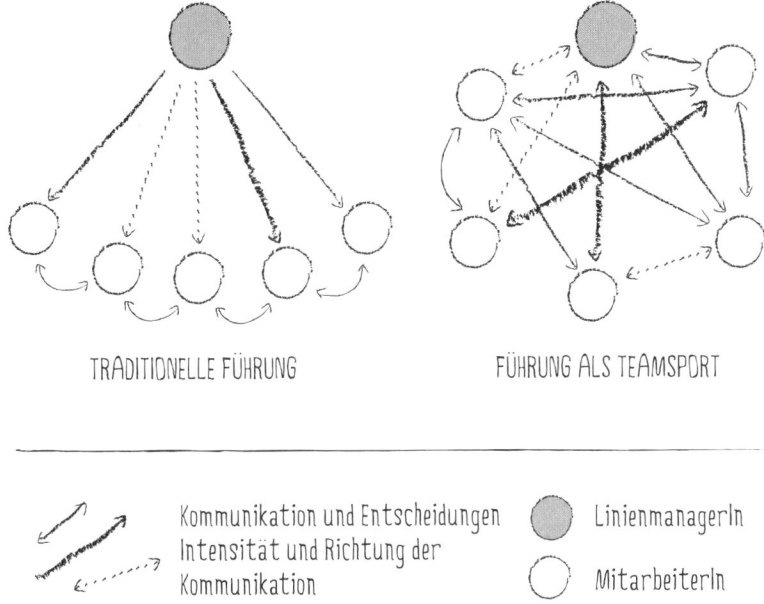

Bild 13.2 Traditionelle Führung und Führung als Teamsport

Dass Führung Teamsport ist, wurde auch im Rahmen unserer Studie „Erfolgreiche Führung
in einer agilen Welt" bestätigt, bei der wir 58 Praktiker und Praktikerinnen der agilen Softwareentwicklung zu ihren Erfahrungen befragten (http://p-a-m.org/2011/11/erfolgreiche-
fuhrung-in-der-agilen-welt-eine-studie-der-pam/). Wie Bild 13.2 illustriert, zeigt das Konzept des Führungsteamsports zumindest zwei notwendige Veränderungen an: Erstens muss
der Zentralismus traditioneller Führung überwunden werden und zweitens die Einseitig-
keit von Kommunikations- und Entscheidungswegen. Fußballerisch gesprochen tritt der
Coach hinter ein Spielerkollektiv zurück, das durch den Einsatz füreinander über den Spiel-
erfolg entscheidet. Auf diese Weise wird auch das gebieterische „Pass zu mir!" des vermeintlichen Führungsspielers durch ein flexibles Spiel mit und ohne Ball abgelöst. Schließlich kann auch der Verteidiger Tore schießen und der Stürmer eine gefährliche Situation im
eigenen Strafraum klären.

Zurück vom Fußballplatz in die Organisationswelt. Im unternehmerischen Zusammenhang
hat eine teamorientierte Führung weitreichende Konsequenzen. Sie verdeutlicht, dass sich
der Erfolg eines Unternehmens aus dem flexiblen Zusammenwirken der unterschiedlichsten Kräfte ergibt. Deren Effektivität hängt nicht von der formalen Position ab („Ich allein bin
Führungskraft"), sondern von den jeweiligen Kompetenzen („Ich bringe uns in dieser Spiel-

situation in Führung"). Bild 13.2 unterstreicht, dass abseits hierarchischer Ordnungen eine Vielzahl von formellen und informellen Führungsleistungen mobilisiert wird.

Die Berichte der im Rahmen unserer Studie interviewten Praktiker und Praktikerinnen decken sich gut mit unseren eigenen Erfahrungen. Als Manager wie als Berater haben wir festgestellt, dass das vertrauensvolle Zusammenspiel der verschiedenen Fach- und Führungsexperten ein maßgeblicher Faktor für Top-Ergebnisse ist (vgl. http://p-a-m.org/2011/11/leadership-as-a-team-sport/). Darüber hinaus schließen die Praxisstimmen gut an Theoriediskussionen an, die Führung als Leistung des gesamten Systems sehen – und nicht als Leistung eines einzelnen Funktionsträgers. Spätestens mit Katzenbachs und Smiths Klassiker „The Wisdom of Teams. Creating the High-Performing Organization" (Katzenbach und Smith 1993) ist *shared leadership* ein gängiger Begriff. Geteilte Führung heißt, dass alle Teammitglieder

- **Verantwortung für den Gesamterfolg** genau so wie für die individuelle Entwicklung übernehmen,
- **Ergebnisse gemeinsam** erarbeiten und „verkaufen",
- **Autorität situativ** in Richtung fachlicher Kompetenz verteilen,
- **Kommunikation netzwerkartig** anlegen,
- **mit allen gut abgestimmte Entscheidungen** ins Aktionszentrum stellen,
- **die kritische Prüfung von Arbeitsprozessen** und, falls notwendig, deren Anpassung forcieren,
- **die Qualität der Zusammenarbeit** einer regelmäßigen Reflexion unterziehen.

Mit seinem Modell einer „leaderful practice" geht Joseph A. Raelin noch einen Schritt weiter (Raelin 2003). Raelin definiert vier Qualitäten einer zeitgemäßen Führung. Diese Führung sei *concurrent* im Sinne der Gleichzeitigkeit von Führungsleistungen, *collective* im Sinne einer gemeinsamen Verantwortung, die eben nicht an disziplinarische Vorgesetzte delegiert werden kann, *collaborative* im Sinne intensiver Teamarbeit und *compassionate* im Sinne wechselseitiger Unterstützung. Wir brauchen, so Raelins Überzeugung, Organisationen, die jedem die Möglichkeit geben, in Führung zu gehen – und zwar je nach situativer Anforderung und jeweiliger Expertise.

Was heißt das nun für Kanban Change Management? Welche praktischen Hinweise kann man aus der aktuellen Führungsdiskussion ableiten? Es geht auf den Punkt gebracht um eine neue, gleichsam kultivierte Form der Aufmerksamkeit, die möglichst viele Bereiche erfasst:

1. **Alle am jeweiligen Wertschöpfungsprozess Beteiligten.** Kanban Change Management muss von Anfang an alle relevanten Stakeholder im Blick haben – und diese auch im Auge behalten, da Kunden, Manager, Mitarbeiterinnen oder Lieferanten lebendiger Teil einer Kultur kontinuierlicher Verbesserung sind.

2. **Engpässe im Ablauf und in der Kooperation.** Kanban als soziotechnisches System verstehend, können diese Engpässe in ganz verschiedenen Bereichen auftauchen: im Bereich unangemessener WiP-Limits oder Serviceklassen, aber ebenso im Bereich der persönlichen Haltungen oder mangelhafter Führung.

3. **Den Arbeitsfluss.** Kanban Change Management versucht, diesen Arbeitsfluss möglichst wenig zu stören, indem kleine Verbesserungsschritte gesetzt werden. Auf diese Weise wird auch ein guter Veränderungsfluss angestrebt.

4. **Eine zielorientierte Zusammenarbeit.** „Führung als Teamsport" ist für Veränderungs-
managerinnen und -manager, die mit Kanban arbeiten, eine wegweisende Metapher. Sie
verdeutlicht einerseits, dass es nicht nur um das Kernteam, sondern um alle relevanten
Spieler im Bereich des jeweiligen Wertschöpfungsbereichs geht. Und sie unterstreicht
andererseits, dass jede Spielerin und jeder Spieler entscheidende Führungsimpulse setzen kann.

Alles in allem liegt aus unserer Sicht nahe, Kanban mit einem zeitgemäßen Managementverständnis einzuführen. Das gilt für die Vorbereitung der ersten Veränderungsschritte
genau so wie für den nachhaltigen Betrieb.

**Und das macht ein entsprechendes Führungslernen, die Bereitschaft, auch das
eigene Kommunikations- und Konfliktverhalten regelmäßig auf den Prüfstand zu
stellen, zu einem Herzstück der Kaizen-Praxis.**

■ 13.2 Kommunikation

Wenn die Essenz von Führung optimale Zusammenarbeit ist, muss es im Change Management um mehr als um individuelle Wahrnehmungen gehen. Diese Wahrnehmungen müssen auch fach- wie hierarchieübergreifend vergemeinschaftet werden. Laut Rudi Wimmer
kommt der Managementkultur eines Unternehmens dabei eine zentrale Bedeutung zu:

*„Die Führungsstrukturen, das Zusammenspiel der Führungskräfte auf und zwischen den
einzelnen Hierarchieebenen, ihr Qualifikationsniveau – all diese Aspekte sind ein wesentlicher Teil des Problems, das durch die Transformation einer Organisation bearbeitet werden
soll. Genau dieser Punkt lässt die Veränderungsfähigkeit des Managements, seine Bereitschaft, zunächst bei sich selbst anzufangen, zum entscheidenden Engpass für einschneidende
Veränderungsvorhaben werden. Organisationsveränderungen sind ohne nennenswerte
Veränderungen in den Führungsverhältnissen nicht zu haben." (Wimmer 2004, S. 172)*

Doch wie kommt man zu einer solchen Änderung? Womit gilt es konkret anzufangen, wenn
man bei sich selbst anfängt? Und was muss dann von wem in welcher Form kommuniziert
werden? Ähnlich wie die Wahrnehmung ist auch die Kommunikation bidirektional angelegt. Hierfür gibt das veränderungskritische Dreigestirn aus „Müssen wir?", „Können wir?"
und „Wollen wir?" einen weiteren Leitfaden vor. Im Folgenden eine kleine Übersicht über
das entsprechende Arbeitsprogramm (vgl. Doppler, Lauterburg 1989, S. 212 ff).

Müssen wir uns verändern?

- **Notwendigkeit der Veränderung** darstellen: Was könnte uns passieren, wenn wir alles
  beim Alten lassen?
- **Betroffen machen:** Von der Dringlichkeit des Wandels überzeugen.
- **Positive Aspekte** der Veränderung verdeutlichen.
- **Kritische Faktoren** im Veränderungsprozess ansprechen: Welche Risiken gehen wir mit
  der Veränderung ein?
- **Balance zwischen Verunsicherung und Sicherheit** schaffen: Aufzeigen, was neu gestal-
  tet werden muss und worauf wir weiter bauen können.

- **Veränderungs- und Stabilisierungsprogramm** darstellen: Wie wollen wir vorgehen? Was müssen wir alles beachten?

Können wir uns verändern?

- **Konkrete Hilfestellungen** für den Lernprozess anbieten: Welche Veranstaltungen planen wir? Was gibt es an Trainings- und Coachingleistungen? Wie wird das notwendige Lernen unterstützt?

- **Leistungsträger und Multiplikatoren** einsetzen, ein starkes Veränderungsteam zusammenstellen und konsequent fördern.

- **Regelmäßiges Feedback** auf Verbesserungsschritte geben: Wie stellen wir uns die Auswertung vor? Welche gemeinsamen Retrospektiven gibt es?

- **Unsicherheiten begleiten** und Mut zusprechen: Können wir das schaffen? Yo, wir schaffen das!

- **Die eigenen Unsicherheiten wahrnehmen** und ausreichend Zeit für deren Bearbeitung und Verdauung sichern.

Wollen wir uns verändern?

- **Vorbildrolle beachten:** Die Stiege kehrt man von oben!

- **Einstellungen** abklären: Wie läuft unsere Zusammenarbeit? Was erzählt sie uns über die Kultur in unserer Organisation? Was sind unsere Grundannahmen über die Veränderung?

- **Persönliche Dialoge** führen: Offene Auseinandersetzung mit Hoffnungen und Bedenken, Zukunftsideen und Fragezeichen, konkreten Entwicklungsimpulsen und kühnen Visionen.

- **Nutzen, Chancen und Gewinnoptionen** fokussieren: Wir verstärken, worauf wir uns konzentrieren!

  Professionelles Change Management lebt von der Kommunikation mit allen Stakeholdern.

Das wirft einige Fragen auf, die nicht immer ganz einfach zu beantworten sind: Wer sind überhaupt unsere Stakeholder? Was bewegt unsere Wertschöpfungspartner? Welche Interessen verfolgen sie? Und wie sind diese Interessen miteinander verknüpft? All das sind Fragen, die auch für Kanban maßgeblich sind. Wird deren Bearbeitung ernst genommen und also nicht auf Tür-und-Angel-Gespräche, telefonische Blitzumfragen oder gar E-Mails reduziert, können die vorhandenen Interessenslagen möglichst frühzeitig identifiziert werden. Organisationen brauchen heutzutage eine derartige „Responsivität", wie der Betriebswirtschaftler Günther Ortmann hervorhebt (vgl. Ortmann 2009). Schließlich ist es das permanente strategische Scanning, das Überall-seine-Fühler-Ausstrecken und Aufmerksam-Sein, das heute wesentlich über Erfolg oder Misserfolg des unternehmerischen Handelns entscheidet.

Kanban Change Management stärkt die Responsivität, indem die Stakeholder von Anfang an das Veränderungsvorhaben mitgestalten. In Buchteil 3 zeigen wir ausführlich, mit welchen Mitteln gut gescannt, Kontakt aufgenommen, für die Veränderung geworben und tragfähige Vereinbarungen gefunden werden. An dieser Stelle wollen wir uns mit dem Hinweis auf den systemischen Geist kontinuierlicher Verbesserungsarbeit begnügen. Dieser Geist wird mit dem ersten Kanban-Impuls angerufen und treibt den evolutionären Veränderungsprozess kontinuierlich voran. Durch Visualisierung, WiP-Limits oder Serviceklassen nimmt dieser Geist konkrete Gestalt an, durch regelmäßige Meetings, eingehende Dialoge und persönliche Reflexionsschleifen wird er am Leben erhalten. Auf diese Weise wird Kaizen verwirklicht und die strategische Agilität gestärkt.

„Managing the Unexpected" haben Kathleen Sutcliffe und Karl Weick dieser Agilität als Motto vorgegeben (Sutcliffe, Weick 2001). Bild 13.3 gibt einen Überblick über die konsequente strategische Ausrichtung dieses Mottos. Ob es nun um vorausschauendes Handeln oder um auf aktuelle Risiken fokussiertes Handeln geht – die Kultur der Achtsamkeit, die Sutcliffe und Weick in ihrem faszinierenden Buch umrissen haben, ist sicher nicht nur für sogenannte „High Reliability Organizations" wie Flugzeugträger, Atomkraftwerke oder Emergency Rooms wegweisend. Effektives Lernen aus Fehlern, eine regelmäßige Überprüfung der eigenen Annahmen, der Respekt vor fachlicher Feldkompetenz oder die Wertschätzung des konkreten Gewusst-wie sind vielmehr Leitwerte jeder Verbesserungskultur.

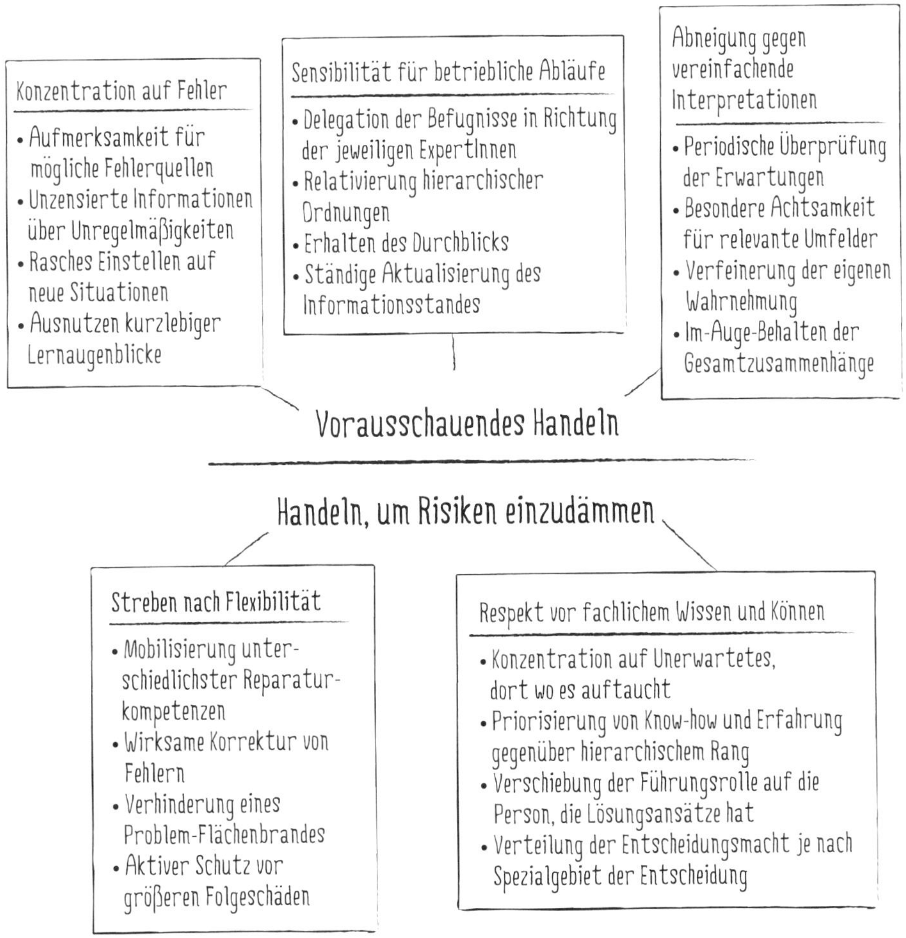

Konzentration auf Fehler
- Aufmerksamkeit für mögliche Fehlerquellen
- Unzensierte Informationen über Unregelmäßigkeiten
- Rasches Einstellen auf neue Situationen
- Ausnutzen kurzlebiger Lernaugenblicke

Sensibilität für betriebliche Abläufe
- Delegation der Befugnisse in Richtung der jeweiligen ExpertInnen
- Relativierung hierarchischer Ordnungen
- Erhalten des Durchblicks
- Ständige Aktualisierung des Informationsstandes

Abneigung gegen vereinfachende Interpretationen
- Periodische Überprüfung der Erwartungen
- Besondere Achtsamkeit für relevante Umfelder
- Verfeinerung der eigenen Wahrnehmung
- Im-Auge-Behalten der Gesamtzusammenhänge

Vorausschauendes Handeln

Handeln, um Risiken einzudämmen

Streben nach Flexibilität
- Mobilisierung unterschiedlichster Reparaturkompetenzen
- Wirksame Korrektur von Fehlern
- Verhinderung eines Problem-Flächenbrandes
- Aktiver Schutz vor größeren Folgeschäden

Respekt vor fachlichem Wissen und Können
- Konzentration auf Unerwartetes, dort wo es auftaucht
- Priorisierung von Know-how und Erfahrung gegenüber hierarchischem Rang
- Verschiebung der Führungsrolle auf die Person, die Lösungsansätze hat
- Verteilung der Entscheidungsmacht je nach Spezialgebiet der Entscheidung

Bild 13.3 Das Unerwartete managen

In der Praxis ist allerdings kaum eine Organisation so aufgebaut, dass unerwartete Ereignisse gut bewältigt werden können. Im *business as usual* findet für gewöhnlich weder systematisches Fehlerlernen statt noch eine expertisegeleitete Delegation von Befugnissen. Das Streben nach Flexibilität wird zwar allerorts hochgehalten – deren Verwirklichung scheitert jedoch oft an standardisierten Abläufen, die gerade nicht situativ in Frage gestellt oder gar kontinuierlich verbessert werden. Dies hat einmal mehr mit der systemischen Ignoranz von Organisationen zu tun, die beunruhigende Impulse von außen ebenso leicht verdrängt wie die Notwendigkeit kritischer Selbstprüfung. Stattdessen wird in vielen Unternehmen auf bewährte Strukturen gesetzt und offene Kommunikation weitgehend vermieden. „Stakeholder-Orientierung" ist oft nur ein Wort, die Zufriedenstellung oder gar „Begeisterung des Kunden" (vgl. Denning 2010) bloß eine schöne Idee. Die unternehmerische Wirklichkeit ähnelt jedoch eher dem alten Bürokalauer: „Der einzige, der hier stört, ist der Kunde."

Dahinter kann man die Angst vor Auseinandersetzungen entdecken, die sich der Kontrolle entziehen. Mit anderen Worten: mit der Angst vor dem Unerwarteten. Gilt *command and control* als Fundament der Unternehmensführung, muss auch Kommunikation innerhalb geplanter Bahnen verlaufen. Anders gesagt: Sie muss beherrscht werden. Dazu fällt uns das Beispiel der IT-Abteilung in der öffentlichen Verwaltung ein. Der Bereichsleiter und die vier Teamleiter und -leiterinnen dieser Abteilung gaben nämlich eine gelebte Antithese zu Führung als Teamsport ab. Alle hatten primär ihre eigenen Interessen im Visier, es herrschte ein hohes Misstrauen, Kommunikation fand nur sporadisch statt, und die gemeinsamen Meetings waren offenkundig primär Informationsveranstaltungen. Dazu passend wurde auch bei der Konzeption des geplanten Abteilungsworkshops darauf geachtet, dass nichts Ungeplantes passierte. Nach zwei offiziellen Ansprachen war eine Serie von Inputs angedacht, nach denen die jeweiligen Teams vordefinierte Fragen zu bearbeiten hatten. Die Antworten wurden stakkatoartig präsentiert. Eine offene Diskussion war nicht vorgesehen. Als eine Gruppe während ihrer Präsentation kritische Fragen zur Abteilungszukunft aufwarf, war das Unbehagen der Führungskräfte geradezu mit Händen zu greifen. Sofort fühlten sich zwei Teamleiterinnen bemüßigt, die Gruppe mit Schnellschussantworten abzuspeisen. Die kritischen Punkte wurden abgewehrt, eine eingehendere Auseinandersetzung für überflüssig erklärt. „Das haben wir ohnehin auf der Tagesordnung unseres nächsten Führungs-Jour fixe", sagte der Bereichsleiter abschließend. „Wir werden euch natürlich über unsere Ergebnisse informieren!"

Der Ablauf dieser offiziell als Strategieklausur betitelten Veranstaltung demonstriert eindrucksvoll, dass offene Kommunikation tiefgreifende Befürchtungen auszulösen vermag. Doch wer es mit seinen Fragen ernst meint, riskiert auch Antworten, die sie oder er vielleicht nicht so gerne hört.

Die beschriebene Klausur ist leider kein Einzelfall. Vielerorts werden kritische Einwände abgewehrt. Divergierende Meinungen, das Auftauchen von Dissonanz, gar die Manifestation von Konflikten scheinen für viele Manager und Managerinnen selbst Schockerlebnisse zu sein, mit denen intensive Gefühle von Kompetenzverlust einhergehen. Dass diese Erlebnisse nicht als Ressource genützt, sondern in unterschiedlichsten Formen abgewehrt werden, verdeutlicht die emotionale Dynamik von Veränderungen.

Die emotionale Dynamik unterstreicht, dass neben der Wahrnehmungskompetenz auch die Kommunikations- und Konfliktfähigkeit einen entscheidenden Engpass für jedes Veränderungsprojekt darstellen.

„Die größte Gefahr der Kommunikation ist die Illusion, dass sie stattfindet", schrieb uns Paul Watzlawick schon vor langer Zeit ins Managementtagebuch (Watzlawick 1973, S. 12). Wenn wir unsere eigenen Kommunikationserfahrungen Revue passieren lassen, können wir nur zustimmen. Wir erinnern uns mit Schaudern an einen Workshop mit den Topmanagern eines Unternehmens, das sich auf Online-Entertainment spezialisiert hat. Offiziell ging es zwar um die Stärkung der Teamarbeit und die Vereinbarung konkreter Verbesserungsschritte. Tatsächlich wurde aber weniger miteinander als aneinander vorbei geredet. Stundenlang ging es um die Vereinbarung eines konkreten Schnittstellenmanagements, das durch eine Fülle von Sonderinteressen blockiert wurde. Kein Wunder, dass es in dieser mikropolitischen Arena immer hitziger wurde. Wechselseitiges Unterbrechen war hoch im Kurs, Zuhören dafür umso niedriger. Auch unsere Versuche als Moderatoren, aus der Arena herauszufinden und von der Klärung der Inhalts- endlich auf die Beziehungsebene zu kommen, scheiterten. Kommunikation wurde zur reinen Illusion.

Fragt sich nur, wie man dieser Illusion entgehen kann. Positiv ausgedrückt: Wie sich das tatsächliche Stattfinden von Kommunikation fördern lässt. Und wie uns Kanban dabei hilft. Kanban versucht, diese Kommunikation erst einmal strukturell abzusichern. Daily Standup, Queue Replenishment, Retrospektive und Operations Review gehören ja zum Standardprogramm kontinuierlicher Verbesserungsarbeit. Hinzu kommt, dass Sie bereits in der ersten Phase Ihrer Kanban-Einführung intensiv kommunizieren sollten: mit Ihrem Team, mit Ihren Vorgesetzten, mit Ihren Wertschöpfungspartnern, mit Peers aus anderen Arbeitsbereichen oder Unternehmen oder auch mit externen Coaches. Kanban Change Management lebt von dieser vielfältigen Auseinandersetzung. Es folgt eben nicht dem exklusiven Plan eines Prozessingenieurs, sondern den Ideen aller inkludierten Stakeholder. Schließlich darf allen, die heutzutage in die Entwicklung hochkomplexer Software involviert sind, ein hohes Maß an Intelligenz und Selbstständigkeit unterstellt werden. Es braucht niemanden, der für das Team, die Kunden oder das Management vordenkt. Sowohl das „Was?" als auch das „Wie?" der Entwicklung wird vielmehr von den Beteiligten selbst bestimmt. Somit ließe sich behaupten:

> **Umsichtige Kommunikation ist der erste Engpass, den eine Kanban-Initiative zu meistern hat.**

Dass Kommunikation stattfindet, sagt freilich noch nichts über deren Qualität. Doch auf welche Art der Kommunikation sollten Kanban Change Manager setzen? Mit welcher Haltung in Kontakt mit den anderen treten? Und wie die Auseinandersetzung verbesserungsorientiert gestalten? Unserer Erfahrung nach ist es die Kultur von Reflexion und Dialog, die wegweisende Antworten auf diese Fragen liefert. Erlauben wir uns einen weiteren kleinen Ausflug ins systemische Denken, um diese Kultur auf den Grund zu gehen.

13.2.1 Die Bedeutung gemeinsamer Reflexion

Eine der Kernbotschaften der Systemtheorie lautet, dass Reflexion im Zentrum der unternehmerischen Selbststeuerungstätigkeit steht. Das bedeutet nicht unbedingt, dass diese Reflexion bewusst erfolgen muss. Oft genießt sie nicht einmal im Change Management einen besonderen Stellenwert. Notwendige Veränderungen des Unternehmens finden allerdings immer statt – die Frage ist nur, auf welchem Wege und mit welchem Ergebnis. Bewusste Reflexion hilft nachweislich, dieses Ergebnis positiv zu beeinflussen.

Im Kanban Change Management können wir dazu vor allem ein bewährtes Format einsetzen, nämlich die Retrospektive. Sie fungiert als internes Radarsystem, auf dem auf einer Metaebene die laufenden Ereignisse sichtbar gemacht und zu bewussten Erfahrungen destilliert werden. Über die 360-Grad-Perspektive dieses Radars lassen sich wesentliche Veränderungen in allen relevanten Organisationsbereichen frühzeitig erfassen. Die Retrospektive ist der Versuch, aus dem operativen Betrieb auszusteigen, und das größere Bild hinter den einzelnen WiP-Limits, Serviceklassen oder Service Level Agreements zu entdecken. Dieses Bild ist freilich nicht von einer Person, sondern nur durch eine gemeinsame Auseinandersetzung zu entdecken.

Eine solch reflexive Entdeckung verlangt vor allem eines: die Fähigkeit innezuhalten. Genauer: Innezuhalten, um Revue passieren zu lassen, Bilanz zu ziehen und Schlussfolgerungen für das weitere Vorgehen festzulegen. Dafür bietet die sogenannte systemische Schleife einen ebenso simplen wie effektiven Leitfaden. Wie Bild 13.4 zeigt, bewegt sich diese Schleife

- von der **Sammlung individueller Wahrnehmungen** à la „Was ist aus meiner Sicht zuletzt alles passiert?"
- über die **gemeinsame Verdichtung dieser Wahrnehmungen:** „Was nehmen wir ganz ähnlich wahr? Was unterschiedlich?",
- das **Erkennen charakteristischer Muster:** „Welches Bild ergibt sich daraus?",
- das **Lernen aus diesen Mustern:** „Welche Schlüsse ziehen wir?",
- zur **Definition gemeinsamer Folgeschritte:** „Worauf wollen wir in Zukunft besonders achten?"

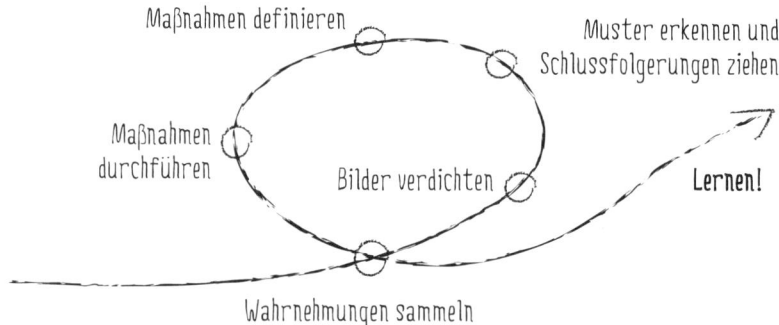

Bild 13.4 Die systemische Reflexionsschleife

Das tatsächliche Fortschreiten bringt wiederum eine neue Sammlung von Wahrnehmungen mit sich, womit eine weitere Reflexionsschleife eröffnet wird.

Als fortlaufende Bewegung gedacht, geht es bei diesen Reflexionsschleifen vor allem darum, sich selbst als Unternehmen zu beobachten. Das gilt für jeden einzelnen Abschnitt des Wertschöpfungsprozesses. Wider die Verkürzung komplexer Zusammenhänge auf mechanische Abfolgen sollen die bestehenden Verhältnisse gleichsam aus der Vogelperspektive geprüft werden. In seinem neuen Buch „Managing" hat Henry Mintzberg verstärkt auf die Notwendigkeit einer solchen Prüfung hingewiesen. Gerade im Angesicht der Dynamik heutiger Steuerungsaufgaben braucht es regelmäßige Auszeiten. Wie die Mitglieder des Kernteams müssen auch die Führungskräfte immer wieder aus ihrem täglichen Arbeitsfluss heraustreten und dem oftmaligen Aktionismus bewusste Reflexion entgegensetzen. In Mintzbergs provokanten Worten: „Reflexion ohne Aktion mag passiv sein. Aber Aktion ohne Reflexion ist hirnlos." (Mintzberg 2009, S. 160) Allein dieses bewusste Aussteigen aus dem Strom der operativen Prozesse sichert jene Kultur der Achtsamkeit, die heutzutage für jedes Unternehmen wichtig ist.

Die individuelle Wahrnehmung ist in Kanban also untrennbar mit Kommunikation in unterschiedlichen Formaten verknüpft. Neben Retrospektiven sind auch Teamklausuren, Führungsworkshops oder Methodentrainings bewährte Formate, um Reflexion voranzutreiben. Wie bereits erwähnt, werden im Kanban-Betrieb vor allem zwei Reflexionsschleifen gezogen: eine kurze im Rahmen des Daily Standup und eine lange im Rahmen des Operations Review. In der Diagnosephase des Veränderungsprozesses hat sich vor allem das Format des Interviews bewährt. Durch halbstrukturierte Einzel- oder Gruppengespräche werden alle relevanten Stakeholder gleich zu Beginn der Verbesserungsreise zu einer gemeinsamen Reflexion über den Status quo und den angedachten Change eingeladen.

Wie der Fall einer Kanbanisierung eines Telekommunikationsunternehmens zeigt, können solche Interviews zuweilen wahre Wunder bewirken. Immerhin wurde uns die Situation im Rahmen der Vorgespräche mit dem CTO und der HR-Abteilung als sehr verfahren präsentiert. Das Verhältnis zwischen IT-Entwicklung, Betrieb und Produktmanagement sei nämlich äußerst angespannt, so der Tenor. Bereits seit über einem Jahr laboriere die IT an einer Unmenge an Fehlern, die einfach nicht in den Griff zu bekommen waren. Die große Anzahl an Bugs brachte eine Serie an Beschwerden mit sich und begründete die mittlerweile chronische Unzufriedenheit der Fachbereiche mit der IT. Innerhalb der IT verstärkte dies eine Kultur des Fingerpointing, an der auch die zahlreichen bisherigen Lösungsversuche nichts änderten. Die Interviews, die mit einer Auswahl an Leistungsträgern aus allen beteiligten Bereichen sowie einigen relevanten Stakeholdern aus dem Business erfolgten, hielten jedoch nicht nur zu einer eingehenden Reflexion der Problemsituation an. Die Möglichkeit, dabei auch Emotionen zu ventilieren, dem eigenen Ärger Luft zu machen und seine persönlichen Sorgen auszudrücken, schuf die Basis für ein lösungsorientiertes Denken, das dann auch im Zentrum des gemeinsamen Workshops stand. Schritt für Schritt wurde von den Einzelgesprächen weg über die gemeinsame Verdichtung der wichtigsten Themen bis hin zu einer Reihe von dabei beschlossenen Sofortmaßnahmen Kaizen verwirklicht.

Ob die Reflexion die gewünschten Ergebnisse bringt, ist freilich einmal mehr eine Frage der Unternehmenskultur. Kaizen ist eben keine Applikation, die in jedem System einfach hochgeladen werden kann.

Wenn die Zusammenarbeit nicht vertrauensvoll ist, wenn die Grundhaltungen nicht auf Verbesserung ausgerichtet und die alltäglichen Verhaltensformen nicht teamorientiert sind, nützt auch das beste Kommunikationsformat nichts. Ist eine solche Kultur gegeben, hilft die gemeinsame Reflexion vor allem bei der Bearbeitung heikler Veränderungsaspekte. Ängste oder Enttäuschungen können ausgedrückt, Vorbehalte und Widerstände ergründet, Sorgen und Bedenken in die sachorientierte Auseinandersetzung eingebracht werden. So hilft eine offene Reflexionskultur Kanban Change Agents dabei, möglichst früh über Dinge zu reden, die Veränderung blockieren oder zumindest bremsen können.

13.2.2 Die Kraft des Dialogs

Neben der kritischen Selbstreflexion ist es vor allem der kultivierte Dialog, der ungeahnte Energien freizusetzen vermag. Doch was ist ein Dialog? Und was macht ihn so kraftvoll? Der Kommunikationsforscher William Isaacs sieht den Dialog als dynamische Verbindung zwischen Menschen, ähnlich einem Fluss, der zwischen zwei Ufern fließt. Als gemeinsames Vor- und Nachdenken ist der Dialog eine Disziplin, die das persönliche, das Team- und das Organisationslernen gleichermaßen fördert (Isaacs 2002, S. 12). Wie Bild 13.5 zeigt, beruht diese Disziplin auf vier Fähigkeiten:

1. Dem **offenen Sichausdrücken,** also der Fähigkeit, das zu sagen, was man wirklich denkt. Unserer eigenen Erfahrung zufolge gehört dazu vor allem auch die Fähigkeit, gute Fragen zu stellen.

2. Der **aufmerksamen Wahrnehmung,** also der Fähigkeit, andere Perspektiven einzunehmen, ohne diese gleich durch die eigenen Ansichten zu überlagern. Hierzu gehört das Zuhören, aber auch die Wahrnehmung nonverbaler Signale oder Stimmungen.

3. Dem **Respektieren von anderen,** also der Fähigkeit, meine Gesprächspartner so anzunehmen, wie sie sind.

4. Dem **Suspendieren der eigenen Meinungen,** also der Fähigkeit, von den oft geradezu reflexhaft mobilisierten Bewertungen Abstand zu nehmen und sich auf andere Blickwinkel einzulassen.

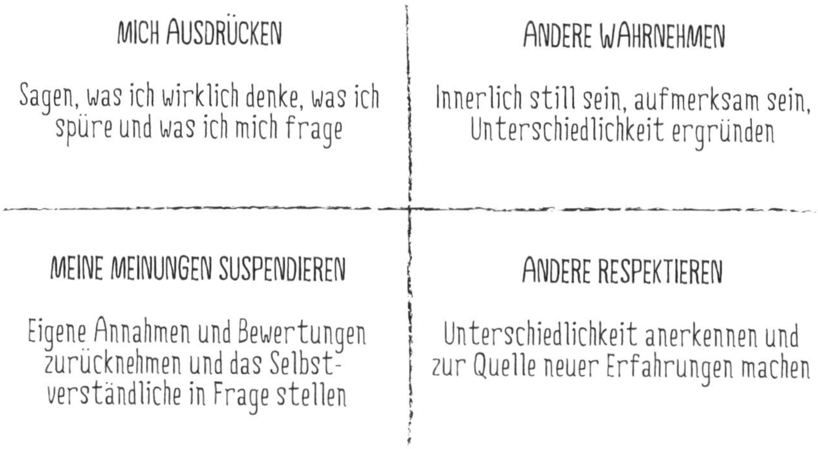

MICH AUSDRÜCKEN	ANDERE WAHRNEHMEN
Sagen, was ich wirklich denke, was ich spüre und was ich mich frage	Innerlich still sein, aufmerksam sein, Unterschiedlichkeit ergründen
MEINE MEINUNGEN SUSPENDIEREN	ANDERE RESPEKTIEREN
Eigene Annahmen und Bewertungen zurücknehmen und das Selbstverständliche in Frage stellen	Unterschiedlichkeit anerkennen und zur Quelle neuer Erfahrungen machen

Bild 13.5 Die Kunst des Dialogs

Der von Isaacs entworfene Dialog stützt sich auf viele bekannte Elemente. Nichtsdestoweniger ist seine Umsetzung sehr anspruchsvoll. Dialog provoziert. Unserer schnelllebigen Zeit setzt er konsequente Verlangsamung, dem Vorpreschen bewusste Zurückhaltung, dem heldenhaften Individualismus das gemeinsame Denken entgegen. *„Der Dialog braucht Menschen, die sich von dem überraschen lassen können, was sie sagen, ihre Gedanken nicht schon geordnet haben und die Bereitschaft besitzen, sich durch das Gespräch beeinflussen zu lassen"*, schreibt Isaacs (Isaacs 2002, S.124). Das passt zur notwendigen Kultivierung der Aufmerksamkeit ebenso wie zur Kompetenz, Veränderung sukzessive gemeinsam zu gestalten – statt diese bloß zu verkünden oder gar zu verordnen.

In seinem Buch „Getting Change Right" setzt auch der amerikanische Organisationsberater Seth Kahan auf den Dialog als Grundelement jeder Veränderungsinitiative (vgl. Kahan 2010). Erfolgreicher Change wird, so Kahan, über die Kultivierung von Beziehungen vorangetrieben. „Verlasst eure Büros, geht auf die Leute zu und redet mit ihnen", rät er allen, die für Veränderungsprojekte Verantwortung übernehmen. Erst diese Form des Dialogs schafft die Grundlage für ein kraftvolles In-Bewegung-Setzen – sie ist der elementare Baustein für jede Veränderung.

◼ 13.3 Prozessgestaltung

Wenn wir Dialog und Reflexion als Basisteile identifizieren, stellt sich die Frage, wie man diese in ein maßgeschneidertes Kanban Change Management einbauen kann. Und es stellt sich die Frage, welche Anleitungen wir für ein solches Bauvorhaben heranziehen können. „Architektur", „Design" und „Werkzeuge" empfiehlt uns die systemische Beratung dazu (vgl. Königswieser und Exner 1998). Was können wir mit dieser Empfehlung anfangen?

Wie beim Bau eines Hauses steckt die Architektur den großen Rahmen des Veränderungsprozesses ab. Die Architektur entscheidet darüber, welche Gestaltungselemente für die Veränderung benötigt werden und wann was eingesetzt wird. Im Folgenden eine Auflistung jener Elemente, die aus unserer Sicht wesentlich für ein professionelles Kanban Change Management sind:

- **Die persönliche Klärung,** in der Sie Ihre ersten Verbesserungsimpulse bündeln und im Groben abzustecken versuchen, worauf Sie sich mit Kanban einlassen.
- **Die organisatorische Klärung,** in der Sie den Auftrag einer Kanban-Initiative, die Erwartungen und nicht zuletzt auch die Rollen innerhalb des Change Management-Vorhabens klären.
- **Die individuelle Vorbereitung,** in der Sie als Kanban Change Agent alle organisatorischen Weichen stellen, die relevanten Stakeholder der Veränderung und ihre persönlichen Startpunkte identifizieren.
- **Die gemeinsame Diagnose,** in der Sie die Sichtweisen und Interessen aller für Ihren Wertschöpfungsprozess bedeutsamen Stakeholder erheben.
- **Das Kanban-Basistraining,** bei dem Sie Ihr eigenes und das fachliche Know-how möglichst vieler Stakeholder stärken.
- **Die Rückkopplung,** in der Sie die im Rahmen der Diagnose erhobenen Sichtweisen zielorientiert miteinander verknüpfen.
- **Das Systemdesign,** in dem Sie einen für Ihre Ist-Situation maßgeschneiderten Rahmen für Ihr weiteres Vorgehen abstecken.
- **Die Inbetriebnahme,** in der Sie mit allen relevanten Stakeholdern Vereinbarungen treffen, um Kanban in den Tagesbetrieb zu übernehmen.
- **Der Betrieb,** in dem Sie alles dafür tun, um kontinuierliche Verbesserung zu kultivieren.

Wenn die Architektur die groben Eckpfeiler der Veränderung festlegt, so entscheidet das Design über die genaue Gestaltung der einzelnen Elemente. Hausbautechnisch gesprochen wird innerhalb der architektonischen Vorgaben (Wände, Treppen, Zimmer, Türen, Fenster) die konkrete Ausstattung festgelegt (Teppich oder Holzboden, Einbauschrank oder spärliche Möblierung, Lichtdurchflutung oder kleine Spots). Der Einsatz von Architektur und Design verfolgt immer mehrere Gesichtspunkte (vgl. Königswieser/Hillebrand 2004):

- **Inhaltliche Gesichtspunkte:** Welche Themen müssen aufgegriffen werden? Worauf gilt es zu fokussieren? Wo liegen die entscheidenden Druckpunkte?

- **Soziale Gesichtspunkte:** Wer muss wann auf welche Weise beteiligt werden? Wer ist ein Stakeholder, wer ist eine Schlüsselfigur der geplanten Veränderung? Wen darf ich nicht ungestraft weglassen? Wen muss ich worüber informieren?

- **Zeitliche Gesichtspunkte:** Wie viel Zeit wird dem jeweiligen Veränderungsschritt gegeben? Wie viel muss in welcher Spanne tatsächlich fortgeschritten werden? Was muss alles mehr oder weniger gleichzeitig stattfinden?

- **Räumliche Gesichtspunkte:** Wo findet die Veränderungsarbeit statt? Welcher Platz wird dafür geschaffen? Wie viel Bewegungsspielraum gibt es? Wo gibt es Möglichkeiten für Rückzug und Informelles?

- **Symbolische Gesichtspunkte:** Welche Leitbilder werden herangezogen? Was steht für die Veränderung? Wie wird sie inszeniert?

Der Begriff der Architektur lässt an etwas Statisches, ein für allemal Festgelegtes denken. Tatsächlich ist die Architektur von Kanban indes so wenig unveränderlich wie das Design eines konkreten Veränderungsschrittes. Freilich gibt es einige Grundgesetze. So sollte Ihr Haus nicht auf Sand, sondern auf einem stabilen Fundament gebaut sein. Sie müssen sich die Aufteilung der Räume überlegen und dürfen weder auf Fenster und Türen noch auf ein Dach vergessen, damit Sie am Ende nicht in einem finsteren Gefängnis landen oder im Regen stehen. Doch die architektonischen Grundgesetze erlauben Ihnen viel Flexibilität. Sie können Wände wieder umlegen, Zimmer umgestalten, den Dachboden ausbauen, neue Verbindungen im Inneren wie nach draußen schaffen, Gebäudeteile hinzufügen, das Nachbargrundstück kaufen und dazubauen, unterkellern, ein Stockwerk hinzufügen und Ähnliches mehr.

Auch auf der Ebene der Designs gibt es viele Optionen. Sie können ein und dasselbe Zimmer mit Teppichboden oder Laminat auslegen, mit dunklen Schränken voll stellen oder hell und sparsam möblieren, Sie können ausmalen oder tapezieren und Sie können – das nötige Kleingeld vorausgesetzt – die rot-blau gestreifte Tapete jederzeit durch eine blau-grün gepunktete ersetzen.

Selbiges gilt auch für das unternehmerische Kanban Change Management. Sie können die organisatorische Klärung ebenso gut als checklistiges Abprüfen gestalten wie als offenen Dialog. Sie können in der Rolle des Initiators oder der Sponsorin bleiben, aber auch die Rolle des Coachs oder der Moderatorin übernehmen. Sie können, wie wir in Kapitel 14 darlegen, die verschiedensten Hilfsmittel heranziehen, um sich auf Ihre Rolle vorzubereiten. Und Sie können die im Zuge der Diagnose gesammelten Informationen gleichermaßen in ein Excel-Sheet gießen, in einer Slideshow verarbeiten oder auf Papier festhalten, das Sie allen beteiligten Stakeholdern im Sinne der vielzitierten „Karten auf den Tisch" vorlegen. Spontane Gruppenarbeiten sind ebenso gut möglich wie plenare Diskussionen. Ergebnisse können zentral präsentiert oder in Form einer Galerie ausgestellt werden. Sie können bestimmten Arbeitsphasen kurzfristig mehr Zeit einräumen oder erst einmal eine Pause einlegen.

Angesichts der Flexibilität von Architektur und Design wird es Sie wenig überraschen, dass Sie auch auf der Ebene der konkreten Veränderungswerkzeuge viele Variationsmöglichkeiten für Ihr situations- und kontextspezifisches Kanban Change Management vorfinden. Anhand ausgewählter Fallbeispiele werden wir diese Möglichkeiten im dritten Teil unseres Buches ausführlich darstellen.

> **Zusammenfassend können wir festhalten, dass jede Initiative für ein Kanban Change Management Baumeister, Gestalter und Handwerker braucht.**

Diese Rollen können von einer Person wahrgenommen, auf mehrere Funktionsträger verteilt oder an externe Expertinnen und Experten delegiert werden. Was Veränderungsarchitektur, Veränderungsdesign und Veränderungswerkzeuge jedenfalls miteinander verbindet, ist der Umstand, dass es auf allen drei Ebenen um spezifische Interventionen geht. Das heißt wortwörtlich: um ein „Dazwischentreten", „Sich Einmischen", „Unterbrechen" und „Aufhalten". Allen drei Ebenen ist ebenso gemeinsam, dass dieses Einmischen zielgerichtet passiert. Es soll damit etwas Bestimmtes erreicht bzw. vorangetrieben werden:

- Die **Architektur** will den Erfolg des Veränderungsunternehmens absichern.
- Das **Design** will sicherstellen, dass kraftvolle Umsetzungsschritte gesetzt werden.
- Die **Werkzeuge** möchten die Zusammenarbeit optimal unterstützen.

Schließlich geht es auf allen drei Ebenen darum, dass die Intervention einer bestimmten Logik folgt. Es ist einmal mehr die systemische Schleife, die uns hilft, Intervention als zielgerichtete Bewegung zu verstehen. Königswieser und Exner zeigen, dass die Entwicklung passender Architekturen, Designs und Werkzeuge derselben Schrittfolge unterliegt (vgl. Königswieser und Exner 1998).

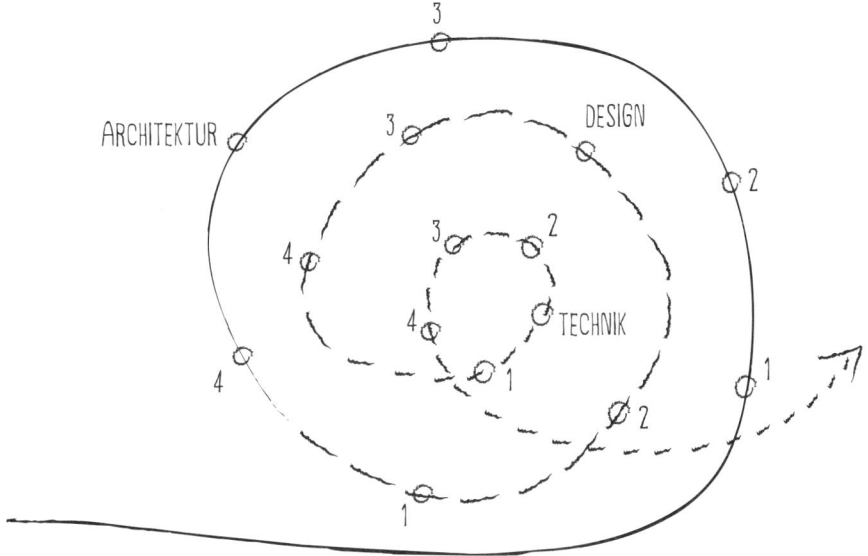

1 Wahrnehmungen sammeln
2 Bilder verdichten, Hypothesen bilden
3 Maßnahmen definieren
4 Maßnahmen durchführen

Bild 13.6 Die systemische Interventionsschleife

Das schneckenhausartige Gebilde in Bild 13.6 veranschaulicht die Verbundenheit aller drei Ebenen. Jede Intervention startet mit einer Sammlung von Informationen, auf deren Basis Bilder verdichtet und bestimmte Hypothesen gebildet werden: Was scheinen uns die maßgeblichen Faktoren zu sein? Womit haben diese Faktoren zu tun? Worum könnte es noch gehen? Auf der Basis dieser Annahmen werden spezifische Maßnahmen geplant: Wenn ich annehme, dass es zu wenig Vertrauen gibt und deswegen immer nur einige wenige reden, werde ich mir vielleicht das Moderationswerkzeug Go-Around zurechtlegen. Wenn ich auf Designebene annehme, dass viele Personen während der Plenumsdiskussion ermüden, werde ich eine Kleingruppenarbeit planen. Und wenn ich annehme, dass ein Unternehmensproblem mit Führungsdefiziten zu tun hat, werde ich in meine Architektur von Anfang an Maßnahmen zur Managementausbildung integrieren. Mit der Durchführung der geplanten Maßnahme beginnt eine neue Schleife, da ich auf jeder Ebene neue Informationen gewinne, auf deren Basis ich neue Hypothesen entwickeln und neue Maßnahmen planen und umsetzen kann usw.

„Mach dein Ding!", heißt es in der TV-Werbung des Hagebaumarkts, in der dem deutschen Komiker Mike Krüger beim Anblick eines völlig desolaten Hauses das Heimwerkerherz aufgeht. „Jede Veränderung braucht einen Anfang", fasst der Baumarkt Hornbach seine Do-it-yourself-Philosophie zusammen und schlussfolgert: „Es gibt immer was zu tun." Folgerichtig wird mit finsteren Mienen gehämmert, was das Zeug hält, mit zusammengebissenen Zähnen gebohrt oder mit brachialen Kräften eine Wand durchbrochen. Ähnlich entschlossen treten Manager und Managerinnen oft in Veränderungsprozessen auf. Es wird geplant und entworfen, verkündet und versprochen, ausgerollt und umgestellt. Für all diese Schritte ist auch stets ein gutes Veränderungswerkzeug zur Hand.

Allein, der Spruch „A fool with a tool is still a fool" ist gerade im Veränderungsmanagement ein Evergreen. Folglich ist es uns ein spezielles Anliegen, dieses Kapitel mit einigen Anmerkungen zum Thema Haltung zu beschließen.

Bevor wir zu den konkreten Fallbeispielen des evolutionären Veränderungsmanagement mit Kanban kommen, möchten wir noch grundsätzlich plädieren für:

- **Respekt für die Autonomie sozialer Systeme.** Der muntere Eigensinn von Unternehmen macht deren Veränderung zwar variabel gestaltbar, aber nicht exakt planbar.
- **Vertrauen in die Selbsthilfekräfte von Organisationen** sowie die Bereitschaft von Personen, diese Kräfte zu mobilisieren.
- **Wertschätzung der von Veränderung betroffenen Personen.** Ihr Handeln ist auch dann sinnvoll, wenn diese Personen Widerstand leisten, und wird für niemanden sinnvoller, wenn wir diesen Widerstand zu brechen versuchen.
- Den **Einsatz des Mehrbrillenprinzips,** weil die Welt zu bunt für eine einzige Ansicht und nur aus unterschiedlichen Perspektiven angemessen zu erfassen ist.
- Das **Verständnis von Intervention als Anregung,** deren Auswirkungen niemals genau vorhergesagt werden können.
- Eine **realistische Einschätzung der tatsächlichen Komplexität** der Veränderungsvorhaben und der Zeit, die eine produktive Umsetzung dieses Vorhabens aller Voraussicht nach brauchen wird;
- Den **Abschied vom heroischen Ideal des Machers und Lösungshelden,** der Organisation und Veränderung fest im Griff hat;

- Die **Fähigkeit, das eigene Nicht-Wissen, die eigene Verwirrung oder Verunsicherung als Ressource zu nützen.**
- Eine gute **Balance von Selbstbewusstsein und Bescheidenheit,** die den eigenen Beitrag zur Veränderung schätzt, ohne ihn überzubewerten.
- **Freude am Lernen und kontinuierlichen Verbessern,** das gerade durch unsere Fehler genährt wird.

Mit diesem Plädoyer in Hirn und Herz wollen wir nun in die Welt des praktischen Kanban Change Management aufbrechen.

Was Sie aus diesem Kapitel mitnehmen können

Change Management stützt sich heute auf drei Kernkompetenzen: die aufmerksame Wahrnehmung, die professionelle Kommunikation und die agile Gestaltung von Veränderungsprozessen.

Wahrgenommen werden muss sowohl das Marktumfeld als auch die Organisation selbst. Ablauf und Aufbau, die Zusammenarbeit, die Kultur der Selbstreflexion und vor allem das unternehmerische Führungsverständnis spielen eine herausragende Rolle.

Ein der heutigen Zeit angemessenes Managementverständnis stellt die persönliche Vorbildwirkung und die Konsistenz des Führungshandelns voran. Das verlangt, jeden Verbesserungsversuch mit der Verbesserung des Managements zu verknüpfen, und macht „Führung als Teamsport" zum Pflichtprogramm.

Kommuniziert werden müssen in erster Linie glaubhafte Antworten auf die drei Grundfragen „Müssen wir, können wir und wollen wir uns verändern?" Der professionelle Dialog ist ein Kernelement einer solchen Kommunikation. Er beruht auf umfassendem Respekt, ehrlichen Statements, persönlicher Zurückhaltung und aufmerksamem Zuhören.

Der Veränderungsprozess selbst wird auf drei Ebenen gestaltet:

1. der Ebene der Architektur, dem groben Bauplan, der eine Übersicht über die notwendigen Veränderungsblöcke gibt,
2. der Ebene des Designs, die diese Veränderungsblöcke zielorientiert ausgestaltet,
3. der Ebene der Werkzeuge, mit denen jede einzelne Change-Handlung unterstützt werden kann.

Alle drei Ebenen werden als Interventionen begriffen, was wortwörtlich Dazwischentreten und Sicheinmischen bedeutet. Die systemische Schleife hilft, diesbezüglich zielorientiert vorzugehen.

Teil III:
Kanban im Einsatz

14 Von der Idee zur Initiative

Große Sportsleute, heißt es, wenden viel Zeit für das Training auf und wenig für den entscheidenden Wettkampf. Der Fokus aller herausragenden Athletinnen und Athleten liegt auf der Vorbereitung. In dieser Phase wird die Substanz für eine lange Saison und das Fundament für den gewünschten Erfolg geschaffen. Mit Führungskräften verhält es sich nach Ansicht der amerikanischen Managementexperten Jim Loehr und Tony Schwartz genau umgekehrt: Sie trainieren wenig und stehen dafür ständig im Wettbewerb (vgl. Loehr und Schwartz 2009).

Dass Führungskräfte wenig trainieren, kann sich vor allem aufgrund der Dynamik dieses Wettbewerbs rächen. Die Märkte des 21. Jahrhunderts sind nun einmal turbulent und ständige Veränderungen unausweichlich. Das macht Führung zum kraftraubenden Sport – und die intensive Vorbereitung zur Voraussetzung für ein erfolgversprechendes Change Management.

Dennoch werden angezeigte Veränderungen ebenso gerne verdrängt wie die dafür notwendige Bündelung von Kräften. In vielen Unternehmen scheint nach wie vor Peter Druckers Beobachtung zu gelten, dass Veränderungen ähnlich wie das Steuerzahlen oder der Tod wahrgenommen werden: als unangenehme, aber unausweichliche Ereignisse, die man so lange wie möglich aufschiebt (vgl. Drucker 1973). Dass Veränderungen aufgeschoben werden, hat mit den Unsicherheiten, dem Ärger oder den Ängsten zu tun, die damit verbunden sind. Wie die Praxis zeigt, hängt die Aufschieberitis aber auch mit einem profunden Mangel an Wissen und Übung zusammen. Ohne ein gutes Aufbautraining werden Veränderungen eben eher erlitten als gestaltet.

Doch worauf gilt es besonders zu achten? Was sind die wichtigsten Gesetze des Kanban Change Managements? Wie kann eine Kultur geschaffen werden, in der kontinuierliche Verbesserungsschritte zum *daily business* gehören? Diese Fragen zeigen die Übungsfelder an, die wir in diesem Buchteil genau beschreiben werden. Anhand konkreter Praxisbeispiele führen wir Sie Schritt für Schritt von der professionellen Vorbereitung über die konsequente Umsetzung bis zur nachhaltigen Kultivierung Ihrer kontinuierlichen Verbesserungsarbeit. Dabei möchten wir nicht nur die Erfolgsfaktoren, sondern auch die Stolpersteine beleuchten, die uns in der Praxis immer wieder begegnen: etwa der Umgang mit Widerstand, das Bearbeiten von Veränderungskonflikten oder die zielorientierte Kommunikation mit dem Team, dem Management und den Stakeholdern. Selbstverständlich kommt es bei der Überwindung solcher Stolpersteine immer auf die konkrete Situation an, auf die beteiligten Personen, auf die Teamdynamik, auf den Unternehmenskontext.

Dementsprechend können wir keine Patentrezepte liefern, die Sie mittels Copy-Paste-Methode in Ihre Organisation übertragen können. Sehr wohl können wir Ihnen praktische Vorgangsweisen vorstellen, die sich in verschiedenen Kanban-Change-Situationen gut bewährt haben.

Auf der Ebene der Architektur, also der großen Veränderungsbausteine sind das:

- **Die persönliche Klärung,** in der Sie Ihre ersten Verbesserungsimpulse bündeln und im Groben abzustecken versuchen, worauf Sie sich mit Kanban einlassen.
- **Die organisatorische Klärung,** in der Sie den Auftrag einer Kanban-Initiative, die Erwartungen und nicht zuletzt auch die Rollen innerhalb des Change Management-Vorhabens klären.
- **Die individuelle Vorbereitung,** in der Sie sich als designierter Kanban Change Agent über Ihre Rolle klar werden, Ihre wichtigsten Stakeholder identifizieren und alle organisatorischen Weichen stellen.
- **Die gemeinsame Diagnose,** in der Sie die Sichtweisen und Interessen aller für Ihre Veränderungsinitiative relevanten Stakeholder erheben.
- **Das Kanban-Basistraining,** bei dem Sie Ihr eigenes und das fachliche Know-how möglichst vieler Stakeholder stärken.
- **Die Rückkopplung,** in der Sie die im Rahmen der Diagnose erhobenen Sichtweisen zielorientiert miteinander verknüpfen.
- **Das Systemdesign,** in dem Sie einen für Ihre Ist-Situation maßgeschneiderten Rahmen für Ihr weiteres Vorgehen abstecken.
- **Die Inbetriebnahme,** in der Sie mit allen relevanten Stakeholdern Vereinbarungen treffen, um Kanban in den Tagesbetrieb zu übernehmen,
- **Der Betrieb,** in dem Sie alles dafür tun, um kontinuierliche Verbesserung zu kultivieren.

Jedem Baustein ist ein eigenes Kapitel gewidmet, in dem wir Ihnen eine Fülle von Gestaltungsideen präsentieren: sogenannte Designs, mit deren Hilfe die einzelnen Räume innerhalb der vorgegebenen Architektur gestaltet werden, sowie die konkreten Werkzeuge, mit denen Sie diese Designs umsetzen können. Damit wir Ihnen diese Umsetzung möglichst praxisnah vermitteln, werden wir konkrete Fallbeispiele aus unserer eigenen Beratungs- und Trainingstätigkeit einsetzen. Im Folgenden eine Übersicht über die Personen und Situationen, denen Sie in den nächsten Kapiteln immer wieder begegnen werden.

 Fallbeispiele für Kanban im Einsatz

- **Roswitha Münz**, COO Request & Change in einem Versicherungsunternehmen, 41 MitarbeiterInnen in ihrem Verantwortungsbereich, knapp 900 im gesamten Unternehmen

  Warum Kanban? Hohe Prozessqualität im gesamten Verantwortungsbereich gewährleisten, permanente Verbesserungen absichern
- **Josef Drechsler**, IT-Abteilungsleiter in einem Infrastrukturunternehmen, in seiner Abteilung sind 8 von insgesamt 800 MitarbeiterInnen

Warum Kanban? Viel Druck von außen, permanente Interventionen von allen Seiten, unklare Abläufe

- **Helga Rösner,** Head of Development in einem Medienunternehmen mit 600 MitarbeiterInnen, 22 in ihrem Verantwortungsbereich

  Warum Kanban? Mäßiger Erfolg der bisherigen Change Management-Projekte, Überzeugung, dass evolutionärer Ansatz bessere Chancen hat, Verbesserungsbedarf bezüglich koordiniertem Vorgehen

- **Susanne Schweizer,** Entwicklungsleiterin in einem mittelständischen Pharmaunternehmen, 9 MitarbeiterInnen in ihrem Verantwortungsbereich, knapp 250 insgesamt

  Warum Kanban? Das Team macht öfters nebensächliche Dinge, die noch dazu länger dauern, das Produktmanagement stellt sich das anders vor, die Geschäftsführung neigt zu Querschlägen und Mikromanagement, dem Team fehlen klare Vorgaben

- **Thomas Müller,** Abteilungsleiter Payment & Projects in einem internationalen Energiekonzern mit insgesamt über 30 000 Angestellten, davon 18 in seinem Verantwortungsbereich

  Warum Kanban? Neugestaltung der veralteten Arbeitsprozesse unter aktiver Mitgestaltung des Businessbereichs ermöglichen

- **Herbert Krakauer,** IT-Bereichsleiter und Mitglied der Geschäftsführung eines Unternehmens, das sich auf Sicherheitslösungen im Hardware- wie Software-Bereich spezialisiert hat. Insgesamt 250 Mitarbeiterinnen und Mitarbeiter, davon 14 in der IT

  Warum Kanban? Periodische Überlastung, ständige Repriorisierungen, wiederholte Störungen und Unterbrechungen des Arbeitsflusses, latente Unzufriedenheit der Kunden

- **Stefan Bergmüller,** Teamleiter Second Level Support in einem Finanzdienstleistungsunternehmen, 7 MitarbeiterInnen von insgesamt 2000

  Warum Kanban? Chronische Überlastung, wenig Wertschätzung, mangelndes Verständnis, 1000 Dinge gleichzeitig, fehlende Priorisierung

Wie bereits erwähnt, stammen alle diese Beispiele aus dem echten Arbeitsleben, in das wir als Kanban-Coaches, Change-Berater oder Moderatoren für eine bestimmte Zeit lang involviert waren. Aus Datenschutzgründen wurden allerdings die Unternehmen anonymisiert und die Personennamen verändert.

Pointierte Zusammenfassungen am Ende jedes Kapitels bieten eine Übersicht über die wichtigsten Einsätze, die Sie in Ihrem persönlichen Trainingsprogramm berücksichtigen können. Obgleich dieses Change Management, wie wir bereits ausgeführt haben, heutzutage nicht als Einzelleistung, sondern als Teamsport zu verstehen ist, beginnt jede Veränderungsarbeit auf individueller Ebene. Mit anderen Worten: bei Ihnen selbst.

Die Kraftkammern, in der Sie die nötige Kondition für ein erfolgreiches Change Management aufbauen, sind mit gewichtigen Fragen gefüllt: Warum überhaupt Veränderung? Warum jetzt? Warum mit Kanban?

Es sind die typischen Fragen nach der Veränderungsnotwendigkeit, deren praktische Beantwortung jedem Change Agent viel abverlangen. Selbiges gilt für die Definition der für diese
Veränderung erforderlichen Fähigkeiten: Was genau brauchen wir dazu? Welches Wissen
müssen wir auf- oder ausbauen: über Kanban, über Change, über Management? Welche
Fähigkeiten sollten wir trainieren, um unsere Ziele verwirklichen zu können? Was davon
können wir uns selbst aneignen und wo brauchen wir gezielte Unterstützung?

Wie sich anhand der Veränderungslandkarte von Barbara Heitger und Alexander Doujak
veranschaulichen lässt (Bild 14.1), ist der Einsatz von Kanban vor allem bei niedriger bis
mittlerer Veränderungsnotwendigkeit günstig. Ist der Druck hoch, zeigen sich Kunden sehr
unzufrieden, brodelt es in den Teams bereits sehr stark oder steht gar die gesamte Abteilung
mit dem Rücken zur Wand, sind oft härtere Schnitte angesagt. Ist der Druck niedriger, geht
es dem ganzen Unternehmen gut, wären auch einfachere Maßnahmen denkbar. Wird Kanban als Veränderungsoption gewählt, braucht man jedenfalls ein spezielles Aufbautraining.

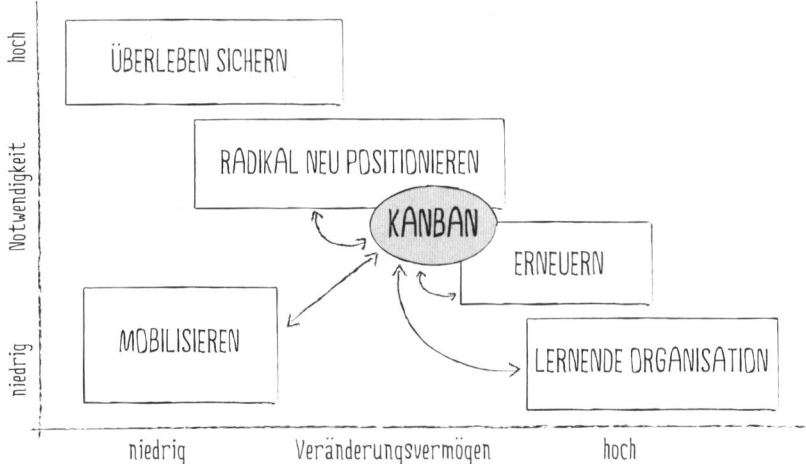

Bild 14.1 Kanban auf der Veränderungslandkarte

Dass mit Kanban evolutionäres Veränderungsmanagement betrieben wird, legt die
Anspruchslatte keineswegs niedriger als bei anderen Change-Optionen. Gerade das zent-
rale Vorhaben, eine Kultur der kontinuierlichen Verbesserung zu schaffen, sorgt für ein
Maß an Komplexität, das revolutionären Zugängen in nichts nachsteht. Wer sich mit Kultur
beschäftigt – und das tun Sie mit Kanban zwangsläufig –, öffnet gleichsam die Büchse der
Pandora.

Das erfordert ein Vorgehen, das dieser Büchse gewachsen ist. Mit dem Ansatz, einfach mal
mit Kanban loszulegen, kann der Schuss leicht nach hinten losgehen. Schließlich geht es
nicht um schnelle Reparaturen, sondern um die Entwicklung einer dauerhaften Verbesserungskultur. „Drum prüfe, wer sich ewig bindet", meinte eine Kollegin zuletzt, als es um die
Dauer von Kaizen ging. Prüfen Sie also sorgsam, bevor Sie sich auf eine solche Bindung
einlassen. Klären Sie mithilfe unserer Leitfäden Ihre Ausgangssituation, bevor Sie Ihr Kanban-Abenteuer starten. Und stellen Sie sich ein für Ihre persönliche Arbeitssituation maßgeschneidertes Trainingsprogramm aus den von uns angebotenen Übungen zusammen.
Wir wünschen gutes Gelingen!

14.1 Persönliche Klärung

Sie haben einen Vortrag über Kaizen gehört und sofort Feuer gefangen? Sie sind im Laufe Ihrer Kanban-Lektüre zum Schluss gekommen, dass Sie kontinuierlich an Verbesserungen arbeiten wollen? Sie kommen von einem Lean-Workshop zurück und brennen auf kulturellen Wandel? Schön. Dann lodert offensichtlich bereits ein gewisses Feuer in Ihnen, das für jede einsatzfreudige Veränderungsarbeit wichtig ist. Auf dass Sie sich nicht an Ihrem eigenen Feuer verbrennen, empfehlen wir Ihnen jedoch dringend, noch einmal innezuhalten. Bevor Sie sich an die konkrete Umsetzung machen können, sollten Sie die Situation nämlich noch einmal in aller Ruhe betrachten. Sie sollten den Kontext prüfen, in dem Ihr Veränderungsimpuls ansetzt. Sie sollten Ihre eigenen Optionen klären. Und Sie sollten sich für die notwendige organisatorische Klärung fit machen, um Ihren Impuls in eine gute Initiative übersetzen zu können. Der folgende Fragenkatalog kann Ihnen bei dieser persönlichen Reflexion helfen.

 Fragenkatalog für Kanban-Initiatoren und -Initiatorinnen

- Warum Veränderung?
  - Werden wir durch äußere Kräfte dazu gezwungen?
  - Durch veränderte Rahmenbedingungen? Durch eine Krise?
  - Oder primär durch den Wunsch, etwas Neues zu schaffen?
- Wer ist an einer solchen Veränderung interessiert?
  - Für wen stellt die Veränderung ein wichtiges Anliegen dar?
  - Welche Personen setzen sich bereits jetzt für Verbesserungen ein?
  - Wer könnte Vorbehalte haben? Wer gar Widerstand leisten?
- Welche Resultate wollen wir erzielen?
  - Woran genau werden wir erkennen, dass uns der Wandel gelungen ist?
  - Was haben wir selbst davon, wenn wir uns verändern?
  - Wie werden unsere Kunden von unseren Bemühungen profitieren?
- Warum Kanban?
  - Was zeichnet diese Form des Veränderungsmanagement aus?
  - Wie hilft uns Kanban bei der Erzielung der gewünschten Verbesserungen?
  - Was müssen wir tun, um evolutionären Change optimal einzusetzen?
- Was muss ich persönlich tun?
  - Wie bringe ich meine Ideen bestmöglich auf einen unternehmerischen Boden?
  - Worauf sollte ich mich noch im Speziellen vorbereiten?
  - Was werde ich selbst als Nächstes machen?

Lassen Sie uns an einem ersten Fallbeispiel verdeutlichen, welche wegweisenden Antworten Sie aus der Bearbeitung dieses Fragenkatalogs gewinnen können. Herbert Krakauer ist Bereichsleiter eines Schweizer Unternehmens, das sich sehr erfolgreich auf Sicherheitssysteme spezialisiert hat. Neben der operativen Leitung eines Teams von 14 Software- und Hardwareexperten ist Herr Krakauer auch Mitglied der strategischen Geschäftsführung. Von Kanban hört er das erste Mal von einem befreundeten CTO. „Mit überschaubarem Aufwand markante Verbesserungen erzielen", lautet die Kernbotschaft dieses Freundes, der Kanban mittlerweile in der gesamten IT einsetzt. Neugierig geworden folgt Herr Krakauer dem Rat seines Freundes, sich ein wenig Zeit für eine strukturierte Klärung der Ausgangssituation zu nehmen. Hier seine wichtigsten Erkenntnisse aus der Selbstbefragung:

- Veränderung erscheint aus Herrn Krakauers Sicht vor allem aufgrund der chronischen Überlastung seines Teams dringlich. Im Arbeitsalltag prasselt einfach viel zu viel auf seine Leute ein: ständige Repriorisierungen durch dringende Einsätze, permanente Unterbrechungen, oftmalige Verzögerungen sowie hoher Druck von Seiten mancher Kunden verstärken das Gefühl, den Wald vor lauter Bäumen nicht mehr zu sehen. Trotz des geschäftlichen Erfolgs führt dieser „permanente Feuerwehrmodus" (O-Ton eines Teammitglieds) zu einer latenten Unzufriedenheit im Team – und macht natürlich auch die Kunden nicht immer glücklich.

- Aus Herbert Krakauers Sicht gibt es viele, die an einer Verbesserung interessiert sind. Zwar meinen einige, die Situation „sei halt nun mal so", doch der Großteil würde nach Einschätzung von Herrn Krakauer eine vernünftige Initiative sicher unterstützen. Das gilt für sein Team, aber ebenso für den Vertrieb, den Second Level Support, mit dem ja bereits ein strukturierter Wissenstransfer angedacht wurde, sowie die anderen Mitglieder der Geschäftsführung. Und das gilt hoffentlich auch für die Kunden, die vor allem durch eine reale Verbesserung der Durchlaufzeiten von Kanban überzeugt werden könnten.

- Herr Krakauer glaubt, dass Kanban insbesondere deswegen als positiver Ansatz gesehen wird, weil Veränderung in kleinen Schritten umzusetzen ist. Für ein großes Change-Projekt fehlt es dem Team sowohl an Zeit als auch an Überzeugung. Herr Krakauer hat noch die Aussage seines Freundes im Ohr, dass Effizienzsteigerung und höhere Flexibilität auch mit einem evolutionären Verbesserungsansatz zu erzielen sind. Vor allem die Visualisierung der tatsächlichen Arbeitsprozesse sowie die Absicherung einer störungsfreieren Auftragsabwicklung durch die Einführung von WiP-Limits sind vielversprechende Aussichten.

- Als Auswirkung verspricht sich Herr Krakauer vor allem eines von Kanban: wirksame Entlastung. Einerseits sollen die Arbeiten in geordneterer Form durchgeführt, andererseits den Anforderungen des Kundenalltags besser Rechnung getragen werden können. Herr Krakauer sieht gute Chancen, dass sich durch die Einführung von Serviceklassen ein wesentlich höheres Maß an Verlässlichkeit gewinnen lässt.

- Mit Kanban möchte Herr Krakauer nicht zuletzt eine Struktur für mehr Reflexion schaffen. Die Erstellung eines gemeinsamen Boards und die Einführung regelmäßiger Meetings bietet die Möglichkeit, die Abläufe gut im Blick zu behalten. An neuen Fähigkeiten braucht es dafür vor allem gute Moderationsskills, da sich das Team sonst leicht in Details verliert.

- Damit er als starker Kanban Change Manager agieren kann, nimmt sich Herbert Krakauer persönlich drei Dinge vor: Erstens ein noch eingehenderes Studium von Kanban. Zweitens ein Vorgespräch mit jenem Kanban-Coach, der seinen CTO-Freund gerade in der Startphase sehr gut unterstützt hatte. Und drittens eine genauere Diskussion innerhalb des Geschäftsführungsteams, um einen dezidierten Auftrag zur Einführung zu erreichen.

■ 14.2 Organisatorische Klärung

„Wenn du glaubst, es geht nicht mehr, kommt von irgendwo ein Veränderungsimpuls daher", ließe sich ein alter Kalenderspruch abwandeln. Die Entwicklung jedes Unternehmens lebt von solchen Impulsen. Sie bringen allerdings erst dann zielorientierte Veränderung auf den Weg, wenn die organisatorischen Rahmenbedingungen geklärt sind. Deshalb liegt es nahe, in dieser Klärung den nächsten Baustein eines professionellen Change Managements zu sehen.

Auch Kanban benötigt eine derartige Klärung. Die Idee einer evolutionären Veränderung lebt zwar vom Prinzip der kleinen Schritte. Diese Schritte setzen dort an, wo die Organisation gerade steht, und lassen Arbeitsabläufe, Jobtitel oder Verantwortlichkeiten erst einmal unberührt. „Alles das, woraus die Teammitglieder und andere Partner, Beteiligte und Interessensvertreter ihr Selbstwertgefühl, ihren professionellen Stolz oder ihr Ego ableiten, sollte unverändert bleiben", wie es bei David J. Anderson heißt (Anderson 2010, S. 71).

Doch selbst wenn am Anfang so wenig wie möglich geändert wird, stellt Kanban eine systemische Intervention dar, die massiv in die bestehenden Verhältnisse eingreift.

Das sollte nicht ohne Grund passieren. Und es sollte auch nicht passieren, dass Sie ohne den Willen der Organisation eingreifen. Zumindest nicht ohne das Einverständnis Ihrer Vorgesetzten und wichtigsten Wertschöpfungspartner. Mit anderen Worten: auch Kanban bedarf einer sorgsamen Auseinandersetzung mit dem „Müssen", „Können", „Wollen" und „Dürfen", die erfolgskritische Faktoren für jedes Veränderungsvorhaben sind.

„Contracting" lautet der Fachterminus für eine solche Auseinandersetzung. Dabei geht es um die Klärung konkreter Erwartungen und explizite Vereinbarungen zum weiteren Vorgehen. Über die persönliche Reflexion ihrer Anfangsimpulse hinaus sind dabei auch gesamtunternehmerische Fragen zu adressieren.

Kanban Contracting

Unserer Erfahrung nach sollten vor allem folgende Aspekte geklärt werden, um Ihre Kanban-Initiative auf eine solide organisatorische Basis zu stellen:

- Warum sollte sich unsere Unternehmenseinheit verändern?
- Warum sollten wir uns jetzt verändern?
- Warum sollten wir die Veränderung mit Kanban gestalten?

- Was soll die Einführung von Kanban bringen?
- Welcher Nutzen wird angestrebt?
- Welche Kosten werden für die Einführung veranschlagt?
- Wer verantwortet den Veränderungsprozess?
- Welche Rollen, Kompetenzen und Ressourcen braucht es?

Wir empfehlen Ihnen dringend, diese Fragen gründlich durchzuarbeiten, bevor Sie sie an Ihre Vorgesetzten herantragen. Es hat sich bewährt, auch konkrete Referenzen, Daten aus vergleichbaren Initiativen und positive Erfahrungswerte aus der Praxis für das Contracting vorzubereiten. ■

Die Erfahrung zeigt, dass die Beantwortung dieser Fragen auf ganz unterschiedliche Weise verlaufen kann. Die Unterschiede ergeben sich aus

- der **wirtschaftlichen Situation,** in der sich das Unternehmen gerade befindet,
- der **aktuellen Situation des Arbeitsbereichs,** in dem Kanban gestartet werden soll,
- den **bisherigen Erfahrungen** mit Veränderungsinitiativen,
- der **Kultur** und damit auch der **Machtpolitik,** die das Change Management prägen,
- der **hierarchischen Position** desjenigen, der Kanban initiiert,
- der **Beziehung zwischen den Contracting-Partnern,** inbesondere dem Ausmaß des Vertrauens und der Offenheit.

Lassen Sie uns einen spezifischen Klärungsweg mit einem weiteren Fallbeispiel konkretisieren. Helga Rösner ist seit zwei Jahren Head of Development in einem Medienunternehmen mit 600 Angestellten. Dem Unternehmen geht es dem Vernehmen nach gut, auch das Arbeitsklima und die aktuelle Stimmung sind gut. Dennoch sieht Frau Rösner in ihrem eigenen Verantwortungsbereich eine Menge Verbesserungspotenzial. Insbesondere das oft völlig unkoordinierte Vorgehen ihrer Entwickler, die mäßige Zusammenarbeit mit dem Testing und die zahlreichen Zwischenrufe der Produktion machen allen gehörig zu schaffen.

Von Kanban hört sie das erste Mal auf einer Konferenz in London. Der Vortrag eines Experten für Lean und Agile Management weckt ihre Neugier. Sie informiert sich weiter und sieht ihr erstes Bauchgefühl bestätigt: Ja, Kanban ist definitiv die richtige Option für ihr Team!

Sie vereinbart einen Termin mit ihrem CTO, um diese Option möglichst rasch in die Tat umzusetzen. Um ihrem Vorhaben noch mehr Gewicht zu geben, hat sich Helga Rösner in ihrem Managementnetzwerk umgehört und sogar zwei konkrete *Success Stories* recherchiert. Ihrem CTO gegenüber bringt sie vor allem drei Gründe vor, die für Kanban sprechen: erstens die Notwendigkeit, besser auf das hochdynamische Umfeld in ihrem Unternehmen zu reagieren, zweitens die Möglichkeit, die vorhandenen Expertisen durch geregeltere Abläufe wesentlich besser einzusetzen, und drittens den evolutionären Ansatz, bei dem sich alle Beteiligten komplizierte Projektverhandlungen sparen.

Nichtsdestoweniger braucht auch Kanban klare Spielregeln. Nachdem sie das „Müssen“, „Können“, „Wollen“ und „Dürfen“ von Veränderung geklärt hat, vereinbart Frau Rösner mit ihrem CTO:

- das **grundsätzliche Einverständnis,** eine Serie kleiner Verbesserungsschritte zu setzen statt wie bisher große Projektziele und fixe Meilensteine zu definieren,

- ein **persönliches Reporting** über die Initiative im Rahmen des bilateralen Management Jour fixe,

- eine **gute Einbindung** aller Teammitglieder und der wichtigsten Partner der Entwicklungsabteilung,

- den **Einsatz spezifischer Metriken,** die laufend Aufschluss über den Erfolg der Kanban-Initiative geben,

- ein **effektives Zusammenspiel** des CTO als Sponsor und Frau Rösner als Kanban Change Managerin,

- ein **eigenes Budget,** das Frau Rösner den gezielten Zukauf von Kanban- und Change Management-Expertise erlaubt.

Mit derart gestärktem Rücken macht sich Helga Rösner sogleich daran, die nächsten Schritte zu präzisieren. Rasch merkt sie, dass keiner dieser Schritte an einer weiteren Klärung ihrer eigenen Rolle vorbeiführt.

 Was Sie aus diesem Kapitel mitnehmen können

„Übung macht den Meister", heißt es seit Kindheitstagen. Übung empfiehlt sich auch, wenn Sie Kanban bestmöglich in Ihrem Unternehmen einsetzen wollen.

Für einen optimalen Einsatz sollten Sie die Veränderungsebenen der Architektur, des Designs und der Werkzeuge unterscheiden. Wie beim Bau eines Hauses bestimmt die Architektur gewissermaßen die groben Bausteine Ihrer Veränderungsinitiative. Aus unserer Sicht sind das

- die Übersetzung der ersten Ideen in eine unternehmerische Initiative,
- die individuelle Vorbereitung auf Ihre Rolle als Kanban Change Manager,
- die gemeinsame Diagnose mit allen relevanten Stakeholdern,
- das Kanban-Basistraining,
- die Rückkopplung zur Verknüpfung aller Perspektiven,
- das spezifische Design Ihres Kanban-Systems,
- die Inbetriebnahme des Systems,
- der Betrieb, in dem Sie alles dafür tun, um kontinuierliche Verbesserung zu kultivieren.

Dazu haben wir Ihnen in diesem Kapitel folgende Designs, Werkzeuge und Nutzenaspekte vorgestellt:

Designs und Werkzeuge	Nutzen
Fragenkatalog für Kanban-Initiatoren und -Initiatorinnen	▪ Reflexion der eigenen Ausgangssituation ▪ Überprüfen der Motive und Ziele
Kanban Contracting	▪ Klärung des allgemeinen Veränderungsfeldes und der spezifischen Erwartungen ▪ Explizite Vereinbarung der Rahmenbedingungen, Rollen und Kompetenzen der Verbesserungsinitiative

15 Individuelle Vorbereitung

Im Stile des erfahrenen Hindernisläufers haben Sie die ersten Hürden genommen und Ihre ersten Verbesserungsideen in eine konkrete Kanban-Initiative verwandelt. Doch jetzt stehen Sie neuerlich am Start. Denn nun geht es darum, sowohl den spezifischen Status quo Ihres Verantwortungsbereichs als auch Ihre Rolle als Kanban Change Manager oder Managerin möglichst exakt zu bestimmen. Dafür haben sich in der Praxis folgende Einsätze gut bewährt:

- **Die persönliche Retrospektive** klärt, an welcher Unternehmenssituation Sie mit Kanban ansetzen.
- **Die Teamaufstellung** beantwortet die Frage nach den vorhandenen Kräfteverhältnissen.
- **Das Kaizen Self-Assessment** erfasst das „Wie?" Ihrer Zusammenarbeit.
- **Das Mission Statement** bringt auf den Punkt, was Sie für wen tun und welchen Nutzen das stiftet.
- **Die Landkarte der Stakeholder** gibt Ihnen Übersicht über die Interessenslagen außerhalb Ihres direkten Verantwortungsbereichs.

15.1 Die persönliche Retrospektive

Die persönliche Retrospektive bietet eine spezielle Möglichkeit, Ihr Veränderungsfeld zu erkunden. Dem amerikanischen Projektmanagementpionier Norm Kerth folgend, wollen wir die Retrospektive als Katalysator für nachhaltiges Lernen definieren (vgl. Kerth 2001). Dabei geht es um mehr als eine bloße Rückschau. Der Blick in die Vergangenheit dient vor allem dazu, einen umsichtigen Blick auf die Zukunft werfen zu können. Lernen findet statt, indem die oft unbewussten Arbeitserlebnisse reflektiert werden. Man lässt den rasenden Strom der Ereignisse Revue passieren, um bewusste Erfahrungen zu destillieren. Auf diese Weise können Stärken identifiziert und die Wiederholung bekannter Fehler vermieden werden.

Wie wir noch erläutern werden, ist die Teamretrospektive ein wesentlicher Treiber kontinuierlicher Verbesserungen. In der Do-it-yourself-Variante geht es erst einmal um Ihre persönliche Bilanz. Lassen Sie uns den Wert einer solchen Bilanz am Fallbeispiel von Herrn Bergmüller erläutern.

Stefan Bergmüller ist Teamleiter des Second Level Support in einem großen Finanzdienstleistungsunternehmen. Durch sein profundes Fachwissen und seine praktische Erfahrung aus über zehn Dienstjahren gilt Herr Bergmüller für seinen Chef als „Herr über die gesamte Server-Infrastruktur". Leider bringt diese Herrschaft jede Menge Arbeit mit sich. Zuweilen hat Herr Bergmüller das Gefühl, dass alles, aber wirklich alles bei ihm zusammenläuft. Das tägliche Rotieren seines Teams ist ihm mittlerweile ebenso vertraut wie das Gefühl, als Don Quixote des Supports gegen die Windmühlen der IT-Probleme zu reiten. Für nichts ist wirklich Zeit, und die Dinge überschlagen sich ständig.

Durch Zufall bekommt Herr Bergmüller den unten abgebildeten Leitfaden in die Hand und beschließt, damit so bald wie möglich seine eigene Arbeitssituation zu analysieren.

 Persönliche Retrospektive

- Rahmenbedingungen
  - Abgesichertes Zeitfenster (der Erfahrung nach mindestens 20 Minuten)
  - Störungsfreier Ort (für gewöhnlich abseits des üblichen Arbeitsplatzes)
  - Angenehme Atmosphäre (ein Ort, an dem Sie gerne sind)
- Leitfragen
  - Was lief in letzter Zeit gut? Welche Erfolge wurden in meinem Arbeitsbereich erzielt? Welche Verbesserungen sind gelungen?
  - Was lief in letzter Zeit nicht gut? Welche Misserfolge gab es? Was hat sich sogar verschlechtert?
  - Welche Schlüsse kann ich aus der vorliegenden Bilanz ziehen? Was sollten wir in Zukunft unbedingt beibehalten? Was dringend ändern? Worüber noch genauer sprechen?
- Vorgehen
  - Nehmen Sie einen Stapel Pinnkarten oder Post-its sowie einen Stift zur Hand.
  - Schreiben Sie zuerst alles auf, was Ihnen zu den ersten beiden Leitfragen einfällt. Wir empfehlen, sich zuerst auf den ersten Frageblock zu konzentrieren und erst nach Abschluss Ihrer Erfolgsretrospektive zu den Misserfolgen zu gehen.
  - Wenn Sie jeden Erfolgs- oder Misserfolgsfaktor auf eine eigene Karte schreiben, können Sie später leichter ergänzen oder Ähnlichkeiten clustern.
  - Am Ende Ihres retrospektiven Brainwritings zu den beiden ersten Frageblöcken werfen Sie einen Blick auf Ihre Sammlung. Können Sie eine bestimmte Ordnung entdecken? Gibt es vielleicht noch etwas zu ergänzen?
  - Starten Sie Ihre Schlussfolgerungen. Gehen Sie durch Frageblock 3 und halten Sie Ihre wichtigsten Erkenntnisse und Verbesserungsimpulse fest.
  - Zum Abschluss Ihrer Retrospektive können Sie Ihre persönlichen Erkenntnisse noch in konkrete Action Points übersetzen und diese in eine sinnvolle Reihenfolge bringen

Dass es drei Tage dauert, bis er tatsächlich dazu kommt, erscheint Stefan Bergmüller durchaus symptomatisch. Wie auch immer – eines Abends schafft er es doch, sich in eine ruhige Ecke seines Lieblingskaffeehauses zurückzuziehen, einen Stapel Post-its aus der Tasche zu ziehen und mit dem Brainwriting loszulegen. Im Folgenden eine Übersicht der Antworten, die Herr Bergmüller zu den gestellten Leitfragen sammelt:

- **Sehr gut bis gut:** 1.) Teamgeist; 2.) Wechselseitige Unterstützung; 3.) „Spirit" des Teams; 4.) Durchhaltevermögen; 5.) Lob von Franz (= Abteilungsleiter Cash Management)

- **Weniger bis gar nicht gut:** 1.) Chronische Arbeitsbelastung; 2.) Fehlende Wertschätzung; 3.) Mangelndes Verständnis von allen Seiten; 4.) 1000 Anliegen gleichzeitig; 5.) Keine Priorisierung von außen – „Wir müssen erraten, was wirklich wichtig ist, denn in unserem Ticketing-System ist immer alles sehr wichtig"; 6.) Ungeduld der Kunden; 7.) Operativer Stress; 8.) Keine Zeit für Entlastung; 9.) Wir verhalten uns wie die Hamster im Rad; 10.) Krankenstände; 11.) Meine Leute brennen aus; 12.) Ich selbst brenne aus; 13) Zunehmendes Gefühl der Sinnlosigkeit (apropos Don Quixote)

- **Schlussfolgerungen:** 1.) So kann es nicht weitergehen; 2.) Schluss mit dem Hamsterrad; 3.) Ich muss aussteigen, sonst gehe ich kaputt; 4.) Gleich morgen rede ich mit Rudi (= CIO, Herrn Bergmüllers Chef).

Es wird Sie wahrscheinlich nicht verwundern, dass auch das Gespräch mit dem Vorgesetzten nicht am nächsten Tag, sondern erst in der darauf folgenden Woche stattgefunden hat. In unserem Zusammenhang ist der Fall auch insofern interessant, als dass sich Kanban erst im Laufe des Gesprächs zwischen Herrn Bergmüller und seinem Chef als Lösungsoption herauskristallisiert hat. Und das buchstäblich in höchster Not. Nach einer weiteren Woche voller operativer Eskalationen war Herr Bergmüller nämlich drauf und dran, das Handtuch zu werfen. Es ist wohl dem guten Verhältnis zwischen CIO und Teamleiter zu verdanken, dass das nicht passiert ist. Im Gegenteil: Mit der Unterstützung eines erfahrenen Kanban-Coach sollte nach dem Willen des CIO „alles daran gesetzt werden, um das Ruder mit vereinten Kräften wieder herumzureißen". Wie geplant wurde der Coach kontaktiert, wie geplant fand das Gespräch statt, und wie geplant gab es schließlich auch die Teamretrospektive, die als erster Schritt definiert wurde. Allein das konsequente Einhalten all dieser Sondertermine überraschte Herrn Bergmüller. Sollte die Verbesserung wirklich eine Chance haben? Die Einführung von Kanban gar der Auftakt zu einer kontinuierlichen Verbesserungsarbeit sein?

Freilich ist die persönliche Retrospektive nicht nur zur Sondierung der aktuellen Arbeitssituation nützlich. Wie wir aus der Praxis wissen, leistet die individuelle Vorbereitung vor jeder Teamretrospektive gute Dienste – insbesondere dann, wenn Sie als Führungskraft überlegen, diese Teamretrospektive selbst zu moderieren. Durch die Vorbereitung bekommen Sie eine erste Einschätzung, was Ihnen besonders wichtig ist, und laufen weniger Gefahr, in den Teamarbeitsprozess hineinzurutschen.

Eine befreundete Managerin hat uns zuletzt über eine interessante Variation dieser Vorbereitungsarbeit berichtet. Helga Rösner, ihres Zeichens Head of Development in einem Medienunternehmen mit insgesamt 600 Mitarbeitern und Mitarbeiterinnen, zog den vorgestellten Leitfaden für eine Retrospektive ihrer letzten Change Management-Initiative heran. Dafür adaptierte sie einfach die Leitfragen:

- Welche positiven Erfahrungen haben wir im Rahmen des Veränderungsprojekts gemacht? Welche Veränderungen sind uns gelungen?

- Was hat nicht gut geklappt? In welchen Bereichen konnten wir unsere Vorhaben nicht so umsetzen, wie wir uns das vorgenommen haben? Und wo sind uns Verbesserungen dezidiert misslungen?

- Was ist für mich nach wie vor unklar?

- Was kann ich aus meiner +/-/?-Bilanz lernen? Was möchte ich bei der nächsten Veränderungsinitiative auf jeden Fall anders machen? Was möchte ich bewahren? Und in welchen Bereichen möchte ich gerne noch mehr in Erfahrung bringen?

Mithilfe dieser Leitfragen konnte Helga Rösner Klarheit über ihre persönliche Bilanz schaffen und Kanban auf der Basis konkreter Lernerfahrungen zu starten. „Speziell in unserem hoch-agilen Umfeld stellen wir Kanban nicht einfach auf eine grüne Wiese", betonte Frau Rösner. „Ich will die bisherigen Erfahrungen berücksichtigen, die mit Veränderungen gemacht wurden. Sonst wird es für einige Kolleginnen und Kollegen bloß eine weitere Welle sein, die sie routiniert absurfen." Dass die Veränderungserfahrungen in ihrem Verantwortungsbereich „nicht nur Friede-Freude-Eierkuchen sind", hat sich Frau Rösner mit ihrer persönlichen Retrospektive vor Augen geführt. Um alle gut in das vielstrapazierte Veränderungsboot zu holen, nimmt sie sich als einen wesentlichen Aktionspunkt eine Teamretrospektive vor. Besser gesagt: eine umfassende Aufarbeitung der bisherigen Change-Erfahrungen mit Schlüsselkräften aus ihrem Verantwortungsbereich. In Kapitel 16 zur Organisationsdiagnose werden wir auf dieses Vorhaben zurückkommen.

■ 15.2 Die Teamaufstellung

Nach der Sondierung des aktuellen Arbeitsfeldes liegt es nahe, sich eingehender mit den Protagonisten und Protagonistinnen auf diesem Feld zu beschäftigen. Genauer gesagt: Mit Ihren Vorstellungen davon, welche Reaktionen Kanban bei den einzelnen Mitarbeiterinnen und Mitarbeitern auslösen wird. Ihre diesbezüglichen Annahmen können Sie mithilfe der sogenannten Aufstellungsarbeit prüfen.

> **Worum geht es dabei? Grundsätzlich versucht man, durch Aufstellungen ein besseres Bild einer bestimmten Situation zu gewinnen. Die eigenen Annahmen werden gewissermaßen nach außen gestülpt und in eine konkrete Visualisierung überführt.**

Sie tun das, in dem Sie für jedes einzelne Teammitglied einen bestimmten Gegenstand als symbolischen Stellvertreter definieren. Dieser Stellvertreter kann ein Teil aus einem Baukasten sein, das können Legosteine sein, Münzen, Knöpfe oder Spielfiguren. Was auch immer Sie gerade zur Hand haben: Der nächste Schritt Ihrer Aufstellungsarbeit besteht darin, dass Sie die gewählten Stellvertreter in eine aus Ihrer Sicht stimmige Ordnung bringen – und zwar sowohl zueinander als auch in Bezug auf das Veränderungsziel.

Bild 15.1 zeigt den Grundriss einer derartigen Teamordnung. Sie zeigt die Situation aus der Sicht von Susanne Schweizer, die die Entwicklungsabteilung eines mittelständischen

Pharmaunternehmens leitet. Als Materialien hat Frau Schweizer Holzbausteine unterschiedlicher Größe und Farbe gewählt, wobei jeder Baustein einen bestimmten Mitarbeiter oder eine Mitarbeiterin repräsentiert. Alle Bausteine werden in Bezug auf das Ziel, nämlich die „konsequente Kanbanisierung" sowie zueinander in eine für Frau Schweizer stimmige Ordnung gebracht. Das erfordert

- **Mut,** sich auf ein solches Experiment einzulassen,
- die Fähigkeit, den vertrauten Alltag aus der **Vogelperspektive** zu betrachten,
- **Vertrauen** in das eigene Bauchgefühl,
- die Bereitschaft, den **eigenen Beobachtungen** der Einzelpersonen wie des gesamten Teams auf den Grund zu gehen,
- die **Flexibilität,** verschiedene Positionen und Verhältnisse auszuprobieren, indem sie diese buchstäblich in die Hand nimmt.

Am Ende der Aufstellung weist die Entwicklungsleiterin jedem Stellvertreter noch eine charakteristische Aussage hinsichtlich Veränderung zu (siehe Sprechblasen).

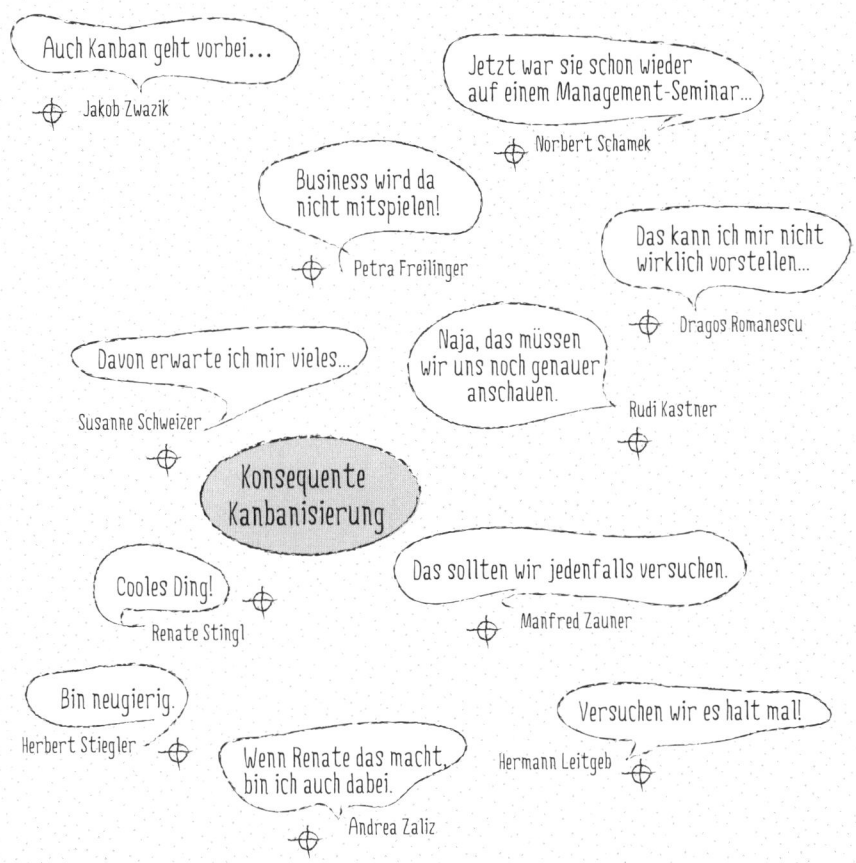

Bild 15.1 Teamaufstellung

Welche Einsichten kann Susanne Schweizer aus diesem Bild gewinnen?

1. Erstens war für Frau Schweizer der Arbeitsprozess selbst interessant: Für wen wähle ich welchen Baustein? Wer fällt mir als Erster ein, wer als Letzter? Wie positioniere ich wen in Bezug auf das Ziel, aber auch in Bezug auf die jeweils anderen? Wo fühlt sich das Bild sofort stimmig an? Wo nicht? Wo bin ich bis zuletzt unsicher?

2. Zweitens profitiert Susanne Schweizer von dem, was sie das „Erkennen von Selbstverständlichem" nennt. Freilich, so Frau Schweizer, habe sie all das bereits vorher gewusst oder zumindest gespürt. Die Aufstellungsarbeit ermöglichte ihr jedoch, ihrem impliziten Wissen und Empfinden eine konkrete Gestalt zu verleihen: „So sehe ich das also!", zeigt sich Frau Schweizer zwischendurch überrascht: „Das war mir so nicht bewusst." Durch ihre Vogelperspektive kann die Entwicklungsleiterin neue Einsichten in das gewinnen, was sie in der Turbulenz des Tagesgeschäfts immer nur sehr selektiv erlebt. Susanne Schweizer fasst es so zusammen: „Es ist die Summe meiner Erfahrungen mit diesem Team und eine Einschätzung davon, wie ich glaube, dass jeder einzelne auf meine Initiative reagieren wird."

3. Drittens nützt Frau Schweizer die Aufstellung, um ihrem Bauchgefühl Raum zu geben: Welche Dynamik wird das Motto „konsequente Kanbanisierung" auslösen? Und worauf sollte Frau Schweizer achten, wenn sie den Change-Prozess möglichst gut managen will?

Abseits der Annahmen, wie sich jeder Einzelne verhalten wird, macht die Aufstellung nämlich drei Teilgruppen sowie einen Außenseiter sichtbar. Die erste Gruppe, zu der sich auch Susanne Schweizer selbst zählt, begrüßt die bevorstehende Veränderung – sei es nun aus inhaltlichen Gründen (à la „großes Verbesserungspotenzial") oder aus sozialen Gründen (à la „ich bin dafür, weil mein Kumpel auch dafür ist"). Die zweite Gruppe ist zwar durchaus aufgeschlossen, aber noch skeptisch (à la „das müssen wir uns noch genauer anschauen"). Die dritte Gruppe scheint reserviert bis ablehnend (à la „das bringt doch eh nichts"). Und dann ist da schließlich noch der Ausreißer, der möglicherweise nur darauf wartet, dass auch diese Veränderungswelle über ihn hinwegrollt.

Summa summarum sagt die Aufstellung viel über die von Frau Schweizer vermuteten Einstellungen. Weit über das rein individuelle Verhalten hinaus macht das Bild jedoch auch die systemischen Kräfte für und gegen Veränderung deutlich. Sich selbst als Initiatorin setzend, kann Frau Schweizer einerseits ihre Verbündeten identifizieren. Gerade von der ihr auch persönlich nahestehenden Gruppe der jungen Mitarbeiter erwartet sie viel positive Energie für die Kanbanisierung. Andererseits führt sich die Entwicklungsleiterin vor Augen, wo sie mit Widerstand rechnet. Hier sind es wiederum eher die älteren, bereits lange zum Unternehmen gehörigen „Techniker vom alten Schlag", die, wie Susanne Schweizer glaubt, auf unterschiedliche Weise Vorbehalte zeigen dürften. Last but not least ist da ja noch ein scheinbar von Anfang an Verlorener.

Selbstverständlich gibt eine solche Aufstellung kein objektives Bild der Realität, sondern die höchst subjektiven Vorstellungen von Susanne Schweizer wieder. Diese Subjektivität ermöglicht der Entwicklungsleiterin einen genaueren Einblick in ihre eigenen Hoffnungen und Ängste – und schafft damit die Grundlage für ein umsichtiges Veränderungsmanagement, das ja immer auf bestimmten Annahmen und Wahrnehmungen beruht:

- **Annahmen zur Umwelt:** Warum müssen wir uns denn verändern?

- **Annahmen zum eigenen System:** Wie können wir uns überhaupt verändern?

- **Annahmen zum möglichen Change:** Was brauchen wir, um uns möglichst kraftvoll in Bewegung zu setzen?

- **Annahmen zur angestrebten Nachhaltigkeit:** Was hilft uns, kontinuierliche Verbesserung zum selbstverständlichen Teil unserer Arbeitsweise zu machen?

Aus den gesammelten Annahmen leitet Frau Schweizer schließlich konkrete Vorhaben ab: kurze Einzelgespräche mit zwei Skeptikern, längere Gespräche mit allen, bei denen sie stärkeren Widerstand vermutet, sowie ein gut vorbereitetes Teamgespräch, bei dem es um ein gemeinsames Kick-off der Veränderungsinitiative geht.

„Einwandvorwegnahme auf breiter Front", lautet die Devise der Entwicklungsleiterin, entsprechend ihrer Erfahrung, „dass gerade zu Beginn eines Veränderungsvorhabens ein hohes Investment in die Kommunikation besonders wichtig ist."

◼ 15.3 Das Kaizen Self-Assessment

Eine andere Form, sich mit essenziellen Faktoren des Veränderungsmanagements auseinanderzusetzen, ist das von uns entworfene Kaizen Self-Assessment. Schon der Untertitel unseres Buches unterstreicht, dass wir Kanban primär als Kulturinitiative sehen. Die Praxis des Change Managements zeigt nämlich, dass nachhaltige Veränderung nur dann gelingt, wenn wir über formelle Regeln und Prinzipien hinausgehen. Sie gelingt am besten, wenn wir Kultur nicht als abstraktes Phänomen sehen, sondern als etwas, zu dem wir tagtäglich aktiv beitragen.

> **Kultur heißt nicht primär „die Firma" oder „wir alle". Kultur bin zuallererst ich selbst. Die kulturellen Grundannahmen zu verändern, bedeutet folglich, die eigene Haltung zur Arbeit zu ändern.**

Kaizen zielt darauf ab, meine persönliche Einstellung gegenüber der Organisation oder die Bewertung von Einsatz, Reflexion und Lernen in Bewegung zu setzen. Auf Dauer sind die im Rahmen des Kanban-Systemdesigns erarbeiteten Ordnungen weit weniger wichtig als die tatsächlich praxisleitenden Überzeugungen. Wie selbstkritisch bin ich? Wie selbstverständlich ist für mich interdisziplinäre wie hierarchieübergreifende Zusammenarbeit? Wie schwer fällt es mir, neue Dinge auszuprobieren? Wie viel Energie stecke ich in die Entwicklung neuer Lösungen? Wie oft bitte ich andere aktiv um ihre Hilfe? Und Ähnliches mehr.

Die gelebte Beantwortung solcher Fragen entscheidet darüber, wie konsequent Sie an der Kultivierung kontinuierlicher Verbesserung arbeiten. Werden nur Systeme fokussiert und Werkzeuge angewendet, bleibt es zwangsläufig bei oberflächlichen Bemühungen. Kein Wunder, dass viele Aktivitäten in Richtung „Kontinuierlicher Verbesserungsprozesse" (KVP), mit denen westliche Unternehmen das japanische Kaizen zu imitieren versuchten, bislang nur mäßigen Erfolg brachten. Sie sind ein weiteres Beispiel dafür, wie man Verbesserungen über Best Practice-Kopierverfahren zu implementieren versucht, ohne die tiefgreifenden Implikationen des *Toyota Production Systems* zu begreifen (vgl. Liker 2003) – geschweige denn angemessen zu übersetzen. Denn erst wenn Kaizen sozusagen in Fleisch und Blut übergegangen ist, hat die Kultur kontinuierlicher Verbesserung eine Chance (vgl. Liker 2012). Schließlich geht es dabei nicht bloß um oberflächliche Visualisierung, sondern um tiefgreifenden Wandel, der Wahrnehmung, Denken, Empfinden und Kommunizieren gleichermaßen beeinflusst.

Doch wie können wir Kultur erfassen, die ja das für uns Selbstverständliche, geradezu Naturhafte und dazu größtenteils unbewusst ist? Woran lässt sich festmachen, dass sich die Kultur verändert? Wie wird der Wandel der handlungsleitenden Einstellungen sichtbar? Und wie ist überhaupt die kulturelle Ist-Situation angemessen zu erfassen?

Um dem Dilemma der Messbarkeit des potenziell Unmessbaren beizukommen, haben wir ein Hilfsinstrument entwickelt. Wie die bisherigen Einsätze dieses Instrumentes zeigen, trägt es dazu bei, das U-Boot-Thema Unternehmenskultur an die Wasseroberfläche zu holen. Anders ausgedrückt: es sichtbar und zum Thema einer offenen Auseinandersetzung zu machen. Als ersten Schritt dazu empfehlen wir allen Kanban-Initiatoren und -Initiatorinnen dringend, ihre eigenen Grundhaltungen einer kleinen Prüfung zu unterziehen. Dafür kann das in Bild 15.2 dargestellte Assessment gute Dienste leisten.

Das Kaizen Self-Assessment

Skala 1=ganz selten; 10=sehr oft/bei jeder sich bietenden Gelegenheit

1. Ich stelle die Ist-Situation regelmäßig in Frage
☐1   ☐2   ☐3   ☐4   ☐5   ☒6   ☐7   ☐8   ☐9   ☐10

2. Ich frage primär, wie etwas getan werden kann, und habe meine „Das-geht-nicht-Haltung" im Griff
☐1   ☐2   ☐3   ☒4   ☐5   ☐6   ☐7   ☐8   ☐9   ☐10

3. Wenn Fehler oder Probleme auftreten, spielt Schuld für mich keine Rolle – weder entschuldige ich mich noch lasse ich zu, dass andere nach Schuldigen suchen
☐1   ☒2   ☐3   ☐4   ☐5   ☐6   ☐7   ☐8   ☐9   ☐10

4. Ich suche nicht sofort nach perfekten Lösungen – stattdessen arbeite ich beharrlich an kleinen Verbesserungsschritten
☐1   ☐2   ☒3   ☐4   ☐5   ☐6   ☐7   ☐8   ☐9   ☐10

5. Tritt ein Problem auf, suche ich sofort zumindest nach einer provisorischen Lösung
☐1   ☐2   ☐3   ☒4   ☐5   ☐6   ☐7   ☐8   ☐9   ☐10

6. Ich weiche Problemen nicht aus und gebe nicht gleich auf – auch wenn es sich um schwierige Herausforderungen handelt
☐1   ☐2   ☐3   ☐4   ☐5   ☒6   ☐7   ☐8   ☐9   ☐10

7. Ich behebe nicht nur Störungen, sondern frage auch nach Ursachen
☐1   ☐2   ☐3   ☐4   ☒5   ☐6   ☐7   ☐8   ☐9   ☐10

8. Ich suche aktiv die Hilfe von anderen, um gemeinsam bessere Lösungen zu finden
☐1   ☐2   ☐3   ☐4   ☒5   ☐6   ☐7   ☐8   ☐9   ☐10

9. Ich bin davon überzeugt, dass es unendlich viele Möglichkeiten zur Verbesserung gibt – und strebe stets danach, neue Wege zu entdecken
☐1   ☐2   ☐3   ☐4   ☐5   ☐6   ☒7   ☐8   ☐9   ☐10

Bild 15.2 Das Kaizen Self-Assessment

Was Ihnen ein solches Assessment bringen kann? Lassen Sie uns diese Frage am Beispiel von Roswitha Münz beantworten, die den Bereich „Request & Change" eines großen Versicherungsunternehmens leitet. 7, 4, 2, 3, 4, 6, 5, 5, 7 lautet ihre Bewertung der neun Fragen – wobei ihr vor allem die niedrigen Zahlen bei den Fragen 2 und 3 zu schaffen machen.

Alles in allem konnte Frau Münz das Kaizen Self-Assessment gut dazu nutzen, um

- die **Aufmerksamkeit dezidiert auf das „Wie?"** der Verbesserungsarbeit zu richten: Welche Kriterien gilt es zu beachten, wenn es um eine neue Kultur geht?

- die **Bereiche zu identifizieren,** auf denen Frau Münz weiter aufbauen kann – vor allem das regelmäßige Hinterfragen der Ist-Situation, das Annehmen von Herausforderungen sowie das Streben nach weiteren Verbesserungen scheinen hierfür besonders gute Ressourcen.

- die Bereiche zu identifizieren, in denen **kulturrelevante Verbesserungsmaßnahmen** vordringlich scheinen. Im Bereich „Schuldzuweisungen" und im Bereich „Perfektionismus" gibt es aus Roswitha Münzs Sicht definitiv Handlungsbedarf.

- die viel beschworene **Vorbildrolle** einzunehmen, indem der eigene Beitrag zum angestrebten Kulturwandel eingehend geprüft wird: „Was kann ich tun, um meine Schuldzuweisungsreflexe besser in den Griff zu bekommen?", lautet eine von Frau Münzs verbesserungsleitenden Fragen: „In welcher Situation kann ich einen kleinen Schritt in die richtige Richtung setzen, der vielleicht Signalwirkung hat?"

- die Ist-Situation zu erfassen und **Ausgangspunkte** für die Kulturreise mit Kanban zu bestimmen: „Wo habe ich das nächste Mal Gelegenheit, auf kleine Verbesserungsschritte zu setzen, statt wieder ein großes Projekt aufzusetzen?"

- erste **Maßnahmen** anzudenken, indem angesichts der 3er-Bewertung im Bereich gefragt wird: „Was kann ich tun, um in absehbarer Zeit von 3 auf 4 zu kommen, diese Verbesserung zu stabilisieren und zur Basis für weitere Schritte zu machen?"

■ 15.4 Das Mission Statement

Was ist ein Mission Statement? Und wie unterstützt es das Kanban Change Management? Ganz allgemein lässt sich eine Mission als kurze, möglichst prägnante Beschreibung definieren,

- warum es Ihr Unternehmen/Department/Team überhaupt gibt,

- wer dazu gehört,

- womit Sie sich professionell beschäftigen und

- wie Ihre Kunden davon profitieren.

Im Unterschied zum Kultur-Assessment, in dessen Zentrum das „Wie?" Ihrer Arbeit steht, fokussiert die Mission also auf das „Wozu?" Mit anderen Worten: auf den Zweck und Nutzen Ihres Tuns. „Das ist doch wohl klar, womit wir uns beschäftigen", meinte Thomas Müller, Abteilungsleiter „Cards and Projects" im Bereich Downstream Applications eines internationalen Energiekonzerns. Als wir es jedoch genau wissen wollten, kam Herr Müller ein wenig ins Stottern – um den Versuch, seine wichtigsten Stakeholder kurz und bündig zu adressieren, schließlich verwirrt abzubrechen. „Vielleicht ist es doch nicht so einfach?!", gestand Herr Müller grinsend ein. „Vielleicht gerade, weil es doch auf der Hand liegt."

Falls Sie selbst in einem hochdynamischen Umfeld arbeiten und eine Vielzahl an Kunden und Interessensgruppen zu bedienen haben, ist die Übung „Mission Statement" durchaus einen Versuch wert. Im Folgenden ein Vorschlag, wie Sie dabei vorgehen können.

Mission Statement

Schaffen Sie die notwendigen Bausteine für Ihre eigene Mission, indem Sie folgende Fragen beantworten:

- Was ist der fundamentale Zweck, der „Existenzgrund" Ihrer Unternehmenseinheit?

- Nützen Sie den „5 Warum?"-Ansatz, bei dem Sie mit einer ersten Beschreibung Ihrer Unternehmenseinheit beginnen und dann fragen „Warum ist das wichtig?"

- Nachdem Sie diese Frage einige Male gestellt haben, sind Sie sehr wahrscheinlich bei Ihrem fundamentalen Zweck gelandet.

- Worauf hat sich Ihr Unternehmensbereich spezialisiert? Auf welchem Feld, in welcher speziellen Nische sind Sie tätig?

- Wer sind Ihre Kunden? Wodurch tragen Sie zu deren Erfolg bei?

- Wer gehört alles zu Ihrem Unternehmen? Wer sind Ihre Mitarbeiterinnen und Mitarbeiter, Führungskräfte, Vorstände, Aufsichtsräte, Funktionäre?

- Wie unterscheidet sich Ihre Unternehmenseinheit von anderen Einheiten? Was zeichnet Ihren Arbeitsbereich aus? Was macht Ihre Leistungen einzigartig?

Die aufgelisteten Fragen nutzend, verdichtete Herr Müller seine Antworten schließlich zu folgendem Statement:

„Als Experten für Cards and Projects liefern wir qualitativ hochwertige IT-Services. Wir tragen zum Mehrwert unserer Geschäftspartner bei, indem wir Lösungen in einem Stück schaffen. Wir setzen diese Lösungen mit kürzestmöglicher time-to-market um und ermöglichen es unseren Teammitgliedern, ihre Performance und Kompetenz kontinuierlich weiterzuentwickeln."

Was Sie von einem solchen Vorgehen haben? Und wem das schlussendlich nützt? Dem Feedback von Herrn Müller folgend, können wir beispielhaft folgenden Nutzen festhalten:

- Sie erfassen **kurz und bündig,** was und wer im Zentrum Ihres alltäglichen Tuns steht. Wie Thomas Müller rasch feststellte, geht es dabei nicht um schöne Darstellungen, sondern um die akkurate Beschreibung des gelebten Arbeitsprozesses.

- Sie nehmen es **einmal ganz genau,** Sie ringen tatsächlich um Worte und Formulierungen, um die Ausrichtung Ihres Organisationsalltags auf den Punkt zu bringen. Vor allem die „lästigen Warum-Fragen" (O-Ton Herr Müller) sind diesbezüglich hilfreich.

- Sie entdecken **mögliche Differenzen** zwischen dem offiziellen Zweck und dem, was Sie tatsächlich tun. So meinte Herr Müller am Ende seines ersten Entwurfs, dass er sich „alles andere als sicher sei, ob tatsächlich alle diesen Zielen folgen – und ob diese im Einklang mit dem stehen, was die Kunden wollen".

- Sie nehmen diese Differenzen als **Wegweiser für konkrete Verbesserungen** wahr. Seinem Zweifel folgend, beschloss Herr Müller, bei nächster Gelegenheit eine vertraute Kollegin um Feedback zu ersuchen – und jedenfalls auch die einzelnen Teams in seinem Verantwortungsbereich ein Mission Statement erstellen zu lassen.

- Sie sehen das von Ihnen erstellte Mission Statement als **Probelauf** für eine kongeniale Auseinandersetzung auf Abteilungsebene an. Schließlich sollte das Mission Statement nicht von oben kommen und also gewissermaßen aufgesetzt, sondern von allen als Herzstück der Teamidentität angesehen werden – was bekanntlich erst dann passiert, wenn alle in angemessener Form daran beteiligt sind.

- Sie sehen das Mission Statement als logischen **Mittelpunkt** jener Stakeholder-Landkarte, der vor allem zu Beginn eines Veränderungsprozesses eine herausragende Bedeutung zukommt.

■ 15.5 Eine Landkarte der Stakeholder

Das letzte Vorbereitungswerkzeug, das wir Ihnen in Ihre persönliche Kanban Change Toolbox legen wollen, ist die sogenannte Stakeholder-Landkarte. Worum geht es dabei? Und welche Bedeutung hat diese Landkarte für die Einführung von Kanban?

Die Landkarte ist bedeutsam, weil sie Ihnen einen Überblick über die wichtigsten Organisationseinheiten, Gruppen oder Personen gibt, mit denen Ihr Arbeitsbereich zu tun hat. Sie fokussiert nicht nur auf ihr Team wie bei der Teamaufstellung, sondern auf alle Kräfte, die für Ihre Wertschöpfung wichtig sind.

 Eine Landkarte der Stakeholder

Die Landkarte wird in fünf einfachen Schritten erstellt:

1. Alle für die Erfüllung Ihrer Mission relevanten Organisationseinheiten, Gruppen oder Personen werden brainstormartig gesammelt und im Anschluss anhand folgender Fragestellung geordnet: Wer ist besonders wichtig für unseren Wertschöpfungsprozess? Und wer darf einigermaßen ungestraft vernachlässigt werden?

2. Die ausgewählten Stakeholder werden auf unterschiedlich große Karten übertragen. Die Größe der Karten bringt die Bedeutung der Stakeholder für den langfristigen Erfolg zum Ausdruck. Eventuell können Sie auch unterschiedliche Farben für Kunden, Management und weitere Stakeholder einsetzen.

3. Die Stakeholder-Karten werden in unterschiedlicher Nähe zum Zentrum (Ihrer Mission) angeordnet. Dies bringt die Verbindung der jeweiligen Stakeholder zu Ihrer Mission sowie deren Betroffenheit durch mögliche Veränderungen zum Ausdruck.

4. Die Karten werden durch Linien mit dem Zentrum verbunden, um die Kontakthäufigkeit anzuzeigen. Ein Strich steht für wenig Kontakt, zwei Striche stehen für durchschnittliche, drei Striche für hohe Kontakthäufigkeit.

5. Schließlich lässt sich die spezifische Qualität von Kommunikation und Zusammenarbeit durch Symbole darstellen. Etwa ein Blitz für ein konfliktreiches Verhältnis, ein Rechteck für ein Blockade, ein + für positive, ein ? für unklare Kooperation und Ähnliches mehr.

Sehen Sie am Fallbeispiel von Josef Drechsler, wie eine fertig gestellte Landkarte aussehen kann. Herr Drechsler arbeitet seit drei Jahren als Entwicklungsleiter eines Infrastrukturunternehmens mit über 800 Angestellten. Eines Abends klagt Herr Drechsler beim Chillout an der Bar wieder einmal sein Leid über die chaotischen Zustände in der Softwareentwicklung. „Anscheinend glauben bei uns alle, sie können ständig mitreden, uns Vorgaben machen und Druck ausüben", erzählt er seinem früheren Kollegen Herbert. Neugierig fragt Herbert Riesch, der mittlerweile selbst Entwicklungsleiter in einem Produktionsunternehmen ist, nach: Welche Personen oder Gruppen sind denn nun daran beteiligt? Wer tut was genau? Wie reagiert das Team darauf? Und was hat Josef Drechsler selber schon versucht, um die Situation zu verbessern? Schon bricht eine Welle von Informationen über Herrn Riesch herein. Aufmerksam versucht er, dem Bericht über widersprüchliche Vereinbarungen, notwendige Abstimmungen, unklare Abläufe und latente Konflikte zu folgen. Nachdem Herbert Riesch einige Zeit zugehört und immer wieder klärend nachgefragt hat, unterbricht er den Redefluss seines Freundes. „Warte mal Josef, ich verliere langsam die Übersicht. Das erinnert mich total an die Situation in meinem letzten Unternehmen. Ich hab dir ja oft genug davon erzählt. Lass uns doch ein kleines Experiment durchführen, das mir damals, noch bevor ich mit Kanban zu arbeiten begonnen habe, sehr geholfen hat. Erstellen wir doch eine Landkarte deiner wichtigsten Partner!"

Gesagt, getan. Beim Barmann werden Stift und eine Serviette geordert. Herr Riesch erklärt noch kurz das Ziel des Experiments und einen groben Leitfaden für das Vorgehen. Strich für Strich versuchen sie schließlich auf „The Back of the Napkin" (Roam 2008) die derzeitige Situation von Herrn Drechsler zu visualisieren: Betroffene, Beteiligte, Einflussgrößen, Arbeits- und Beziehungsqualitäten, Kontakthäufigkeiten. Ein erster Entwurf entsteht, wird aber wieder verworfen, um einer zweiten Skizze Platz zu machen, die ebenfalls noch einmal im Müll landet. Bild 15.3 zeigt, was auf der dritten Serviette schlussendlich zu sehen ist.

Was hat Herr Drechsler mithilfe seines Freundes erarbeitet? Und wie hilft ihm das in seiner derzeitigen Arbeitssituation?

▪ Die Landkarte hilft Herrn Drechsler dabei, die für ihn **relevanten Interessensgruppen und Einflussfaktoren zu sondieren.** Alle Stakeholder werden erfasst und nach ihrer Bedeutsamkeit für den derzeitigen Arbeitsprozess der Softwareentwicklung gewichtet.

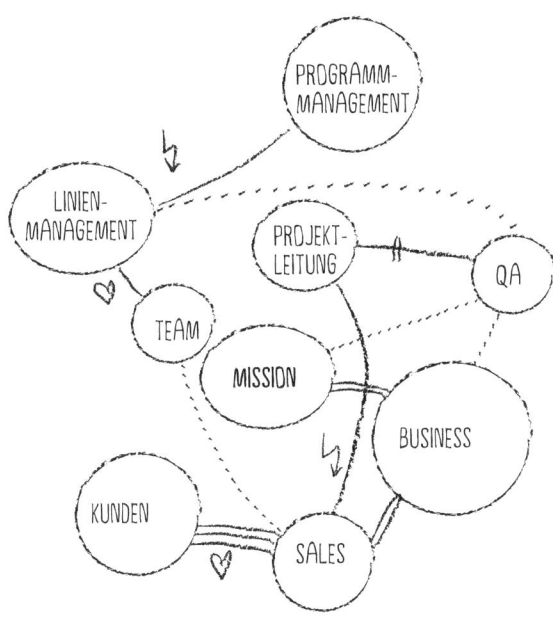

Bild 15.3 Kanban Stakeholder-Landkarte

- In anschaulicher Form bringt die Stakeholder-Landkarte zum Ausdruck, wie stark wessen **Einfluss** ist – sei es aufgrund der strategischen Bedeutung oder aufgrund des politischen Gewichts.

- Gleichzeitig macht sie die **Kontakthäufigkeiten** und die **Kontaktqualitäten** sichtbar. Das Schlussbild zeigt genau, wie Herr Drechsler fußballerisch übersetzt, „wer bei uns auf welcher Position spielt und wie der Ball läuft – oder eben nicht."

- Indem die aktuelle Situation möglichst umsichtig erfasst wird, bildet die Stakeholder-Landkarte eine **produktive Basis für jedwede Verbesserungsarbeit.** Gerade für die Einführung von Kanban ist es wichtig, wie Herr Riesch von seinem eigenen Lernprozess berichtet, dass man nicht nur die inhaltlichen Zusammenhänge im Auge hat. Um Kaizen voranzutreiben, müsse auch die aktuelle Kooperationskultur ins Auge gefasst werden. Denn erst damit sei klar, wer wo für Veränderungen abgeholt werden müsse, damit die ersten Schritte auf dem Weg zu einer kontinuierlichen Verbesserungsarbeit möglichst gute Chancen haben.

- Der erste dieser Schritte ist der Transfer seiner Erkenntnisse von der Bar in den Arbeitszusammenhang: der Transfer von seiner Perspektive als Entwicklungsleiter zur Perspektive seiner Mitarbeiter und Mitarbeiterinnen und der Transfer vom derzeitigen Chaos zum Versuch, dieses Chaos mithilfe von Kanban nachhaltig zu bändigen. Überzeugt vom Nutzen des durchgeführten Experiments beschließt Herr Drechsler noch auf dem Nachhauseweg, dass er bei nächster Gelegenheit auch sein Team zur Erstellung einer „Stakeholder-Landkarte" einladen wird.

■ 15.6 Einzelarbeit, Dialog, Coaching oder Training?

Erlauben Sie uns noch einige Bemerkungen, bevor wir die von uns favorisierten Vorbereitungsschritte zusammenfassen. Selbstverständlich wollen wir Sie auch in der ersten Phase nicht zur Einzelarbeit verdammen. „Individuelle Vorbereitung" heißt für uns nicht, dass Sie im stillen Kämmerchen sitzen und Nabelschau betreiben müssen. So wie es Ihnen frei steht, welche der hier angebotenen Werkzeuge Sie in Ihrer konkreten Situation einsetzen, können Sie sich bei jedem einzelnen Schritt für oder gegen Einzelarbeit entscheiden. Diese Entscheidung hängt ab von der aktuellen Unternehmenssituation, in der Sie sich gerade befinden, vom Veränderungsdruck, den Sie empfinden, von Ihrem persönlichen Lerntypus, von Ihrer Kommunikationsfreude oder von Ihrer jeweiligen Tagesverfassung.

In der Praxis stellt die Einzelarbeit den naheliegenden Startpunkt dar, um danach gezielt in Dialog zu treten:

- **mit Peers aus dem eigenen Unternehmen,** mit denen Sie ein gutes Vertrauensverhältnis haben,

- **mit Kollegen aus anderen Unternehmen** – etwa im Rahmen professioneller Communities,

- **mit Leuten, die bereits praktische Erfahrungen mit Kanban gesammelt haben** – und die Sie, apropos Communities, beispielsweise auf den Veranstaltungen der Limited WIP Society finden (http://www.limited-wip.de/),

- **oder mit einem professionellen Coach,** der idealerweise Kanban- und Change Management Know-how in die Auseinandersetzung bringt.

  „How can I know what I think before I hear what I say", hat der amerikanische Organisationsforscher Karl Weick den Nutzen des Dialogisierens auf eine treffende Formel gebracht (Weick 1995, S. 8).

Ausgedrückt wird in der Vorbereitung, wie wir hoffentlich deutlich machen konnten, nicht nur Gedachtes. Neben dem Hören spielt das Sehen eine ebenso große Rolle wie das leibhaftige In-die-Hand-Nehmen. Und neben unausgegorenen Gedanken ist jeder Dialog von oft unbewussten Gefühlen erfüllt, die sich, einmal erfasst, ebenfalls als wertvolle Ressourcen entpuppen können.

Die Weicksche Formel gilt nicht nur für gute Gespräche. In leicht abgewandelter Form pointiert sie auch den Nutzen professioneller Trainingsmaßnahmen: „How can I know what I am able to do before I see what I can try?" Im Kanban Change Leadership-Training können Sie Ihr Wissen auf Vordermann bringen, ausgewählte Werkzeuge anwenden und im Kreise Gleichgesinnter unmittelbar Feedback einholen.

Viele Wege führen nach Rom. Bevor Sie dort ankommen, sollten Sie freilich noch ein paar weitere Stationen passieren. Nächster Halt: Gemeinsame Diagnose.

Was Sie aus diesem Kapitel mitnehmen können

Im Folgenden finden Sie eine zusammenfassende Übersicht über die in diesem Kapitel ausgeführten Designs und Werkzeuge, die Sie zur professionellen Vorbereitung Ihres Veränderungsvorhabens anwenden können. In der linken Spalte sind Arbeitsdesigns und Umsetzungswerkzeuge vermerkt, rechts der aus unserer Sicht zentrale Nutzen daraus.

Designs und Werkzeuge	Nutzen
Kanban Teamaufstellung	Fokussierung auf Protagonisten der Veränderung
Kaizen Self-Assessment	Einschätzung der Ist-Situation aus kultureller Sicht
Mission Statement	Zentrum der Verbesserungsarbeit definieren
Kanban Stakeholder-Land-karte	Übersicht über die wichtigsten Kunden und Interessengruppen, die Sie berücksichtigen sollten
Dialoge mit Peers aus dem eigenen Unternehmen	Kollegialer Austausch auf der Basis eines gemeinsamen Wissens über die unternehmerischen Rahmenbedingungen
Dialoge mit Kolleginnen und Kollegen aus anderen Unternehmen	Austausch über Unternehmensgrenzen hinweg, der vor allem der Erweiterung Ihres Horizonts dient
Dialoge mit Kanban-PraktikerInnen	Konzentration des Austausches auf praktische Erfahrungen
Professional Coaching	Flexible Kombination von Praxiswissen, unternehmensübergreifenden Benchmarks und persönlicher Unterstützung (Sparring-Partnerschaft)
Kanban Change Leadership-Training	• Fachlicher Input von Experten • Austausch mit anderen Kanban Change Agents • Anwendung ausgewählter Übungen • Unmittelbares Feedback auf Übungsergebnisse und persönliche Eindrücke

16 Gemeinsame Diagnose

Was für die individuelle Vorbereitung gilt, gilt auch für die gemeinsame Diagnose: Es gibt viele Möglichkeiten, diese sinnvoll zu gestalten. Bisweilen verführt einen der eigene Veränderungsschwung dazu, auf eine gemeinsame Diagnose zu verzichten und gleich mit der Erstellung des Systemdesigns zu beginnen. Davon möchten wir Ihnen allerdings abraten. Selbst wenn Sie meinen, ohnehin alle Interessen im Blick zu haben, zeigt die Erfahrung, wie leicht man sich dabei täuschen kann. Zu oft haben wir schon erlebt, dass das „So schnell wie möglich Loslegen" im Zeichen des aktionistischen Handelns steht. Ein solches Handeln fördert eher das Abbrennen von Strohfeuer als einen langfristig angelegten, kontinuierlichen Wandel. Bisweilen erinnert uns dieses Munter-drauf-Los an einen Matrosenköpfler, ohne vorher den Wasserstand des Schwimmbeckens zu prüfen.

Wie das Beispiel drastisch vor Augen führt, zieht die Schnellstarterstrategie oft erhebliche Folgekosten nach sich. „Gemeinsame Diagnose" heißt der Rettungsring, der den Verbesserungsmatrosen vor unbedachten Kopfsprüngen bewahrt – und Ihnen dabei hilft, die Qualität Ihrer Kanban-Initiative nachhaltig abzusichern. In diesem Kapitel wollen wir folgende Rettungsringe genauer unter die Lupe nehmen:

- **Veränderungsdialog,** mit dem Sie verhindern können, dass sich Skepsis, Sorge oder Angst zu handfesten Konflikten auswachsen.
- **Kanban Change Team Workshop,** in dem Sie eine schwierige Ausgangssituation auch auf Teamebene konstruktiv bearbeiten können.
- **Teamretrospektive,** die alle zu einer kritisch-wertschätzenden Bilanz einlädt.
- **Kaizen Team Assessment,** mit dem Sie Kultur explizit adressieren können.
- **Mission Statement des Teams,** das Ihnen bei der gemeinsamen Ausrichtung Ihrer Aufgaben hilft.
- **Stakeholder-Landkarte des Teams,** die Ihre wichtigsten Wertschöpfungspartner und Kooperationsverhältnisse in ein gemeinsam erstelltes Bild setzt.
- **Stakeholder-Interview,** in dem Sie mit Ihren Partnern persönlich in Kontakt treten und andere Sichtweisen erkunden können.

■ 16.1 Der Veränderungsdialog

Was tun Sie, wenn Sie fest davon überzeugt sind, dass Kanban die richtige Veränderungsoption ist, sich Ihr Team jedoch skeptisch zeigt? Wenn Verbesserungsideen von Anfang an auf Vorbehalte stoßen? Und Ihre Initiative eher Abwehr als Engagement auf den Plan ruft? Lassen Sie uns zur Bearbeitung dieser Fragen zur oben beschriebenen Situation von Frau Schweizer zurückkommen. In ihrer Teamaufstellung hatte die langjährige Entwicklungsleiterin drei Teilgruppen sowie einen klaren Außenseiter identifiziert, denen sie jeweils eine spezifische Grundhaltung zu ihrer Kanban-Initiative zuschrieb:

- eine **offene Haltung** gegenüber der Initiative, d. h. eine neugierige und engagierte, bereits jetzt um laufende Verbesserung bemühte Einstellung,

- eine Kanban gegenüber grundsätzlich aufgeschlossene, in einzelnen Punkten jedoch noch **skeptische Haltung,**

- eine **reservierte bis ablehnende Haltung,** die möglicherweise keinen Sinn in Frau Schweizers Initiative sieht,

- einen **Ausreißer,** dessen mutmaßliche Abwehrhaltung Susanne Schweizer durchaus Bauchschmerzen bereitete.

Nachdem sich Frau Schweizer ihre persönliche Einschätzung und damit auch ihre eigenen Ängste und Sorgen vor Augen geführt hatte, war nun die Zeit gekommen, sich an die Umsetzung der aus der Aufstellung abgeleiteten Vorhaben zu machen. Jetzt ging es also darum, in Kontakt zu treten und den Abgleich zwischen Frau Schweizers Selbsteinschätzung und den Einschätzungen ihrer jeweiligen Mitarbeiter und Mitarbeiterinnen zu wagen. Aufgrund ihrer bisherigen Erfahrung mit der Kultur des Familienunternehmens, in dem die meisten seit vielen Jahren tätig waren, rechnete Frau Schweizer durchaus mit Gegenwind. Aufgrund ihres Veränderungsverständnisses war ihr jedoch klar, dass der Arbeit mit den vorhandenen Einwänden große Bedeutung zukam. Entscheidet doch der Umgang mit dem, was gemeinhin Widerstand genannt wird, ganz wesentlich über den möglichen Veränderungserfolg.

 Exkurs: Widerstand und Veränderung

„Wo Veränderung ist, ist Widerstand" heißt es. Was ist damit gemeint?

- **Widerstand ist der siamesische Zwilling von Veränderung.** Anders als unser negativ geprägtes Alltagsverständnis nahelegt, hat Widerstand per se weder mit böser Absicht noch mit mikropolitischem Spiel zu tun. Systemisch betrachtet, bezeichnet Widerstand vielmehr jene Kraft, die der Veränderung entgegen- und also aufs Bewahren ausgerichtet ist. Während die eine Kraft in Bewegung zu setzen versucht, hält die andere zurück.

- **Widerstand nährt sich aus den verschiedensten Quellen:** einem Mangel an Wissen, fehlender Auseinandersetzung mit den Ursachen der Veränderung, inhaltlichen Bedenken, schlechten Erfahrungen mit bisherigen Veränderungsinitiativen, persönlicher Bequemlichkeit oder abteilungsspezifischen Interessenskonflikten. Widerstand ist demnach weder eine rein emotionale noch eine rein inhaltliche Angelegenheit. Vielmehr ist er eine komplexe Mischung unterschiedlichster Phänomene, die großteils unbewusst sind.

- **Widerstand tritt in ganz unterschiedlicher Form auf:** indirekt, etwa als sinkende Arbeitsenergie, stockender Informationsfluss, schlampige Aufgabenerledigung oder schlechte Stimmung; aber auch direkt, indem sich Krankenstände oder Kündigungen häufen, verstärkt Konflikte auftreten, die Führung offen kritisiert wird oder sogar betriebliche Protestaktionen durchgeführt werden. Auch das in Bild 16.1 dargestellte Absinken der Produktivität, die sogenannte J-Kurve, ist eine typische Form systemischen Widerstands in Veränderungsprojekten.

- **Widerstand kann in jeder Phase der Veränderung auftreten.** Er lässt sich nicht ein für allemal erledigen. Er versteht es, immer wieder neue Nahrung aufzunehmen, und tritt in der Vorbereitungsphase zur Kanban-Implementierung ebenso selbstverständlich auf wie bei der Erstellung des Systemdesigns oder im Betrieb. Widerstand ist gleichsam der Zombie, der das Change Monster (vgl. Duck 2000) kontinuierlich begleitet.

- Widerstand ist in den allermeisten Fällen unangenehm, insbesondere für engagierte Change Agents. Widerstand hält auf, kostet Zeit, zehrt an den Nerven und wächst sich zuweilen zu handfesten Konflikten aus Das ist auch im Falle von Kanban nicht anders. Die Erfahrung zeigt jedoch, dass die Veränderung umso größere Erfolgschancen hat, je früher Widerstand respektiert und als Teil des professionellen Change Managements gesehen wird.

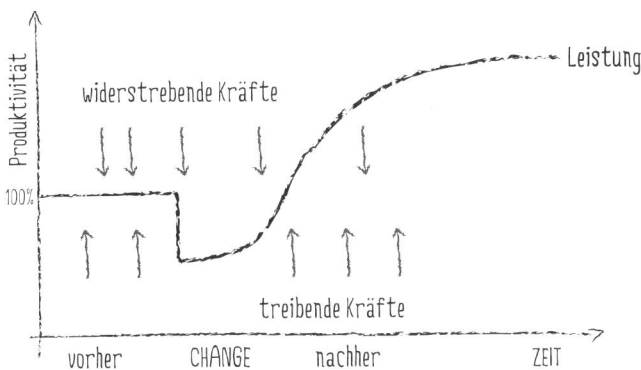

Bild 16.1 J-Kurve

Frau Schweizer weiß, dass Widerstand Abwehr und Schutz miteinander kombiniert. Abgewehrt werden verschiedenste Veränderungsimpulse: neue Herausforderungen, Konflikte im Team oder die Aufforderung, sich selbst in Frage zu stellen. Die Schutzfunktion von Widerstand liegt beispielsweise in der Verzögerung des Wandels, die ein genaueres Durchdenken ermöglicht und Aktionismus ausbremst. Widerstand schützt davor, Veränderung primär zu erleiden, und verschafft Zeit für ein besseres Verständnis aller Beteiligten. Und Widerstand schafft Räume, um die Vorteile des Bestehenden gegenüber der Veränderung sorgsam abzuwägen und zu erkennen, was daran unbedingt bewahrt werden sollte. „Strukturelle Spannung" hat der amerikanische Organisationsforscher Robert Fritz dieses Stoß-mich-zieh-dich zwischen Verändern und Bewahren genannt und darauf hingewiesen, dass

Veränderung erst dann erfolgreich umgesetzt ist, wenn die Spannung in konstruktiver Weise aufgelöst ist (vgl. Fritz 2000).

Folglich darf Widerstand weder negiert noch, um an dieser Stelle eine beliebte Managementfloskel aufzugreifen, gebrochen werden. Stattdessen gilt es, die im Widerstand steckende Kraft für den Change-Prozess verfügbar zu machen, ihn sozusagen der Veränderungsenergie zuzuschlagen.

Wie lässt sich das bewerkstelligen? Die kurze Antwort: durch professionell gestaltete Kommunikations- und Aushandlungsprozesse. Die längere: durch den Willen, die von Ihrem Vorhaben Betroffenen möglichst frühzeitig zu informieren, durch die Bereitschaft, diese Betroffenen in angemessener Form an Ihrem Vorhaben zu beteiligen, und durch die Fähigkeit, diese Beteiligung auf die Basis eines breiten Konsens zu stellen. Das Fallbeispiel von Susanne Schweizer zeigt, wie das praktisch aussehen kann. Die Ziele ihrer Veränderungsdialoge sind

- ein **besseres Verständnis der beteiligten Personen,**
- eine möglichst **offene Auseinandersetzung** mit den jeweiligen Einstellungen gegenüber Kanban,
- die **gezielte Information** über Kanban Change Management, den angestrebten Nutzen, die geplanten Schritte sowie die gewünschten Beiträge,
- das **In-Bewegung-Setzen** oder „Verflüssigen" möglicher Widerstände gegen Kanban,
- die **Vereinbarung von Folgemaßnahmen.**

Bild 16.2 Die Eckpfeiler des Veränderungsdialogs

Für die Gestaltung des Veränderungsdialogs hat der österreichische Organisationspsychologe Paul Lahninger ein einfaches Dreiecksmodell zur Verfügung gestellt. Bild 16.2 umreißt dieses Modell anhand der Eckpfeiler Einfühlen-Abgrenzen-Versachlichen.

16.1.1 Einfühlen

Der erste Eckpeiler des Lahningerschen Modells fokussiert auf das Du. Es geht also um die Fragen, Anmerkungen und Befindlichkeiten meines Gegenübers. Getragen vom Dialogprinzip des Respekts ist hier primär aufmerksames Zuhören angesagt. Es muss Raum für das geschaffen werden, was Rudi Kastner, Petra Freilinger oder Jakob Zwazik tatsächlich vom

Veränderungsvorhaben halten. Dafür setzt Frau Schweizer öffnende Fragen wie die folgenden ein:

- „Rudi, du weißt ja, dass ich dich als kritischen Geist des Teams schätze und schon oft von deiner Erfahrung profitiert habe. Dementsprechend würde es mich sehr interessieren, wie du die derzeitige Situation siehst und was du von meiner Idee der ‚konsequenten Kanbanisierung‘ hältst?“

- „Petra, wie ich bereits bei der Einladung betont habe, ist es mir wichtig, dass die Veränderung von allen gemeinsam getragen wird. Ich kann mir vorstellen, dass das nicht nur angenehme Gefühle auslöst. Wie siehst du die derzeitige Stimmungslage?“

- „Jakob, mir scheint, dass du nur wenig von Kanban hältst. Ich würde gerne mehr darüber erfahren, was dir Kopfzerbrechen macht. Oder dich vielleicht sogar ärgert?“

Frau Schweizer weiß, dass es in der Du-Phase primär um aktives Zuhören geht. Es gilt, das Gehörte in eigenen Worten wiederzugeben, nachzufragen, ob das auch so gemeint war, die Perspektive des anderen zu ergründen und dabei auch Verständnis für Emotionen zu zeigen. Das Teilziel dieses Schritts ist es, die tatsächliche Einstellung ihres jeweiligen Gesprächspartners zu klären. Keineswegs geht es hier um Diskussion oder vermeintliche Richtigstellung – auch wenn das bei Aussagen wie den folgenden nicht gerade leicht ist:

- Rudi Kastner: „Das ist schön, dass du mich als kritischen Geist schätzt. Das macht es mir leichter, mein Unbehagen mit Kanban zum Ausdruck zu bringen. Denn ich habe das Gefühl, dass es vor allem um noch strikteres Projektmanagement geht und du mit 1000 neuen Metriken bloß den Wasserfall verbessern willst.“

- Petra Freilinger: „Na ja, ehrlich gesagt brodelt es schon einigermaßen. Ich habe den Eindruck, dass vor allem Rudi sehr skeptisch ist. Und Jakob kocht sowieso wie immer sein eigenes Süppchen.“

- Jakob Zwazik: „Ich weiß nicht genau, was du meinst. Ich lasse Kanban einfach einmal auf mich zukommen. Wir werden dann schon sehen.“

Ob Susanne Schweizer nun mit inhaltlicher Kritik, mit Sorge um die Teamstimmung oder mit Ablehnung konfrontiert wird – im Sinne des gepflegten Dialogs ist es entscheidend, dass sie in dieser Phase ihre eigenen Reflexe gut im Griff hat. Die eigenen Meinungen müssen suspendiert werden. Denn der erste Schritt des Veränderungsdialogs ist das Einfühlen und nicht die Konfrontation.

Wir überzeugen niemanden, indem wir jede kritische Frage, jeden inhaltlichen Vorbehalt oder jede geäußerte Befürchtung gleich kommentieren. Schließlich wollen wir überzeugen und nicht überreden.

16.1.2 Abgrenzen

Das Ergründen von Unterschiedlichkeit bedeutet allerdings nicht, dass die Perspektive von Frau Schweizer außen vor bleibt. Doch die persönlichen Hintergründe, Informationen oder Rückmeldungen von Frau Schweizer werden erst im zweiten Schritt des Veränderungsdialogs zum Ausdruck gebracht. Nach der Fokussierung des Du geht es nun um das Ich:

- Wie kam Frau Schweizer auf die Idee, Kanban einzuführen?

- Was verspricht sie sich selbst davon? Welche Vorteile sieht sie für die einzelnen Mitarbeiterinnen und Mitarbeiter? Und was haben die Stakeholder davon?

- Wie würde sie gerne vorgehen? Worauf will sie bauen? Wo sieht sie Hindernisse?

- Was wünscht sich Frau Schweizer von ihren Kollegen – nicht zuletzt, um diese Hindernisse aus dem Weg räumen zu können?

Gesprächstechnisch kommen in dieser Phase vor allem professionelle Rückmeldungen und klare Stellungnahmen zum Einsatz. Desgleichen dürfen konkrete Wünsche und Forderungen geäußert werden. Mit dem Abgrenzungsschritt des Veränderungsdialogs soll die Notwendigkeit von Veränderung untermauert werden. Abgrenzen bedeutet in diesem Zusammenhang sowohl das inhaltliche Richtigstellen falscher Annahmen (à la „Kanban ist nur besserer Wasserfall") als auch das Reagieren auf Sorgen (à la „Kanban bringt unser ganzes Teamgefüge durcheinander"). Ebenso wichtig ist das Abgrenzen gegenüber offenkundiger Passivität (à la „Ich lasse Kanban mal auf mich zukommen").

16.1.3 Versachlichen

Das oberste Ziel des Veränderungsdialogs ist die Auflösung vorhandener Spannungen. Das erfordert in der dritten Phase des Veränderungsdialogs, die Du- und die Ich-Perspektive möglichst gut miteinander zu verbinden – und zwar sowohl auf der sachlichen als auch auf der emotionalen Ebene. Frau Schweizer setzt dafür vor allem folgende Werkzeuge ein: die Zusammenfassung der wichtigsten Argumente, das Pointieren von Schlussfolgerungen und die Vereinbarung konkreter Folgeschritte. So kann Frau Schweizer beispielsweise sagen:

- „Rudi, wenn ich nun zum Abschluss unseres Gesprächs kurz zusammenfassen darf, war aus deiner Sicht besonders wichtig, dass Kanban nicht von oben aufgesetzt wird. Alle im Team sollen beteiligt und die vorhandenen Stärken gut eingesetzt werden. Zudem habe ich vernommen, dass du unsicher bist, ob sich die Stakeholder wirklich an die vereinbarten WiP-Limits halten werden. Stimmt das so?"

- „Ich freue mich, dass ich das offenbar richtig verstanden habe, Petra. Mir ist wie gesagt ebenfalls wichtig, die Veränderung teamorientiert zu gestalten. Wir werden uns schon in der Vorbereitung externe Unterstützung gönnen. Ich hoffe, es ist bei dir angekommen, dass mir das Wichtigste unsere Zusammenarbeit ist? Und ich darf weiterhin mit deiner kritischen, aber grundsätzlich offenen Unterstützung rechnen?"

- „Schön, danke dir. Bevor wir unser Kanban-Board entwickeln, möchte ich als nächsten Schritt noch mit allen gemeinsam über unser Vorhaben sprechen. Dabei will ich auch die wichtigsten Themen aus den einzelnen Gesprächen zusammenfassen. Ich nehme an, Jakob, dass dies ganz in deinem Sinn ist?!"

Bei allen hier beschriebenen Interventionen geht es um eine zielorientierte Bündelung von Energien. Es geht darum, Brücken zu schlagen: auf sachlicher Ebene wie auf persönlicher Ebene. Es geht darum, wie es in Österreich so schön heißt, „sich zusammen zu reden" – um mit möglichst klaren Vereinbarungen auseinandergehen zu können.

Der Veränderungsdialog

- Rahmen
  - Persönliche Einladung: Wozu Dialog? Wie wird er ablaufen? Wann? Wo?
  - Ruhiger, störungsfreier Raum für vertrauliches Zweiergespräch
  - Ausreichender Zeitrahmen (mind. ½ Stunde)
- Eröffnen
  - Danke für Ihre/Deine Zeit!
  - Nochmals kurz Rahmen, Ziele und Ablauf umreißen
  - Wichtigkeit des Gesprächs unterstreichen
- Einfühlen
  - Einfache, öffnende Fragen stellen, Unterschiede erkunden
  - Die eigene Meinung suspendieren, die emotionalen Reaktionsmuster im Griff haben
  - Verständnis absichern durch Paraphrasieren und Zusammenfassen
- Abgrenzen
  - Pointierte Informationen geben, Kontext klären, falsche Annahmen richtig-stellen
  - Eigene Ansichten ausdrücken
  - Verständnis absichern durch gezieltes Rückkoppeln
- Versachlichen
  - Ich und Du, Sachliches und Emotionales integrieren, Wir-Perspektive schaffen
  - Ergebnisse zusammenfassen und Folgeschritte definieren
  - Danke für das Gespräch!

Im Sinne von Kanban müssen mit einem Veränderungsdialog keineswegs alle Spannungen aufgelöst sein. Das wäre ein viel zu hoher Anspruch. Statt den Veränderungsdialog zum Wundermittel hochzustilisieren, sollte er in aller Bescheidenheit als ein Schritt auf dem Weg zu einer kontinuierlichen Verbesserung gesehen werden. Und mit allem Selbstbewusstsein als ein elementarer Baustein, um eine Kaizen-Kultur zu schaffen.

■ 16.2 Der Change Team Workshop

Mit einem einzigen Gespräch lösen sich für gewöhnlich nicht alle Widerstände in Wohlgefallen auf. Ein Kommunikationsfrühling macht eben noch keinen Verbesserungssommer. Wie die Erfahrung zeigt, kann eine Serie von Veränderungsdialogen jedoch weit mehr bewirken als einen besseren Informationsfluss. Professionellen Einsatz vorausgesetzt, kann eine solche Serie die Kommunikationsqualität gerade in kritischen Veränderungsphasen maßgeblich verbessern. Insbesondere zu Beginn von Change-Initiativen können Missverständnisse noch leichter geklärt, unterschiedliche Ansichten angenähert und verhärtete Positionen verflüssigt werden.

Im Rahmen der gesamten Unternehmenskommunikation lassen sich Veränderungsdialoge wie die von Frau Schweizer als Sondereinsätze des klassischen Mitarbeitergesprächs betrachten. Während dieses Mitarbeitergespräch für gewöhnlich unabhängig von einem konkreten Anlass im Jahresrhythmus stattfindet, folgt der Veränderungsdialog dem veränderungstypischen *sense of urgency* (vgl. Kotter 1996). Als unabdingbarer Startpunkt jeder kraftvollen Kanban-Initiative unterstreicht dieser Sinn die Dringlichkeit von Kommunikation – und damit zugleich die Dringlichkeit einer besseren Kommunikation, die Grundvoraussetzung für jeden erfolgreichen Wandel ist.

> **Um diese Verbesserung weiter voranzutreiben, liegt es nahe, den Einzelgesprächen ein integrierendes Teamgespräch folgen zu lassen.**

Auch in diesem Sinne steht der Veränderungsdialog in der Tradition des Mitarbeitergesprächs, das ja bekanntlich ebenfalls durch ein Teamarbeitsgespräch abgeschlossen wird. Worum geht es bei einem solchen Gespräch? Und wie trägt es dazu bei, Kanban möglichst gut aufzugleisen?

Um diese Fragen möglichst griffig zu beantworten, verfolgen wir das obige Fallbeispiel weiter. Sinnvollerweise hat Frau Schweizer bereits am Ende ihrer jeweiligen Dialoge auf ihr Vorhaben hingewiesen, nach Abschluss aller Einzelgespräche noch einmal mit dem ganzen Team zu reden. Dieser Hinweis markierte bereits die nächste Etappe jener kontinuierlichen Verbesserungsarbeit, die die Entwicklungsleiterin mit ihrer „konsequenten Kanbanisierung" anstrebt. Ähnlich wie beim Teamarbeitsgespräch am Ende der individuellen Jahresgespräche geht es dabei um die Zusammenfassung der wichtigsten Themen, Anliegen und Fragen aus den Einzelgesprächen. Darüber hinaus soll auch den Themen Veränderung und gemeinsames Veränderungsmanagement Raum gegeben werden. „Die Qualität unserer Kommunikation weiter verbessern" und „eine kraftvolle Basis für eine erfolgreiche Implementierung von Kanban schaffen" steht auf der Agenda jenes Treffens, das Frau Schweizer als „Change Team Workshop" bezeichnet. Im Folgenden fassen wir zusammen, wie Susanne Schweizer diesen Workshop in die Tat umsetzt.

Der Change Team Workshop

- Vorbereitung: Ziele pointieren
  - Zusammenfassung der wichtigsten Themen, Anliegen und Fragen aus den Einzelgesprächen
  - Thematisierung von Veränderung und Veränderungsmanagement
  - Verbesserung der Kommunikationsqualität untereinander
  - Stärkung des gesamten Teams als Basis für Kanban
- Rahmen abstecken
  - Persönliche Einladung am Ende des Veränderungsdialogs (eigene Einladung für alle, die nicht am Dialog beteiligt waren)
  - Arbeitsraum mit guter Atmosphäre und professioneller Ausstattung
  - Ausreichender Zeitrahmen (mindestens 2 Stunden)
- Ablauf klären
  - Danke für die Zeit und die Bereitschaft zur offenen Auseinandersetzung
  - Nochmals kurz Rahmen, Ziele und Ablauf umreißen
  - Bedeutung des Workshops unterstreichen – „Warum mir dieses Treffen besonders wichtig ist"
  - Wichtigste Themen, Anliegen und Fragen aus den Einzelgesprächen zusammenfassen
  - Um kurzes Feedback ersuchen: Was fällt auf? Womit sollten wir uns noch eingehender beschäftigen?
  - Priorisieren z. B. mittels Punktabfrage zur Gewichtung der Themen
  - Vertiefen durch Bearbeiten der priorisierten Themen in kleinen, gut gemischten Gruppen mit dem Ziel, konkrete Verbesserungsvorschläge zu liefern
  - Ergebnisse präsentieren und diskutieren
  - Verbesserungsschritte vereinbaren: Was wollen wir uns als Nächstes vornehmen? Wie wollen wir weiter vorgehen? Worauf wollen wir uns konzentrieren?
  - Abschließen: Kurze Retrospektive, Stimmungsbarometer oder Blitzlichtrunde

Nachdem Susanne Schweizer noch einmal den Rahmen umrissen und hervorgehoben hat, warum ihr dieser Workshop ein persönliches Anliegen ist, geht es gleich zur Sache. Frau Schweizer präsentiert die wichtigsten Aspekte aus den Einzelgesprächen. Bild 16.3 zeigt die pointierte Zusammenfassung der Veränderungsdialoge, die später durch die wichtigsten Punkte der nicht am Dialog beteiligten Teammitglieder ergänzt wurde.

Bild 16.3 Gesprächsergebnisse aus den Veränderungsdialogen

Nach der Präsentation ersucht Frau Schweizer um eine kurze Resonanz. Dafür bittet sie jeweils zwei Sitznachbarn, einfach die Köpfe zusammenzustecken und fünf Minuten lang das soeben Gehörte Revue passieren zu lassen. „Was fällt auf? Was sind unsere stärksten Eindrücke? Welche Fragen oder Themen sollten wir unbedingt noch behandeln?" steht auf dem Flipchart, auf dem Frau Schweizer den Arbeitsauftrag präzisiert hat. Diese Resonanzrunde verfolgt mehrere Ziele:

1. Die **Kommunikation der wichtigsten Themen** aus den Veränderungsdialogen. Im Sinne guter Nachvollziehbarkeit erfolgt diese in lebendiger Sprache, möglichst nahe am tatsächlichen Dialog.

2. Das **Ermöglichen eines „Warm-Redens"** untereinander, das der Auftakt jener intensiven Kommunikation ist, die Frau Schweizer aus den von ihr geführten Veränderungsdialogen nun aufs ganze Team ausweiten möchte.

3. Das **Einholen von Feedback** zu den präsentierten Themen. In Susanne Schweizers Worten: „Ich möchte wissen, welche Nasenlöcher meine Kollegen dazu machen." In dieser Phase geht es vor allem um ein allgemeines Stimmungsbild.

4. Eine erste **Gewichtung der Themen.**

Den Kommentaren folgt die Priorisierung der von Frau Schweizer mitvisualisierten Themenliste: Zwei Punkte pro Person, um hervorzuheben, was in diesem Workshop noch vertiefter bearbeitet werden soll. Nach erfolgter Priorisierung geht es nun um die Bildung von Themengruppen. Als erfahrene Moderatorin weiß Frau Schweizer um den Wert heterogener Gruppen, sodass sie hier auf eine ausgewogene Mischung von „Alten" und „Neuen", „Kanban-Fans" und „Skeptikern" achtet. Um in allen Gruppen präsent sein und je nach Stimmungslage und Thema wechseln zu können, positioniert sich Frau Schweizer selbst als „Jolly Jumper". Nach einer Präzisierung des nächsten Arbeitsauftrages – „Was können wir selbst tun, um unsere derzeitige Arbeitssituation zu verbessern? – Unsere TOP 3 Maßnahmen" – geht es in die Arbeitstrios. Frau Schweizers Beobachtung nach verläuft die Auseinandersetzung nicht nur sehr konstruktiv, sondern auch überraschend kultiviert. Man lässt einander ausreden, hört genau zu und fragt gezielt nach. Selbst kontroverse Themen werden in ungewohnt ruhiger Weise behandelt.

Nach einer intensiven Arbeitsphase in Kleingruppen besteht die Gefahr, dass die Energie im Plenum in den Keller fällt. Um die Aufmerksamkeit möglichst hoch zu halten, schlägt Frau Schweizer für die Ergebnispräsentation die Bildung von gemischten Gruppen vor. In neuen Trios mit je einem Mitglied aus den bisherigen Arbeitsgruppen wird sodann von Plakat zu Plakat gewandert. Die Präsentation bleibt auf diese Weise lebendig und die Dialogbereitschaft hoch, sodass viele Dinge bereits während der Wanderung diskutiert werden.

In der nächsten Phase geht es um einen besonders kritischen Punkt, nämlich die Vereinbarung von Folgeschritten. Zu Frau Schweizers Überraschung scheint das dem Team jedoch überhaupt keine Schwierigkeiten zu bereiten. Rasch kommen einige ganz konkrete Vorschläge zum weiteren Vorgehen, die Susanne Schweizer auf einem Flipchart festhält. Erfreulicherweise kommen diese Vorschläge nicht nur von jenen Teammitgliedern, die Frau Schweizer in ihrer ursprünglichen Teamaufstellung als „Veränderungsfreunde" eingeschätzt hat. Die Skeptiker bringen sich ebenfalls aktiv ein. Und sogar vom selbsternannten „Outlaw" des Teams kommt ein konstruktiver Vorschlag.

Eine Blitzlichtrunde beschließt den Workshop, der – so der Tenor des Blitzlichts – einige schwierige Themen lösungsorientiert bearbeitet hat, in konstruktiver Atmosphäre verlaufen ist und das Team spürbar gestärkt hat.

■ 16.3 Die Teamretrospektive

Eine andere Möglichkeit, das Team gut auf das evolutionäre Change Management vorzubereiten, ist die Durchführung einer gemeinsamen Retrospektive. Für Sie als Initiatorin oder Initiator von Kanban bietet eine solche Teamretrospektive eine gute Gelegenheit, die im Rahmen der persönlichen Retrospektive erfolgte Selbsteinschätzung mit den Einschätzungen der anderen Teammitglieder abzugleichen. Für die konkrete Gestaltung dieser Retrospektive kommt es wieder einmal auf die konkrete Situation an. Beispielsweise darauf,

- ob die **gesamte Arbeitssituation** fokussiert werden soll (wie im oben beschriebenen Fallbeispiel von Herrn Bergmüller) oder die Erfahrung mit der letzten Change-Initiative (wie im Fallbeispiel von Frau Rösner),
- ob es im Team bereits eine **Kultur regelmäßiger Retrospektiven** gibt,

- ob das Team bereit für eine **offene Auseinandersetzung** mit der Kooperationsqualität ist,
- ob Sie als **Impulsgeber davon überzeugt** sind, dass eine Teamretrospektive effektiv zum gewünschten Change beitragen kann; und last but not least,
- ob Sie sich selbst die **professionelle Moderation** einer solchen Retrospektive zutrauen.

Wie kann die Retrospektive nun gestaltet werden? Greifen wir dafür noch einmal die Situation von Herbert Krakauer auf. Als Leiter eines Teams von hochspezialisierten Experten und Expertinnen ist Herr Krakauer an maßgeschneiderte Individuallösungen gewohnt. Weniger gewohnt ist es Herr Krakauer, sich Zeit für eine gemeinsame Reflexion der laufenden Ereignisse zu nehmen. Eine solche Reflexion findet, wenn überhaupt, nur informell statt. Gar nicht gewohnt ist Herr Krakauer schließlich an regelmäßige Retrospektiven. Dennoch ist er nach dem Besuch eines Basistrainings zu Kanban davon überzeugt, dass ohne gezielte Rück- und Einblicke keine kontinuierliche Verbesserung zu haben ist. So entschließt sich Herr Krakauer, die notwendige Standortbestimmung zu Beginn seiner Veränderungsinitiative mittels einer Retrospektive durchzuführen.

Da er selbst keine Erfahrung mit der professionellen Gestaltung einer solchen Retrospektive hat, nimmt er kurzerhand unsere Hilfe in Anspruch. Unsere Zusammenarbeit lebt ganz wesentlich von Herrn Krakauers Bereitschaft, die Grenzen seiner eigenen Erfahrung anzuerkennen und sich selbst zum Rollenmodell für ein profundes Lernen zu machen. Zugleich stiehlt er sich keineswegs aus der Führungsverantwortung, sodass es sehr leicht ist, die notwendigen Weichenstellungen vorzunehmen:

- **zeitlich:** 3 Stunden aufgrund der mangelnden Erfahrung des Teams,
- **örtlich:** großer Besprechungsraum im IT-Bereich,
- **ausstattungstechnisch:** alle notwendigen Materialien und Hilfsmitteln sind gesichert,
- **sozial:** alle Teammitglieder werden persönliche eingeladen, die Retrospektive gemeinsam mit uns intensiv vorbereitet.

Eröffnet wird die Teamretrospektive durch Herbert Krakauer, der noch einmal den Rahmen sowie die Funktion des externen Moderators vorstellt. Bevor er das Führungszepter übergibt, fügt Herr Krakauer noch einige persönliche Worte hinzu:

> *„Ich bin mir darüber im Klaren, dass das für euch eine ungewohnte Arbeitsform ist. Einige von euch werden vielleicht sogar denken, dass es Zeitverschwendung ist und nicht zu unserem IT-Konzept passt. Sogar ich war anfänglich skeptisch. Da wir jedoch, wie ihr alle wisst, in einem hochdynamischen Umfeld unterwegs sind, müssen wir noch flexibler agieren als bisher. Ich bin davon überzeugt, dass uns Kanban dabei effektiv unterstützt. Ich ersuche euch, diesem Veränderungsweg eine Chance zu geben und mit der heutigen Retrospektive den kraftvollen Startpunkt für eine neue Ära zu setzen. Danke!"*

Die Worte des Bereichsleiters schienen ihre Wirkung zu tun. Bereits in der ersten Resonanz zur Frage „Was ich mir von der heutigen Retrospektive erwarte" wurden zahlreiche positive Signale gesetzt: „Wir sind noch skeptisch, aber bereit!", heißt es da, „Wir erwarten uns eine offene Auseinandersetzung und konkrete Verbesserungsschritte", „Es ist gut, dass wir uns einmal für grundsätzlichere Fragen Zeit nehmen" und besonders markant: „Das wäre doch gelacht, wenn wir nicht auch bei stürmischem Wind unseren Erfolgskurs fortsetzen können!" Mit diesem Rückenwind erschien es beinahe überflüssig, noch einmal die „Prime Directive" als eine Art von Wertegerüst oder kulturellen Rahmen abzustecken.

Die „Prime Directive"

Unabhängig davon, was wir während unserer Retrospektive herausfinden, sind wir davon überzeugt, dass jede und jeder das Beste gegeben hat, entsprechend der in der jeweiligen Situation verfügbaren Ressourcen, des zu dieser Zeit vorhandenen Wissens und der individuellen Fähigkeiten.

Nachdem wir solcherart Vertrauen und Sicherheit gefördert hatten, nahmen wir die nächste Stufe von Esther Derbys Phasenkonzept (Derby 2006): das Sammeln von Daten. Da Herbert Krakauer bereits in seiner Do-it-yourself-Retrospektive zahlreiche Erkenntnisse gewonnen hatte, beschlossen wir, dasselbe Fragegerüst auch für die Teamretrospektive heranzuziehen. So wurde also zu einer individuellen Kartenabfrage zu folgenden Fragen eingeladen:

- Was lief in letzter Zeit gut? Welche Erfolge wurden in meinem Arbeitsbereich erzielt? Welche Verbesserungen sind gelungen?
- Was lief in letzter Zeit nicht gut? Welche Misserfolge hat es gegeben? Was hat sich sogar verschlechtert?

Um möglichst rasch zu einer vertiefenden Diskussion zu gelangen, wurde eine Simultanpräsentation durchgeführt. Alle Teammitglieder brachten ihre Karten gleichzeitig auf den beiden vorbereiteten Pinboards für „+" und „–" an. Der Moderator unterstützte ein einfaches Clustering, damit das Team nicht im Datenchaos versank. Nach einer kurzen gemeinsamen Sichtung und der Klärung einiger Fragezeichen („Was ist mit xxx gemeint?"), ging es bereits in die nächste Phase, die ganz der reflexiven Erkenntnis gewidmet war. In Dreier- und Vierergruppen wurde an folgenden Fragen gearbeitet:

- Welche Schlüsse können wir aus der vorliegenden Bilanz ziehen? Was sollten wir in Zukunft unbedingt beibehalten? Was dringend ändern?

Nach 30 Minuten präsentierte jede Gruppe ihre TOP-3-Vorschläge für „Bewahren" und „Verändern". Als Bewahrenswert wurden mehrfach der gute Teamgeist, die Tiefe des Fachwissens und die grundsätzliche Zufriedenheit der Kunden genannt. Als veränderungswürdig sah man vornehmlich die Arbeitsüberlastung, die fehlende Struktur für die Auftragsabwicklung, das oftmalige Chaos im Arbeitsalltag, die vielen Störungen und die latente Ungeduld des Vertriebs.

Im Anschluss an diese Vorschläge wurden mögliche Verbesserungsmaßnahmen diskutiert. In dieser vierten und letzten Phase der Retrospektive übernahm Herr Krakauer wieder seine gewohnte Führungsrolle. Er würdigte die Ergebnisse, skizzierte den weiteren Marschplan in Sachen Kanbanisierung und brachte seine Freude über den gelungenen Auftakt zum Ausdruck. Diese Freude wurde in der Abschlussrunde von vielen geteilt. Von „positiver Überraschung" war da die Rede, davon, „dass wir endlich Tacheles geredet" und „uns gemeinsam unsere wichtigsten Baustellen vor Augen geführt" haben. Freilich wurden auch Stimmen laut, die mahnten, „dass dies zweifellos ein erster wichtiger Schritt war, wir aber noch keineswegs am Ziel sind" oder auch: „Ob uns die gesamte Reise gelingt, wird sich erst zeigen." Alles in allem durfte Herr Krakauer jedoch eine positive Bilanz aus seinem Experiment ziehen: auf Teamebene, aber auch im Sinne konkreter Ansatzpunkte für inhaltliche Verbesserungen.

Teamretrospektive

- Ziele pointieren:
  - Gemeinsame Reflexion der Ereignisse, gemeinsames Lernen
  - Standortbestimmung und Ausblick
  - Diagnose konkreter Verbesserungsschritte: Was können wir selbst tun?
- Rahmen abstecken:
  - Persönliche Einladung
  - Guter Raum, ausreichend Zeit, professionelle Ausstattung
  - Gründliche Vorbereitung, eventuell mit externer Unterstützung
- Sicherheit schaffen:
  - Definition der gewünschten Kultur – eventuell mit „Prime Directive"
  - Persönliche Botschaft: Was ist mir wichtig? Was möchte ich beitragen?
  - Aufwärmdialoge einsetzen
- Daten sammeln:
  - Kartenabfrage (1 Antwort pro Karte) oder Zurufabfrage (Moderator visualisiert)
  - Präsentieren und/oder Clustern der „+" und „–"-Antworten
- Einsichten gewinnen
  Welche Schlussfolgerungen ziehen? Was bewahren? Was verbessern?
- Maßnahmen definieren
  Was können wir tun? Welche Schritte wollen wir setzen?
- Abschließen
  Mini-Retrospektive der Teamretrospektive: Was war heute gut? Was können wir beim nächsten Mal besser machen?

■ 16.4 Das Kaizen Team Assessment

Eine andere Form, den aktuellen Standort des Teams vor Beginn des Kanban-Einsatzes zu bestimmen, ist das sogenannte Kaizen Assessment. Dieses lässt sich nicht nur persönlich, sondern auch auf Teamebene, auf Abteilungsebene und sogar auf der Ebene einer ganzen Organisationseinheit sinnvoll anwenden. Wir können das anschaulich am Beispiel von Roswitha Münz zeigen, die als COO eines Versicherungsunternehmens einem Bereich mit über 40 Mitarbeitern und Mitarbeiterinnen vorsteht.

Moderationstechnisch ist das Assessment eine einfache Punktabfrage, die mit wenig Aufwand im Rahmen einer regulären Besprechung durchgeführt werden kann.

Frau Münz hat dafür ihren monatlichen Bereichs-Jour-fixe gewählt, diesen jedoch um eine Stunde verlängert, um Zeit für eine ausführlichere Einführung des Kaizen-Gedankens zu haben. Diese Einführung ist Frau Münz vor allem wichtig, da die Versicherungsbranche an sich, ebenso wie der von ihr geleitete „Request & Change"-Bereich, als konservativ gilt. Dementsprechend hebt Frau Münz die strategische Bedeutung kontinuierlicher Verbesserung hervor. Und sie führt aus, dass sie Kanban eben nicht als mechanisches Regelsystem, sondern als unternehmenskulturelle Initiative sieht, die IT, Business, Qualitätssicherung und Betrieb gleichermaßen auf dem Radar haben sollten.

Nach einer intensiven Q & A-Session, bei der es erstaunlicher Weise weniger um konkrete Umsetzungsfragen zur angekündigten Kanban-Initiative als um Hintergründe von Kaizen geht, wird das Assessment erstmalig durchgeführt. Nach Einführung der Assessment-Boards erhält jedes Teammitglied ein Handout, auf dem alle Fragen und Bewertungsskalen zu finden sind. Daraufhin werden alle gebeten, in Ruhe die eigene Bewertung direkt auf jenem Handout vorzunehmen, das dem Kaizen Self-Assessment entspricht, das Frau Münz bereits im Zuge ihrer individuellen Vorbereitung durchgeführt hat. Die Zahlen auf dem eigenen Handout werden auf die zehn Klebepunkte übertragen, die dem Handout beigelegt sind, und schließlich simultan auf den großen Auswertungs-Boards angebracht. Um eine rasche Durchführung zu ermöglichen – immerhin sind fast 40 Leute anwesend –, steht jede einzelne Frage samt Skala auf einem eigenen Board. Nach abgeschlossenem Voting werden die Gesamtergebnisse wieder auf einem Board integriert, um eine möglichst gute Übersicht zu bieten. Bild 16.4 zeigt das Gesamtergebnis der Punktabfrage (P steht für Punkte, die Zahl davor für die Häufigkeit), das sowohl spezifische Häufungen als auch Streuungen sichtbar macht.

Im Anschluss gibt es rege Diskussionen: „Stimmt das Ergebnis überhaupt?" „Finden wir uns im Gesamtergebnis wieder?" „Was bedeutet das für das Vorhaben einer kontinuierlichen Verbesserung?" In kleinen, abteilungsmäßig gut durchgemischten Gruppen werden diese und andere Fragen intensiv erörtert. Nach der offenen Diskussion an den Tischen und kurzen plenaren Berichten über die wichtigsten Diskussionspunkte wird das Assessment mit der Frage nach möglichen Verbesserungsschritten abgeschlossen. In Kleingruppen wird die Frage bearbeitet: „Worauf sollten wir verstärkt achten, um Kaizen bei uns voranzutreiben? Bitte definiert eine konkrete Maßnahme, durch die wir uns zumindest um einen Punkt verbessern können." Hier ein Auszug aus der Ideensammlung:

- Kanban als **gemeinsames Steuerungssystem** nützen
- **Freiräume schaffen,** damit wir nicht immer gleich die Übersicht verlieren
- Uns nicht immer von den Kunden unter **Druck** setzen lassen
- Öfters gezielt bei **Kollegen um Rat** nachfragen
- **Zeit für Ursachenforschung** absichern
- Auch **in Stresssituationen Ruhe** bewahren – statt dem anderen für den eigenen Stress die Schuld zu geben
- **Moderationsschulung**, um Kommunikation möglichst gut zu gestalten

Kaizen bei uns

Skala 1=ganz selten; 10=sehr oft/bei jeder sich bietenden Gelegenheit

1. Wir stellen die Ist-Situation regelmäßig in Frage

☐ 1 | 1P. 2 | 10P. 3 | 15P. 4 | 10P. 5 | 2P. 6 | 1P. 7 | ☐ 8 | ☐ 9 | ☐ 10

2. Wir fragen uns primär, wie etwas getan werden kann, und haben unsere „Das-geht-nicht-Haltung" im Griff

2P. 1 | 5P. 2 | 15P. 3 | 8P. 4 | 5P. 5 | 3P. 6 | 2P. 7 | ☐ 8 | ☐ 9 | ☐ 10

3. Wenn Fehler oder Probleme auftreten, spielt Schuld für uns keine Rolle – weder entschuldige der einzelne sich noch lassen wir zu, dass andere nach Schuldigen suchen

3P. 1 | 15P. 2 | 10P. 3 | 2P. 4 | 1P. 5 | 2P. 6 | 1P. 7 | ☐ 8 | ☐ 9 | ☐ 10

4. Wir suchen nicht sofort nach perfekten Lösungen – stattdessen arbeiten wir beharrlich an kleinen Verbesserungsschritten

2P. 1 | 17P. 2 | 16P. 3 | 7P. 4 | 2P. 5 | 6P. 6 | ☐ 7 | ☐ 8 | ☐ 9 | ☐ 10

5. Tritt ein Problem auf, suchen wir sofort zumindest nach einer provisorischen Lösung

☐ 1 | ☐ 2 | ☐ 3 | 1P. 4 | 1P. 5 | 22P. 6 | 11P. 7 | 3P. 8 | ☐ 9 | ☐ 10

6. Wir weichen Problemen nicht aus und geben nicht gleich auf – auch wenn es sich um schwierige Herausforderungen handelt

☐ 1 | 1P. 2 | 1P. 3 | 3P. 4 | 6P. 5 | 6P. 6 | 17P. 7 | 7P. 8 | 2P. 9 | ☐ 10

7. Wir beheben nicht nur Störungen, sondern fragen auch nach Ursachen

☐ 1 | 4P. 2 | 12P. 3 | 7P. 4 | 2P. 5 | 6P. 6 | 7P. 7 | 2P. 8 | ☐ 9 | ☐ 10

8. Wir suchen aktiv die Hilfe von anderen, um gemeinsam bessere Lösungen zu finden

☐ 1 | 2P. 2 | 11P. 3 | 8P. 4 | 3P. 5 | 6P. 6 | 2P. 7 | 8P. 8 | ☐ 9 | ☐ 10

9. Wir sind davon überzeugt, dass es unendlich viele Möglichkeiten zur Verbesserung gibt – und streben stets danach, neue Wege zu entdecken

☐ 1 | 7P. 2 | 17P. 3 | 9P. 4 | 3P. 5 | 6P. 6 | ☐ 7 | ☐ 8 | ☐ 9 | ☐ 10

Bild 16.4 Ergebnisse des gemeinsamen Kaizen Assessments

Das Kaizen Team Assessment wird mit einer kurzen Retrospektive abgeschlossen. In tischübergreifenden Trios wird Standup diskutiert, was das heutige Assessment gebracht hat und wodurch man den Nutzen noch verbessern könnte. Auf diese Weise wird Kaizen konsequenterweise auch auf das Kaizen Team Assessment angewandt. „Ein frischer Wind für den Bereichs-Jour-fixe", „spannende Ergebnisse", „mal ein anderer Zugang", „interessantes Experiment – bin schon auf Fortsetzung gespannt" heißt es im abschließenden Plenum zum wahrgenommenen Nutzen. Kritisch wird unter anderem angemerkt: „Die Ergebnisse sind natürlich mit Vorsicht zu genießen. Ergibt das wirklich ein angemessenes Bild unserer

Arbeitskultur?" „Spiegeln die Punkte nicht sozial erwünschtes Verhalten wider?" „Wurden die richtigen Fragen gestellt?"

Für Roswitha Münz selbst ergeben sich noch zusätzliche Nutzenaspekte. Das Ergebnis zeigt ihr einerseits, wo sie mit ihrem Verbesserungsvorhaben ansetzt. Sie kann das Bereichsergebnis andererseits mit ihrer eigenen Einschätzung vergleichen und erkennen, wo sie im Schnitt liegt, wo sie eine Vorreiterinnenrolle einnimmt und wo sie hinterher hinkt. Kritisch sieht auch Frau Münz die Auswahl der Fragen, vor allem aber die Einmaligkeit der Durchführung eines solchen Assessments. Um Kaizen nicht zur Eintagsfliege verkommen zu lassen, beschließt Frau Münz daher, das Assessment fortan regelmäßig anzuwenden. Durch wiederholten Einsatz sinkt der Aufwand, das Instrument wird allen Beteiligten vertrauter, und das Thema Kultur bleibt ständig auf dem Radar.

Bei den einmal pro Quartal stattfindenden Folge-Assessments werden Klebepunkte mit anderer Farbe verwendet, sodass mit der Zeit ein Dokument der kulturellen Entwicklung entsteht. Fort-, aber auch Rückschritte werden auf diese Weise transparent und eine gezielte Untersuchung einzelner Maßnahmen möglich gemacht. Um weitere Differenzierungen vornehmen zu können, wird nach vier Iterationen beschlossen, das Assessment auch auf Abteilungsebene durchzuführen. Zudem nimmt sich der Führungskreis vor, auf der nächsten Klausur eine Gesamtschau abzuhalten und dabei auch die derzeitigen Assessment-Fragen zu überprüfen.

■ 16.5 Das Team Mission Statement

Wie bereits im Kapitel 15 zur „Individuellen Vorbereitung" ausgeführt, klärt das Mission Statement den Sinn des eigenen Tuns. „Warum gibt es unsere Abteilung?", „Wer gehört dazu?", „Womit beschäftigen wir uns?" und „Wie profitieren unsere Kunden davon?" hatte sich Herr Müller ja bereits im Selbststudium gefragt und dabei so manches Aha-Erlebnis gehabt. Jetzt möchte er seine Sicht der Abteilung mit der Sicht seines Teams abgleichen. Als Department Manager im Bereich Downstream Applications eines internationalen Energiekonzerns möchte Herr Müller zudem die Identität der neu geschaffenen Teams schärfen: Was ist unser Selbstverständnis? Wo stehen wir hinsichtlich der Klarheit unserer Kernaufgaben? Welchen Mehrwert schaffen wir damit?

Mit diesen Leitfragen im Gepäck lädt Herr Müller zu einem Workshop, für dessen Moderation er auf unsere bewährte Zusammenarbeit zurückgreift. „New Department Start Up" titelt der Workshop, dessen Herzstück die gemeinsame Arbeit an den Mission Statements ist. Nach der Klärung der neuen Abteilungs- und Teamstruktur präsentiert Herr Müller das Ergebnis seiner individuellen Vorarbeit. Damit will er ein Beispiel dafür geben, wie ein Mission Statement aussehen kann – und zugleich dazu einladen, seinen Entwurf weiter zu verbessern. Der Moderator verteilt im Anschluss folgenden Leitfaden.

Team Mission Statement

Was ist der fundamentale Zweck unserer Abteilung? Wofür sind unsere Teams da? Lasst uns die Bausteine für kraftvolle Mission Statements schaffen, indem wir folgende Fragen beantworten:

- Worauf hat sich unser Team spezialisiert?
- Wer ist Teil unseres Teams und wo sind unsere wichtigsten Schnittstellen?
- Wer sind unsere Kundinnen und Kunden?
- Wodurch tragen wir zu deren Erfolg bei?
- Was zeichnet unser Team aus? Was macht unsere Leistungen einzigartig?

Nach zwei Stunden intensiver Diskussion kommen die Teams mit ersten Entwürfen ins Plenum zurück. Diese werden Wort für Wort durchdiskutiert und mit einigen Verbesserungsvorschlägen versehen. „Kaizen wie es leibt und lebt", wird Herr Müller später darüber sagen. Hier die Ergebnisse, die schließlich gemeinsam abgesegnet werden:

> *„Als Expertenteam für Businessanalyse und Projektmanagement liefern wir unseren Geschäftspartnern im Marketing Programme und Projekte, die hochkomplex sind und alle Erwartungen hinsichtlich Funktionalität, Know-how und Innovationskraft erfüllen."*

> *„Als Application Architects und Change Manager übersetzen wir die Anforderungen unserer Kunden, um deren operatives Business optimal zu unterstützen. Wir verfügen über die gesamte Expertise, die professionelle und innovative Lösungen für das Marketing brauchen."*

> *„Als Experten für Service Management und Operations wissen wir, wie wichtig die von uns betreuten Applikationen für den Marketingbereich sind. Mit all unseren Kräften bieten wir rund um die Uhr bestmögliche Unterstützung, um das gemeinsame Ziel zu erreichen: zufriedene Kunden."*

Auf Basis dieser Team-Statements wird auch der Entwurf des Abteilungsleiters überarbeitet. Es ist von entscheidender Bedeutung für die Glaubwürdigkeit von Kaizen und Kanban, dass Thomas Müller hier nicht in eine Verteidigungshaltung fällt, sondern sich offen für eine gemeinsame Verbesserungsarbeit zeigt. Schließlich geht es nicht um sein eigenes, sondern um ein von allen gemeinsam getragenes Statement. Hier die vorläufige Endversion:

> *„Als Abteilung für „Cards and Projects" schaffen wir qualitativ hochstehende Services und Projekte. Durch IT-Lösungen aus einer Hand erzielen wir Mehrwert für alle Marketingbereiche. All unsere Lösungen werden rasch umgesetzt und leben von der intensiven Zusammenarbeit mit unseren Kunden und der Bereitschaft, unsere Leistungen kontinuierlich zu verbessern."*

Vorläufig ist diese Version nicht nur deshalb, weil einer der beschlossenen Folgeschritte das „noch einmal in Ruhe darüber schlafen" ist. Vielmehr wird ebenso beschlossen, dass alle Statements sowohl dem Leiter des gesamten IT-Bereichs als auch den jeweiligen Kunden und Kundinnen präsentiert werden. Dabei soll nach positivem Feedback, aber eben auch explizit nach Verbesserungsvorschlägen gefragt werden. Womit wir über das Mission Statement endgültig die Brücke zwischen Team und Stakeholder geschlagen haben.

■ 16.6 Die Stakeholder-Landkarte des Teams

Es sollte mittlerweile klar geworden sein, warum wir für eine sorgsame Vorbereitung Ihrer Kanban-Einführung plädieren. Schließlich ist es alles andere als selbstverständlich, dass all Ihre Mitarbeiter und Mitarbeiterinnen von der Notwendigkeit Ihres Veränderungsvorhabens überzeugt sind – geschweige denn, dieses Vorhaben aktiv mittragen.

Selbiges gilt im Übrigen auch für Ihre Stakeholder. Die letzten beiden Tools zur gemeinsamen Diagnose helfen, auch Ihre Stakeholder für die evolutionäre Veränderung mit Kanban zu gewinnen. Damit Sie Management, Kunden oder Partner für den angestrebten Change mobilisieren können, müssen Sie diese erst einmal identifizieren. Ja, mehr noch: Sie sollten sowohl wissen, wessen Ansprüche und Interessen für Ihren Arbeitsbereich besonders relevant sind, als auch, wie Ihre Stakeholder untereinander vernetzt sind.

> **Es geht darum, die strategische Bedeutung bestimmter Interessensgruppen für Ihre Wertschöpfung zu erhellen – und dabei mögliche Koalitions-, aber auch Konfliktpartner zu identifizieren.**

Das ist leichter gesagt als getan. Noch dazu, wo Sie in Ihrem Team zweifellos unterschiedliche Ansichten haben. Folglich geht es bei der Teamlandkarte um die bestmögliche Integration der vorhandenen Perspektiven. Widerstehen Sie also der Versuchung, Ihre eigene Landkarte einfach vorzugeben. Machen Sie sich vielmehr auf eine neue Entdeckungsreise. Als Lohn dafür winken Ihnen:

- neue **Einblicke** in die Arbeitslandschaft Ihres Teams,
- **intensive Kommunikation** über unterschiedliche Erfahrungen und Ansichten,
- die **Weiterentwicklung** Ihrer eigenen Ideen zum Kanban Change Management,
- die **Erhellung** Ihrer eigenen blinden Flecken,
- die **Präzisierung der Landkarte,**
- kurzum: **Verbessern und Lernen.**

Nach seinem spontanen Experiment in der Bar macht sich Herr Drechsler daran, die Stakeholder-Landkarte wie geplant im Rahmen einer formellen Teambesprechung zum Thema zu machen. Da er weiß, dass auch sein Freund Herbert Riesch eine gemeinsame Stakeholder-Landkarte erstellt hat, bittet er ihn kurzerhand um eine schriftliche Anleitung.

 Die Stakeholder-Landkarte des Kanban-Teams

Die Team-Stakeholder-Landkarte wird in fünf einfachen Schritten erstellt:

1. Im Zentrum Ihrer Landkarte steht natürlich die Mission Ihres Arbeitsbereichs. Alle für die Erfüllung dieser Mission relevanten Organisationseinheiten, Gruppen oder Personen werden brainstormartig gesammelt und im Anschluss anhand folgender Fragestellung geordnet: Wer ist besonders wichtig für unseren Wertschöpfungsprozess? Und wer darf einigermaßen ungestraft vernachlässigt werden? Für die Bewertung können Sie als Moderator oder Moderatorin eine einfache Punktabfrage vorschlagen (etwa: Jeder bestimmt seine TOP-5-Stakeholder).

2. Die ausgewählten Stakeholder werden auf unterschiedlich große Karten übertragen. Die Größe der Karten bringt die Bedeutung der Stakeholder für den langfristigen Erfolg zum Ausdruck. Ziel ist eine Gewichtung, die von allen mitgetragen werden kann.

3. Die Stakeholder-Karten werden in unterschiedlicher Nähe zum Zentrum, also Ihrer Mission angeordnet. Das soll die Betroffenheit der jeweiligen Stakeholder durch Ihr tägliches Tun, aber auch durch mögliche Veränderungen zum Ausdruck bringen. Hier gilt es gemeinsam zu experimentieren. In der Praxis hat es sich bewährt, sich dafür um einen Tisch oder um eine Pinnwand zu versammeln. Auf diese Weise können sich alle gut daran beteiligen, wenn es um das Durchspielen verschiedener Positionen und die Erörterung der jeweiligen Sichtweisen geht. Ihre Aufgabe als Moderator ist es hier, Durchsetzungswillen zu bremsen und alle zu beteiligen.

4. Die Karten werden durch Linien mit dem Zentrum verbunden, um die Kontakthäufigkeit anzuzeigen. Ein Strich steht für wenig Kontakt, zwei Striche für durchschnittliche, drei Striche für hohe Kontakthäufigkeit. Hier geht es ebenfalls um pragmatische Verständigung, die jederzeit durch die Bildung von Durchschnittswerten (auf der Basis der Votings für 1, 2 oder 3 durch alle Teammitglieder) verkürzt werden kann. In der Praxis hat es sich als erkenntnisreich erwiesen, wenn auch darüber gesprochen wird, wer aus dem Team denn nun mit wem wie viel Kontakt hat.

5. Schließlich lässt sich die spezifische Qualität der Zusammenarbeit noch durch Symbole verdeutlichen. Etwa ein Blitz für ein konfliktreiches Arbeitsverhältnis, ein Rechteck für eine Blockade, ein + für positive, ein ? für eine unklare Kooperationsbasis und Ähnliches mehr. Dabei ist keine Einigung notwendig. Entscheidend ist hier einmal mehr die offene Kommunikation im Team („Warum ist das für dich ein +, für mich aber ein – ?" etc.)

Aufgrund seiner sorgsamen Vorbereitung gelingt es Herrn Drechsler gut, sein Team durch den Arbeitsprozess zu führen. Nach anfänglicher Verwirrung sind alle voll engagiert und bestrebt, die derzeitige Situation in einem möglichst stimmigen Bild zusammenzufassen. Bild 16.5 zeigt das Ergebnis dieses Verhandlungsprozesses

Über seine Einzelarbeit hinaus sieht Herr Drechsler in der Teamlandkarte einen mehrfachen Nutzen:

▪ Die **gemeinsame Erstellung eines Bildes** bietet Übersicht und Orientierung für das gesamte Team

▪ Der intensive Kommunikationsprozess verwirklicht selbst ein **Stück gelebtes Kaizen.** Beständig wird ent- und verworfen, diskutiert und bestritten, vorgestellt und zurückgenommen. Es wird kontinuierlich verbessert, bis man ein Ergebnis erreicht hat, das für alle einen hohen Grad an Stimmigkeit aufweist.

▪ Die Intensität der Arbeit bringt einen starken **Teambuilding-Effekt** mit sich. Herrn Drechslers aktive Moderation fördert einen Kommunikationsprozess, in dem alle zu Wort kommen und auch gehört werden. Durch den Austausch des individuellen Erlebens der einzelnen Stakeholder gewinnen die Teammitglieder nicht nur neue Informationen, sondern lernen einander auch besser kennen.

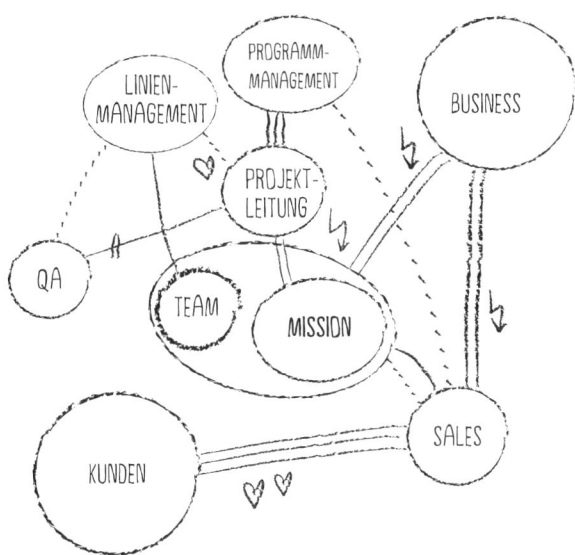

Bild 16.5 Stakeholder Landkarte des Kanban-Teams

- Die umsichtige Auseinandersetzung bringt wichtige **Impulse für Herrn Drechslers Führungsarbeit.** Einerseits lernt auch er sein Team besser kennen. Andererseits hilft ihm die Landkartenarbeit bei der Erhellung eigener blinder Flecken
- Die **Verbesserungsarbeit** wird mit viel Energie fortgesetzt. Mit der Landkarte hat das Team offenbar Lunte gerochen. Jetzt gilt es, das Kaizen-Feuer konsequent in Richtung Stakeholder zu tragen.

■ 16.7 Das Stakeholder-Interview

Wie beschrieben ist die Stakeholder-Landkarte der erste Schritt zur Fokussierung auf Ihre wichtigsten Partner in Sachen Verbesserungsarbeit. Der logische Folgeschritt ist der persönliche Kontakt mit diesen Partnern.

Was wird damit bezweckt? Richten wir diese Frage noch einmal auf das obige Fallbeispiel. Auf Anraten seines erfahrenen Managementfreundes hat Herr Drechsler bereits vor Abschluss der Landkartensession die Folgeschritte geklärt. Dem Flow folgend, stellt er sowohl eine Interviewserie als auch die Einladung zu einem Kanban-Basistraining in Aussicht. Alle waren damit einverstanden, dass Herr Drechsler die Interviews selbst durchführt und parallel dazu einen Kanban-Experten für eine erste Schulung ins Haus holt. Zudem wurde beschlossen, gemeinsam mit dem Team und allen Interviewpartnern einen sogenannten Rückkopplungsworkshop zu veranstalten, bei dem die wichtigsten Ergebnisse zusammengefasst und das weitere Vorgehen abgestimmt werden sollten.

Hinsichtlich der Interviewserie ist Herrn Drechsler besonders wichtig, dass sich jeder von ihm persönlich kontaktierte Stakeholder gewürdigt und in seiner strategischen Wichtigkeit anerkannt fühlte. Aus eigener Erfahrung weiß er, dass er diese implizite Beziehungsbotschaft nicht unterschätzen darf. In vielen Gesprächen ergänzt er die implizite Beziehungsbotschaft durch eine explizite Wertschätzung, die er gleich im Rahmen der Gesprächseröffnung zum Ausdruck bringt. Hier zwei konkrete Beispiele:

- „Danke, Heinz, dass du dir Zeit für dieses Gespräch nimmst. Du weißt ja, dass ich dich seit vielen Jahren als verlässlichen Partner schätze. Deshalb ist es mir besonders wichtig, zu Beginn unserer Verbesserungsinitiative einmal in Ruhe deine aktuellen Anliegen kennenzulernen."

- „Super, Marie, dass du meiner Einladung zu diesem kleinen Interview gefolgt bist. Ich weiß ja, dass du auch in der Vergangenheit immer ein offenes Ohr für unsere Belange und oft auch sehr hilfreiche Tipps hattest. Trotzdem würde ich unsere gute Zusammenarbeit heute gerne einmal auf einen kritischen Prüfstand stellen."

Das Stakeholder-Interview bietet eine neue Möglichkeit, miteinander ins Gespräch zu kommen. Es vermag den Kontakt zu stärken, der zumeist von operativem Druck dominiert ist. Und es verspricht neben beziehungs- auch jede Menge sachdienliche Hinweise für die weitere Verbesserungsarbeit.

Der Titel Interview unterstreicht Josef Drechslers Absicht, in diesem Gespräch primär zuzuhören. Im Sinne der von ihm angestrebten Diagnose möchte er in Erfahrung bringen, was seinen Business-Partnern am wichtigsten ist. Wie definiert sein jeweiliger Gesprächspartner seinen Erfolg? Was erwartet er sich dazu von Herrn Drechslers Team? Was passt diesbezüglich schon? Und wo sieht sein Gegenüber den größten Verbesserungsbedarf?

Herr Drechsler weiß, dass er der Versuchung widerstehen muss, nach der Beantwortung der Fragen gleich in eine Diskussion einzusteigen. Es geht darum, dass er die aktuelle Arbeitssituation aus der Sicht seiner jeweiligen Stakeholder noch besser versteht – und nicht darum, diese zu kommentieren.

Obwohl das Gewinnen von Informationen im Zentrum steht, bietet des Gespräch auch die Möglichkeit, gezielt Informationen zu geben: etwa zu Beginn, wenn nochmals die Ziele und der Nutzen des Interviews umrissen werden; während des Gesprächs, wenn es um das Benennen von Verbesserungsbedarf geht; oder gegen Ende, wenn beispielsweise die nächsten Schritte geklärt werden. Je nach Interviewpartner und Gesprächsverlauf findet Herr Drechsler ganz unterschiedliche Gelegenheiten, die Motive seiner Verbesserungsinitiative und vor allem den Nutzen von kontinuierlicher Verbesserungsarbeit zu erläutern. Zudem hat er nach Rücksprache mit seinem CTO auch die Zusicherung, alle Stakeholder zu einer Informationsveranstaltung einladen zu dürfen. Im Folgenden eine Übersicht über die wichtigsten Eckpfeiler des Stakeholder-Interviews.

 Das Kanban-Stakeholder-Interview

- Interview vorbereiten:
  - Persönliche Einladung
  - Ziele und Nutzen pointieren
  - Vereinbarung für Gespräch treffen

- Rahmen abstecken
  - Für Gesprächsbereitschaft bedanken
  - Nochmals kurz Ziele und Nutzen sowie geplanten Ablauf des Gesprächs erläutern
  - Offene Fragen klären
- Kernfragen stellen
  - Was ist Ihnen in Ihrer Arbeit besonders wichtig? Wodurch sichern Sie Ihren Erfolg?
  - Was brauchen Sie dazu von uns? Was können wir zu Ihrem Erfolg beitragen? Was erwarten Sie?
  - Was passt diesbezüglich schon?
  - Wo sehen Sie den größten Verbesserungsbedarf?
- Antworten zusammenfassen
  - Was sind die wichtigsten Punkte in unserer Zusammenarbeit, auf die wir weiter bauen können?
  - Wo sollten wir uns unbedingt verbessern?
  - Auf Post-its oder Kärtchen visualisieren und in Reihenfolge bringen: Was ist am allerwichtigsten?
  - Ergebnis nochmals überprüfen, eventuell neue Reihung vornehmen
- Abschließen
  - Informieren, wie es weitergeht: Was passiert mit den Kärtchen? Wie erfahren Sie von allen Ergebnissen? Welche weiteren Schritte wollen wir setzen? Was haben Sie davon?
  - Eventuell noch offene Fragen klären
  - Danke für das Gespräch

Für die weitere Verwendung der Interviewergebnisse ist vor allem eine akkurate Zusammenfassung wesentlich. Nach erfolgter inhaltlicher Klärung sollten die wichtigsten Aussagen unbedingt schriftlich festgehalten werden. Dabei gilt es darauf zu achten, dass sowohl positive als auch kritische Aspekte festgehalten werden – am einfachsten, indem jeder verdichtete Aspekt auf eine eigene Moderationskarte geschrieben und zwischen den Gesprächspartnern platziert wird. Bewährt haben sich Stichwörter oder kurze Sätze, wortwörtliche Zitate helfen, die weitere Arbeit lebendig zu gestalten.

Apropos Weiterarbeit: Sie sollten sie unbedingt darauf hinweisen, dass Sie diese Gesprächsergebnisse gerne weiter verwenden wollen. Sie sollten sich versichern, dass Ihr Gesprächspartner seine Aussagen auch freigibt. Zudem regen wir an, dass die Verbesserungskarten nach Wichtigkeit gereiht werden. Zur Überprüfung dieser Reihenfolge können Sie zum Beispiel die sogenannte Feenfrage einsetzen. „Wenn ich jetzt eine gute Fee wäre und Ihnen bei zwei Verbesserungsthemen helfen würde – wären das die ersten beiden Themen?" Wenn das bestätigt wird, haben Sie Ihre Ergebnisse bereits in der Tasche. Falls nicht, sollte Sie erneut über die tatsächliche Gewichtung nachdenken.

Sie schließen das Gespräch mit einem möglichst konkreten Ausblick ab. Herr Drechsler tut das wie erwähnt mit einer Doppeleinladung zu einem inhaltlichen Basistraining und zu einem kurzen Rückkopplungsworkshop. Sie können selbstverständlich auch eine andere Schrittfolge wählen. Wichtig ist es, am Ball zu bleiben und Ihrem Stakeholder zu versichern, dass das Interview ein wichtiger, aber keinesfalls der letzte Ihrer Veränderungsschritte war.

Was Sie aus diesem Kapitel mitnehmen können

Im Folgenden finden Sie eine zusammenfassende Übersicht über die in diesem Kapitel ausgeführten Methoden, die Sie zur gemeinsamen Standortbestimmung zu Beginn Ihrer Kanban-Initiative anwenden können. In der linken Spalte sind das Designelement und das jeweilige Werkzeug, rechts der aus unserer Sicht zentrale Nutzen vermerkt.

Design und Werkzeug	Nutzen
Veränderungsdialog	• Persönliche Zuwendung • Intensives Zuhören & gezieltes Informieren • Abbau von Widerständen und Mobilisieren von Veränderungsenergie • Commitment für weitere Schritte
Change Team Workshop	• Zusammenfassung der wichtigsten Themen aus den Einzelgesprächen • Feedback und Ergänzungen • Vertiefte Arbeit zu einzelnen Problemfeldern • Konkrete Verbesserungsmaßnahmen
Teamretrospektive	• Analyse der spezifischen Ausgangsbasis Ihrer Initiative • Stärken und Verbesserungsbereiche aus Teamsicht
Mission Statement des Teams	• Gemeinsam das Zentrum der Verbesserungsarbeit setzen • Fokus der eigenen Arbeit schärfen
Kaizen Team Assessment	• Einschätzung der Ist-Situation aus kultureller Sicht • Katalysator für Auseinandersetzung mit dem Thema Unternehmenskultur
Stakeholder-Landkarte	• Übersicht über die wichtigsten Kunden- und Interessensgruppen, die Sie berücksichtigen sollten • Brücke zwischen eigenem Arbeitsbereich und relevanten Umfeldern schlagen
Stakeholder-Interview	• Persönlicher Kontakt mit den strategisch bedeutsamsten Wertschöpfungspartnern • Stärkung der Zusammenarbeit • Gewinnen der Stakeholder für evolutionären Change
Arbeit mit organisationsinternen oder externen Coaches, Moderatoren, Peers	• Fachlicher Input von anderen Experten • Austausch auf Peer-Ebene • Co-kreative Zusammenarbeit mit Beraterinnen und Beratern

17 Kanban-Basistraining

Das Kanban-Basistraining sichert das inhaltliche Fundament, auf dem Sie eine Kultur kontinuierlicher Verbesserung aufbauen können. Lassen Sie uns noch einmal die Situation von Roswitha Münz aufgreifen, um den Nutzen eines solchen Basistrainings zu verdeutlichen. Als langjährige COO eines Versicherungsunternehmens weiß Frau Münz, dass der Aufbau ihrer Verbesserungsinitiative von den Besonderheiten ihrer Unternehmenskultur abhängig ist. Die Architekturelemente oder Bausteine, die sie einsetzt, sind auf die Geschichte, Größe, Branche, Umfeld und die bisherige Veränderungserfahrung ihrer Organisation abzustimmen.

Nichtsdestotrotz gibt es ein paar generelle Wegweiser für eine erfolgreiche Kanbanisierung. Aus ihrer Lektüre von David J. Andersons Buch nimmt Frau Münz drei starke Hinweise mit (vgl. Anderson 2010):

- **Kanban beginnt dort, wo sich ein System gerade befindet.** Es braucht keine großen Umstellungen, aufwendige Trainings oder Prozessrevolutionen. Nach einigen Erfahrungen mit hochkomplexen *Business Process Rengineering*-Projekten ist Frau Münz der Ansatz von Kanban sofort sympathisch. Mit einfachen Mitteln kann sie ihre derzeitigen Arbeitsprozesse sichtbar machen und erste Verbesserungsschritte setzen.

- **Kanban respektiert die bestehende Ordnung.** Weder werden die bestehenden Prozesse per se in Frage gestellt noch die existierenden Funktionen. Passend zu dem eher konservativen Umfeld, in dem Frau Münz sich bewegt, erscheint ihr ein evolutionärer Zugang wesentlich erfolgversprechender als ein revolutionärer. Statt ihre Kooperationspartner mit radikalen Maßnahmen vor den Kopf zu stoßen, wird das Bestehende erst einmal als sinn- und wertvoll anerkannt. Kanban ermöglicht es, diese Partner für eine Verbesserungsarbeit zu gewinnen, die den vorhandenen Sinn und Wert sukzessive vermehrt.

- **Kanban strebt inkrementelle, evolutionäre Veränderungen an.** Aufgrund ihrer bisherigen Erfahrungen mit unternehmerischer Veränderung glaubt Frau Münz eher an ein schrittweises Vorgehen als an den großen Wurf. Dafür braucht es eine Übereinkunft mit all jenen, die von dieser Veränderungsbewegung essenziell berührt werden.

Bereits nach ihren ersten Schritten im Rahmen ihrer individuellen Vorbereitung und den Diagnosegesprächen ist Frau Münz klar, dass sie möglichst viele ihrer Stakeholder für das Basistraining gewinnen möchte. „Je mehr es gelingt, ein gemeinsames Wissen über Kanban-Lösungen herzustellen, umso besser", erklärt Frau Münz ihr Vorhaben. Wir stimmen ihr zu, dass Kanban ein gemeinsames Arbeits- und Verbesserungsverständnis braucht.

Dafür ist ein Basistraining sehr gut geeignet. Es vermittelt einen Überblick über all das, was für die praktische Umsetzung der von David J. Anderson gesetzten Prinzipien wichtig ist: Visualisierungen, WiP-Limits, Serviceklassen, Metriken. Das Basiswissen darüber wird mit einer Vielzahl praktischer Übungen verbunden, in denen es sofort um die praktische Anwendung der vorgestellten Prinzipien und Techniken geht. Frau Münz beschreibt das „als Kochanleitung, auf der wir Informationen zur Küche, zu Kochutensilien, zu möglichen Rezepten und die einzelnen Zutaten erhalten."

Diese Analogie aufgreifend, ergänzen wir, dass es im Basistraining vor allem darum geht, das Wozu zu verstehen.

Warum kochen wir eigentlich? Was erreichen wir damit? Wer hat etwas davon? Ins konkrete Tun übersetzt heißt das, dass im Basistraining auch der breitere Ausblick wichtig ist. Neben dem Werkzeugkasten von Kanban und diversen Einsatzübungen geht es demnach auch um das vielzitierte *Big Picture*. Die Praxis des Kanban Change Managements zeigt uns, dass ein gemeinsames Grundverständnis des Wozu, Was und Wie der Veränderung von großer Bedeutung ist. Hierfür sind unserer Ansicht nach folgende Wegweiser maßgeblich:

- **Kanban ist eine Veränderungsinitiative.** Es geht um systemische Verbesserungen, für die nicht Einzelleistungen, sondern die Zusammenarbeit wesentlich sind. Wertschöpfung und Arbeitsqualität steigen durch klare Spielregeln mit allen relevanten Kooperationspartnern.

- **Kanban geht es um die gesamte Arbeitskultur.** Die Verbesserung dieser Kultur erfordert eine kritische Reflexion der eigenen Grundhaltungen, die sich in einem bestimmten Leistungs- und Kooperationsverhalten ausdrücken. Das erfordert wiederum die Bereitschaft zu einer konsequenten Arbeit an der eigenen Entwicklung.

- **Kanban dreht sich um Menschen und nicht um Mechaniken.** Es sind die Menschen, die eine nachhaltige Verbesserungsarbeit vorantreiben – und sie tun dies ganz wesentlich durch Emotionen: Freude, Mut, Begeisterung, aber ebenso Ärger, Enttäuschung oder Trauer. Wir empfehlen, diese Emotionen zu respektieren und gut zu nützen – schließlich dürfen sie als Motor von Veränderung betrachtet werden.

- **Kanban ist Teamsport.** Frau Münz fühlt sich besonders durch den Hinweis angesprochen, dass sie starke Verbündete braucht, um eine Kultur kontinuierlicher Verbesserung zu schaffen. Gemeinsam definieren wir das Basistraining als einen wesentlichen Schritt, Veränderung ins Leben zu rufen. Und gemeinsam mit Frau Münz' Businesspartnern den Grundstein dafür zu legen, diese Veränderung langfristig am Leben zu erhalten.

Das Abstecken eines breiteren Rahmens ist ganz im Sinne von Frau Münz. Als Freundin der gepflegten Metapher vergleicht Frau Münz diesen Rahmen mit einem Weitwinkelobjektiv, das hilft, die Mechaniken und Prozessbausteine in den richtigen Zusammenhang zu stellen. Es leuchtet ein, dass wir nicht alles in einem eintägigen Training genau erkunden können. Doch das größere Bild hilft, das Kanban-Fundament auf das richtige Ziel hin auszurichten.

Was Sie aus diesem Kapitel mitnehmen können

Im Kanban-Basistraining erarbeiten Sie das inhaltliche Fundament Ihrer Verbesserungsinitiative.

Einerseits lernen Sie dabei alle wesentlichen Prozessbausteine und Techniken kennen, die Sie für einen erfolgreichen Einsatz von Kanban brauchen.

Andererseits betrachten Sie diese Bausteine und Techniken in einem größeren Rahmen, um deren unternehmerischen Nutzen zu präzisieren.

Die Erfahrung zeigt, dass das Basistraining besonders wirkungsvoll ist, wenn alle relevanten Stakeholder daran teilnehmen. Das stärkt das gemeinsame Verständnis und die Qualität der Zusammenarbeit.

In dieser Hinsicht kann auch ein kurzer unternehmensinterner „Crashkurs" in Sachen Kanban ein Stück Kaizen verwirklichen.

18 Rückkopplung

„Keine Maßnahme ohne Diagnose", haben uns die deutschen Change Management-Pioniere Klaus Doppler und Christoph Lauterburg ins Stammbuch geschrieben (Doppler, Lauterburg 1989). „Keine Diagnose ohne Rückkopplung" ließe sich sinngemäß weiterdichten. Doch was genau ist mit Rückkopplung gemeint? Wozu dient sie im Rahmen der Kanban-Einführung? Und wie kann sie zielführend gestaltet werden?

Grundsätzlich geht es in der Rückkopplung um eine Feedbackschleife mit all jenen, die an der gemeinsamen Diagnose beteiligt waren.

Dabei werden die wichtigsten Ergebnisse der einzelnen Diagnoseschritte zusammengetragen, geklärt und sukzessive verdichtet. Die unterschiedlichen Stakeholder-Perspektiven werden also Schritt für Schritt miteinander verbunden und ein gemeinsames Verständnis der aktuellen Situation ausgearbeitet. Das ist in verschiedener Hinsicht bedeutsam:

- Ihre wichtigsten Stakeholder werden **von Betroffenen zu Beteiligten** gemacht. Wie schon in der Diagnosephase geht es um eine aktive Adressierung und Einbindung derer, die von Kanban profitieren sollen.

- Abseits von Win-Win-Rhetorik stärken Sie damit die **Chancen, dass alle Beteiligten etwas von der Veränderung haben.** Indem Sie die konkreten Anliegen Ihrer Kunden, Partner oder Vorgesetzten zum Ausgangspunkt Ihrer Verbesserungsarbeit machen, zeigen Sie Respekt und stärken das Vertrauen.

- Stärken wie Schwächen Ihres aktuellen Arbeitsprozesses werden **sichtbar gemacht.** Dadurch lassen sich unterschiedliche Ansichten leichter erkunden, fehlende Informationen austauschen und divergierende Interessen ausgleichen. Sukzessive stärken Sie die Basis Ihrer Initiative.

- In der Rückkopplung werden indes nicht nur Ansichten und Interessen miteinander verbunden. Vielmehr ist die **Vernetzung der Stakeholder** untereinander ebenfalls ein wichtiges Ziel. Das genauere Kennenlernen und die verbesserte Kommunikation zwischen allen Stakeholdern sind kleine, aber wichtige Kaizen-Schritte. Sie stärken das Vertrauen und haben einen positiven Einfluss auf den Wertschöpfungsprozess.

Unserer Erfahrung nach können diese Ziele auf zwei Wegen verwirklicht werden: Erstens durch eine Rückkopplung, die stark vom Input des Initiators strukturiert wird, und zweitens durch eine Rückkopplung, die wesentlich von den Stakeholdern selbst ausgearbeitet wird. Die Fortsetzung von zwei bereits erwähnten Fallbeispielen sollte helfen, Ihnen die Unterschiede zwischen diesen beiden Wegen deutlich zu machen.

■ 18.1 Rückkopplung durch Kanban-Initiatorin

Werfen wir einen Blick auf das Fallbeispiel von Roswitha Rösner, die uns als Head of Development eines Medienunternehmens bereits begegnet ist. Nach der Retrospektive ihres letzten Veränderungsprojekts hat auch Frau Rösner ihre wichtigsten Stakeholder identifiziert. Zur genaueren Standortbestimmung hat sie zudem sowohl eine Serie von Einzelgesprächen als auch ein Gespräch mit ihrem Entwicklungsteam durchgeführt. Wie vereinbart, sendet Frau Rösner gleich eine formelle Einladung an all ihre Gesprächspartner, in der sie nochmals schriftlich das Ziel und den Nutzen der Rückkopplung umreißt und um Terminreservierung bittet. Danach macht sie sich gleich an eine Sichtung der Materialien, die sie im Rahmen dieser Gespräche gesammelt hat. Genauer gesagt: Jene Moderationskärtchen, auf denen sie am Ende ihrer jeweiligen Erkundungen die wichtigsten Punkte notiert hat. Diese Kärtchen bilden den Ausgangspunkt für jene Präsentation, mit der Frau Rösner gleich zu Beginn des Workshops einen möglichst bündigen Überblick über die wichtigsten Gesprächsthemen geben möchte.

Die Präsentation ist das Mittel ihrer Wahl, weil die Workshopteilnehmer in puncto Kanban-Wissen noch ziemlich am Anfang stehen. Zwar hat Frau Rösner im Rahmen der Interviews über die Eckpfeiler ihres Veränderungsvorhabens informiert. Bis auf einen ihrer Entwickler hatte jedoch noch kein Stakeholder ein vorbereitendes Training absolviert. Dementsprechend verfolgt Frau Rösner zumindest zwei Ziele. Einerseits nützt sie die Rückkopplung, um zu einer gemeinsamen Diagnose zu kommen. Andererseits vermittelt sie weiteres Grundwissen zu Kanban, indem sie bereits während ihrer Präsentation eine Verbindung zu den Problemen und Anregungen aus der Diagnosephase herstellt. Wie geht Frau Rösner nun im Einzelnen vor?

1. In der **Vorarbeit** sieht sie sich noch einmal genau an, welche Antworten in der Diagnosephase von Team, Vorgesetzten, Kunden, anderen Abteilungen oder Managementkollegen geliefert wurden. Dabei stellt Frau Rösner rasch fest, dass sich bestimmte Themen wiederholen. Innerhalb kürzester Zeit definiert sie bestimmte Themencluster. Das fällt umso leichter, als sie ihre Gesprächspartner nicht nur um ihre Sichtweisen und Anregungen, sondern auch um eine Gewichtung derselben gebeten hatte. Die Cluster versammeln also nicht alle Antworten, sondern die bereits von den Interviewpartnern gereihten. Danach geht es an die Kategorisierung: „Welche Verbesserungsanliegen lassen sich mit welchem Kanban-Element adressieren?" Tabelle 18.1 zeigt einen beispielhaften Ausschnitt der Präsentation, die Frau Rösner schließlich vorbereitet hat.

Tabelle 18.1 Präsentation der Interviewergebnisse

Wünsche	Kanban-Element
▪ „Ich will wissen, wer woran arbeitet und wo es Probleme gibt." ▪ „Ich will wissen, woran in naher Zukunft gearbeitet werden soll." ▪ „Wir wollen einen Überblick über die Arbeitsmenge haben."	Drei klassische Fälle, die mit dem Element der Visualisierung gelöst werden können.
▪ „Ich will nicht 1000 Sachen gleichzeitig machen." ▪ „Arbeiten sollen tatsächlich abgeschlossen werden." ▪ „Wir wollen schnelleres Feedback von den Testern erhalten."	Bei diesen Wünschen helfen uns die WiP-Limits weiter.

2. Die **Präsentation** lebt vom Wechselspiel zwischen Zusammenfassung und Input. Auf der einen Seite werden die wichtigsten Themencluster aus den Gesprächen vorgestellt, auf der anderen Seite über den Kanban-Ansatz informiert. Dabei geht es sowohl um einen Überblick über die positiven Dinge („Was passt gut?") als auch um die Herausforderungen („Wo sehe ich Verbesserungsbedarf?").

3. Ein kleines, aber wesentliches Detail der Präsentation ist die **Verwendung von Aussagen im Wortlaut.** In einigen Fällen haben ja sogar die Interviewten selbst ihre wichtigsten Themen festgehalten, sodass auch deren Handschrift erkennbar ist. Obwohl es in der Rückkopplung nicht wichtig ist, von wem welches Thema genau kommt, hat die Arbeit mit den Originalformulierungen und Handschriften der Erfahrung nach einen positiven Effekt. Die Stakeholder erkennen ihre Anliegen innerhalb der einzelnen Cluster wieder und fühlen sich auf diese Weise respektiert und gut abgeholt. Würde Frau Rösner die gesammelten Materialien im Vorfeld verändern, sie durch eigene Formulierungen ersetzen oder gar digitalisieren, könnte das leicht als Manipulation ankommen. Der Erfahrung nach hebt eine solche Übersetzung von den handelnden Personen ab und schafft eine symbolische Distanz zum Veränderungsvorhaben.

4. Nachdem Frau Rösner die Gesprächsergebnisse Schritt für Schritt durchgegangen ist und die damit verbundenen Prinzipien und Elemente von Kanban erläutert hat, eröffnet sie nun die **Diskussion.** Um dafür möglichst viel Energie zu generieren und noch einmal jeden zu Wort kommen zu lassen, lädt sie zuerst zu sogenannten **Murmelgruppen** ein. Dafür stecken zwei bis drei Sitznachbarn einfach ihre Köpfe zusammen und tauschen spontan ihre Eindrücke aus. „Was sind aus meiner Sicht die wichtigsten Diagnoseergebnisse? Was halte ich von der Verbindung zwischen den Anliegen und Kanban? Bitte um 1 Kommentar und 1 Frage", hat Frau Rösner auf ein Plakat geschrieben, um die Murmelgruppen zu fokussieren.

5. Am Ende der zehn Murmelminuten sammelt Frau Rösner die **Kommentare und Fragen** jeder Gruppe auf einem Flipchart. Zuerst stellt sie sicher, dass alle notierten Kommentare akkurat erfasst und von allen verstanden wurden. Das nochmalige Vorlesen bringt Wertschätzung zum Ausdruck und erlaubt zudem eine inhaltliche Verbindung der verschiedenen Aussagen: Was wird immer wieder genannt? Was scheint besonders viel Eindruck gemacht zu haben? Und was heißt das für Kanban? Im Anschluss geht Frau Rösner die Fragen durch. Auch dabei versucht sie, ähnliche Unklarheiten miteinander zu verbinden und möglichst bündige Antworten zu liefern. Dabei entsteht eine lebhafte Diskussion, da Frau Rösners Antworten weitere Fragen aufwerfen.

6. Am Ende der Diskussion ist zweierlei erreicht. Erstens haben die Teilnehmer und Teilnehmerinnen ihre einzelnen Ergebnisse soweit miteinander rückgekoppelt, dass ein **gemeinsames Verständnis der wichtigsten Stärken und Verbesserungsbereiche** der Softwareentwicklung entstanden ist. Und zweitens konnte Frau Rösner wieder ein Stück mehr von dem vermitteln, was kontinuierliche Verbesserungsarbeit meint und wie Kanban zur Lösung der genannten Problembereiche beiträgt. Viele offene Fragen konnten geklärt, inhaltliche Missverständnisse aus dem Weg geräumt und einige Befürchtungen zumindest fürs Erste aufgefangen werden.

7. Der Workshop endet mit einem **Ausblick auf die nächsten Schritte.** Das Team wird mithilfe eines externen Kanban-Experten ein sogenanntes Systemdesign ausarbeiten, mit dem die Verbesserungsarbeit konkretisiert wird. Das entworfene Design wird nochmals allen an der Rückkopplung beteiligten Stakeholdern präsentiert, um Feedback einholen,

etwaige Korrekturen vornehmen und nach der finalen Zustimmung aller Beteiligten das Kanban-System in Betrieb nehmen zu können. Außerdem werden alle Anwesenden nochmals herzlich zu dem Kanban Change Training eingeladen, das vor der Ausarbeitung des Systemdesigns stattfinden wird, um das dafür notwendige Know-how zu vertiefen.

■ 18.2 Rückkopplung durch Stakeholder

Sehen wir, wie Herrn Drechslers Kanban-Geschichte weitergegangen ist. Als IT-Abteilungsleiter eines Infrastrukturunternehmens führt er ebenfalls eine Reihe von Stakeholder-Interviews durch, um die Ist-Situation möglichst umsichtig zu erfassen. Im Unterschied zu Roswitha Rösner führt Josef Drechsler sogar mit allen Mitgliedern seines Teams Einzelgespräche. Zudem organisiert er einen eintägigen „Crashkurs" mit uns als externen Kanban Change Management-Experten, an dem sich erfreulicherweise alle wichtigen Stakeholder beteiligen. Das dort vermittelte Know-how erlaubt es Herrn Drechsler, die nur wenige Tage nach unserem Crashkurs stattfindende Rückkopplung deutlich anders zu gestalten als Frau Rösner. Zwar geht es ebenfalls um eine Verdichtung der Gesprächsergebnisse. Darüber hinaus nützt Herr Drechsler die Rückkopplung jedoch auch für eine gezielte inhaltliche Vertiefung. Hier eine Beschreibung seines konkreten Vorgehens:

1. Nach einer kurzen Einführung präsentiert Herr Drechsler eine nur oberflächlich sortierte **Sammlung der wichtigsten Gesprächsthemen** auf einer Pinnwand. Statt einer inhaltlichen Ordnung stellt er den Anwesenden zwei weitere Pinnwände vor, auf denen jeweils zwei Spalten zu sehen sind. Die linke Spalte der einen Pinnwand trägt den Titel „Größte Stärken – darauf können wir weiter bauen", die linke Spalte der anderen Pinnwand den Titel „Wichtigster Verbesserungsbedarf – das sollten wir dringend angehen". Die rechte Spalte lautet auf beiden Pinnwänden gleich: „Die nächsten Schritte – so hilft uns Kanban".

2. Jetzt bittet Herr Drechsler alle Stakeholder, nach vorne zu den drei Pinnwänden zu kommen. In zwei funktional gut durchmischten Gruppen geht es nun darum, **gemeinsam eine sinnvolle Ordnung zu schaffen.** Die Themenkarten sollen auf die zugehörigen Pinnwände verteilt, geclustert und mit Kanban-Elementen verbunden werden. Tabelle 18.2 zeigt einen Ausschnitt aus den Gruppenergebnissen.

Tabelle 18.2 Präsentation der Gruppenergebnisse

Wichtigster Verbesserungsbedarf: „Das sollten wir dringend angehen"	Die nächsten Schritte – „So hilft uns Kanban"
▪ „Ich will wissen, wann meine Arbeit fertig wird." ▪ „Ich will, dass sich die Termintreue erhöht."	Das können wir mit SLAs, WiP-Limits und dem Queue Replenishment Meeting erreichen.
▪ „Ich will wissen, woran das Team arbeitet." ▪ „Ich will wissen, wer an meinem Thema arbeitet."	Diese Information können wir mit der Visualisierung problemlos bereitstellen.

3. Das haptische Element ist besonders bedeutsam, da die Dinge nun im wahrsten Sinne des Wortes in die Hand genommen werden. Da alle Teilnehmer des Rückkopplungsworkshops zuvor ein Kanban-Training absolviert haben, sind die wichtigsten Elemente bekannt. Bei diesem **Wiederholungslernen** werden aber nicht mehr fiktive Beispiele durchexerziert. Nunmehr geht es um die **Fokussierung der tatsächlichen Arbeitsabläufe im eigenen Unternehmen.** Das führt zu spannungsvollen Diskussionen, bei denen unterschiedliche Sichtweisen zur Sprache kommen. „Wie seht ihr das?" schnappt Herr Drechsler immer wieder auf, „Ist das ähnlich wie…?" „Oder ist das etwas anderes?" „Und wodurch könnte das verbessert werden?".

4. Aufgrund des **hohen Energielevels** und der **produktiven Selbstorganisation** hält sich Herr Drechsler sehr zurück. Nur ab und an trägt er zu punktuellen Klärungen bei. Anstatt sich zu viel einzumischen und damit möglicherweise eher zu stören als zu helfen, zieht er sich auf die Position des Beobachters zurück. Was er sieht und hört, ist ganz in seinem Sinne. Alle beteiligen sich, niemand steht abseits, um die anderen machen zu lassen. Die Leute reden miteinander – zwischendurch sogar gruppenübergreifend. Die notwendige Vereinbarung von WiP-Limits kommt dabei ebenso zur Sprache wie Serviceklassen oder Meetings. Und die Bedeutsamkeit der Visualisierung ist für alle ohnehin mit Händen zu greifen.

5. Selbstverständlich gibt es für jedes Problem nicht bloß eine Lösungsmöglichkeit im Baukasten von Kanban. Oft ergeben sich **mehrere Lösungsvarianten** für ein- und dasselbe Problem. Ein Verbesserungsanliegen wie „Mehr Freiraum für Betriebsthemen" lässt sich zum Beispiel durch Visualisierung, WiP-Limits, Kapazitätsverteilung oder durch Serviceklassen bearbeiten. Das Durchspielen verschiedener Varianten macht deutlich, dass es eben kein perfektes Kanban-System gibt. Stattdessen ist die Veränderbarkeit das Perfekte an diesem System – inklusive des Umstands, dass die konkrete Veränderung in den Händen der Betroffenen liegt. „Wenn etwas nicht mehr zweckmäßig ist", kommentiert Herr Drechsler, „werden wir es neu überdenken. Aber wir brauchen zunächst einen Punkt, von dem aus wir starten können."

6. In der **anschließenden Präsentation der Gruppenergebnisse** bestärkt Herr Drechsler die Stakeholder darin, sich durch mehrere Möglichkeiten nicht verunsichern zu lassen. „Im Rahmen dieses Workshops geht es um eine Vorstellung davon, was die wichtigsten Probleme sind und *wie* eine Lösung aussehen kann", betont er. „Die genauere Ausarbeitung dieser Lösung erfolgt dann durch das Entwicklungsteam im Rahmen des Systemdesigns."

7. Neben der inhaltlichen Bedeutung geht es darum, dass sich alle Stakeholder mit ihrer Meinung einbringen und miteinander über die verschiedenen Lösungsansätze reden. Auf einen einfachen Nenner gebracht: Es geht um **Kommunikation,** die sich durch den Workshop enorm verbessert.

8. Angesichts der intensiven Vernetzung bleibt Herrn Drechsler nur mehr die **bestärkende Zusammenfassung.** Er würdigt die fach- und hierarchieübergreifende Offenheit und unterstreicht, wie wichtig diese Offenheit für die zukünftige Verhandlung von Auftragsreihenfolgen ist. Dann schließt er den Workshop mit einem kurzen Ausblick auf die weiteren Schritte sowie einer finalen Blitzlichtrunde zum heutigen Workshop ab.

Was Sie aus diesem Kapitel mitnehmen können

Im Folgenden fassen wir zusammen, was Sie als Kanban-Initiatorin oder -Initiator während der Rückkopplung beachten sollten.

- Workshop vorbereiten
  - Persönliche Einladung aller, die an den Interviews teilgenommen haben
  - Ziele und Nutzen pointieren
  - Organisatorisches klären (wann, wie lange, wo etc.)
- Rahmen abstecken
  - Für Beteiligung bedanken
  - Nochmals kurz Ziele und Nutzen sowie geplanten Ablauf des Gesprächs erläutern
  - Offene Fragen klären
- Gesprächsergebnisse fokussieren
  - Cluster präsentieren und klären
  - Oder Top-Ergebnisse sichtbar machen und zu gemeinsamem Clustern und Klärung einladen
  - Notwendige Ergänzungen und Korrekturen vornehmen
- Problemstellungen und Lösungsansätze verdeutlichen
  - Wichtigste Anliegen zusammenfassen und verdeutlichen, wie diese durch Kanban adressiert werden
  - Für geeignete Visualisierung sorgen (z. B. Metaplan oder Tabelle)
- Abschließen
  - Informieren, wie es weitergeht
  - Eventuell noch offene Fragen klären
  - Danke für Ihr Engagement

19 Systemdesign-Workshop

Nach all den intensiven und für eine Kanban-Initiative erfolgskritischen Vorbereitungen geht es mit dem Systemdesign-Workshop endlich daran, das tatsächliche Kanban-System für ein Team zu entwerfen, mit dem es täglich arbeiten und es dabei auch ständig verändern wird. Schritt für Schritt geht es ganz konkret darum, die Punkte aus dem ersten Teil dieses Buches festzuhalten und sichtbar zu machen:

- **Arbeitstypen identifizieren:** Welche Stakeholder erteilen welche Arbeitsaufträge und an wen werden diese weitergegeben, wenn das Kanban-Team seine Aufgaben erfüllt hat?
- **Arbeitsschritte finden:** In welchen Stufen verlaufen die Tätigkeiten für die einzelnen Arbeitstypen?
- **Kapazitäten und WiP-Limits definieren:** Wie viel Arbeit kann ein System maximal aufnehmen, damit ein kontinuierlicher Arbeitsfluss gewährleistet bleibt?
- **Serviceklassen bestimmen:** Wie unterscheiden sich Aufgaben in puncto Auswirkungen und Risiken? Welche Leistungen können in welchen Zeiträumen geliefert werden?
- **Messungen ableiten:** Welche Informationen sollten zur Funktionsweise des Systems gesammelt werden, um Verbesserungspotenziale herauszufiltern?
- **Intervall des Betriebs vereinbaren:** In welchen Abständen sind Meetings sinnvoll?
- **Abschluss des Workshops:** Simulation des gesamten Kanban-Systems und Feedbackrunde

Im Laufe des Systemdesigns werden Sie in der Praxis bemerken, dass es nur dann einwandfrei funktioniert, wenn die vorbereitenden Schritte sorgsam durchgeführt wurden. Denn unweigerlich tauchen in diesem Stadium Fragen auf, deren Antworten aus den Gesprächen im Vorfeld, aus den Motiven der Change Initiative und der Beschäftigung mit den Stakeholdern stammen. Mit diesen Ergebnissen in der Hand wird das Systemdesign klarer, und der wesentlichste Punkt ist: Das Team spielt mit. Wir erleben es bei der Einführung von Kanban immer wieder, dass versucht wird, das klassische Prozessdesign anzuwenden. Meistens ist dabei ein gewisses Maß an Frustration der Ausgangspunkt: Ein Team hält die bestehenden Prozesse nicht ein, und es wird nach einer Lösung für dieses Problem gesucht. Kritisch daran ist, dass gar nicht nach der tatsächlichen Ursache gesucht wird, warum ein Team denn die Prozesse nicht einhält. Könnte es vielleicht sein, dass der Prozess selbst das Problem ist und einfach nicht zu den eigentlichen Anforderungen passt? Begeistert von der Idee, „es nun mal Kanban zu probieren", wird die tiefgreifende Auseinandersetzung mit den Beteiligten übersprungen und von einzelnen Prozessdesignern sofort das vermeintlich perfekte Kanban-System entworfen. Allerdings mit dem Hintergedanken, lediglich die aktuelle Problematik in den Griff zu bekommen, und nicht, um einen kontinuierlichen Verbesserungsprozess zu initiieren. Denn die Visualisierung ist in diesem Fall ein Druckmittel: Ist ein Prozess sichtbar, ist auch die Hemmschwelle höher, gegen diesen Prozess zu verstoßen. Die Teammitglieder arbeiten dann nicht mit Kanban, so wie es zu ihrer aktuellen Situation passt, sondern werden in ein System gezwängt, das jemand für sie entwickelt hat, der gar nicht damit arbeiten muss. Das widerspricht aber gleich zwei Punkten, die wir in diesem Buch nicht oft genug wiederholen können:

1. Es konterkariert den evolutionären Gedanken, weil wir kein System entwerfen, das unumstößlich für alle Zeit gültig bleibt. Kanban ist keine Lösung, um Prozessschwächen zu kaschieren oder um bestehende Prozesse zu zementieren, sondern um sie offen zu legen, damit sie verbessert werden können. Das System muss sich ständig mit den auftretenden Notwendigkeiten verändern dürfen, und daher läuft es dem evolutionären Gedanken entgegen, wenn Prozessingenieure das Kanban-System *für* ein Team entwerfen. Außerdem lautet das erste Prinzip von Kanban: „Start where you are." Und nicht: „Start where you would like to be." Wenn ein entworfenes System umgesetzt werden soll, startet ein Team nicht mehr vom Status quo aus.

2. Wie wir aufgezeigt haben, wird Veränderung nicht ausschließlich mit offenen Armen aufgenommen. Wenn das Team, das schlussendlich das System leben muss, das Kanban-System selbst baut, wenn es seine eigenen Regeln festlegt, ist es eher unwahrscheinlich, dass es dieses System torpediert. Es wird sich damit identifizieren, weil es das System versteht, und es wird daran interessiert sein, das selbst Entworfene laufend zu verbessern. Kanban ist ein System der Offenheit – nicht des Zwanges. Hier liegt der wesentliche Unterschied zwischen maschineller Fertigung und Wissensarbeit: Für Produktionsstraßen macht es für weite Teile des Arbeitsprozesses Sinn, Abläufe und bestimmte Handgriffe zu fixieren, weil sich das zu fertigende Produkt über einen längeren Zeitraum kaum bis gar nicht verändert. Wissensarbeit hingegen muss wendig bleiben, um immer wieder auf die Suche nach neuen Lösungen gehen zu können. Wir haben es in der Softwareentwicklung mit intelligenten Menschen zu tun, die Tag für Tag komplexe Sachverhalte in klare Strukturen bringen. Also sind diese Menschen auch in der Lage, die Prozesse auf dem Weg dorthin selbst zu entwerfen.

Lassen Sie uns das am Beispiel von Peter Dunkel, dem Leiter der Qualitätssicherungsabteilung und Prozessverantwortlichen eines großen Finanzdienstleisters, deutlich machen. Er tritt in diesem Buch nur ein Mal auf, nämlich genau hier. Denn er musste feststellen, dass seine Herangehensweise an Kanban zum Scheitern verurteilt war. Genau deshalb, weil er sich die Stufen der Vorbereitung ersparen und gleich in medias res gehen wollte. Für ihn hieß es dann aber: Zurück an den Start! Was war passiert? Schon seit längerer Zeit hatte Peter Dunkel beobachtet, dass seine Mitarbeiter keine besonders positive Einstellung zu den vorgeschriebenen Prozessen hatten. „Ich wollte herausfinden, warum es so großen Widerstand gegen das Bestehende gab, und einen Weg finden, den Leuten das Befolgen der Prozesse schmackhaft zu machen", erzählte uns Herr Dunkel. „Bei Gesprächen mit Freunden und Kollegen war Kanban schon einige Male ein Thema, und ich dachte mir, dass der evolutionäre Ansatz in meinem speziellen Problemfall die passende Lösung wäre." Richtig gedacht, falsch umgesetzt.

Peter Dunkel wollte zwar eine neue Lösung, wendete aber die alten Methoden an. Ohne vorher Gespräche mit seinem Team zu führen, analysierte er im stillen Kämmerlein die Prozesse, entwarf ein imposantes Kanban-Board und tüftelte schon an den Messungen, mit denen er den Fortschritt kontrollieren wollte. Dabei vergaß er eines: In Kanban messen wir die Leistung des Systems und nicht die Leistung einzelner Mitarbeiter. Genau das spiegelten aber Dunkels Vorschläge wider: Bearbeitungszeit der Tickets pro Person, Anzahl der Blockaden auf den Tickets pro Person usw. Die Rechnung, die er ohne das Team gemacht hat, bekam er prompt zurückgestellt. In einem halbtägigen Meeting wollte er das Team an seinen Ideen teilhaben lassen – oder besser gesagt: Er wollte das Team davon in Kenntnis setzen. „Kaum hatte ich einen Vorschlag präsentiert, wurde er bis ins kleinste Detail zerpflückt", beklagte sich Peter Dunkel. „Wie in einem Trommelfeuer bekam ich alle Schwachstellen meines Systemvorschlages um die Ohren gehauen. In vielen Punkten musste ich dem Team auch einfach Recht geben, manchmal waren es allerdings deutlich konstruierte Sonderfälle, die selten bis nie auftreten. Ich hatte so einiges nicht bedacht, mit dem die Leute Tag für Tag zurechtkommen müssen. Mein Kanban-System war ein absoluter Reinfall, aber wenigstens wurde mir damit klarer, wo es für meine Mitarbeiter im Prozess hakt und warum sie sich immer Schleichwege suchen."

Herr Dunkel beschloss, noch einmal von vorne zu beginnen. Aber dieses Mal wurden Team und Stakeholder von Beginn an eingebunden, denn nur mit ihnen gemeinsam ist das Bild der aktuellen Situation vollständig. Was Herr Dunkel erlebt hat, beobachten wir immer wieder: Werden die Betroffenen einer Kanban-Initiative, allen voran das Team, nicht in die Überlegungen zum Design einbezogen, versuchen, sie das System zu Fall zu bringen. Es wird nicht als Unterstützung in ihrer Arbeit wahrgenommen, sondern als Kontrollversuch durch die Hintertür, der abgewehrt werden muss. So wie vorher Prozesse unterwandert werden, die fern der Realität der Betroffenen sind, passiert es auch bei einem oktroyierten Kanban-System. Was dadurch entsteht, ist nicht eine Kultur der Verbesserung, sondern eine Kultur des Versteckens von Informationen. Der sinnvollere Weg des Systemdesigns folgt also nicht dem Modell der eierlegenden Wollmilchsau, entworfen von Einzelpersonen, sondern über einen **Workshop mit dem Team**, das schließlich selbst am besten weiß, wie es arbeitet.

 Wer leitet den Workshop?

Wie ein Kanban-Board aussieht und welche Ingredienzien man für ein technisches Kanban-System braucht, ist schnell erklärt. Also könnte eigentlich jeder oder jede den Workshop abhalten, der oder die sich vorher ein wenig mit Kanban beschäftigt hat, oder? Wir raten davon ab, auf wirkliche Kanban-Expertise zu verzichten.

Wichtiger als die Frage, ob es ein interner oder externer Experte sein sollte, ist die Frage nach der Kompetenz. Ein erfahrener Kanban-Experte

- **bietet das tiefere Verständnis des prozesstechnischen Warums:** In einem Systemdesign-Workshop werden viele komplexe Zusammenhänge deutlich. Ein Experte kann mit seiner Erfahrung einem Team helfen, diese Zusammenhänge zu verstehen und damit umzugehen. Es geht zum Beispiel nicht darum, WiP-Limits einzusetzen, nur um sie einzusetzen, sondern um ihren Sinn zu begreifen.

> ■ **besitzt die Moderationskompetenz:** Systemdesign-Workshops können einen Tag dauern, sie dauern manchmal aber auch drei Tage. Dazu braucht es jemanden, der den Überblick über das Geschehen und über offene Fragen behält, der die Reflexion darüber anleiten und die Gruppendynamik zielorientiert lenken kann. Erfahrene Moderatorinnen und Moderatoren haben das Gespür dafür entwickelt, ob Menschen etwas wirklich verstanden haben oder ob sie einen Punkt nur abnicken, damit der Workshop schneller zu Ende ist. ■

Wenn wir Ihnen jetzt gleich die einzelnen Phasen dieses Workshops vorstellen, denken Sie immer an Folgendes:

- **Die Schritte sind nicht streng sequenziell zu sehen.** In der Praxis sollte sich der Leiter des Workshops einen groben Leitfaden zurechtlegen, jedoch aufmerksam bleiben und situationsabhängig entscheiden, welche Vorgehensweise in der jeweiligen Situation gerade zielführend ist und welches Thema eingehender behandelt werden sollte. Die einzelnen Schritte dieses Workshops werden in den seltensten Fällen immer vollständig abgeschlossen werden können. Je tiefer das Team in das eigentliche Systemdesign vordringt, desto häufiger wird es Korrekturen an Erkenntnissen vornehmen müssen, die es in den Schritten davor gewonnen hat. So kann die Beschäftigung mit dem gelebten Arbeitsprozess des Teams dazu führen, dass die zuvor identifizierten und gruppierten Arbeitstypen völlig neu sortiert werden müssen. Das ist gut so – *go with the flow*.

- Neben aller Flexibilität muss der Workshop-Leiter **ein klar definiertes Ziel** vor Augen haben. Und dieses Ziel lautet: Das Team muss ein Kanban-System bauen, mit dem es **starten** kann. Nicht nur Prozessingenieure neigen zum Over-Engineering, auch oder gerade Softwareentwickler geraten ebenfalls in diese Versuchung. Der Moderator des Workshops muss erkennen, wann sich ein Team in Details versteigt. „Loslegen" ist die Devise, nicht das Durchspielen sämtlicher Szenarien, die selten oder nie eintreten, um ein absolut wasserdichtes und gegen jegliche Schwächen gefeites System zu gestalten. Manchmal fällt der Gedankensprung schwer, dass solche initialen Systeme gerade einmal eine Woche lang ihre Gültigkeit behalten. Ziemlich oft kommt es sogar vor, dass ein System bereits wieder geändert wird, wenn es aus der Designphase in die tägliche Praxis übertragen wird. Der Workshop-Leiter sollte den Beteiligten bewusst machen, dass genau diese häufigen und sehr rasch geschehenden Änderungen nichts Negatives sind und dass es nicht bedeutet, dass ein Team schlechte Entwurfsarbeit geleistet hat. Gleich am Anfang muss deutlich werden: Wenn sich herausstellt, dass ein System nicht passt, wird es wieder geändert – auch wenn das permanent passiert. Dieses Ziel muss dem Team deutlich werden.

- Im Laufe des Workshops wird sich das Team für den späteren laufenden Betrieb des Systems **auf Begrifflichkeiten und Vorgehensweisen einigen.** Durch die Beschäftigung mit den einzelnen Designelementen eines Kanban-Systems entstehen mehr oder weniger nebenbei die **Regeln,** denen dieses System und seine Akteure später folgen werden. Halten Sie also während des gesamten Workshops ein eigenes Flipchart bereit, auf dem Sie diese Regeln notieren. Hier möchten wir aber genauso vor einem übertriebenen Drang zur Perfektion warnen wie beim Systemdesign selbst: Bei den Regeln handelt es sich nicht um eine ellenlange Dokumentation sämtlicher Eventualitäten. Die Regeln sind Erinnerungsstützen, die für den Großteil des Arbeitsalltags Relevanz haben, weil dabei ausschließlich an jene Fälle gedacht wurde, die eben die Regel und nicht die Ausnahme sind. Ein guter Anhaltspunkt dafür, ob etwas niedergeschrieben werden sollte oder nicht, sind Diskussionen. Ist der Entscheidungsfindungsprozess in bestimmten Punkten schwierig, sollte der schlussendliche Konsens festgehalten werden. Mit großer Wahrscheinlichkeit ist das Team dabei auf eine Policy gestoßen. Wenn bei einem Thema alles allen klar ist, muss man es nicht niederschreiben.

Der Wunsch nach absoluter Sicherheit ist einer der großen Fallstricke bei der Einführung neuer Methoden, nicht nur bei Kanban. Regeln sind ein wunderbarer Angriffspunkt, an denen Veränderungsbetroffene mitunter zeigen wollen, dass ein Kanban-System gar nicht funktionieren *kann*. Dahinter steckt die Angst vor dem Unbekannten. 100 % Sicherheit gibt es aber nie, schon gar nicht in der Wissensarbeit. Als komplexes System ist die Wissensarbeit per se mit Unsicherheit behaftet. Der Workshop-Leiter hat also die Aufgabe, die Aufmerksamkeit auf jene Regeln zu lenken, die den Großteil des Alltags betreffen, und nicht auf den Bruchteil der Ausnahmen, die selten vorkommen. Mit Kanban wollen wir auch den Wissensaustausch zwischen den Mitarbeitern fördern. Kommt zum Beispiel ein neues Mitglied in ein Team, soll es sich nicht in einer stillen Ecke durch einen Regelpapierwust wühlen müssen. Ein neuer Mitarbeiter soll seine Kollegen begleiten, fragen dürfen und im Gespräch das erfahren können, was für seine Arbeit wichtig ist.

- Ein wesentliches Werkzeug der Diagnosephase waren die Interviews mit allen relevanten Stakeholdern, deren Ergebnisse in der Rückkopplung verdichtet wurden. Alle in die Kanban-Initiative involvierten Personen hatten die Möglichkeit, die aktuellen Prozesse auf Probleme hin zu durchleuchten und ihre **Verbesserungswünsche** zu deponieren. Die Ergebnisse helfen in der Designphase dabei, das Kanban-System so zu bauen, dass es zur Lösung der Probleme beitragen kann. Während des gesamten Systemdesign-Workshops mit dem Team sollten die Interviewergebnisse gut sichtbar im Raum bleiben, damit im Verlauf immer wieder ein Abgleich zwischen Problem und Systemlösung stattfinden kann. Zwischendurch werden sich Team und Workshop-Leiter ständig – mit Blick auf die Interviewergebnisse – die Frage stellen: „Haben wir dieses Problem fürs Erste hinreichend adressiert?"

- **Machen Sie Ihre Rolle deutlich.** Wollen Sie selbst am Aufbau des Kanban-Systems mitarbeiten oder sind Sie der allparteiliche Moderator? Sie können beide Rollen einnehmen, allerdings müssen Sie für das restliche Team immer deutlich machen, in welcher Funktion Sie gerade sprechen. Eine einfache Lösung: Setzen Sie sich zum Beispiel eine Kappe auf, wenn Sie in einer Kleingruppe als Teammitglied mitarbeiten und Ihre eigene Sichtweise einbringen wollen. Sobald Sie wieder die Moderation des Plenums übernehmen, nehmen Sie die Kappe wieder ab.

Bei diesem Workshop wird zum einen noch einmal das Verständnis der Teammitglieder von Kanban geschärft, aber das neue Know-how wird gleichzeitig auf real vorhandene Problematiken übertragen. Die Protagonisten der Veränderung beginnen, anhand der praktischen Relevanz besser zu verstehen, welches Werkzeug – zum Beispiel WiP-Limits, Arbeitstypen oder Serviceklassen – sich in der praktischen Umsetzung auf welche Weise auf die Problemlösung auswirkt. Also fangen wir an, ein Kanban-System zu bauen!

■ 19.1 Arbeitstypen identifizieren

Mit der Interviewverdichtung in der Rückkopplung wurde festgelegt, welche Ziele durch den angestoßenen Veränderungsprozess erreicht werden sollen. Dieser letzte Schritt der Diagnosephase ist gleichzeitig ein wichtiges Element der praktischen Umsetzung, mit dem zwar noch nicht das System an sich entworfen, aber grundsätzlich festgestellt wird, in welche Richtung die Veränderung gehen soll und welche Kanban-Instrumente welche Rolle für die Zielerreichung spielen werden. Entlang dieser Leitplanken legt ein Team im Systemdesign-Workshop den Veränderungspfad an, auf dem ihm noch Zu- und Abfahrten, mehrspurige Bereiche, Tempolimits, Mautstellen und enge Kurven mit Ampelregelungen begegnen werden. Indem das Kanban-Team im nächsten Schritt die Arbeitstypen identifiziert, beginnt es mit den tatsächlichen Bauarbeiten an diesem Pfad – es beginnt mit der konkreten Arbeit am technischen Kanban-System.

IT-Bereichsleiter Herbert Krakauer ist unserem Ratschlag gefolgt und hat in der Diagnosephase sowohl für sich selbst als auch gemeinsam mit seinem Team Stakeholder-Landkarten angelegt, wie wir es in den Kapiteln 15 und 16 empfohlen haben. Auf diesen ersten Landkarten ging es *nicht* in erster Linie um die Frage, woher das Team seine Aufgaben bekommt. Die Stakeholder-Landkarten der Diagnosephase haben Herrn Krakauer und seinem Team dabei geholfen zu erkennen, welche Organisationseinheiten, Gruppen oder Personen vor allem auf strategischer Ebene Einfluss auf ihren Arbeitsbereich haben und wie das Verhältnis zu diesen Stakeholdern aussieht – ist es belastet oder klappt alles reibungslos? Auf diese Weise konnten sie einordnen, an welchen Schnittstellen eine noch intensivere Kommunikation nötig ist, um das Kanban-Veränderungsvorhaben auf ein stabiles Fundament zu stellen.

Im Systemdesign-Workshop wird es für das Team Krakauer aber konkreter. Allen Beteiligten ist klar, dass in diesem Stadium die Fronten bereits geklärt sind und alle davon Betroffenen die Kanban-Initiative unterstützen müssen. *Daher werden nun aus den identifizierten Stakeholdern jene herausgefiltert, mit denen das Kanban-Team direkten Kontakt hat, weil es von diesen Stakeholdern als Input Arbeiten erhält oder an sie als Output Arbeiten weitergibt* (siehe Abschnitt 3.3). Das Team definiert also die Zu- und Abflüsse, auf denen Arbeiten in das Kanban-System hinein und aus dem Kanban-System hinaus fließen, und es erkennt bei der Beschäftigung mit diesen Kommunikationsschnittstellen gleichzeitig, um welche Arten von Aufgaben es sich hauptsächlich handelt. Herbert Krakauer bemerkt, dass die Teammitglieder dabei immer wieder in Diskussionen abgleiten, wie sie diese oder jene Aufgabe üblicherweise lösen, worüber sie sich immer wieder ärgern etc. Deswegen greift er sachlich, aber bestimmt ein und stellt noch einmal für alle deutlich fest: „Es geht in diesem Schritt vorerst nur darum, sichtbar zu machen, *was* wir tun, und noch nicht darum, *wie* wir etwas tun." Und er weist das Team darauf hin, dass hier schon einige Fragen beantwortet werden, die eigentlich erst zu einem späteren Punkt auf der Agenda gehören: Wen muss bzw. sollte das Team zum Queue Replenishment Meeting einladen?

19.1.1 Die Stakeholder-Landkarte mit Arbeitstypen füllen

Das Team hat sich darauf geeinigt, von wem es Arbeitsaufträge bekommt und an wen es Arbeitsaufträge weitergibt. Aber was sind das für Arbeiten, die das Team regelmäßig oder manchmal im Eilverfahren erledigen muss? Sehen wir uns dazu an, welchen Weg Herbert Krakauer mit seinem Team im Systemdesign-Workshop geht. Sein Team besteht aus 14 Personen. Die Diskussion im Plenum wäre bei dieser Gruppengröße die Bühne für Gern-Redner und ein Versteck für Ungern-Redner, also entscheidet sich Herr Krakauer für die Aufteilung in drei Vierergruppen. Ihm ist wichtig, dass im Laufe des Workshops jeder zu Wort kommt, weil die Veränderung von allen mitgetragen werden soll. Und es soll jeder mit jedem ins Gespräch kommen, denn erfahrungsgemäß steigert das die Qualität der Ergebnisse. „Diskutiert bitte die folgende Frage", zieht er die Aufmerksamkeit auf den nächsten Punkt. **„Welche Arbeit bekommen wir** von den Stakeholdern, die wir identifiziert haben, und **welche Arbeiten geben wir** an sie **weiter?"** Das gemeinsame Verständnis ist das wichtigste Ziel. Die Teammitglieder sammeln in der Kleingruppe die Arbeitstypen, mit denen sie laufend zu tun haben, und präsentieren sie dem Plenum. Vom Ergebnis ist Herbert Krakauer ziemlich überrascht: Insgesamt 20 Arbeitstypen werden zurückgemeldet. „Wie kommen wir auf so viele Arbeitstypen?", fragt er sich halblaut grübelnd, findet dann aber recht schnell die Begründung. Zum einen besteht sein Team hauptsächlich aus Spezialisten, die jeweils von mehreren Seiten Anfragen bekommen. Und noch eines wird deutlich, als sich Herr Krakauer die Ergebnisse im Plenum mit seinem Team genauer ansieht: Für viele gleiche Arbeitstypen werden einfach unterschiedliche Namen verwendet. Das passiert in sehr vielen Workshops: Als erstes Ergebnis entsteht eine kürzere oder längere Liste von Arbeiten – noch völlig ungruppiert, redundant und detailreich. Der Grund liegt darin, dass zu diesem Zeitpunkt einem Team oft noch nicht ganz klar ist, wie sein Arbeitskontext funktioniert. Dass die Liste an Arbeitstypen aber nicht endlos lang sein kann und auf das Wesentliche reduziert werden muss, leuchtet allen im Team von Herbert Krakauer sofort ein. Um die 20 Arbeitstypen unter eingängigen Überbegriffen oder „Familiennamen" zu subsumieren, greift der IT-Bereichsleiter auf das Mittel des Clusterns zurück. Kurze Zeit später hat das Team die Zahl der Arbeitstypen von 20 auf sieben heruntergebrochen. „Sieben Arbeitstypen sind zwar noch immer viel, aber wenn ihr damit starten wollt, ist es für mich okay", wendet sich Herbert Krakauer an sein Team. „Wahrscheinlich wird sich daran im Laufe des Betriebs noch einiges ändern." Und er behält Recht: Nach der ersten Retrospektive sinkt die Zahl der Aufgabentypen auf fünf, nach der zweiten Retrospektive auf vier.

Sie können also davon ausgehen, dass die Zusammenfassung von Arbeitstypen, die Sie in Ihrem eigenen Systemdesign-Workshop mit dem Team treffen, nur eine temporäre Erscheinung ist. Spätestens im laufenden Betrieb wird sich herausstellen, dass beim Entwurf wieder aus dem Sicherheitsreflex heraus an alle Möglichkeiten gedacht wurde, die in der Praxis nur selten vorkommen. Genau so können aber noch neue Arbeitstypen dazukommen. Was Sie hier tun, ist also nur der Anfang eines ständigen Re-Clusterns, das sich in der täglichen Arbeit fortsetzen wird.

19.1.2 Entscheidungskriterien beim Clustern

Zunächst sollte sich der Moderator einen Überblick verschaffen, ob die Menge der genannten Arbeitstypen überschaubar ist, ihre Abgrenzungen voneinander trennscharf sind und daher schon eigene Swim Lanes bilden könnten. Wenn dem nicht so ist, geht es ans Clustern. Es wird also nach den Gemeinsamkeiten zwischen den einzelnen genannten Arbeitstypen gesucht, um sie sinnvoll zusammenzufassen. Werfen Sie vor der Namensfindung gemeinsam mit dem Team wieder einen Blick auf die Ergebnisse der Interviewverdichtung aus der Rückkopplung. Welche Ziele wollen Sie mit Ihrem Team erreichen? Was muss die Gruppierung von Aufgabentypen signalisieren, damit sofort erkennbar ist, wie ein eingehender Auftrag behandelt werden muss?

In Abschnitt 3.3 haben wir einige Vorschläge geliefert, wie sich Arbeitstypen gruppieren lassen:

- Art der Aufgabe
- Quelle der Aufgabe
- Größe der Aufgabe
- Ankunftsrate der Aufgabe

Obwohl die Beschäftigung mit den Arbeitsschritten des Systemprozesses im Workshop meistens erst nach dem Identifizieren der Arbeitstypen an die Reihe kommt, können natürlich auch gleiche Arbeitsabläufe als Gruppierungskriterium herangezogen werden.

Clustern – eine Aufgabe für die gesamte Gruppe

Wir haben bei der Identifizierung der Arbeitstypen die Erfahrung gemacht, dass das Clustern nicht in Kleingruppen, sondern in der gesamten Gruppe stattfinden sollte. Ein grundlegendes gemeinsames Verständnis über Stakeholder und Arbeitstypen ist in diesem Stadium meistens schon entstanden, teilweise geht es aber noch wegen Begrifflichkeiten, oft sogar nur wegen einzelner Wörter etwas langsamer voran. Eine Diskussion in der Kleingruppe würde in dieser Situation eher zu noch mehr Zersplitterung des Verständnisses führen als zu Konsens. Der Moderator oder die Moderatorin hat also die Aufgabe, das Klären dieser Auffassungsunterschiede bestmöglich zu unterstützen und mithilfe des gesamten Teams die genannten Arbeitstypen thematisch zu sortieren bzw. zu gruppieren.

Eigentlich wäre dann der nächste Schritt, für die entstandenen Cluster Überschriften oder „Familiennamen" zu finden. Anhand dieser Familiennamen soll jedes Teammitglied im späteren laufenden Betrieb sofort erkennen, wie ein gezogenes Ticket zu behandeln ist. Bevor Sie sich mit den Familiennamen beschäftigen, beobachten Sie aber genau, wie das Clustern abläuft. Werden Kärtchen oft hin und her verschoben? Das ist meistens ein Zeichen dafür, dass es noch große Unsicherheiten darüber gibt, ob man Arbeiten zusammenfassen kann oder ob sie für sich stehen müssen, weil sie ein ganz eigener Typus sind. Wenn Sie diese Unsicherheiten bemerken: Belassen Sie das Team beim Finden der Arbeitstyp-Familiennamen im Plenum. Die Teammitglieder brauchen in dieser Situation den gesamten Kontext, um sich besser orientieren zu können, und meistens werden auf der gemeinsamen Suche nach Familiennamen auch die Cluster-Zuordnungen noch einmal deutlicher oder sogar völlig umgeworfen.

Eine Frage, die sich aufdrängt, ist folgende: Soll als Regelwerk detailliert aufgeschrieben werden, welche einzelnen Detailarbeitstypen in welcher übergeordneten Gruppierung zu finden sind? Unserer Erfahrung nach ist das in den seltensten Fällen notwendig. Die Menschen in den Teams wissen ja seit geraumer Zeit, was sie so den ganzen Tag tun – da ist die Einordnung in ein zusammenfassendes gedankliches Konstrukt nur eine Formsache. Sehr wohl ist es aber sinnvoll, Einigungen zu notieren, wenn Begrifflichkeiten in den vorangehenden Diskussionen nicht scharf voneinander getrennt werden konnten bzw. dasselbe gemeint, aber unterschiedlich benannt wurde. Besonders oft begegnet uns das bei den drei Arbeitstypen Change Request, Feature und Bug. Bei einer solchen Ausgangssituation ist es wichtig, das finale gemeinsame Verständnis als Regel zu notieren, wie etwa: *„Als Change Request verstehen wir . . . “* In der Erinnerung sind nämlich Dinge, auf die man sich erst nach längeren Diskussionen geeinigt hat, sehr volatil, und daher ist es besser, sie auf Papier festzuhalten, um sie nicht der Gefahr des sofortigen Vergessenwerdens auszusetzen.

19.1.3 White Noise – Die Stimmen aus dem Hintergrund

Die Beschäftigung mit der Stakeholder-Landkarte in der Diagnosephase ist für die Teammitglieder von Stefan Bergmüller (Teamleiter Second Level Support) eine Form von Psychohygiene. „Ständig kommt irgendwer und will, dass wir uns kurz mal etwas anschauen“, geht das Raunen durch das Team. „Den Leuten ist überhaupt nicht klar, dass viel Kurzes über den Tag gesehen etwas ziemlich Langes werden kann.“ Die unkoordinierten Wünsche der Stakeholder bringen die sieben Mitarbeiter zeitlich immer wieder ins Trudeln. Aus dem Blickwinkel des Teams von Herrn Bergmüller hat die Kanban-Initiative also nicht nur altruistische Motive. Natürlich will das Team mit der Verbesserung der Prozesse dem gesamten Unternehmen helfen. Natürlich will es, dass sich die Kunden auf die Aussagen des Teams verlassen können. Im Zuge der Vorbereitung wird dem Team aber klar, dass es manchmal egoistisch sein muss, um altruistisch sein zu können. Es geht bei Kanban auch darum, den Stakeholdern zu signalisieren, dass effiziente Arbeitsweisen Disziplin brauchen – unter anderem von den Stakeholdern. Tatsache ist aber, dass Teams im Laufe eines Arbeitstages sehr oft mit starkem Hintergrundrauschen konfrontiert sind – dem so genannten „White Noise“. Damit bezeichnen wir all jene Zwischendurch-Aufträge, die es im regulären Kanban-Betrieb nie aufs Board schaffen würden, weil sie vielleicht „nur“ wenige Minuten oder Stunden verbrauchen, aber trotzdem nicht weniger wichtig sind. Meistens kommt im Rahmen des Workshops bei der Identifizierung der Arbeitstypen die Frage auf, wie man denn mit diesem White Noise umgehen soll. Ist das überhaupt ein eigener Arbeitstyp?

Das egoistische Ziel jedes Kanban-Teams ist es, Störungen so weit wie möglich zu reduzieren. Auch in den Interviews in der Vorbereitungsphase ist das einer der am öftesten genannten Wünsche. Natürlich wäre es ein Weg, allen Stakeholdern klipp und klar zu sagen, dass das Team ab morgen nur noch Arbeiten annimmt, die den regulären Weg über das Queue Replenishment Meeting gegangen sind. Außer Entsetzen, kräftigem Widerstand und unhöflichen Fingergesten würde eine solche Ansage aber wahrscheinlich wenig bringen. Auch das Team von Herrn Bergmüller will seine Stakeholder nicht vor den Kopf stoßen. Das eigentliche Problem beim White Noise ist exakt das Gleiche wie bei allen anderen Aufgaben in der Wissensarbeit: Es ist für die Auftraggeber und für das Team nicht sichtbar, wie sehr dieses Hintergrundrauschen das System belastet und wann der kritische Punkt erreicht ist, von dem an alles andere schwerwiegend blockiert wird. Der beste Weg ist daher, mit White Noise genau das Gleiche wie mit allen anderen Prozessen und Aufgaben zu machen: Es wird sichtbar und damit messbar und begreifbar gemacht.

Variante 1: Das Team Bergmüller besorgt sich selbstklebende, wieder entfernbare Index-markierungen, die man normalerweise für das schnelle Wiederfinden bestimmter Stellen in Büchern oder Dokumenten verwendet. Diese Markierung entspricht einer Zeitspanne von 15 Minuten. Bevor das Team damit beginnt, kommuniziert es allen Stakeholdern, die direkt mit dem Team arbeiten, was die Markierungen bedeuten. Danach passiert Folgendes: Jedes Mal, wenn ein Teammitglied einen White-Noise-Auftrag bekommt, klebt es so viele Markie-rungen auf seinen Monitor, wie es der Dauer des Auftrags entspricht. Und zwar nicht nur für sich selbst, sondern für alle gut sichtbar. Im Laufe des Tages sitzen die Teammitglieder von Stefan Bergmüller nicht mehr vor Monitoren, sondern vor bunten Igeln. Und sie bemer-ken gleich zwei Effekte:

1. Der stolze Igelbesitzer weiß am Ende des Tages, was er den ganzen Tag über gemacht hat. Er zählt die Markierungen zusammen und kann eine genaue Aussage darüber treffen, wie viel Zeit er insgesamt auf die Bearbeitung von White-Noise-Anfragen verwendet hat. Zum Arbeitsschluss fasst das Team die Sticker zusammen: Je vier 15-Minuten-Markie-rungen werden zu einem Ticket zusammengefasst und in die Done-Spalte des Kanban-Boards gehängt. Gleichzeitig analysiert es begleitend dazu, von wem diese Anfragen zum Großteil stammen. Das Ziel des Sichtbarmachens von White Noise ist also nicht die Ins-tallierung eines neuen Zeiterfassungssystems, sondern der Erkenntnisgewinn: Woher kommen die Hintergrundgeräusche und welchen Einfluss haben sie auf unsere Arbeit? Mit diesen Informationen wird ein Kanban-System wieder so adaptiert, dass es White Noise in Zukunft besser verdauen kann. Eventuell stellt sich heraus, dass es sinnvoll wäre, regelmäßige Geräuscherzeuger doch in das Queue Replenishment Meeting einzu-laden.

2. Besonders positiv fällt dem Team von Herrn Bergmüller auf, dass sich die Stakeholder plötzlich viel rücksichtsvoller verhalten. Jeder potenzielle Auftraggeber von White Noise, der den Arbeitsraum des Teams betritt, sieht jetzt auf einen Blick, ob sein Anliegen noch gute Chancen auf Bearbeitung hat. Schon dieses visuelle Signal der bunten Indexstreifen bewegt viele dazu, das tatsächliche Ausmaß kurzfristiger Aufträge genauer zu über-denken.

Variante 2: Auch wenn das Hintergrundrauschen nicht am offiziellen Kanban-Board, son-dern auf den Monitoren der Teammitglieder visualisiert wird, kann man WiP-Limits einfüh-ren. Das Team kann sich selbst zum Ziel setzen, dass pro Mitglied nur eine bestimmte Menge an White Noise bearbeitet werden darf – zum Beispiel sollen maximal zwei Stunden pro Tag dafür verbraucht werden. Wenn wir dabei bleiben, dass ein Indexstreifen 15 Minu-ten entspricht, ist nach acht Streifen Schluss. Auch hier unterstützt die Visualisierung die Argumentation gegenüber den Geräuschemachern. Mit dem Igel am Monitor und einem Kanban-Board im Hintergrund, auf dem sich wegen White Noise den ganzen Tag noch nicht viel weiterbewegt hat, lässt sich eindrücklicher veranschaulichen, dass man nun keinen Auftrag mehr bearbeiten kann.

Damit hier keine Missverständnisse auftreten: Es geht nicht darum, White Noise vollkommen zu eliminieren. Wie gesagt handelt es sich dabei um durchaus wichtige Aufgaben, die erledigt werden müssen. Das primäre Ziel ist es, für alle Beteiligten transparent zu machen, was ein System auf welche Art und Weise und in welchem Ausmaß beeinflusst. Damit soll niemand vor den Kopf gestoßen, sondern die Veränderung durch Kanban über die Grenzen eines Systemausschnitts hinausgetragen werden: das Bewusstsein, dass es Grenzen der Belastbarkeit gibt und man mit einem geordneten, sequenziellen Abarbeiten von Aufgaben schneller ans Ziel kommt als mit ständigem Task Switching.

Der Umgang mit White Noise ist übrigens ein Punkt, der unbedingt im Regelwerk des Teams festgehalten werden sollte!

 Zusammenfassung Agendapunkt 1 – Arbeitstypen identifizieren

Rahmen abstecken

- Die Ergebnisse der Interviewverdichtung hängen als sichtbarer Anhaltspunkt für die zu erreichenden Ziele während des gesamten Workshops im Raum.
- Regeln zu Begrifflichkeiten und den Umgang mit den einzelnen Elementen des Kanban-Systems werden auf Flipcharts festgehalten.

Ablauf

1. Aus allen identifizierten Stakeholdern filtert das Team heraus, *von wem* es Arbeit erhält und *an wen* es Arbeiten weitergibt.
2. Die Stakeholder-Landkarte mit Arbeitstypen füllen:
   a) *Welche Arbeiten* (= Arbeitstypen) bekommt das Team von den Stakeholdern und welche gibt das Team weiter?
   b) Clustern der festgestellten Arbeitstypen in übergeordneten Gruppen (z. B. Art, Quelle, Größe, Ankunftsrate)
3. Wege für den Umgang mit White Noise finden: Wie sehr belasten kurzfristige Zwischendurch-Anfragen den Arbeitsfluss eines Teams? Zwei mögliche Varianten des Sichtbarmachens:
   a) Durch die plastische Darstellung mit Indexmarkierungen auf den Monitoren der Teammitglieder
   b) Durch das Einführen von WiP-Limits für White Noise pro Mitarbeiter

■ 19.2 Prozesse identifizieren

Es geht weiter in der Verfeinerung des Kanban-Systems. Das Team weiß nun, von wem es welche Arbeiten bekommt, an wen es Arbeiten abgibt, und fürs Erste wurden Arbeitstypen sinnvoll zusammengefasst. Arbeitstypen durchwandern unterschiedliche Stadien der Bearbeitung, und daher muss das Team herausfinden, wie der übliche Arbeitsprozess aussieht. Hier wartet wieder eine typische Falle: Es geht nicht darum, einen Prozess zu *definieren*, den jemand gerne hätte – sonst bewegte man sich wieder im klassischen Prozessdesign und nicht im evolutionären Change Management. Das Team untersucht in diesem Teil des Workshops zunächst die aktuellen, *gelebten* Prozesse, die von den zuvor identifizierten (aggregierten) Arbeitstypen durchlaufen werden. Nach so viel theoretischer Vorarbeit geht es dann zum ersten Mal in den Praxisversuch: Das Team hat für sich selbst die ersten Instrumente gebaut, mit dem es sein Kanban-System in einer Simulation testen kann.

19.2.1 Arbeitsschritte pro Arbeitstyp finden

Wie liegt das Team im Systemdesign-Workshop bisher im Zeitplan? Wenn es genug Spielraum gibt, empfehlen wir im Sinne der besseren Qualität wieder eine Kleingruppenübung. Welche Herangehensweise dabei gewählt wird, ist immer eine Abwägung zwischen verfügbarer Zeit und der nötigen Qualität der Ergebnisse. Rufen Sie sich immer wieder in Erinnerung, dass das Team kein perfektes Kanban-System entwerfen muss, sondern eines, mit dem es am nächsten Tag zu arbeiten beginnen kann. Wir entscheiden bei unseren Workshops immer situativ zwischen diesen beiden Formen:

1. Jede Kleingruppe beschreibt für jeden Arbeitstyp die aktuellen Prozesse.
2. Der Moderator teilt die Arbeitstypen auf die Kleingruppen auf, und es werden nur für die jeweils zugeteilten Arbeitstypen die Prozesse eruiert.

Die erste Variante hat den Vorteil, dass sie später in der gesamten Gruppe bessere Diskussionsresultate und ein klareres, gemeinsames Verständnis der Prozesse hervorbringt. Jeder und jede hat sich davor mit der gleichen Frage beschäftigt, und damit wird sofort deutlich, in welchen Punkten die gelebten Prozesse unterschiedlich wahrgenommen werden. Haben sich die Teilnehmer vor der Präsentation nicht mit denselben Inhalten befasst, werden sie dem Präsentierten wahrscheinlich schneller zustimmen, ohne davor aber genauer darüber nachgedacht zu haben. Das bringt zwar einen schnelleren Fortschritt im Workshop-Ablauf, aber wenn genügend Zeit zur Verfügung steht, sollten allerdings die Schärfung des gemeinsamen Verständnisses und damit die bessere Ergebnisqualität im Vordergrund stehen.

Die ersten Board-Entwürfe

Welchen Weg Sie für das Identifizieren der Prozessschritte auch wählen: Zücken Sie für die Gruppenarbeit die Post-its und stellen Sie Pinnwände bereit! Im laufenden Betrieb werden Post-its später als „Tickets", als konkrete Arbeitsaufträge fungieren. Einstweilen repräsentieren sie im Workshop noch die einzelnen Arbeitsschritte (z. B. Analyse, Design, Test), die von Aufträgen durchlaufen werden.

Stefan Bergmüller identifiziert mit seinem Team die Arbeitsschritte pro Arbeitstyp im **World Café.** Wie funktioniert dieses Workshop-Element?

- Zunächst teilt er die Leute auf drei Teams auf. Auf jedem Tisch liegen Flipchartpapier, genügend Post-its und Stifte bereit. „Jedes Team bekommt von mir Arbeitstypen zugewiesen, die wir vorher ausgearbeitet haben", erklärt Herr Bergmüller. „Überlegt euch bitte zu jedem dieser Arbeitstypen, in welchen aufeinander folgenden Schritten sie bei uns bearbeitet werden, und schreibt jeden Schritt auf ein Post-it. Es geht dabei wirklich um den Ablauf, so wie wir ihn handhaben, nicht wie er theoretisch vorgeschrieben wäre."

- Nach 15 Minuten wechselt Stefan Bergmüller die Teams, allerdings bleibt jeweils ein Teammitglied sitzen und erklärt den Neulingen, was bisher besprochen wurde und welche Ergebnisse dabei entstanden sind. Auf dieser Basis beschäftigen sich die Teams in neuer Konstellation wieder mit der Fragestellung.

- Insgesamt drei Mal mischt Stefan Bergmüller die Kaffeekränzchen des World Café neu. Dabei entstehen erste provisorische Boards, auf denen die Teammitglieder links die Arbeitstypen untereinander (= die Swim Lanes) anbringen und ihnen horizontal die Arbeitsschritte zuordnen, die für das Fertigstellen jedes Arbeitstyps nötig sind. Jetzt wird auch deutlich, warum dazu Post-its eingesetzt werden: ganz einfach aus dem Grund, weil sich das Prozessdesign mit den Haftnotizen einfacher neu arrangieren lässt, wenn sich im weiteren Verlauf der Gruppenarbeit – und später im Plenum – neue Erkenntnisse ergeben.

 Sinnvoll vergrößern und verkleinern

Eine Frage wird sich in der Kleingruppenarbeit vielen Teilnehmern stellen: „Was geht als Prozessschritt durch und ab wann ist ein zu hoher Detaillierungsgrad erreicht, der keinen wesentlichen Zusatznutzen bringt?" Nun, in welchem Umfeld bewegt sich das Kanban-Team? Ziehen wir für die Erklärung ein Support-Team und ein Softwareentwicklungsteam heran. Denken wir daran, dass im laufenden Betrieb ein Ticket immer in den nächsten Prozessschritt gepullt werden muss, sobald eine Arbeit abgeschlossen ist. Ein Support-Team zieht Tickets meistens innerhalb eines Tages, manchmal sogar in nur wenigen Stunden von der Input Queue bis in die Fertig-Spalte. Ist es aus dieser Perspektive sinnvoll, jeden Prozessschritt penibel am Board zu dokumentieren? Wenn sich das Team viel Bewegung verschaffen und laufend Tickets umsortieren will – vielleicht. Eigentlich ist es aber zu viel des Guten, und die *Zusammenfassung von Prozessschritten* ist der wesentlich effizientere und nervenschonendere Weg.

Umgekehrt kann es bei einem Softwareentwicklungsteam Wochen dauern, bis ein Ticket endlich weiterbewegt werden kann. Das birgt weniger ein Stress- als ein Frustpotenzial, weil die Visualisierung das Gefühl vermittelt, dass sich einfach nichts tut. Eine Lösung dafür ist es, *Tickets* zu *splitten* und damit kleiner zu machen, wenn diese Möglichkeit besteht. Das erzeugt am Board mehr Bewegung und zeigt, dass es mit dem Projekt vorangeht.

Wie hat das Team von Stefan Bergmüller diesen Schritt des Workshops abgeschlossen? Die Gruppen stellen die entstandenen Boards vor. Gemeinsam werden die Vorschläge abgeglichen und aus dem Konsens heraus entsteht das erste Kanban-Miniboard des Teams. „Ich bin ziemlich beeindruckt, dass ihr auch gleich Puffer integriert habt", zeigt sich Herr Bergmüller begeistert, weil er von uns weiß, dass ein solcher Riesenschritt in einem Systemdesign-Workshop nicht der Regelfall ist. Es hätte ihm daher nichts ausgemacht, wenn es langsamer vorangegangen wäre. Schließlich ist der gesamte Workshop für das Team nach wie vor ein Lernprozess, bei dem es Kanban erst richtig kennenlernt, zumindest aber zum ersten Mal das im Kanban-Basistraining Erlernte auf die eigene Praxis überträgt. „Das geht manchmal schneller und manchmal dauert es länger. Die Hauptsache ist aber, dass das Team den Sinn dahinter für sich erkennt", denkt sich Stefan Bergmüller.

Das ganze Team Bergmüller sieht sich das Board nun noch einmal genau an. „Gibt es etwas, das wir ändern müssen?", fragt Teamleiter Bergmüller in die Runde. „Oder können wir mit diesem Board morgen starten?" Für einen strukturierten Feedbackprozess sollen die Teammitglieder jetzt Folgendes tun:

- **Daumen hoch** bedeutet: „Ich bin einverstanden."
- **Daumen waagrecht** bedeutet: „Ich schließe mich der Gruppe an."
- **Daumen nach unten** bedeutet: „Ich bin dagegen."

Gott sei Dank wird hier nicht über das Leben von Gladiatoren entschieden, denn zwei Daumen zeigen nach unten. „Ich sehe, dass es für euch noch nicht ganz passt. Was sollen wir ändern, damit ihr eure Daumen zumindest waagrecht halten würdet?", fragt Stefan Bergmüller nach. Es stellt sich heraus, dass die zwei Teammitglieder mit dem Prozess für den Arbeitstyp „Hardware Update" nicht zufrieden sind und dazu einen anderen Vorschlag haben. Das Board wird angepasst, und Stefan Bergmüller stellt noch einmal die Frage: „Können wir mit diesem Board morgen starten?" Erneutes Finger-Voting – kein Daumen zeigt mehr nach unten, der Vorschlag ist angenommen.

 Elektronisch oder haptisch?

Mittlerweile gibt es natürlich einige elektronische Lösungen für Kanban-Boards. Irgendwann wird sich vielleicht auch Ihr Team die Frage stellen, ob es nicht praktischer wäre, das eigene System mit einem Programm abzubilden. Elektronische Lösungen haben mitunter den Vorteil, dass sie automatisch Messungen abliefern, die einem Team bei weiteren Verbesserungen helfen können. Trotzdem sind wir Befürworter des physisch präsenten Boards und die meisten Teams, mit denen wir Kanban-Systeme erarbeitet haben, sehen es genau so. Warum?

Lesen Sie alle Mails, die Sie bekommen, ganz genau? Gehören Sie zu den disziplinierten Ausfüllern von Excel-Sheets, die zu allen möglichen Zwecken kursieren? Wenn ja, dann gratulieren wir Ihnen zu wirklich außerordentlichem Engagement. Die meisten Menschen überfliegen die Inhalte nämlich nur, sofern sie eine Mail oder Datei überhaupt öffnen. Mit ausschließlich elektronischen Kanban-Boards ist es das Gleiche. Irgendwann schleicht sich der Schlendrian ein, und man schaut nicht mehr so regelmäßig nach, was sich denn da tut. **Was elektronischen Boards fehlt, ist die Sichtbarkeit und Präsenz. Genau die wollen wir aber mit der Visualisierung unserer Arbeit erzielen.**

In der Praxis treffen wir häufig die Lösung an, dass Teams zwar elektronische Boards verwenden, sie aber trotzdem für alle im Unternehmen sichtbar machen. Dort hängen in den Teamräumen und in den Gängen Flatscreens, die den aktuellen Stand am Kanban-Board für alle anzeigen. Oder das Team setzt einen Beamer ein, um den Arbeitsfluss ständig und nicht erst nach einigen Klicks vor Augen zu haben. An und für sich sind das tolle Lösungen, trotzdem möchten wir Ihnen für die Entscheidung noch eines zu bedenken geben: *Mit so einfachen Mitteln wie Kärtchen oder Post-its steigt der Grad der Interaktion zwischen den Teammitgliedern.* Die Tickets werden vom Board genommen und miteinander besprochen, es werden darauf Notizen, Skizzen oder kleine Diagramme angebracht. Alle diese Dinge machen das Besondere an einem Kanban-System aus, sie sind mit elektronischen Tools aber nicht möglich: Diese zwängen die Ideen der Teammitglieder in ein vorgegebenes und begrenztes Set an technischen Funktionalitäten. Dadurch wird die Technik zum bestimmenden Akteur der Veränderung, nicht die Menschen.

19.2.2 Simulation und Ticketdesign

Der große Moment ist da. Das Team kommt jetzt zum ersten Mal vor seinem selbst entworfenen Kanban-Board zusammen und testet es auf seine Praxistauglichkeit. Bei der Simulation sollte das Team *nicht* aufgeteilt werden, weil es die unterschiedlichsten Variationen gibt: Jede Person ist für bestimmte Prozessschritte verantwortlich, andere wiederum arbeiten bei gewissen Arbeitstypen die gesamte Swim Lane im Alleingang ab. Eine Aufteilung in Kleingruppen ist also weder sinnvoll noch möglich. An dieser Stelle ist es eine wichtige Erfahrung für das Team, die Verteilung der Arbeit untereinander plastisch vor Augen geführt zu bekommen und zu erkennen, wo die Übergabeschnittstellen innerhalb der eigenen Gruppe liegen.

Genauso macht es auch Supportteam-Chef Stefan Bergmüller. Mit seinem Team simuliert er die identifizierten Arbeitsschritte und nimmt sich alle Swim Lanes nacheinander (also jeden Arbeitstyp) einzeln vor. Dabei beschäftigen sich alle gemeinsam mit der Frage: „Welche Arbeiten laufen am häufigsten über diese Swim Lane?" Herr Bergmüller bemerkt sehr bald, dass er bei dieser Simulation als Moderator seinen gesamten Pragmatismus in die Waagschale werfen muss. Prompt kommt wieder die analytische Natur des Technikers zum Vorschein: Bei der ersten praktischen Arbeit mit dem Board wollen einige der Teammitglieder alle potenziellen Fälle abbilden, um auf Nummer sicher zu gehen. Ziemlich schnell bemerkt Stefan Bergmüller, wie sich dadurch die Stimmung im Team verschlechtert. „Wir können doch nie und nimmer alles abbilden, was passieren könnte", liegt ein Stoßseufzer in der Luft. „Das sollt ihr doch auch gar nicht. Ihr müsst nicht das wasserdichteste Kanban-System aller Zeiten bauen", startet Herr Bergmüller seinen Aufmunterungsversuch. „Dieses Kanban-System ist nicht dazu da, um uns zu geißeln – es soll uns unterstützen." Er wiederholt, was mittlerweile zu seinem Mantra geworden ist: Es geht hier nicht um das Bauen eines Systems für die fünf Prozent an Ausnahmefällen, die möglicherweise, eventuell und vielleicht auch nie eintreten könnten, sondern um das Design eines Systems für die 95 Prozent an Regelfällen, die tagtäglich vorkommen. Bei jedem neuen Sonderfall, der kreiert wird, fragt Stefan Bergmüller nun einfach nach: „Wie oft tritt dieser Sonderfall denn ein?"

Nachdem der Fokus wieder auf die Regelfälle gerichtet ist, nimmt sich Bergmüllers Team ein konkretes Beispiel aus der Menge der regulären Arbeiten heraus und schreibt es auf ein Ticket auf. Warum und wie diese Arbeit in die Input Queue kommt, interessiert das Team vorerst nicht, damit wird es sich zu einem späteren Zeitpunkt beschäftigen. Das Team spielt nun diesen Fall in allen Arbeitsschritten durch. Der Prozess lautet:

Vorbereitung > Durchführung > Dokumentation

Ziemlich schnell stellt sich dabei heraus, dass im *gelebten* Prozess die Schritte Vorbereitung und Durchführung nicht wirklich getrennt werden. „Nein, das stimmt doch nicht!", meldet sich ein langjähriger Mitarbeiter recht energisch zu Wort. „Wir müssen zuerst die Vorbereitungen abschließen, und erst dann können wir mit der Durchführung beginnen. Schaut doch in die Prozessbeschreibung, da steht das genau so drin." Diesen Einwand kann Stefan Bergmüller natürlich nicht ignorieren. „Kannst du mir eine konkrete Arbeit von dir nennen, dann spielen wir das noch einmal durch", bittet er den Mitarbeiter. Gesagt, getan, mit dem neuen Beispiel wird noch einmal simuliert. Dabei stellt sich heraus, dass bei Tickets, die bereits in der Durchführung sind, immer wieder Tätigkeiten der Vorbereitungsphase im Nachhinein geleistet werden müssen. In der Praxis muss das Ticket deshalb entweder blockiert werden, weil noch Vorbereitungsarbeit nachgeholt werden muss, oder es wird überhaupt wieder in den Schritt „Vorbereitung" zurückgestellt – und das sogar mehrmals. Mit der Visualisierung wird nun auch für den kritischen Mitarbeiter deutlicher, dass nur der gemeinsame Prozessschritt „Vorbereitung & Durchführung" sinnvoll ist.

Auch bei Ihrem eigenen Systemdesign-Workshop wird sich im Laufe der ersten Simulation mit sehr hoher Wahrscheinlichkeiten noch ein Umbaubedarf zeigen. Arbeitsschritte werden wieder entfernt, andere dafür hineingenommen. Sehr oft wird erst durch die Simulation klarer, dass bestimmte Arbeitstypen noch weiter zusammengefasst werden können. *Bauen Sie mit Ihrem Team einfach so lange um, bis Sie vor einem Board stehen, mit dem man tatsächlich zu arbeiten beginnen kann.*

Um das System allmählich zu erweitern und noch besser an die Realität anzupassen, muss der Moderator die Überlegungen ein wenig lenken. Wir stellen in unseren Workshops bei der Simulation jeder Swim Lane die Frage, welche Blockaden typischerweise auftreten können. Mit dieser Frage stoßen wir den Nachdenkprozess darüber an, ob eventuell weitere Queues oder Puffer eingebaut werden müssen. Das ist häufig der Fall, wenn Arbeiten mitten im Prozess an externe Zulieferer abgegeben werden oder einen internen Review-Prozess durchlaufen müssen, über den das Team keine Kontrolle hat. Auch wenn sich jetzt bereits viel am Design tut: Das (vorerst) endgültige Kanban-Board ist noch nicht ganz geboren. Fragen nach der Glättung des Arbeitsflusses und damit nach weiteren Queues und Puffern werden noch einmal wesentlich intensiver auftreten, wenn sich das Team mit dem Setzen der WiP-Limits beschäftigt.

Wenn wir die Frage nach einem Beispielauftrag für die Simulation stellen, zieht das meistens gleich eine weitere Frage nach sich: „Was steht eigentlich auf einem Ticket drauf, das in der Input Queue landet?" Hin und wieder taucht das Thema Ticketdesign bereits bei der Definition der Arbeitstypen auf, wenn es noch Unklarheiten gibt. Häufiger wird das Thema aber erst bei der Simulation richtig virulent, weil man nun tatsächlich etwas niederschreiben muss. Der Kreativität des Teams sind dabei keine Grenzen gesetzt: Erlaubt ist, was für die Zusammenarbeit gut funktioniert und was später jene Informationen liefert, die das Team für seine Messungen braucht. Wie ein Ticket aufgebaut sein kann, haben wir in Kapitel 3 gezeigt.

Zusammenfassung Agendapunkt 2 – Prozesse identifizieren

Rahmen abstecken

Der Moderator erinnert das Team daran, dass der *gelebte* Prozess dargestellt werden soll – nicht ein gewünschter oder vorgeschriebener.

Ablauf

1. Beschreibung der Prozessschritte für die einzelnen Arbeitstypen in Kleingruppen.

   a) Mögliche Gestaltungsmethode: „World Café" – die Gruppenzusammensetzung wird immer wieder wechselt (für eine umfassende Sichtweise auf die Fragestellung)

   b) Ergebnis: erste Board-Entwürfe

2. Vorstellung der Entwürfe im Plenum und Aggregieren der Entwürfe zu einem gemeinsamen, vorläufigen Kanban-Board

3. Simulation einiger Regelfälle aus der täglichen Arbeit; ggf. Zusammenfassen, Splitten oder Hinzufügen von Prozessschritten

Das Board wird so lange umgebaut, bis es der Realität entspricht und man am nächsten Tag damit zu arbeiten beginnen kann.

19.3 WiP-Limits bestimmen

Im ersten Teil des Workshops wurde bis jetzt sehr stark auf der Ebene der Visualisierung gearbeitet. Das ist eine wichtige Voraussetzung, damit sich ein Team zunächst einmal bewusst wird und tatsächlich *sieht*, welche Arbeiten es leistet und wie es mit diesen Arbeiten im gelebten Prozess umgeht. Erst wenn es die momentane Situation vor sich sieht, kann das Team abschätzen, wie es die übrigen Kanban-Instrumente einsetzen kann, die in Zukunft Schwächen des Prozesses aufzeigen und dabei helfen werden, Aufgaben schneller und verlässlicher zu erledigen. Das wichtigste Instrument sind in diesem Zusammenhang die WiP-Limits. Rufen wir uns noch einmal ins Gedächtnis, was wir unter WiP-Limits verstehen und welche Effekte sie haben.

Mit einem Kanban-System soll ein kontinuierlicher Arbeitsfluss etabliert werden. Das funktioniert nicht, wenn ständig unkontrolliert Arbeiten in das System gekippt werden. Daher begrenzen wir die Anzahl der Arbeiten, die gleichzeitig in einem Prozessschritt ausgeführt werden dürfen. Im Vordergrund steht dabei die ökonomische Überlegung, dass eine fertig gestellte Aufgabe mehr einbringt als zehn begonnene, aber nicht fertig gestellte Arbeiten. WiP-Limits bewirken, dass

- Task Switching vermieden wird,
- sich die Durchlaufzeiten verringern,
- höhere Qualität durch bessere Konzentration und geringere Feedbackzeit geliefert wird,

- sich die Kunden auf unsere Zusagen verlassen können,
- das Team wesentlich seltener in seiner Arbeit gestört wird,
- Probleme und Engpässe durch „Staus" in Prozessschritten sichtbar werden.

Moderator und Team sollten zwischendurch wieder einen Blick auf die Ergebnisse der Rückkopplung und Interviewverdichtung werfen. Wahrscheinlich werden sich unter den Verbesserungswünschen einige dieser Punkte im gleichen oder ähnlichen Wortlaut wiederfinden. Also werden nun genau diese Wünsche adressiert, indem das Team sein eben entstandenes Kanban-Board mit WiP-Limits versieht!

19.3.1 Schritt 1: Kapazitäten finden

Den Einstieg in das Thema findet der Moderator über die Swim Lanes, die ja unsere Arbeitstypen darstellen. Die einfache, aber schwierig zu beantwortende Frage lautet nun: „Wie viel Prozent eurer Arbeitszeit verwendet ihr ungefähr auf die einzelnen Arbeitstypen?" In den Workshops, die wir durchführen, stellen wir diese Frage im Plenum und überlassen es dem Team, wie es sich bei der Beantwortung organisieren möchte. Um zu einem Ergebnis zu kommen, gibt es zwei Möglichkeiten:

1. In der Vergangenheit wurden zur Zeiterfassung oder für andere Zwecke bereits Aufzeichnungen zu dieser Frage geführt. Sehr praktisch! Denn diese Aufzeichnungen können gleich verwendet werden, um die Frage nach der prozentualen Aufteilung sehr präzise zu beantworten.

2. Es gibt keine Aufzeichnungen. Die Beantwortung der Frage braucht in diesem Fall etwas länger, ist aber dennoch kein Problem. Ein Team besitzt meistens eine qualifizierte Einschätzung aufgrund seiner Erfahrung. Außerdem ist es allen mittlerweile in Fleisch und Blut übergegangen, dass kein Atomreaktor gebaut wird, sondern ein pragmatisches Kanban-System, das Irrtümer verzeiht, weil es sich rasch adaptieren lässt.

Wenn es keine Aufzeichnungen gibt, schreiben die Teammitglieder ihre Schätzungen auf ein Flipchart und berechnen mit einer einfachen Durchschnittsrechnung aus ihren Antworten den (gerundeten) Prozentanteil, der auf jeden Arbeitstyp entfällt (Bild 19.1 zeigt ein Beispiel-Board).

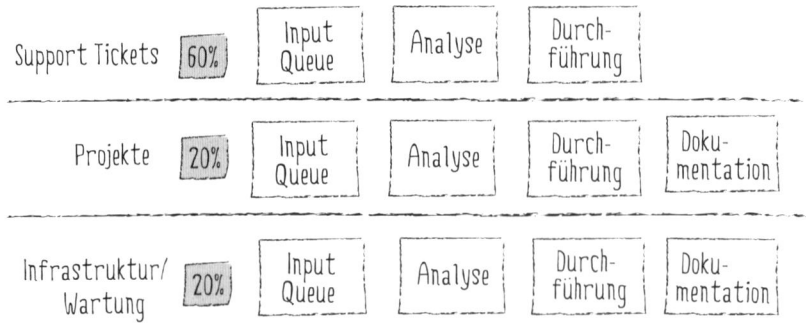

Bild 19.1 Zuteilung der Prozentanteile zu den einzelnen Arbeitstypen

Die meisten Teams sind im Systemdesign-Workshop davon überzeugt, dass es in ihrem Prozess eine klar abgrenzbare Phase „Analyse" gibt. Im tatsächlichen Betrieb stellt sich dann allerdings heraus, dass Analyse und Durchführung sehr nahtlos ineinander übergehen und im Grunde nicht in Einzelschritte zu trennen sind. Wir geben in den Workshops unsere Vermutung ab, akzeptieren aber, wenn das Team es zunächst anders sieht. Meistens schließen sich diese Teams nach etwa einer Betriebswoche unserer Meinung an.

Sehr oft kommt es in diesem Stadium zu großen Überraschungen. Ein IT-Infrastrukturteam aus unserer Kanban-Praxis wollte in Zukunft mehr Zeit in die Verbesserung der internen IT-Infrastruktur investieren. Deren Anteil an allen Arbeiten sollte mindestens 50% ausmachen. Die Auseinandersetzung mit dem derzeitigen Status machte deutlich, dass es bis dahin noch ein weiter Weg sein würde. Zum damaligen Zeitpunkt lag der Anteil der internen Infrastrukturthemen nämlich bei nur 20%; 30% flossen in Projektarbeiten, die restlichen 50% in Support-Anfragen. Solche Erkenntnisse mögen im ersten Augenblick ein Schock sein, regen dann aber gleich die Kreativität des Teams an: „Wie muss sich die Aufteilung verändern, damit das Ziel erreicht werden kann? Wie könnte eine optimale Verteilung aussehen? Welche Auswirkungen hat es, wenn wir an bestimmten Schrauben drehen, wie beeinflussen sich die einzelnen Arbeitstypen in unserem Bereich gegenseitig?" Im konkreten Beispiel hatte die intensivere Beschäftigung mit den Verbesserungen der internen Infrastruktur den Effekt, dass sich in der Folge die Zahl der Anfragen über die Support-Hotline verringern würde. Das Team hat sich für eine graduelle Anpassung der Kapazitäten entschieden.

Nicht nur in diesem Beispiel, sondern generell können wir diese Vorgehensweise empfehlen. Werden die Kapazitäten sofort in einem noch dazu sehr radikalen Ausmaß umverteilt, überfordert das nicht nur das Team gleich zu Beginn, sondern vor allem die anderen Stakeholder, die von einem Tag auf den nächsten vor vollendete und völlig neue Tatsachen gestellt werden. Evolutionäre Veränderung ist nicht nur eine Angelegenheit des Kanban-Teams, sondern auch aller Stakeholder, die mit einem Team in Verbindung stehen.

Am Ende von Schritt 1 einigt sich das Team darauf, welche Kapazitätsverteilung zunächst sinnvoll, machbar und verträglich ist, und hält diesen Beschluss auf seinem ersten Board schriftlich fest.

19.3.2 Schritt 2: Übersetzen in WiP-Limits

Zunächst hat das Team aus der Vogelperspektive einen Blick auf sein System geworfen: „Was leistet das System in seiner Gesamtheit?" Optimal arbeiten kann ein System aber nur dann, wenn seine Aufnahmefähigkeit berücksichtigt und begrenzt wird. Dazu müssen wir nun in die Perspektive der einzelnen Teammitglieder wechseln und auf dieser Basis die WiP-Limits bestimmen. In Abschnitt 4.2 haben wir gesagt, dass es keine pauschale Antwort darauf gibt, was das richtige WiP-Limit ist:

- Erstens brauchen wir zunächst nicht mehr als einen Ausgangspunkt, von dem wir in die praktische Arbeit starten können. Erst im Echtbetrieb wird das Team merken, ob die Limits für die Startphase zu optimistisch oder zu pessimistisch gesetzt wurden. Ganz sicher werden sich die WiP-Limits mittel- bis langfristig verändern, weil das Team große Entwicklungsschritte vollziehen wird.

- Zweitens muss das Team durch Beobachtung und Anpassung Erfahrungen sammeln. Das Ziel von WiP-Limits ist die Etablierung eines stetigen Arbeitsflusses, indem die „Liegezeit" von Arbeiten in den Done-Spalten reduziert wird. Dadurch verkürzen sich nämlich die Durchlaufzeiten. Wie man das schaffen kann, lässt sich aber am besten durch Erfahrung und das mit der Zeit gesammelte tiefgreifendere Kanban-Know-how herausfinden.

Daher muss zunächst ein leicht nachvollziehbarer Ausgangspunkt festgelegt werden, und dazu stellt der Moderator oder die Moderatorin eines Systemdesign-Workshops die Frage: „Wie viele Arbeiten kann jeder und jede von euch *realistischerweise* parallel ausführen?" Als Maßgröße wird also die Zahl der Mitarbeiter herangezogen. Die Teammitglieder geben ihre Schätzung ab, basierend auf Erfahrung und Selbstkenntnis, und somit sind die Ingredienzien zusammengestellt, mit denen die WiP-Limits berechnet werden können. Wie das funktioniert oder funktionieren kann, haben wir ebenfalls in Abschnitt 4.2 gezeigt:

 Zahl der Personen im Team x Zahl der geschätzten gleichzeitig möglichen Arbeiten pro Person = WiP-Limit für das gesamte Board

Nehmen wir im Sinne der einfacheren Berechenbarkeit an, dass wir mit einem Kanban-Team von fünf Leuten arbeiten, die jeweils zwei Arbeiten ausführen können. Also haben wir nun ein WiP-Limit von 10. Dieses Limit gilt für das gesamte Board und alle Swim Lanes (siehe Abschnitt 19.2.2).

Sehen wir uns anhand des Beispiels aus Bild 19.1 an, wie die bisher in Prozenten angeführten Anteile der Arbeitstypen in WiP-Limits umgewandelt werden. Diesen Teil des Workshops halten wir übrigens sehr kurz und schmerzlos, indem wir das Umrechnen einfach durchmoderieren. Schließlich handelt sich nicht um neueste mathematische Erkenntnisse, sondern um sehr einfache Rechenübungen, die wohl jeder im Team beherrscht. Das WiP-Limit von 10 ist unsere 100%-Basis. 60% von 10 sind 6, 20% sind 2. Daher sieht das Board mit WiP-Limits versehen folgendermaßen aus (Bild 19.2):

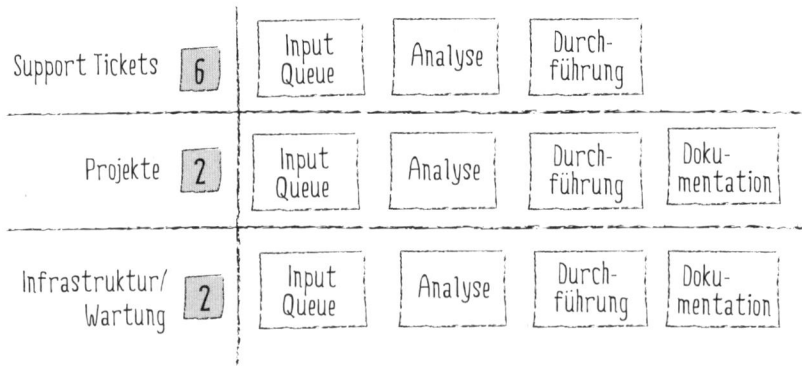

Bild 19.2 Umwandlung der Prozentanteile von Arbeitstypen in WiP-Limits

Wahrscheinlich haben Sie schon erkannt, dass wir mit den WiP-Limits noch nicht ganz durch sind. Natürlich müssen die Limits auch noch auf die einzelnen Arbeitsschritte (ausgenommen Queues und Puffer) verteilt werden. Das ist wiederum eindeutig eine Aufgabe, mit der sich das Team beschäftigen muss. Das Team muss entscheiden, wie es zum Beispiel die sechs WiPs des Supports auf die Arbeitsschritte Analyse und Durchführung umlegt, sodass es den Anforderungen der täglichen Praxis gerecht wird. Wenn Sie sich an Abschnitt 19.2.1 erinnern, arbeitet das Team noch immer mit einem Board, auf dem die einzelnen Arbeitsschritte mithilfe von Post-its visualisiert werden. Das Team klebt einfach seine WiP-Verteilungsvorschläge für die einzelnen Arbeitstypen auf den zugehörigen Arbeitsschritt-zettel. Zum Schluss werden die verteilten WiP-Limits pro Arbeitsschritt addiert und die Summe auf einem neuen Post-it über die jeweilige Arbeitsschritt-Spalte gehängt. Noch einmal nachprüfen, ob auch nicht mehr WiPs verteilt wurden, als zur Verfügung stehen, und wenn alles passt, hat das Team nun ein beinahe fertiges, praxistaugliches Kanban-Board entworfen!

Exerzieren wir das Ganze noch einmal anhand des Teams von Entwicklungsleiterin Susanne Schweizer durch. Bevor es an das Finden der Kapazitäten und das Setzen von WiP-Limits ging, hatte sich ihr Team in der Simulation zunächst in Sonderfällen verstiegen. In ihrer Funktion als Moderatorin war es Frau Schweizer aber gelungen, den Fokus der Teammitglieder zu schärfen. Das Übersetzen der Kapazitäten in WiP-Limits läuft daher überraschend reibungslos und schnell ab. Wohl auch deswegen, weil sie an dieser Stelle die Komplexität aus der Materie nimmt. Sie weiß, dass sich das Team beim Setzen der WiP-Limits eigentlich an den Liegezeiten der Arbeiten orientieren sollte. Genauso weiß sie aber, dass ihre Leute bis hierher erstens schon eine enorme Leistung vollbracht haben und dass zweitens das Konzept der Flussoptimierung in diesem Stadium überfordernd wäre. Es braucht einfach eine gewisse Zeit, bis sich das Team mit Kanban zurechtfindet und schrittweise seine Sichtweise verändert. Die WiP-Limits anhand der Mitarbeiterzahl zu bestimmen, ist zunächst die einleuchtendere Methode. Welche Prozessschritte gibt es im Team von Frau Schweizer (Bild 19.3)?

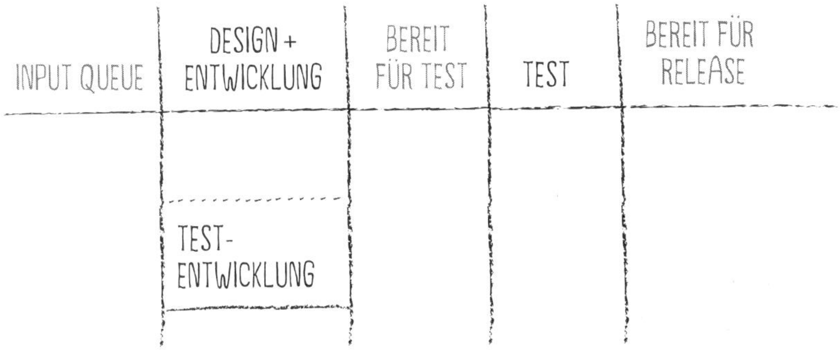

Bild 19.3 Kanban-Board des Entwicklungsteams von Susanne Schweizer

Auf seinem Board hat das Team von Frau Schweizer auch den Puffer „Bereit für Test" eingebaut, um Variabilität zu absorbieren. Bei ihren Überlegungen zu den Prozessschritten haben die Teammitglieder nämlich festgestellt, dass die Schritte Design + Entwicklung und Testentwicklung meistens unterschiedlich lange dauern. Aus ihrer Erfahrung heraus sind sie der Meinung, dass daher der Puffer nötig ist, um den Arbeitsfluss nicht ins Stocken zu bringen. Ob sie den Puffer im Endeffekt wirklich brauchen werden, können die Teammitglieder noch nicht genau sagen, aber sie starten zunächst damit. Ist der Puffer obsolet, werden sie ihn später wieder entfernen.

Insgesamt umfasst das Team neun Personen: sieben Entwickler und zwei Tester. „Denkt bitte mal an eure Arbeitssituation", beginnt Frau Schweizer. „Was glaubt ihr: Wie viele Arbeiten kann sinnvollerweise jeder von euch parallel ausführen?" Ziemlich schnell ist sich das Team einig: Mehr als zwei gleichzeitige Arbeiten pro Nase sind nicht sinnvoll. Bild 19.4 zeigt, wie die WiP-Limits am Kanban-Board des Entwicklungsteams verteilt sind.

Rechnerisch betrachtet steht den Entwicklern insgesamt ein WiP-Limit von 18 *für die Arbeitsschritte* zur Verfügung.

- Der Schritt „Design + Entwicklung" wird mit einem WiP von 14 beschränkt (sieben Entwickler, die jeweils zwei Aufgaben gleichzeitig erledigen können).
- Ein WiP-Limit von jeweils 2 entfällt auf Testentwicklung und Test (zwei Tester, die jeweils zwei Aufgaben gleichzeitig erledigen können).

Nach einer kurzen Diskussion, ob denn der Puffer ein WiP-Limit braucht, vergibt das Team aus dem Bauch heraus ein WiP-Limit von 4, denn die passenden Erfahrungswerte müssen noch gesammelt werden. Fürs Erste ist dem Team nur klar, dass auch der Puffer limitiert sein muss, damit dort nicht ohne Ende Arbeiten gelagert werden. Das WiP-Limit des Puffers erhöht zwar das WiP-Limit am gesamten Board, aber die WiP-Limits für die einzelnen Personen bleiben dadurch unangetastet. Denn bei diesem Puffer handelt es sich lediglich um einen „Parkplatz" für Aufgaben, an denen momentan nicht aktiv gearbeitet wird.

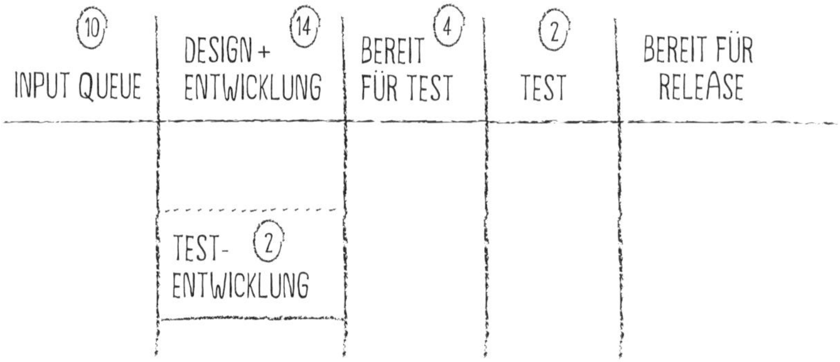

Bild 19.4 Kanban-Board Team Schweizer mit WiP-Limits

Die Input Queue bekommt ein WiP-Limit von 10. Dieses WiP-Limit regelt den Zufluss von Aufgaben in das Kanban-System. Wie kommt das Team von Frau Schweizer auf das WiP-Limit für die Input Queue? Vor der Kanban-Initiative wurden in zweiwöchigen Intervallen die Wünsche der Produktverantwortlichen beim Team von Frau Schweizer deponiert. „Aber wir wissen ja, dass es nie dabei bleibt", merkt ein Teammitglied mit einem leicht gequälten Lächeln an. „Es gibt zwischendurch permanent Anfragen und Bitten, ob wir denn nicht schnell mal dies oder jenes machen könnten." Also lautet der Beschluss, das Queue Replenishment Meeting wöchentlich durchzuführen, um die abseits von Meetings entstehenden Wünsche einzufangen und besser zu kanalisieren. Bei genauer Betrachtung schafft das Team pro Woche etwa sechs User Stories. Hin und wieder sind es auch neun, in anderen Wochen wieder nur vier. „Wollen wir die Input Queue so dimensionieren, dass immer genug Futter vorhanden ist?", fragt Susanne Schweizer. Ja, das Team ist dafür. Um auf Nummer sicher zu gehen, wird das WiP-Limit der Input Queue also für den Anfang auf 10 gesetzt.

Begleitet wird dieses Limit von dem Beschluss, die nächsten Queue Replenishment Meetings genau zu beobachten und im Bedarfsfall das Limit nach unten zu setzen, wenn 10 zu hoch gegriffen ist.

Die Größe der Input Queue festlegen

Aus der Kanban-Theorie wissen wir mittlerweile, dass die Größe der Input Queue vom Durchsatz der Tickets in einem System und vom Intervall des Queue Replenishment Meetings abhängt. Daran knüpft sich gleich die Frage, ob denn eine dieser Variablen bereits bekannt ist. Wie oft das Queue Replenishment Meeting durchgeführt wird, wurde zu diesem Zeitpunkt im Workshop meist noch nicht bestimmt, aber sehr oft finden diese Meetings wöchentlich statt. Das Team wird sich zu einem späteren Zeitpunkt des Workshops noch einmal detailliert damit befassen. Da es sich bei diesen Meetings um etwas handelt, das völlig neu eingeführt wird, kann das Intervall einfach jetzt schon festlegt werden. Inwieweit lässt sich aber sagen, wie viele Tickets ein Team pro Woche ungefähr abarbeiten kann (= Durchsatz)? Der Punkt ist, dass ein Team das noch nicht genau weiß, der laufende Betrieb wird es erst deutlich machen. Die Antworten werden dementsprechend eine sehr hohe Varianz aufweisen: Vielleicht schafft das Team nur fünf Tickets, vielleicht aber auch 20 – kommt darauf an, wie umfangreich das Ticket ist.

Aber falls Sie es schon vergessen haben: Es soll ja zunächst ein Kanban-System entstehen, mit dem man losstarten kann. Daher fordern wir Teams bei dieser Frage dazu auf, in puncto Durchsatz *vorerst* nur eine qualifizierte Annahme zu treffen: „Wir glauben, dass wir maximal X Tickets pro Woche schaffen." Auf diese Größe setzen wir die Input Queue und beobachten dann im laufenden Betrieb, wie schnell sie sich wieder leert. Sobald die Aufträge zur Neige gehen, bitten wir die Stakeholder entweder zu einem außertourlichen, vorverlegten Queue Replenishment – dann wissen wir auch, dass die Größe der Input Queue nach oben geschraubt werden kann. Oder die Input Queue ist noch immer voll und das Team muss das Queue Replenishment Meeting auf einen späteren Zeitpunkt verschieben und die Zahl der wartenden Aufträge in Zukunft reduzieren.

In der praktischen Umsetzung wird zu Beginn eher das Problem bestehen, dass sich viel zu viele Tickets am Board tummeln, weil das Team noch Arbeiten aus der Prä-Kanban-Zeit fertigstellen muss. Es wird also eher die primäre Aufgabe sein, das Board zunächst einmal zu leeren und eine Weile ohne Queue Replenishment Meetings auszukommen. Diese Zeit lässt aber schon ein sehr gutes Gespür dafür entstehen, was eine passende Größe für die Input Queue sein könnte.

Wenn Arbeit das System verlässt

Sie werden uns sicher nicht abnehmen, dass gerade das Setzen der WiP-Limits in der Praxis so reibungslos abläuft, wie gerade dargestellt. Nein, tut es natürlich nicht. Dieser Teil des Workshops ist meistens jener, in dem den Teammitgliedern am stärksten bewusst wird, wie sie von anderen Einheiten im Unternehmen abhängen und welchen Restriktionen sie in der Kontrolle über den eigenen Arbeitsfluss unterworfen sind. Beim Identifizieren der Arbeitsschritte tauchen diese Fragen oft zum ersten Mal auf, manchmal wird es aber erst im laufenden Betrieb deutlich: „Wie gehen wir damit um, wenn eine Arbeit – aus welchen Gründen auch immer – zwischendurch unser Kanban-System und damit unseren Arbeitsprozess verlässt bzw. verlassen muss?"

Jetzt bekommt die Frage noch eine zusätzliche Dimension: „Wie setzen wir in solchen Fällen von externen Blockaden dann die WiP-Limits?" Überspitzt formuliert verschwindet zwischendurch die Arbeit in einem schwarzen Loch, das damit auch die WiPs einsaugt, und tritt zu einem vom Team nicht oder nur schwer beeinflussbaren Zeitpunkt wieder in das Kanban-System ein. Solche temporären Abgaben in andere Zuständigkeiten regeln wir im Allgemeinen durch das Einführen von Queues. Damit wird sichtbar gemacht, was diese temporären Abgaben verursachen: nämlich Verzögerungen durch Liegezeiten. **An der Stelle in einem Prozess (bzw. auf einem Board), an der Arbeiten das System auf unbestimmte Zeit verlassen, legen wir eine Queue an, die als Ticket-Parkplatz dient. Diese Queue bekommt ein eigenes WiP-Limit.**

Sehen wir uns dazu noch einmal das Beispiel von Susanne Schweizers Team an. In der ersten Retrospektive des laufenden Betriebs stellt das Team fest, dass es im Systemdesign-Workshop zwei Abhängigkeiten innerhalb des Unternehmens übersehen hat. Bevor die Software in den Test gehen kann, muss das Team sehr oft noch darauf warten, dass ein Infrastrukturteam die passende Server-Umgebung bereitstellt. Und dann gibt es noch ein zweites Entwicklungsteam, das seine Arbeit mit jener des Teams von Frau Schweizer zusammenführen muss. Im Nachhinein erweitert das Team Schweizer daher sein Kanban-Board um die Queue „Warten auf extern" (Bild 19.5)

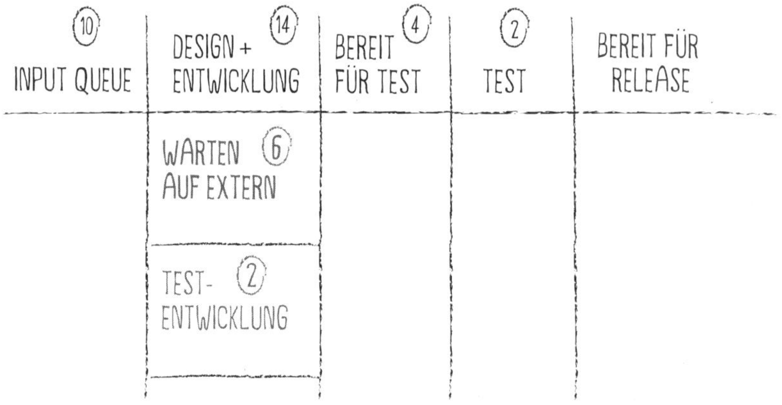

Bild 19.5 Handling externer Blockaden mit Queues

Für den Anfang limitiert das Team diese Queue auf sechs Tickets. *Theoretisch* gäbe es am Board nun ein Gesamt-WiP-Limit von 38. *Praktisch* heißt das aber nicht, dass das Team plötzlich mehr Arbeiten annimmt als vorher. Die Verteilung der WiPs auf die Arbeitsschritte bleibt gleich wie vorher, denn dem Team stehen trotzdem nicht mehr Kapazitäten zur Verfügung.

Eine Queue – sei es die Input Queue oder eine „Parkplatz"-Queue – ist von der Kapazitätsverteilung ausgenommen.

Durch das WiP-Limit für die Queue erzielt das Team zwei Effekte:

1. Wenn sich die Zahl der Tickets in der Queue allmählich dem Limit nähert, sieht das Team auf einen Blick, dass es die ausstehenden Arbeiten jetzt einfordern muss.

2. Alle Kollegen und Stakeholder, die am Board vorbeigehen, sehen durch die WiP-limitierte Queue ebenfalls, dass das Team im Wartemodus ist. Das ist vielleicht der Anstoß

für weitere strukturelle Verbesserungen. Kurz vor Fertigstellung dieses Buches haben wir übrigens von Frau Schweizer erfahren, dass ihr Team mit dem zweiten Team zusammengelegt wurde und der Prozess jetzt wesentlich schneller und reibungsloser abläuft.

In Systemdesign-Workshops werden meistens beim Thema der externen Blockaden sehr intensive Diskussionen darüber geführt, wie denn das WiP-Limit für eine solche Queue angesetzt werden soll. Schließlich weiß ein Team ja nicht, wann es die Arbeiten wieder zurückbekommt oder das Management eine Entscheidung trifft, auf deren Grundlage an einer Aufgabe weitergearbeitet werden kann. Kann oder besser gesagt „darf" für eine solche Queue überhaupt ein Limit eingeführt werden? Unsere Antwort darauf lautet folgendermaßen: Bei einer solchen Queue *muss* ein WiP-Limit eingeführt werden. Welche Höhe dieses Limit hat, ist genauso eine Frage von Versuch und Irrtum, wie sie es bei den regulären WiP-Limits sein kann. Die Queue unbegrenzt zu lassen, würde bedeuten, dass die Kontrolle über die Durchlaufzeiten vollkommen in fremde Hände gegeben wird. Je nachdem, wann die Aufgaben wieder retour kommen, „dürfte" das Team wieder weiterarbeiten. Mit einem WiP-Limit ist hingegen auch das Team gezwungen, rechtzeitig nachzufassen. WiP-Limits für eine Queue sind indirekt also ein Mittel zur Kommunikation mit Stakeholdern. Mit der Zeit wird sich dadurch auf der vom Team nicht kontrollierbaren Seite das Verständnis dafür bilden, dass gegenseitige Abhängigkeiten Verantwortung für den jeweils anderen im Sinne der Sache bedeuten.

19.3.3 Verteilen der WiP-Limits bei einem Support- oder Testteam

Wenn man es in einem Workshop zum Beispiel mit einem Support- oder Testteam zu tun hat, werden mit großer Wahrscheinlichkeit drei spezifische Gegebenheiten auftauchen.

- Erstens ist es bei solchen Teams sehr oft der Fall, dass ein Mitarbeiter alleine ein Ticket über alle Prozessschritte hinweg bearbeitet.
- Zweitens haben viele Tickets sehr geringe Durchlaufzeiten – häufig nur im Stundenbereich.
- Und drittens haben diese Teams auch noch mehrere unterschiedliche Arbeitstypen zu erledigen.

Im Team von Stefan Bergmüller, das für den Second Level Support zuständig ist, wurden sechs Arbeitstypen identifiziert. In 90 % der Fälle wird ein Ticket lediglich von einem der sieben Teammitglieder bearbeitet. Bei sieben Teammitgliedern, einem maximalen WiP von 2 pro Person und dem zusätzlichem Faktum, dass eine Person alle Schritte pro Arbeitstyp-Ticket ausführt, ergibt es wenig Sinn, die WiPs auf die einzelnen Prozessschritte zu verteilen. Also beschränkt das Team von Stefan Bergmüller die WiP-Limits auf die Arbeitstypen.

Das Support-Team von Stefan Bergmüller schleust pro Tag etwa 20 Tickets durch das Kanban-System. Er weiß, was dabei passieren kann, und simuliert daher mit seinen Leuten den Arbeitsablauf für einige Tickets. Ziemlich schnell stellen sie dabei fest, dass sie die Verteilung der Kapazität über die Arbeitstypen sehr leicht unterwandern können. In den Swim Lanes mit hohen WiP-Limits wird plötzlich Arbeit geparkt bzw. steht still, während die Arbeit in Swim Lanes mit niedrigen Limits schnell durchgeschleust wird. Das Team kommt hier in die Versuchung des Selbstbetrugs, weil es ja sein WiP-Limit immer voll auslastet und immer wieder fertige Arbeiten das System verlassen – nur sind es eben immer die gleichen Arbeitstypen, die rasch abgeschlossen werden. Um diese Versuchung gleich im Vorhinein auszuschließen, fasst das Team Bergmüller den Entschluss, die Kapazitätsverteilung auf Wochenbasis abzugeben, und stellt sich die Frage: „Wie viele Tickets pro Arbeitstyp können wir pro Woche abschließen?"

20 Tickets pro Tag ergeben rund 100 Tickets pro Woche. Auf dieser Basis werden die Kapazitäten neu verteilt, und das Team legt außerdem fest, wie viele Tickets sich von Montag bis Freitag *inklusive der Done-Spalte* pro Arbeitstyp am Board befinden dürfen. Als Regel legt das Team fest, dass die Tickets bis zum ersten Daily Standup der folgenden Woche, also am Montag, in der Done-Spalte bleiben müssen. Montags wird die Done-Spalte vor dem Daily Standup-Meeting ausgeräumt und kann somit wieder neu befüllt werden. Um ein Gefühl dafür zu bekommen, ob diese Lösung passen könnte, simuliert das Team noch einmal einen Ablauf nach den neuen Regeln – und stellt fest, dass es jetzt nicht mehr Gefahr läuft, sich selbst zu überlisten.

 Zusammenfassung Agendapunkt 3 – WiP-Limits bestimmen

Rahmen abstecken

Die Ergebnisse der Interviewverdichtung in der Rückkopplung sind beim Setzen der Anhaltspunkt dafür, was mit den WiP-Limits erreicht werden soll.

Ablauf

1. Kapazitäten finden: Wie viel Prozent der Arbeitszeit werden auf die einzelnen Arbeitstypen verwendet? Mögliche Ermittlungsmethoden:

   a) Aufzeichnungen aus der Vergangenheit

   b) Qualifizierte Schätzung auf Basis von Erfahrungswerten

2. Übersetzen in WiP-Limits: Wie viele Arbeiten kann jedes Teammitglied realistischerweise parallel ausführen?

   a) Das Ergebnis dieser Multiplikation wird anhand der prozentuellen Verteilung aus Punkt 1 in WiP-Limits für die einzelnen Arbeitstypen umgelegt.

   b) Verteilung der errechneten WiPs auf die Arbeitsschritte verteilt. Von der Verteilung ausgenommen sind die Input Queue, weitere Queues und Puffer. Diese bekommen eigene WiP-Limits zugewiesen, die sich aus Erfahrungswerten und vorläufigen Schätzung ableiten, und erhöhen das Gesamt-WiP-Limit *nicht.*

■ 19.4 Serviceklassen bestimmen

Für die effiziente Steuerung der Durchlaufzeiten eines Kanban-Systems fehlen noch die Serviceklassen. Kurze Wiederholung aus Kapitel 5: *Serviceklassen sind mit einer Cost of Delay – Verzögerungskosten – hinterlegt. Diese Verzögerungskosten beschreiben, welche Konsequenzen es hat, wenn eine Aufgabe nicht oder zu spät fertig gestellt wird.* Durch die Einteilung in Serviceklassen werden Aufgaben differenziert nach ihrer Dringlichkeit behandelt, ein Team kann dadurch seinen Arbeitsablauf besser steuern und den Aufgaben die nötigen Kapazitäten zuteilen.

In Kapitel 5 haben wir gängige Serviceklassen vorgestellt. An dieser Stelle sei noch einmal wiederholt, dass wir in der Praxis die Erfahrung gemacht haben, dass die Zahl der Serviceklassen überschaubar sein sollte. Die Mitglieder des Teams, aber auch die Stakeholder müssen sich sonst an einen ganzen Wust an Regeln erinnern. Ab sechs bis sieben Serviceklassen wird es bereits schwierig. Viele Serviceklassen machen einen Arbeitsfluss zwar bis in letzte Detail messbar, aber Steuerbarkeit und Verständlichkeit leiden. Zunächst ist also die Fokussierung auf wenige Serviceklassen das Ziel – vier genügen für den Anfang meistens, und auch im späteren laufenden Betrieb sollte die Zahl auf maximal sechs steigen. Ein Team sollte in erster Linie Regelfälle abbilden, um so allmählich in ein immer besseres Verständnis des eigenen Prozesses, aber auch der Prozesse des gesamten Unternehmens hineinzuwachsen. Gerade die Serviceklassen schärfen das Bewusstsein dafür, welche Rolle die eigene Arbeit für Erfolg oder Misserfolg einer Organisation spielt. Es wird deutlicher, dass Managemententscheidungen keine Willkürakte sind, sondern ihre Ursache in strategischen Überlegungen haben. Wenn man nun aber aus der bisherigen Position des Befehlsempfängers in jene eines aktiven Veränderers tritt – wie es die Mitglieder eines Kanban-Teams tun –, muss man sich diesen komplexen Zusammenhängen graduell nähern. Natürlich unterscheiden sich Teams, die mit Kanban beginnen, immer in ihrer „Reife". Trotzdem plädieren wir dafür, so wie bei allen anderen Elementen auch bei der Definition der Serviceklassen mit den einfachsten und häufigsten zu beginnen. Am wichtigsten ist es, dass die Teammitglieder das Konzept wirklich verstehen.

Deshalb arbeiten wir mit so einfachen Mitteln wie zum Beispiel Haftnotizen, die es zum Glück in den unterschiedlichsten Farben gibt. *Nicht vergessen: Das Team muss entscheiden, welcher Serviceklasse es welche Zettelfarbe zuordnet und ob eine Serviceklasse unter Umständen sogar eine eigene Swim Lane bekommt.* Welche Serviceklassen es gibt, mit welchen Regeln sie hinterlegt sind und mit welchen Farben sie signalisiert werden, wird später auch ein Thema der Kommunikation mit den anderen Stakeholdern sein. Sie müssen als Auftraggeber schließlich über die Funktionsweise unseres Systems Bescheid wissen, damit sie ihr eigenes Verhalten danach ausrichten können.

Sehen wir uns an, welche Serviceklassen das Entwicklungsteam von Susanne Schweizer wählt. Hier ist eine sehr fruchtbare Diskussion entstanden, in die sehr viele ökonomische Überlegungen einfließen. Frau Schweizer beobachtet, wie die Mitarbeiter und Mitarbeiterinnen tatsächlich darüber nachzudenken beginnen, wie sich ihre eigene Arbeit auf die Marktchancen des Unternehmens auswirken. Und genau das wollte die Entwicklungsleiterin mit der Kanban-Initiative erreichen, denn ihr Problem war ja, dass sich das Team ständig in Nebensächlichkeiten verzettelte. Das Produktmanagement hatte schon allmählich die Geduld verloren. Einigkeit herrscht sofort darüber, dass es eine Beschleunigt-Serviceklasse geben muss. Denn zum einen tauchen immer wieder schwerwiegende Fehler im Produktivsystem auf, die schnell behoben werden müssen. Ganz klar wird dadurch auch, dass sich die Softwarequalität auf alle Fälle verbessern muss – was aber nicht von heute auf morgen möglich ist. Zum anderen gibt es häufig Situationen, in denen die Produktmanager schnelle Unterstützung vom Entwicklungsteam brauchen, weil davon der Gewinn eines Auftrags abhängt.

Die ständige Beschäftigung mit Qualitätsproblemen hindert das Team an der Entwicklung neuer Features. Als zweite wichtige Serviceklasse definiert es daher „Nötig, um im Geschäft zu bleiben", in die alle Features fallen, die von den Mitbewerbern bereits angeboten werden und daher schnell in gleicher oder ähnlicher Form geliefert werden müssen.

Bereits jetzt will das Team aber die Grundlage schaffen, um in Zukunft dem Mitbewerb nicht nur nach-, sondern an ihm vorbeizuziehen. Daher umfasst die Serviceklasse „Features für den Gewinn neuer Marktanteile" jene Features, die neue User begeistern sollen.

19.4.1 Klarheit zwischen Arbeitstypen und Serviceklassen schaffen

Damit Serviceklassen funktionieren, muss ein Kanban-Team jede Serviceklasse mit einem Regelwerk hinterlegen. Sehr häufig kommt es aber vor, dass sich bei der Beschäftigung mit dem Thema Serviceklassen die bereits identifizierten Arbeitstypen – sprich Swim Lanes – noch einmal grundlegend verändern. Es kann in dieser Phase passieren, dass Serviceklassen zu eigenen Arbeitstypen und ursprünglich eigenständige Arbeitstypen zu einer Serviceklasse werden. Genau betrachtet sind Serviceklassen nichts, was wir neu „erfinden". Serviceklassen sind bereits in der täglichen Arbeit des Teams vorhanden, allerdings ist es dem Team nicht bewusst. Auch *vor* Kanban behandelt das Team unterschiedliche Anfragen auf unterschiedliche Art und Weise, meistens spielen dabei aber die Termingetriebenheit oder Druck durch die Stakeholder die wesentliche Rolle und verstellen den Blick darauf, dass man auch auf anderen – geordneteren – Wegen zum Ziel kommt.

Die bereits implizit vorhandenen Serviceklassen verstecken sich in den einzelnen Arbeitstypen. In unseren Workshops klären wir zu Beginn mit den Teams, ob jeder das Konzept der Verzögerungskosten verstanden hat. Wenn alle Unsicherheiten geklärt sind, fordern wir dazu auf, die Arbeitstypen am Board noch einmal genau zu durchdenken. Die konkrete Aufgabe dazu lautet: „Überlegt euch für jeden Arbeitstyp, welche Auswirkungen die Aufgaben auf das Geschäft haben können, die unter diesen Arbeitstyp fallen. Versucht, diese Auswirkungen in einer Cost-of-Delay-Funktion darzustellen oder sie mit euren Worten zu beschreiben." Wir fokussieren bewusst nicht nur auf die Verzögerungskosten, sondern lassen die Wege der Beschreibung offen. Dadurch ist die Wahrscheinlichkeit höher, dass mehr relevante Risikoinformationen genannt werden, weil sie nicht sofort in das Korsett einer Funktion gepresst werden müssen.

In jeder Swim Lane werden sich jetzt verschiedene Diagramme und Beschreibungen sammeln. Bild 19.6 zeigt das anhand des Kanban-Boards des Teams von IT-Abteilungsleiter Josef Drechsler. Die vorangegangenen Schritte des Systemdesign-Workshops haben bei seinem Team innerhalb der drei Arbeitstypen „Incidents", „kundenrelevante Incidents" und „Service Requests" insgesamt vier Serviceklassen zutage gefördert, für die das Team die konventionellen Bezeichnungen verwendet.

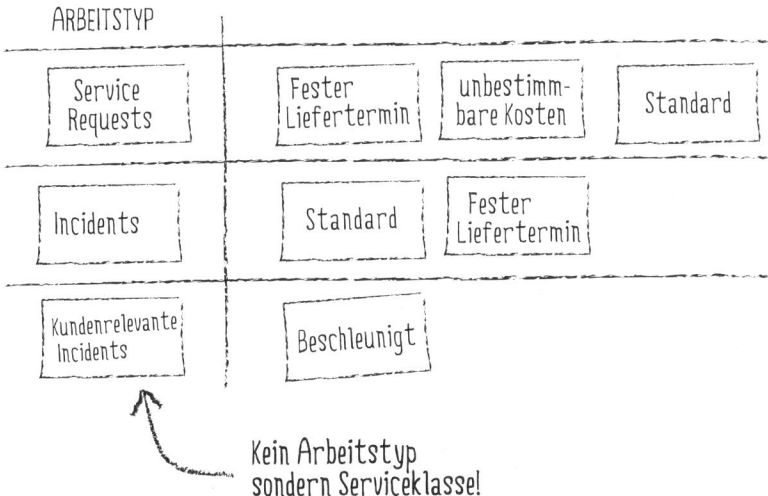

Bild 19.6 Arbeitstypen vs. Serviceklassen

Als sich das Team das Board genauer ansieht, stellt es fest, dass in der Swim Lane „kundenrelevante Incidents" ausschließlich Beschleunigt-Aufgaben durchgespielt werden, in den anderen Arbeitstypen treten sie hingegen nicht auf. Das veranlasst Josef Drechsler zu der Frage: „Sind ‚kundenrelevante Incidents' wirklich ein eigener Arbeitstyp oder könnten wir die eigentlich als Serviceklasse in einen anderen Arbeitstyp einordnen?" Würde der Entschluss lauten: „Nein, es ist auf jeden Fall ein eigener Arbeitstyp!", wäre damit jene Swim Lane festgelegt, über die das Team in Zukunft Beschleunigt-Aufgaben durch das System pullen wird.

Aber es kommt anders. Sehen wir uns die Arbeitstypen des Teams Drechsler näher an.

- *Kundenrelevante Incidents:* Diese Requests haben die höchste unmittelbare Auswirkung. Wenn nicht sofort reagiert wird, drohen dem Unternehmen schwere finanzielle Verluste.

- *Incidents:* Hohe, aber nicht unmittelbare Auswirkung.

- *Service Requests:* Alltägliche Anfragen von Kollegen, die im Sinne der Kundenzufriedenheit rasch, aber nicht sofort erledigt werden müssen.

Nach einigen Überlegungen beschließt das Team Drechsler, die kundenrelevanten und normalen Incidents in einem Arbeitstyp zusammenzufassen, die Service Requests aber als eigenen Arbeitstyp zu belassen. Der Grund dafür: Incidents müssen in der Bearbeitung die gleichen Arbeitsschritte absolvieren, während die Service Requests einem eigenen Prozess folgen. Es gibt nun also *einen Arbeitstyp* „Incidents", in dem es *zwei Serviceklassen* (kundenrelevante Incidents und normale Incidents) gibt, die ausschließlich auf der Incident-Swim Lane behandelt werden und sonst nirgends. Hätten die Service Requests ebenfalls denselben Workflow, wären auch diese unter dem Arbeitstyp Incidents subsumiert worden.

Zusammenfassend können wir also sagen:

- Eine Serviceklasse kann gleichzeitig ein Arbeitstyp sein. Das findet seinen Ausdruck in eigenen Swim Lanes, weil diese Serviceklassen bei der Behandlung eigenen Prozessen folgen müssen, die sich mit den Prozessen anderer Arbeitstypen nicht vereinbaren lassen.

- Ursprünglich getrennte Arbeitstypen können zu einem einzigen Arbeitstyp zusammengelegt werden, wenn sich die dahinter liegenden Cost-of-Delay-Funktionen ähnlich sind. Die ursprünglichen einzelnen Arbeitstypen werden auf diese Weise zu Serviceklassen.

19.4.2 Regeln definieren

Das Unterscheiden bzw. Zusammenlegen von Serviceklassen und Arbeitstypen ist wahrscheinlich einer der intensivsten Schritte im Systemdesign-Workshop. Ist das aber einmal geschafft, geht es daran, die teamspezifischen Regeln für die Serviceklassen zu finden. Am wichtigsten ist dabei, zwei Dinge zu formulieren:

1. Wie sieht das **Handling** der einzelnen Serviceklassen aus? Wie muss das Team reagieren, wenn es einen Auftrag einer bestimmten Serviceklasse bekommt? Wenn die Entscheidung zu treffen ist, welche Aufgabe als Nächstes bearbeitet wird: Welche Aufgabe bekommt aus welchen Gründen den Vorrang – wie sieht also die Pull-Reihenfolge aus?
2. Für die einzelnen Serviceklassen müssen **Kapazitäten** reserviert bzw. beschränkt werden.

Sehen wir uns zur Frage des Handlings wieder die Lösung des Teams von Josef Drechsler an. Dieses Team hat ja im Arbeitstyp „Incidents" die kundenrelevanten Incidents als eine Serviceklasse definiert. Gemeinsam haben sich die Teammitglieder auf folgendes Handling der kundenrelevanten Incidents geeinigt:

Wann immer ein kundenrelevanter Incident – der unabhängig vom Queue Replenishment entstehen kann – in unserem System auftaucht, stellen die Teammitglieder der betroffenen Bereiche ihre aktuelle Arbeit ein, versammeln sich beim Board und überlegen gemeinsam, wie sie diesen Incident am effektivsten und schnellsten lösen können.

Mit dieser Formulierung hat sich das Team sehr bewusst die Option offen gehalten, dass ein kundenrelevanter Incident nicht immer die Kapazität aller Teammitglieder binden muss. Ein Teil des Teams arbeitet nämlich mit Unix-Plattformen, ein anderer Teil mit Windows. Daher wird in der Formulierung deutlich, dass sich immer nur jener Teil des Teams um den Notfall kümmern sollte, dessen Plattform gerade vom Problem betroffen ist. Innerhalb der Regel für das Incident-Handling schwingt also noch implizit die weitere Regel mit, dass jeweils situativ entschieden wird, welcher Teil des Teams alle anderen Arbeiten liegen lassen muss und welcher Teil nach der ersten Schrecksekunde wieder an die Arbeit zurückgehen kann.

Natürlich können Regeln auch viel restriktiver formuliert werden, wenn es denn Sinn macht. Unabhängig von unserem Beispiel werden Features vermutlich in beinahe jedem Softwareentwicklungsteam als Arbeitstyp vorkommen. Innerhalb dieses Arbeitstyps wird es wiederum mehrere Serviceklassen geben, im Idealfall auch solche der Kategorie „Unbestimmbare Kosten". Eine Regel könnte lauten, dass die Person, die gerade an einer Aufgabe der Kategorie „Unbestimmbare Kosten" arbeitet, die Arbeit daran sofort einstellen *muss*, wenn ein Fehler im Produktivsystem in der Input Queue landet.

19.4.3 Kapazitäten von Serviceklassen festlegen

Vollkommen unabhängig davon, wie offen oder restriktiv Regeln des Handlings formuliert werden, *müssen* den einzelnen Serviceklassen Kapazitäten zugeteilt werden. Wir haben in Kapitel 5 ausgeführt, welche Effekte die gängigsten Serviceklassen auf die Durchlaufzeiten der Arbeiten in einem Kanban-System haben. Werden Arbeiten bestimmter Serviceklassen – vor allem der Klasse „Beschleunigt" – unkontrolliert in das System gelassen, besteht die Gefahr, dass das System früher oder später kippt und alle seine Kapazitäten nur noch auf diese eine Serviceklasse konzentriert. Genau das soll nicht passieren, weil sich eine Serviceklasse dadurch selbst degradiert. Daher weisen wir Serviceklassen Kapazitäten zu. Wir legen also fest, wie viele Arbeiten einer Serviceklasse sich maximal in einem Kanban-System befinden dürfen.

Damit es zu einer Kapazitätszuteilung gelangt, muss sich ein Team zwei Fragen stellen:

1. Welchen Anteil machen die einzelnen Serviceklassen momentan an unserer Arbeit aus?

2. Welchen Anteil sollten die einzelnen Serviceklassen idealerweise an unserer Arbeit haben?

Im Laufe der Rückkopplung wurden einige Probleme identifiziert, die ein Team mit Kanban adressieren will. Wenn es sich die zwei oben genannten Fragen stellt, können einzelne Probleme noch einmal besonders deutlich zutage treten. Meistens spielen dabei „Beschleunigt"-Tickets oder die Serviceklasse „Unbestimmbare Kosten" die Hauptrolle.

Auch im Team von IT-Bereichsleiter Herbert Krakauer ist das der Fall. Sein Team leidet unter chronischer Überlastung wegen ständiger Repriorisierungen und wiederholter Störungen. „Der aktuelle Anteil der Beschleunigt-Tickets ist einfach viel zu hoch", beschwert sich ein Teammitglied. „Mittlerweile haben wir das Gefühl, dass wir ständig nur Feuer löschen." Den Systemdesign-Workshop nutzt Herbert Krakauer daher für die Ursachenforschung. „Die vielen Beschleunigt-Aufgaben halten uns ständig von allen anderen Aufgaben ab", setzt er zur Erklärung an. „Die Kunden haben uns ja schon mehrfach wissen lassen, dass sie nicht so ganz zufrieden mit unseren Aussagen zu Fertigstellungsterminen sind." Die Überlastung mit Beschleunigt-Tickets kann im Wesentlichen zwei Gründe haben:

1. Die Stakeholder haben in der Vergangenheit die Erfahrung gemacht, dass „nur was weiter geht", wenn sie ihre Aufträge wichtiger machen, als sie es eigentlich sind. Es geht also um einen Mangel an Vertrauen, weil das Team durch die bisherige Nicht-Beschränkung des Systems keine verlässlichen Aussagen zur Bearbeitungsdauer treffen konnte. Oder die Stakeholder priorisieren ihre Aufträge prinzipiell höher als nötig, weil sie sich der Tatsache bewusst sind, dass ihr Auftrag in Konkurrenz mit anderen Aufträgen steht.

2. Das eigentliche Problem hat seine Ursache an einer ganz anderen Stelle, die das Team nicht beeinflussen kann, es bekommt aber trotzdem die Symptome zu spüren. In dieser Situation muss das Team oder ein Teamverantwortlicher das Gespräch mit den zuständigen Personen im Unternehmen suchen, um auf das Problem hinzuweisen und es im Idealfall zu beheben.

Fall 2 ist eine Angelegenheit für eine tiefergehende Ursachenanalyse. Hier ist die Wahrscheinlichkeit groß, dass das Team noch so lange im Feuerlöschmodus weiterarbeiten muss, bis die eigentliche Ursache des Problems beseitigt ist. Dann müssen allerdings auch Kapazitäten für die Löscharbeiten reserviert werden. Angenommen, ein Kanban-System wird mit einem WiP-Limit von 10 beschränkt. Ein kurzer Rückblick in Kapitel 5 zeigt, dass Beschleunigt-Tickets das WiP-Limit sprengen dürfen. Nehmen wir weiter an, dass der Anteil der Beschleunigt-Tickets im Arbeitsfluss eines Teams viel zu hohe 50 % beträgt. Bliebe das WiP-Limit bei 10, würde das Team ständig weit über seine Leistungsfähigkeit belastet sein, und über kurz oder lang würde sich bei den regulären Arbeiten gar nichts mehr weiterbewegen. Ein gangbarer Weg wäre es, bis zur Problembeseitigung das WiP-Limit im gesamten System um die Hälfte auf 5 zu reduzieren und die andere Hälfte den Löscharbeiten zu widmen, bis sich die Lage bessert.

Auf das Team von Herbert Krakauer trifft aber **Fall 1** zu. Zusagen wurden in der Vergangenheit nicht immer gehalten, und da jeder Stakeholder ein legitimes Interesse an fertigen Aufgaben hat, gehen mittlerweile alle den vermeintlich sicheren Weg der höheren Priorisierung. „Ich denke, wir müssen uns jetzt die Regeln für unsere Serviceklassen überlegen", schlägt Herr Krakauer seinem Team vor. „Im Queue Replenishment Meeting werden wir mit den Stakeholdern offen über die Problematik reden und gemeinsam nach den passenden Vereinbarungen suchen." Nach dem ersten QRM sieht diese Vereinbarung (Policy) folgendermaßen aus: Ein Beschleunigt-Auftrag muss zwar nicht den Weg durch das Queue Replenishment Meeting gehen, aber mindestens zwei weitere Stakeholder müssen in einer kurzen Absprache zustimmen, dass dieses Ticket vor allen anderen bearbeitet werden darf. Das Team will den Stakeholdern natürlich einen guten Service bieten und *wirklich* dringende Dinge im Sinne des Unternehmens sofort erledigen. Das klappt aber nur, wenn alle ein gleiches Verständnis davon haben, was wirklich dringend ist und was noch warten kann.

Tipp zum Formulieren von Kapazitätsregeln

- Bei den *niedrigen Serviceklassen* – also jenen, die zum Beispiel langfristige Weiterentwicklungen betreffen – muss sich ein Team manchmal selbst überlisten. Solche Aufgaben werden gerne auf die lange Bank geschoben, weil ihnen vordergründig der Touch des Dringlichen fehlt. Tatsächlich sind sie aber essenziell für das Unternehmen. Für niedrige Serviceklassen sollten daher **Muss-Kriterien** formuliert werden, damit sich immer solche Aufgaben am Board befinden.

- *Hohe Serviceklassen* (v. a. „Beschleunigt") wirken hingegen sehr stark in den Arbeitsfluss hinein und stoppen für eine bestimmte Zeit die Beschäftigung mit nicht so dringenden Aufgaben. Für diese Serviceklassen sollten daher **Maximal-Kriterien** formuliert werden, zum Beispiel: „Es darf nur ein Beschleunigt-Ticket zu einem Zeitpunkt bearbeitet werden. Das WiP-Limit für diese Serviceklasse ist also 1."

Je nachdem, in welcher Situation sich ein Team gerade befindet, kann die Bestimmung von Kapazitäten für Serviceklassen sehr schnell abgeschlossen sein, sie kann aber auch zu sehr tiefgreifenden Diskussionen über aktuelle Probleme führen. Lassen Sie diese Diskussionen zu, denn sehr oft können Ursachen bereits in dieser Diskussion identifiziert und beseitigt werden.

Wenn das Team seine Vorschläge zu den Serviceklassen und zur Verteilung der Kapazitäten auf die Serviceklassen gebracht hat, ist eine Simulation wieder ein sinnvolles Instrument.

Jetzt ist das Kanban-System schon in allen wesentlichen Bestandteilen vorhanden, und mit den nun bestimmten Serviceklassen kann das Team sehr gut nachvollziehen, wie die Arbeit mit Kanban in seiner Gesamtheit aussehen wird.

Zusammenfassung Agendapunkt 4 – Serviceklassen bestimmen

Rahmen abstecken

Konzentration auf wenige Serviceklassen, deren wirtschaftliche Auswirkungen aber dafür vom Team umso besser verstanden werden sollten.

Ablauf

1. Aufgaben differenzieren: Wie lassen sich Aufgaben auf Basis von Cost of Delay-Funktionen kategorisieren? Zuordnung von Serviceklassem zu den Arbeitstypen bzw. Swim Lanes, in denen sie auftreten können.

2. Klarheit zwischen Arbeitstypen und Serviceklassen schaffen: Können Arbeitstypen zusammengefasst werden oder sollten bestimmte Serviceklassen zu eigenen Arbeitstypen werden?

3. Regeln definieren: Wie reagiert das Team, wenn es einen Auftrag einer bestimmten Serviceklasse bekommt?

4. Kapazitäten festlegen: Welchen Anteil haben die einzelnen Arbeiten aktuell an der Arbeit und welchen sollten sie haben? Definition von Minimal- und Maximalkriterien.

■ 19.5 Messungen definieren

Bereits in Kapitel 7 haben wir uns dafür ausgesprochen, aus den Messungen zur Leistung eines Kanban-Systems keine Wissenschaft zu machen. Man kann alles bis ins kleinste Detail messen, aber man sollte sich dabei immer die Frage stellen: „Messen wir, weil es uns einen wesentlichen Erkenntnisgewinn bringt oder messen wir, weil wir es einfach können?" In Anbetracht der bezweifelbaren Relevanz exzessiver Messungen raten wir Ihnen: *Beschränken Sie sich in diesem Teil des Workshops auf das Wesentliche und Brauchbare. Setzen Sie jetzt nur eine Initialzündung.*

Wichtiger ist, dass die Teilnehmer alle Kanban-Instrumente davor wirklich verstanden haben und einsetzen können. Messungen sind vorerst ein kleinerer Teil eines Kanban-Systems. Aus unserer Erfahrung müssen im Systemdesign-Workshop vor allem noch einmal die Ziele deutlich gemacht werden, die mit Messungen adressiert werden können. Im Betrieb selbst werden sich die für das Team passenden Messungen von selbst entwickeln.

Wir haben aber noch eine gute Nachricht für Sie: Die Menschen, mit denen Sie den Workshop abhalten werden, gehen nicht ganz unwissend in diese Veranstaltung. Entweder haben sie sich schon vorher in einem Training mit Kanban auseinandergesetzt oder sie lernen Kanban gerade „on the fly" kennen. Jedenfalls entwickeln die Teilnehmer ein immer besseres Gespür für Kanban, sie beginnen, es wirklich zu verstehen, und bedenken in jedem Schritt des Workshops gleich mehrere Aspekte mit. Daher kann zum Beispiel schon bei der Identifizierung von Arbeitstypen die Frage nach der Messung der Zuverlässigkeit auftauchen. Beim Setzen der WiP-Limits wird sich das Team intensiver mit Durchlaufzeiten befassen und vielleicht auch schon damit, wie man durch bestimmte Maßnahmen hervorgerufene Veränderungen mitverfolgen kann.

Die Aufgabe des Workshop-Moderators ist es also, die Teilnehmer an diesen Stellen darauf hinzuweisen, dass hier das Thema Messungen berührt wird. Reservieren Sie für Messungen während des gesamten Workshops ein Flipchart und halten Sie darauf die Punkte fest, die zu diesem Thema genannt wurden. Möglicherweise werden Sie beim eigentlichen Agendapunkt „Messungen" bereits eine ganze Latte an potenziellen Metriken gesammelt haben.

Wenn es daran geht, die passenden Messungen auszuwählen, geben Sie dem Team Folgendes mit auf den Weg:

- **Messen, was den Zielen dient:** Mit einem Kanban-System verfolgt ein Team bestimmte Ziele, die aus der Rückkopplung und Interviewverdichtung herausgefiltert wurden. Gemessen wird also nicht um des Messens willen, sondern um zu erfahren, ob man sich diesen Zielen genähert hat. Messungen helfen dann, wenn sie zeigen, wo noch Optimierungen durchgeführt werden können.

  Als positives Beispiel seien hier Stefan Bergmüller und sein Support-Team hervorgehoben. Naturgemäß ist das Einhalten der Service Level Agreements für ein Support Team ein besonders wichtiger Punkt, und genau das stand auch bei Team Bergmüller auf der Wunschliste der Stakeholder ganz oben. Also beschließen die Teammitglieder, sich zu Beginn auf eine einzige Messung zu fokussieren: jene der Durchlaufzeiten der einzelnen Arbeitstypen. Alle einigen sich darauf, dass jedes Mal ein anderes Teammitglied für das Übertragen der händischen Messungen in ein Excel-Sheet zuständig sein wird. Das Excel-Sheet berechnet automatisch den Durchsatz, und die Spektralanalyse lässt sich auf Knopfdruck generieren. Daraus kann das Team wiederum die Service Level Agreements ableiten.

- **Aussagekraft vor Menge:** Gerade zu Beginn der Arbeit mit einem Kanban-System sollte ein Team nicht viele, sondern aussagekräftige Messergebnisse darüber haben, wie sich Veränderungen auf den Arbeitsfluss ausgewirkt haben.

- **Wechselwirkungen beachten:** Veränderungen brauchen Zeit. Daher werden sie in den Messungen erst nach einiger Zeit sichtbar. Das bedeutet aber auch, dass man nicht zu viele Änderungen gleichzeitig vornehmen sollte, weil aus den Messergebnissen dann nicht mehr erkennbar ist, welche Änderung für welches Ergebnis verantwortlich ist. Außerdem können sich zu viele gleichzeitige Änderungen in ihrer Wirkung gegenseitig behindern, sodass ein Team nicht die Effekte erzielt, die es erzielen wollte.

 Verantwortlichkeiten

Alle bisherigen Systemelemente von Kanban sind einer gemeinschaftlichen Anstrengung des Teams entsprungen, und auch der reale Umgang damit wird in weiterer Folge gemeinschaftlich sein. Beim Thema Messungen und später bei der Frage nach der Frequenz von Meetings kommt zum ersten Mal die

Frage auf: „Und wer macht das?" Wer kümmert sich darum, dass jeden Tag der Verlauf des Arbeitsflusses verfolgt und in ein Excel-Sheet übertragen wird? Wer wird in regelmäßigen Abständen die Meetings mit den Stakeholdern moderieren? Anders als bei Methoden wie Scrum gibt es in Kanban keine Rolle wie den Scrum Master. Es wird auch nicht definiert, dass zum Beispiel die Team- oder Abteilungsleitung alle diese Aufgaben übernehmen sollte.

Die für manche unbefriedigende, aber einzig richtige Antwort auf die Frage „Und wer macht das?" lautet: Es hängt davon ab, worauf sich das Team einigen kann. In vielen Unternehmen gibt es eine Person, die sich für den Kanban-Change besonders verantwortlich fühlt und diese Aufgaben gerne übernehmen möchte. Meistens beschäftigen sich diese Mitarbeiter sogar den ganzen Tag mit dem Kanban-Change und koordinieren gleich mehrere Teams. Genauso kann es sein, dass sich das Team nicht nur um den Aufbau seines Kanban-Systems, sondern um alle Aspekte des laufenden Betriebs kümmern möchte. Häufig findet sich die Lösung eines rotierenden Dienstes: Jeder ist eine Woche lang Herr oder Herrin über zu notierende Messungen und Moderator von Besprechungen. Für die Verantwortlichkeiten oder besser gesagt das Verantwortlichfühlen gibt es keine Patentrezepte, sondern nur Initiativen, die ergriffen werden müssen.

Eine zunächst weniger glückliche Entscheidung in puncto Messungen hat übrigens das Entwicklungsteam von Susanne Schweizer getroffen. Voller Elan stürzte sich ihr Team auf das Tracking der Bugs im Produktivsystem. „Kundenzufriedenheit" lautete das Ziel und natürlich: Fehlerlose Produktivsysteme tragen dazu einiges bei. Allerdings hatte die Gruppe aus Entwicklern und Testern eines dabei nicht bedacht: Darunter fallen auch Bugs wie zum Beispiel Pixelfehler in einzelnen Grafiken. Diese liegen eindeutig unter der Wahrnehmungsschwelle der Kunden, werden aber trotzdem als Bugs in der Metrik erfasst. Außerdem führte diese Metrik dazu, dass sich Entwickler und Produktverantwortliche immer wieder in langwierigen Diskussionen verstrickten: Handelt es sich wirklich um einen Bug oder definieren die Produktverantwortlichen einen Bug anders als es die Entwickler tun? Gott sei Dank wurde diese Entwicklung gleich in einer der ersten Retrospektiven zum Thema gemacht. Gemeinsam mit ihrem Team überlegte Susanne Schweizer noch einmal genau, welche Fehler gemessen werden sollten und welche nicht. Danach setzten sich Team und Produktverantwortliche noch einmal an einen Tisch, um ein gemeinsames Fehlerverständnis zu schaffen.

Hätte Frau Schweizer den laufenden Betrieb des Kanban-Systems nicht so genau beobachtet, wäre auf Dauer völlig unnötig viel Energie in eine Fingerzeig-Kultur geflossen, nur um die Messungen in die passende Richtung zu biegen. Und das geht sowohl am Sinn der Messung als auch am Sinn von Kanban vorbei. Denn der ständige Streit darüber, was in der Messung aufscheinen darf und was nicht, fördert weder die Kundenzufriedenheit noch das Entwickeln einer Kaizen-Kultur.

Die passenden Messungen auswählen

Wenn schon während des Workshops immer wieder Diskussionen über Messungen entstanden sind, hat ein Team wahrscheinlich schon einige mögliche Metriken gesammelt. Wie gesagt ist aber nicht alles Mögliche auch wirklich nötig. Oder das Team beginnt erst jetzt, über das Thema nachzudenken. Unabhängig vom Status quo kann der Workshop-Moderator nun eine einfache Vorgehensweise anwenden, um jene Metriken festzulegen, mit denen das Team zumindest in den ersten Wochen problemlos starten kann.

Schritt 1: Gruppenarbeit – Identifizieren möglicher Messungen

- Mittlerweile steht dem Team ein startbereites Kanban-System zur Verfügung. Außerdem hängen nach wie vor die Ergebnisse der Rückkopplung im Raum, die der Leitfaden des Teams sind. Die Metriken, die ausgewählt werden, müssen im laufenden Betrieb zeigen, ob sich das Team in irgendeiner Weise an die Verbesserungswünsche angenähert oder die Probleme gelöst hat, die in den Interviews genannt wurden. Moderator und Team sehen sich also noch einmal beides genau an: das entstandene Kanban-System und die Ergebnisse der Rückkopplung – eventuell auch die Mitschrift über die Messideen, die bisher im Laufe des Workshops entstanden sind.

- Die Frage an das Team lautet nun: „Was glaubt ihr, welche Messungen können uns zu Beginn des Betriebs weiterhelfen? Welche braucht ihr unbedingt, um zu erkennen, dass ihr auf dem richtigen Weg seid, und wie lassen sich diese Messungen gestalten?" Das ist wieder ein passendes Thema für Kleingruppen.

- Die Gruppen präsentieren ihre Ergebnisse im Plenum.

Schritt 2: Das Initialhandling bestimmen

Nach Schritt 1 oder bereits früher hat sich das Team darauf geeinigt, welche Messungen es in der ersten Zeit des Betriebs einsetzen will, um Veränderungen – meistens geht es dabei zu Beginn um die Durchlaufzeiten – mitverfolgen zu können. Das Team weiß jetzt zwar, was es messen will, aber wie wird das am effizientesten in den Tagesablauf eingebaut? In unseren Workshops geben wir an dieser Stelle einen Überblick über die Möglichkeiten. Wie das Team das Sammeln der Messdaten im Arbeitsalltag organisieren will, muss es dann im Konsens beschließen.

- **Sichtbarkeit:** Messungen, die ausschließlich in Excel-Sheets oder sonstigen Programmen geführt werden, fallen meistens dem Vergessen anheim. Die Ergebnisse der Arbeit eines Kanban-Teams sollten aber kein Geheimnis sein. Einerseits gibt es Stakeholder, die ein legitimes Interesse daran haben, sich über Veränderungen und Fortschritte des Kanban-Teams zu informieren. Zum anderen ist eine offene Darstellung tatsächlich ein Instrument für das Team selbst, um immer alle auf dem gleichen Wissensstand zu halten. Denn es ist mühsamer, ständig eine Datei öffnen zu müssen, als einfach mit der Kaffeetasse in der Hand kurz vor einem Flipchart stehen zu bleiben.

  Menschen, die sich in ihrem Arbeitsalltag mit technischen Problemen beschäftigen oder Software entwickeln, schrecken manchmal davor zurück, zu sehr einfachen Mitteln zu greifen. Trotzdem hat der Workshop-Moderator nun die Nachricht zu überbringen, dass Messungen transparent sind, wenn sie im Raum für Teammitglieder, Stakeholder und sonstige Passanten gut sichtbar aufgehängt werden.

- **Messpunkte setzen:** Wenn das Team nicht allzu viele Messungen ausgewählt hat, können diese Messungen ganz einfach auf je einem Flipchart pro Messung per Hand und *live* festgehalten werden. Erinnern wir uns an Russell Ackoff: „It is better to use imprecise measure of what is wanted, rather than precise measure of what is not." Das Daily Stand-up-Meeting ist der ideale Rahmen, um tägliche Messpunkte zu setzen, wenn Teammitglieder eine Arbeit abgeschlossen haben. Natürlich hindert das niemanden daran, diese Messpunkte auch in ein Excel-Sheet zu übertragen, es soll nur nicht zum ausschließlichen Messinstrument werden. Dateien sollten die Messarchive des Teams sein, und immer wenn ein neues Flipchart begonnen wird, werden die bisherigen Verläufe in Diagrammform daneben gehängt, um die Entwicklung deutlich zu machen.

- **Tägliche Routine:** Die Idee der täglichen Echtzeitmessung stößt nicht immer sofort auf Gegenliebe. Teams empfinden diese zusätzliche Aufgabe manchmal als Overhead, als eine zusätzliche Arbeitsbelastung. Die meisten Teams führen Messungen *vor* der Zeit von Kanban durch, weil sie ihnen vorgeschrieben werden. Die wenigsten Teams führen Messungen aber durch, weil sie darin ein Instrument für die eigene Weiterentwicklung sehen. Der Moderator sollte an diesem Punkt deutlich machen, dass es sich pro Tag um eine Angelegenheit von vermutlich zwei Minuten handelt, die noch dazu Teil eines ohnehin stattfindenden Meetings sein können. Das Prinzip der täglichen Routine ist aber essenziell, und daran sollte nicht gerüttelt werden: Nur wenn Ereignisse – zum Beispiel Blockaden, Beschlüsse über veränderte WiP-Limits, aber auch systemische Änderungen wie der Eintritt neuer Mitarbeiter – in Echtzeit notiert werden, ist in der Analyse ein realistisches Bild der Geschehnisse und der Veränderungen, die sie bewirken, wiedererkennbar. Rekonstruktionen aus dem Gedächtnis sind nach einer bestimmten Zeitspanne immer fehleranfällig und erzeugen auch einen viel größeren Aufwand als das tägliche Setzen weniger Punkte.

  Wir haben ein Team erlebt, das alle Tickets sehr gewissenhaft für spätere Analysen aufbewahrt hat. Tägliche Ereignisse wurden auf den Tickets nicht notiert. Nach der Fertigstellung landeten alle Tickets in einer Schublade. Und wurden dort drei Monate lang „gesammelt". Ein Teammitglied wurde nach diesen drei Monaten für die Auswertung abkommandiert, und natürlich konnte sich niemand mehr so genau daran erinnern, was in den letzten Wochen zu welchem Zeitpunkt passiert war. Der Mitarbeiter sortierte mehrere Tage lang diese Tickets, um dadurch einen Informationsgehalt von 0 zu generieren. Dieses Team hatte mindestens drei Monate (und dann rechnen wir noch einige Zeit für die Nacharbeit dazu) keine Ahnung über den Verlauf seiner Arbeit und die Auswirkungen seiner Veränderungsanstrengungen.

- **Geduld:** Bei so vielen Änderungen und neuen täglichen Routinen möchte man möglichst bald sehen, was das denn eigentlich bringt. Im Zusammenhang mit den Kanban-Metriken ist die Geduld wohl eine der schwersten Übungen. Wie wir schon eingangs erwähnt haben, werden Änderungen am System bei der Übersetzung in Diagramme erst nach einiger Zeit sichtbar. Geduld zu haben, bedeutet aber auch, nicht sofort jede Verschiebung am Diagramm zu interpretieren, die man nach einem Ereignis oder einer Veränderung erkennt. Messungen sollten über einige Zeit beobachtet werden, um singuläre Phänomene auszuschließen.

Mittlerweile sollte das Team schon erkannt haben, dass Sie als Moderator oder Moderatorin dieses Workshops vor Pragmatismus nur so strotzen. Am Ende dieses Workshop-Abschnitts sollte der allgemeine Tenor also lauten: „Probieren wir es einfach aus, und dann verändern wir es weiter!"

Zusammenfassung Agendapunkt 5 – Messungen definieren

Rahmen abstecken

Der Fokus liegt auf der Zweckmäßigkeit der Messungen. Beschränkung auf das Wesentliche, Brauchbare und Aussagekräftige, um eine Initialzündung zu setzen.

Ablauf

1. Abgleich der Ziele mit den möglichen passenden Messungen bzw. mit bereits gesammelten Messideen

2. Auswahl von Messungen nach ihrer Aussagekraft – mit welchen Metriken werden Veränderungen am deutlichsten sichtbar gemacht?

3. Bestimmen von Zuständigkeiten und Handhabung der Messungen im Arbeitsalltag

19.6 Meetings bestimmen

Streng genommen sind Meetings Verschwendung, da sie für den Kunden keinen Mehrwert generieren. Sie erzeugen Koordinationskosten und haben nicht immer den gewünschten Effekt, denn viel zu oft geht man nach Besprechungen ohne konkrete Ergebnisse aus dem Raum. Kein Wunder also, dass möglicherweise beim Thema Kanban-Meetings während des Workshops einige Stoßseufzer im Raum hängen. Noch ein Meeting, noch dazu ein tägliches Meeting, noch dazu Koordination mit den Stakeholdern, noch dazu Koordination zwischen den Stakeholdern … gut möglich, dass hier unter den Teammitgliedern das Gefühl der Überforderung aufkommt. Die Vorbehalte sind verständlich, denn mehr als jedes andere Instrument der Kommunikation in Unternehmen werden Meetings oft zu einem Akt der Selbstdarstellung und Selbstlegitimierung. Scott Adams, Schöpfer des unvergleichlichen Dilbert, sagt dazu (Adams 1997, S. 220): „Now I understand that meetings are a type of performance art, with each actor taking on one of these challenging roles:

- Master of the Obvious
- Well-Intentioned Sadist
- Whining Martyr
- Rambling Man
- Sleeper."

Die Teilnahme an Meetings ist ein Thema der Unternehmenskultur, das vor allem in größeren Organisationen – ironischerweise – softwaregetrieben ist. Outlook und Lotus Notes schaffen keine Teilnahmeverbindlichkeiten, sondern lassen immer die Möglichkeit des Vielleicht und des Ablehnens von Terminen offen. Man kann andere durch direkten Zugriff auf ihren Kalender einfach zu Meetings verdonnern, ohne mit ihnen ein nicht-elektronisches Wort gewechselt zu haben. Und genau so können die Betroffenen diese Termine wieder aus ihren Kalendern entfernen. Ohne Grund und ohne Absprache.

Extreme Opposition bemerken wir in der Praxis immer dort, wo Kanban-Systeme im Zuge des Prozess-Engineerings für ein Team entworfen und diesem einfach aufgezwängt wurden.

Meistens werden wir dann in das Unternehmen geholt, weil es ab einem gewissen Punkt nicht mehr weitergeht und die Veränderungsinitiative Kanban in der gleichen Sackgasse steckt wie alle anderen Veränderungsinitiativen, die nicht im Dialog mit den Betroffenen entstanden sind. Bekommen Teams hingegen die Möglichkeit der Selbstorganisation und dürfen sie ihren eigenen Weg zum Ziel entwerfen, erscheinen ihnen Dinge wie nach bestimmten Kriterien organisierte Meetings nicht mehr lästig, sondern logisch.

Meetings sind zwar „Waste", sie sind aber nützlicher Waste, den ein Team für die Koordination und für Verbesserungen wie einen Bissen Brot braucht. Daher werden diese Koordinationskosten in Kauf genommen, allerdings werden diese Kosten durch effiziente und effektive Gestaltung so gut wie möglich optimiert. Die einzigen zwei Fragen, die sich jetzt noch stellen sollten, sind:

1. Welche Meetings sollen stattfinden?

2. In welchen Intervallen sollen die Meetings stattfinden?

Damit der Arbeitsfluss optimal gestaltet werden kann, brauchen Meetings eine gewisse Regelmäßigkeit („Cadence"). Diese Regelmäßigkeit bestimmt zum Beispiel auch die Größe der Input Queue, mit dem Blick auf Releases ist sie ein Mittel der Vertrauensbildung zwischen Team und Stakeholdern, und wenn wir an das vorangegangene Kapitel zu den Messungen denken, unterstützt die Regelmäßigkeit sinnvolle Messungen.

 Tipp für das Meetingmanagement

Wie sich die einzelnen Meetings noch zielführender gestalten lassen und wo die Fallstricke ineffizienter Kommunikation liegen, wird das Team im Betrieb selbst erkennen und anlassbezogen klären. *Legen Sie als Moderator oder Moderatorin des Workshops jetzt besonderes Gewicht darauf, noch einmal das Bewusstsein für Sinn und Nutzen der einzelnen Meetings zu schaffen.* Sich auf Art und Häufigkeit von Meetings zu einigen, passiert nicht, weil Kanban es vorschreibt. Es sollte passieren, weil das Team darin seine Möglichkeiten zur Weiterentwicklung erkennt. Unserer Erfahrung nach sollten Teams auf folgende Meetings aber nicht verzichten:

- Daily Standup-Meeting

- Teamretrospektiven

- Queue Replenishment Meeting

Operations Reviews sind gleich zu Beginn einer Kanban-Initiative selten ein Thema und liegen nicht allein im Verantwortungsbereich eines Teams. Die Entscheidung dafür oder dagegen muss auf Unternehmensebene fallen, weil sie die Koordination mehrerer Kanban-Teams umfasst. Das Release-Planungsmeeting ist optional, weil es manche Teams – zum Beispiel im Support-Bereich – schlichtweg nicht brauchen.

Betonen Sie in diesem Workshop auf jeden Fall, dass einmal beschlossene Meetings von allen Teammitgliedern und betroffenen Stakeholdern verpflichtend *besucht werden müssen.* Auch bzw. gerade dann, wenn die Arbeit bis zum Hals steht und das Team in Zeitnot ist. Denn genau in diesen Situationen sind Koordination und Abstimmung noch viel wichtiger als in ruhigen Phasen.

19.6.1 Daily Standup-Meeting

Uns stehen heutzutage mehr Kommunikationsmittel zur Verfügung als je zuvor. Das Problem daran ist, dass wir sie aber oft falsch einsetzen und bewusst oder unbewusst durch die Wahl der Mittel eher Distanz und Unverbindlichkeit als gegenseitiges Verständnis schaffen. Beinahe als tragisch muss man es betrachten, dass die direkte Kommunikation in Unternehmen wahren E-Mail-Exzessen gewichen ist. Anstatt Themen von Angesicht zu Angesicht innerhalb weniger Minuten zu klären und dabei verbindliche Zuständigkeiten für die nächsten Schritte festzulegen, werden sämtliche Personen, die es betrifft oder auch nur peripher tangiert, in Kopie gesetzt. Am Ende verwirrender Kreuz-und-quer-Diskussionen weiß dann niemand mehr so recht, wer nun eigentlich was tun sollte. Das Resultat: Niemand tut etwas. Dafür wurde umso mehr Arbeitszeit in ergebnislosen Konversationen gebunden. Daily Standup-Meetings sollen genau das verhindern (siehe Kapitel 6).

Was ist der Nutzen des Daily Standup-Meetings?

- Es verschafft dem Team zeitnah einen genauen Überblick darüber, ob der Arbeitsfluss durchgängig ist oder ob Blockaden bestehen.
- Jedes Teammitglied weiß danach, wer gerade woran arbeitet. Dadurch verkürzen sich die Wege bei Rückfragen.
- Blockaden, Probleme und Engpässe werden gemeinsam besprochen, wodurch wesentlich schneller Lösungsmöglichkeiten gefunden werden, als wenn sich eine Person allein den Kopf zerbricht.
- Bewegen sich Aufgaben noch innerhalb der vereinbarten Service Level Agreements oder nicht? Durch die tägliche Besprechung verschafft sich das Team selbst die Möglichkeit, proaktiv zu handeln, anstatt Entscheidungen zu verschleppen und dadurch Stakeholder zu verärgern.

Bedingungen für das Daily Standup-Meeting

- Das Daily Standup-Meeting wird seinem Namen gerecht: Es findet täglich zur gleichen Zeit am selben Ort statt – vor dem Kanban-Board. Im ersten Meeting werden die Termine für das ganze Jahr festgelegt. Das Team bestimmt eine Person, die sich um Fixierung und Versand der Termine kümmert. Zu den wenigen Opt-out-Möglichkeit zählen Urlaub, Krankheit oder das Ausscheiden aus der Firma.
- Im Plenum des Daily Standup-Meetings wird besprochen, was wirklich alle wissen müssen. Länger dauernde Gespräche zwischen zwei oder mehreren Kollegen zu einem bestimmten Thema finden nach dem Daily Standup-Meeting statt, um die Arbeitszeit der anderen nicht unnötig zu blockieren.
- Das Team einigt sich darauf, wer das Meeting moderiert: Ist es immer die gleiche Person oder wechseln die Zuständigkeiten regelmäßig zwischen allen Teammitgliedern?

19.6.2 Teamretrospektiven

Aus einer sehr einseitigen Perspektive betrachtet, erzeugen Retrospektiven hohe Koordinationskosten. Das Team beschäftigt sich dabei nämlich ausschließlich mit sich selbst. Wir kommen bei unserer Arbeit natürlich immer wieder in Umgebungen, in denen Teams zuvor keinerlei Auseinandersetzung mit der eigenen Arbeit betrieben hat. Diese Teams sagen uns dann aber nach ihrer ersten Retrospektive: „Wir haben zwar nicht unsere reguläre Arbeit gemacht, aber trotzdem war das die produktivste Zeit seit Langem." In einer Retrospektive bzw. in der Zeit danach passiert etwas sehr Bedeutsames: Das Team macht die Erfahrung, dass es der Kern der Verbesserungsarbeit ist. Das Team hat es in der Hand, ob sich etwas zum Positiven verändert oder nicht, weil Verbesserung nie im Außen gesucht werden darf oder erwartet werden kann, dass sie einfach „passiert". Verbesserung und Veränderung beginnen immer beim Individuum, und das braucht einen Platz im Arbeitsablauf. Wie wir schon in Abschnitt 6.4 gesagt haben: Bevor es eine Kultur der *kontinuierlichen* Verbesserung geben kann, muss zunächst eine Kultur der Verbesserung entstehen. Retrospektiven sind in Teams, die noch nie damit gearbeitet haben, ein wichtiger Anstoß für den Veränderungsprozess.

Was ist der Nutzen der Retrospektive?

- In diesem Meeting betrachtet das Team die Arbeit, die es in einem bestimmten Zeitraum geleistet hat. Was ist warum gut gelaufen und was ist warum nicht so gut gelaufen?
- Gibt es ganz spezielle Probleme wie Engpässe oder Aspekte in der Zusammenarbeit mit Stakeholdern und untereinander, die das Team genauer betrachten sollte?
- Welche Erkenntnisse hat das Team aus seinen Messungen gewonnen? Ergeben sich daraus Konsequenzen für Anpassungen des Systems?

Bedingungen für die Retrospektive

- Das Team einigt sich grundlegend darauf, ob es Retrospektiven machen will oder nicht.
- Wenn die Entscheidung für Retrospektiven fällt, empfehlen wir für den Anfang ein wöchentliches Intervall. Analog zum Daily Standup-Meeting werden in der ersten Retrospektive die Termine fixiert, und ein Teammitglied übernimmt den Terminversand.
- Auch hier gibt es nur die bereits genannten Möglichkeiten der Nichtteilnahme. Retrospektiven sind Pflichtprogramm für *alle* Teammitglieder.

19.6.3 Queue Replenishment Meeting

Das Queue Replenishment Meeting ist dazu da, dass Aufträge auf geordnetem Weg in die Input Queue gelangen (siehe Kapitel 6). Die Stakeholder einigen sich in diesem Meeting untereinander auf die Reihenfolge der Aufträge. Im Nachschubmeeting sind vertreten:

- mindestens ein Mitglied des Teams,
- alle, die Aufgaben an das Team geben,
- alle, die fertige Aufgaben vom Team erhalten,
- alle, die zur Entscheidungsfindung darüber beitragen können, was die nächsten Aufgaben für das Team sein sollen.

Bevor ein Team darüber nachdenkt, in welchen Abständen das Meeting zu Beginn stattfinden sollte, muss es sich noch einmal genauer überlegen, wer daran überhaupt teilnehmen sollte.

Die konkreten Teilnehmer des Queue Replenishment Meetings auswählen

In den Vorbereitungsphasen vor dem Workshop und bei der Identifikation der Arbeitstypen sind die Stakeholder-Landkarten des Teams entstanden. Meistens sind die Bezeichnungen der Stakeholder dabei noch sehr allgemein gehalten und nicht mit konkreten Namen versehen. Der Workshop-Moderator holt diese Stakeholder-Landkarte jetzt wieder hervor und geht mit dem Team die Nennungen durch.

Das Team sollte vor der Übung noch den Hinweis bekommen, dass Entscheidungsfindungen umso länger dauern, je mehr Menschen an einem Meeting teilnehmen. Entscheidungsergebnisse können dadurch aber auch qualitativ hochwertiger werden. Ziel sollte es nicht sein, alle möglichen Mitarbeiter aus sämtlichen Abteilungen und von sämtlichen Kunden aufzuzählen, mit denen man in irgendeiner Form Kontakt hat. Als Ergebnis sollte eine Liste der Personen entstehen, die tatsächlich die Entscheidungen treffen können, die die Arbeit des Teams beeinflussen.

Diese Liste ist nicht endgültig zu betrachten, sondern wird bei der Inbetriebnahme des Kanban-Systems noch einmal einem Review unterzogen.

Intervall des Queue Replenishment Meetings festlegen

Wie wir in der Zwischenzeit wissen, hängt die Frequenz der Queue Replenishment Meetings vom Durchsatz des Teams und der Größe der Input Queue ab. Beides sind am Anfang aber oft noch sehr labile Größen, die sich wahrscheinlich noch ändern werden, sobald das Kanban-System in den Echtbetrieb geht. Abhängig von der Ausgangssituation sind drei Herangehensweisen möglich:

1. **Festsetzen des Intervalls durch Erfahrungswerte:** Das Team kennt seine Domäne sehr genau, weiß bereits, wie seine Durchlaufzeiten aussehen, und hat vielleicht sogar Aufzeichnungen dazu. In einem solchen Fall können die Teammitglieder meistens gut abschätzen, wie oft sie Nachschub für die Input Queue brauchen. Das Intervall des Queue Replenishment Meetings wird im Konsens auf Basis der Erfahrungswerte bestimmt.

2. **Feeling statt Frequenz:** Manche Teams starten mit der Voraussetzung, dass sie noch gar nicht wissen, wie lange einzelne Tickets für die Fertigstellung brauchen. Dementsprechend haben sie keinerlei Anhaltspunkte für den Durchsatz ihres Systems. Zusätzlich wissen die Teammitglieder, dass sie mit ihrer Arbeit zum aktuellen Zeitpunkt weit über den angestrebten WiP-Limits liegen. In solchen Situationen stellen wir meistens die Frage, an wie vielen Aufträgen jedes Teammitglied gerade arbeitet.

   Angenommen, es handelt sich um ein Team von fünf Personen, das eine Kapazität von zwei Aufgaben pro Person erreichen will – das würde ein WiP-Limit von 10 ergeben. Tatsächlich arbeitet aber gerade jeder an sieben Aufgaben gleichzeitig, was ein aktuelles WiP-Limit von 35 bedeutet. Es müssen also zunächst 25 Aufgaben aus dem System geschafft werden. Das letzte Problem, das dieses Team derzeit hat, ist ein Queue Replenishment Meeting, weil es noch einige Zeit beschäftigt sein wird.

   Die Phase des Abarbeitens kann aber bereits genutzt werden, um ein Gefühl für das nötige Nachschubintervall zu entwickeln. In der nächsten Zeit hat das Team also die Aufgabe zu beobachten, wie schnell es die Arbeiten abschließt, und dementsprechende Aufzeichnungen zu führen. Bei der Inbetriebnahme werden die Stakeholder auf diese derzeitige Situation hingewiesen und bekommen dabei die Möglichkeit, Tickets aus der

Input Queue zu entfernen, damit das Team schneller in den geplanten Rhythmus kommen kann. Das heißt im Klartext, dass es vorerst kein Queue Replenishment Meeting gibt, dass aber auch niemand über die üblichen Umwege wieder neue Aufträge an das Team herantragen soll. Das tatsächliche Festsetzen der Intervalle wird auf den Zeitpunkt verlegt, an dem sich das Team den geplanten WiP-Limits stärker angenähert hat.

3. **Trial & Error:** Wenn ein Team nicht erst sämtliche Altlasten abarbeiten muss, aber auch keine aufschlussreichen Aufzeichnungen oder Erinnerungswerte an bisherige Durchlaufzeiten hat, ist wieder Pragmatismus gefragt. Das Team beschließt einfach, dass das Queue Replenishment Meeting zum Beispiel wöchentlich am Montag stattfindet und dass das WiP-Limit der Input Queue auf 10 gesetzt wird. Das kann beim ersten Wurf gleich passen, es kann aber auch vollkommen daneben liegen. Aber das ist nicht wichtig, denn das Team hat jetzt zwei Größen, mit denen es starten kann und die es anpassen wird, wenn sie sich als nicht sinnvoll erweisen.

19.6.4 Release-Planungsmeeting

Wie bereits erwähnt, ist ein Release-Planungsmeeting in manchen Bereichen überhaupt kein Thema. Support-Teams releasen ständig. Auch Teams, die mit Continuous Deployment arbeiten, haben ihren spezifischen Release-Prozess, der nicht in eine bestimmte Cadence gepresst werden kann. Wenn solche Teams Kanban einsetzen, verfolgen sie weiterhin ihre bisherige Art des Releasens und müssen nicht künstlich auf neue Schienen umgelenkt werden.

Aber wie sieht es in den „Normalfällen" aus? Ist es hier möglich und notwendig, noch im Systemdesign-Workshop ein Intervall für Releases zu bestimmen? In Abschnitt 6.3 haben wir über die Kosten gesprochen, die bei Lieferungen entstehen. Im Wesentlichen fallen dabei Koordinations- und Transaktionskosten an. Neben der Kostenfrage sind Releases auch eine marktstrategische Entscheidung. Manchmal müssen Releases so geplant werden, wie es aus Sicht des Marketings richtig ist. Umfang und Häufigkeit von Releases differieren von Unternehmen zu Unternehmen sehr stark und sind in den seltensten Fällen etwas, das rein zufällig entstanden ist. Meistens stecken bereits spezifische Überlegungen dahinter, die man nicht sofort über Bord werfen sollte. In diesem Punkt braucht das Team also noch wesentlich mehr Input für Überlegungen zu Meeting-Intervallen, und den bekommt es im Rahmen der Inbetriebnahme von den verantwortlichen Stakeholdern. Was es im Systemdesign-Workshop zur Frage der Intervalle von Release-Planungsmeetings abgeben kann, ist nicht mehr als eine vorläufige Wunschvorstellung.

Als Moderatoren raten wir Teams in diesem Punkt meistens dazu, vorerst die aktuelle Release-Cadence beizubehalten. Es wäre ein zu großer Change, sofort ein neues Intervall festzulegen. Wir bestehen durchaus auf den Versuch, eine Regelmäßigkeit in die Lieferungen zu bringen, aber eben nicht nach einem Schema, das wir in diesem Workshop definieren. Die Cadence wird im Optimalfall das Ergebnis des Zusammenspiels aller anderen Systemelemente sein, auf die wir vorerst mehr Augenmerk legen sollten.

Zusammenfassung Agendapunkt 6 – Intervall der Meetings bestimmen

Rahmen abstecken

Wenn Meetings beschlossen werden, dann verpflichtet sich das Team dazu, daran auch teilzunehmen.

Ablauf

1. Der Workshop-Moderator streicht Sinn, Nutzen und Bedingungen der Meetings deutlich hervor.
2. Mit dem Team wird beschlossen, welche Meetings in welchen Intervallen stattfinden sollen.
   a) Für das Queue Replenishment Meeting wird außerdem mithilfe der Stakeholder-Landkarte namentlich festgelegt, wer teilnehmen soll.
   b) Das Intervall des Queue Replenishment Meetings wählt das Team entweder aufgrund von Erfahrungswerten, einer qualifizierten Schätzung oder einfach durch einen versuchsbasierten Entschluss.

19.7 Abschluss des Systemdesign-Workshops

Das Team hat nun sein gesamtes initiales Kanban-System aufgebaut. Mit den im letzten Teil des Workshops behandelten Meetings wurden auch schon Themen des Betriebs berührt und teilweise festgelegt, die in einigen Punkten aber noch mit den Stakeholdern abgestimmt werden müssen. An Punkten im Workshop, an denen es sinnvoll und möglich war, hat das Team erste Simulationen mit seinem System durchgeführt. Bis jetzt konnten in diesen Simulationen aber immer nur Ausschnitte behandelt werden, manchmal hat es sich vielleicht herausgestellt, dass eine Simulation erst möglich ist, wenn alle Bestandteile des Systems determiniert und vorhanden sind. Hauptsächlich ging es bei den Interims-Simulationen vielmehr darum, dass die Teilnehmer das Konzept und die Funktionsweise hinter einem bestimmten Kanban-Element besser verstehen und für sich selbst beurteilen, wie dieses Element gestaltet sein muss, damit es für die Arbeit des Teams passt. Im Vordergrund stand also die Verifizierung des Erarbeiteten.

Nun wird das Team aber zum ersten Mal erfahren, wie sich Kanban in seinem vollen Umfang „anfühlt".

Simulation des gesamten Kanban-Systems

Wenn ein Team in den vorherigen Phasen des Workshops nur wenige oder gar keine Simulationen durchgeführt hat, schicken wir es gerne auf eine imaginäre zweiwöchige bis einmonatige Expedition ins Kanban-Land. Es geht darum, den Alltag und seine gewöhnlichen oder außergewöhnlichen Vorkommnisse in das Kanban-System einzuordnen und zu erfahren, wie die Arbeit mit diesem System funktioniert. Was könnte auf dieser Expedition alles passieren?

- Das Team beginnt die Simulation ordnungsgemäß im Queue Replenishment Meeting, überlegt sich, welche Arbeiten in der Input Queue eingereiht werden könnten, und füllt die entsprechende Spalte am Board mit den entsprechenden Tickets.
- Das erste Daily Standup-Meeting: Was besprechen wir dabei und wie läuft dieses Meeting ab?
- Tickets werden über das Board gepullt, plötzlich treten Blockaden auf. Wie gehen wir damit um und wie wirkt sich das auf die restlichen Arbeiten im System aus?
- Kolleginnen und Kollegen halten sich nicht an den regulären Weg des Nachschubmeetings und erzeugen White Noise: Wie machen wir das sichtbar und (wie) setzen wir Grenzen?
- Ein Beschleunigt-Ticket gelangt ins System: Wie lauten unsere Regeln dafür, wie reagieren wir?
- Passieren unsere Arbeitsschritte in der Reihenfolge, wie wir es festgelegt haben, oder folgen manche Aufgaben anderen Prozessen?
- Es ist Freitag: Wie sieht unsere Retrospektive aus?

Kurz gesagt werden nun alle jene Themen, die im Laufe des Workshops behandelt wurden, zusammenhängend und in einem Stück durchgespielt. Das Team sollte sich davor noch einmal die Ergebnisse der Rückkopplung ansehen und genau jene Probleme in die Simulation einbauen, die in den Interviews adressiert wurden (z. B. laufende Störungen durch White Noise). Und die Teammitglieder wenden dabei natürlich alle Regeln (Policies) an, die sie im Laufe des Workshops aufgeschrieben haben.

Planen Sie für die Simulation mindestens eine Stunde ein!

Abschluss

Das Team hat einen oder mehrere Tage lang hervorragende Leistungen erbracht und sich mit seiner gesamten Energie dafür eingesetzt, dass die Kanban-Initiative funktioniert. Jeder und jede Einzelne mitgeholfen, die gesamte Arbeitsweise des Teams sichtbar zu machen, um damit eine Basis für die Verbesserung und Veränderung zu schaffen. Jeder und jede hat kritisch hinterfragt, was funktioniert und was aus welchen Gründen nicht funktioniert. Viele Fragen konnten wahrscheinlich im Laufe des Workshops geklärt werden, andere sind vielleicht noch offen und werden erst beantwortet werden können, wenn das System einige Zeit im Echtbetrieb läuft.

In der Abschlussrunde des Systemdesign-Workshops sollen alle Teilnehmer sagen können, wie es ihnen nach diesen nicht unwesentlichen Veränderungen geht. Dadurch wird die Stimmung des Teams deutlicher: Herrscht Enthusiasmus, Veränderungshunger oder hat sich Skepsis breit gemacht? Gibt es möglicherweise einen Opinion Leader, der die Stimmung im Team negativ beeinflusst? Jeder soll noch einmal zu Wort kommen. Dieses Feedback ist für den Workshop-Leiter wichtig, um jene Punkte zu identifizieren, an denen noch intensiver gearbeitet werden muss. Im Grunde hat mit diesem Workshop gerade die erste sehr große Retrospektive stattgefunden, die Input für die nächsten Entwicklungsschritte liefert.

Was Sie aus diesem Kapitel mitnehmen können

Im Systemdesign-Workshop entwirft das Team sein Kanban-System, mit dem es starten kann und das sich mit zunehmender Erfahrung und wachsenden Erkenntnissen laufend verändern wird. Durch Gruppenarbeiten und Diskussionen im Plenum werden

- die Grenzen des Kanban-Systems festgelegt,
- die Arbeitstypen identifiziert, die vom Kanban-Team bearbeitet werden müssen,
- die Arbeitsschritte aufgespürt, die von den Aufgabentypen durchlaufen werden,
- die Kapazität des Systems und darauf aufbauend die WiP-Limits bestimmt,
- die Serviceklassen auf Basis der Costs of Delay definiert,
- die Messungen abgeleitet, die den Fortschritt am Weg zur Zielerreichung wiedergeben und
- das Intervall der Meetings vereinbart, die für den Betrieb des Kanban-Systems nötig sind.

Grenzen des Kanban-Systems festlegen & Arbeitstypen identifizieren

- Aus den in der Diagnosephase identifizierten Stakeholdern werden jene herausgefiltert, mit denen das Kanban-Team direkten Kontakt hat. Diese „bereinigte" Stakeholder-Landkarte ist die Basis für die Frage: „Welche Arbeiten bekommen wir von den Stakeholdern und welche Arbeiten geben wir an sie weiter?"
- Die Gemeinsamkeiten zwischen den Arbeitstypen sind die Basis für sinnvolles Clustering (z. B. nach Art, Quelle, Größe oder Ankunftsrate der Aufgaben). Entscheidend ist dabei die Antwort auf die Frage: „Was muss uns die Gruppierung der Aufgabentypen signalisieren, damit wir sofort erkennen, wie ein eingehender Auftrag zu behandeln ist?"

Prozesse identifizieren

- In diesem Abschnitt des Workshops geht es nicht darum, einen gewünschten Prozess zu definieren, sondern den aktuellen, gelebten Prozess abzubilden.
- Bei jedem Arbeitstyp wird untersucht, welche Arbeitsschritte er üblicherweise durchläuft. In welchem Detaillierungsgrad der Prozess dargestellt werden soll, hängt davon ab, in welchem Umfeld sich ein Team bewegt.
- Eine erste Simulation bringt Erkenntnisse darüber, ob Arbeitsschritte oder Arbeitstypen aggregiert oder neue hinzugefügt werden sollten. Das Kanban-Board wird so lange umgebaut, bis es dem gelebten Prozess entspricht und man tatsächlich damit arbeiten kann.

WiP-Limits bestimmen

- Auf Basis von Aufzeichnungen oder Erfahrungswerten wird identifiziert, wie viel Prozent der Arbeitszeit vom Team auf die einzelnen Arbeitstypen verwendet werden. Danach werden die Kapazitäten auf Basis der Mitarbeiterzahl in WiP-Limits übersetzt. Im Anschluss werden die WiP-Limits auf die einzelnen Prozessschritte verteilt.

- Puffer und Queues sind von der Kapazitätsverteilung ausgenommen, sollten aber limitiert werden, um nicht zum Ausweichparkplatz für Arbeiten zu werden. Die Größe der Input Queue beruht zunächst auf Schätzungen und wird im Betrieb ggf. revidiert.

- Wenn das Team Erfahrungen mit dem Kanban-System gesammelt hat, wird sich der Fokus beim Setzen der WiP-Limits auf den Arbeitsfluss und nicht mehr auf die Zahl der Teammitglieder legen.

Serviceklassen bestimmen

- Zunächst sollte die Fokussierung auf wenige Serviceklassen das Ziel sein. Die Prämisse lautet: Nicht Sonderfälle, sondern Regelfälle abbilden!

- Jede Serviceklasse wird mit teamspezifischen Regeln in puncto Handling und Kapazitäten hinterlegt.

- Die Definition der Serviceklassen kann zu tiefgreifenden Diskussionen über aktuelle Probleme führen. Wichtig ist es, diese Diskussionen zuzulassen, weil dabei sehr oft die Ursachen identifiziert und beseitigt werden können.

Messungen definieren

- Messungen zur Leistung eines Kanban-Systems sollten möglichst einfach gehalten werden und das Erreichen der gesetzten Ziele unterstützen.

- Die passenden Messungen zeigen einem Team, wo es Optimierungen vornehmen kann.

- Das Team legt im Workshop die Verantwortlichkeiten dafür fest, wer sich um die regelmäßige Aufzeichnung und Auswertung der Messungen kümmert.

Intervall des Betriebs

- Meetings sind für Koordination und Verbesserungen wichtig. Im Workshop klärt das Team die Frage, welche Meetings in welchen Intervallen stattfinden sollen.

- Ein optimaler Arbeitsfluss hängt von der Regelmäßigkeit der Meetings (Cadence) ab. Diese Regelmäßigkeit bestimmt auch die Größe der Input Queue, unterstützt sinnvolle Messungen und ist ein Mittel zur Vertrauensbildung zwischen Team und Stakeholdern.

- Wichtig ist es das Bewusstsein dafür zu schaffen, dass die gewählten Meetings nicht optional sind, sondern besucht werden müssen.

20 Inbetriebnahme

Ihr Team steht jetzt kurz davor, Kanban in den Arbeitsalltag zu übertragen. Rekapitulieren wir noch einmal, was bisher in einem idealtypischen Veränderungsprojekt geschah.

- Als Kanban-Initiator oder -Initiatorin haben Sie sich zunächst **individuell vorbereitet.** Sie haben sich die Frage gestellt, warum Kanban für Ihr Unternehmen überhaupt notwendig oder warum es einfach sinnvoll ist, was das Ziel der Initiative sein soll, wer davon betroffen und daran beteiligt sein wird, wie die Reaktionen darauf aussehen könnten und was Sie selbst für die Vorbereitung tun müssen. Sie haben sich Gedanken darüber gemacht, ob es einen guten Nährboden für eine Kultur der kontinuierlichen Verbesserung gibt. Und schließlich haben Sie sich mit einer Stakeholder-Landkarte einen ersten Überblick verschafft, welche Personen oder Interessensgruppen welchen Einfluss haben, welche Interdependenzen es zwischen den einzelnen Stakeholdern gibt und wie es um die Kontaktqualität bestellt ist.

- Auch wenn Sie selbst am liebsten sofort losgelegt hätten und schon nahe dran waren, das perfekte Kanban-System zu gestalten: Sie haben den Weg der **gemeinsamen Diagnose** gewählt, um die Veränderungsinitiative auf eine langfristig tragfähige Basis zu stellen. Im Dialog mit den von der Veränderung Betroffenen sind Sie möglicherweise auf Widerstände gestoßen, die Sie aufarbeiten mussten. Weil Erfolg oder Misserfolg jeder Kanban-Initiative ein Ergebnis der Kommunikationsqualität ist, haben sich die Teammitglieder in einem Change-Workshop oder einer Teamretrospektive über die wichtigsten Themen ausgetauscht, die von der Veränderung berührt werden: „Wo steht das Team? Wo hakt es? Wo wollen wir hin und was ist jedem Einzelnen und jeder Einzelnen dabei wichtig? Welche Maßnahmen bringen das Team ans Ziel?" Mit konkret definierten Folgeschritten im Marschgepäck haben Sie gemeinsam mit dem Team das Kaizen-Potenzial untersucht, ein Mission Statement formuliert und Ihre Sichtweise der Kanban-Stakeholder-Landkarte um die Meinungen der Teammitglieder erweitert. Die strategisch bedeutsamen Business-Partner haben Sie zu einem persönlichen Gespräch eingeladen, um das Vorhaben zu erklären, Verständnis zu schaffen und Unterstützung zu gewinnen.

- Die zahlreichen Informationen aus den Vorarbeiten haben Sie für die **Rückkopplung** aggregiert und in einem Workshop mit Team und Stakeholdern aufs Tapet gebracht. In diesem Workshop wurde noch einmal geklärt, was Kanban kann und was nicht, dass alle die Verantwortung für das Wachsen einer Kaizen-Kultur tragen und dass eine Win-Situation für alle Beteiligten das dezidierte Ziel ist. **Am Ende dieses Workshops stand der Konsens, dass alle diese Kanban-Initiative mittragen wollen.**

- Nach diesen unentbehrlichen, fundamentalen Schritten jeder Kanban-Initiative wurde für Sie und das Team klar, welche Ziele und Probleme im **Systemdesign-Workshop** adressiert werden müssen. Die Ergebnisse der Interviewverdichtung waren der Leitfaden, an dem sich der Entwurf der einzelnen Kanban-Systemkomponenten orientiert hat. Gemeinsam hat das Team seine Systemgrenzen festgelegt und identifiziert, welche Arbeitsaufträge es von welchen Stakeholdern erhält bzw. an wen es Arbeiten weitergibt. Es hat die Frage geklärt, welche Prozessschritte die verschiedenen Arbeitstypen durchlaufen und wie viel Arbeit sich maximal zu einem Zeitpunkt im System befinden darf, damit ein kontinuierlicher Arbeitsfluss gewährleistet ist. Durch die Serviceklassen sind sich die Teammitglieder stärker dessen bewusst geworden, welche *Auswirkungen* unterschiedliche Arbeitstypen haben können, und haben mit einem passenden Regelwerk für jede Serviceklasse das adäquate Handling beschrieben. Um Ansatzpunkte für weitere Verbesserungen zu finden, hat das Team Metriken ausgewählt, die in ihrer Aussage deutlich machen, inwieweit man sich einem Ziel angenähert hat und wie sich Änderungen am System ausgewirkt haben. Schließlich wurde noch ein Konsens darüber gefunden, welche Meetings in regelmäßigen Abständen nach welchen Regeln stattfinden sollten und wer unbedingt daran teilnehmen sollte. Während des gesamten Workshops hat das Team jene *Policies* festgelegt und gesammelt, die für den Echtbetrieb des Kanban-Systems essenziell sind und denen das Team folgen möchte.

Es kann losgehen. Wenn Sie im Vorfeld des Systemdesign-Workshops mit allen Stakeholdern Konsens über die Veränderung erzielt haben, geht es nun nicht mehr um Überzeugungsarbeit zu Nutzen und Notwendigkeit von Kanban. Jetzt geht es nur noch darum, den ersten Entwurf des Kanban-Systems zu präsentieren und im Dialog mit den Stakeholdern zu prüfen, ob alle Anforderungen, Wünsche und Probleme richtig verstanden wurden. Kann das System in der vorläufigen Entwurfsform schon die eine oder andere Erwartung erfüllen oder hat sich das Team in manchen Punkten geirrt? Werden Sie nicht nervös, weil sich an dieser Stelle vielleicht zeigt, dass das Kanban-System noch nicht perfekt ist. Auch hier möchten wir wieder betonen: Es geht nicht um Perfektion, sondern um einen Ausgangspunkt für die Veränderung. Kanban *ist* laufende Veränderung und Anpassung an neue Situationen, während Perfektion immer den Stallgeruch des Statischen hat.

Die nächste Aufgabe für das Team besteht darin, den Entwurf aus dem Workshop in den Alltag zu übertragen und in den laufenden Arbeitsbetrieb zu integrieren. Wir verlassen nun also den Schauplatz der Konzeption und wechseln auf die Bühne der realen Arbeitsumgebung. Dazu muss das Team zunächst Aufbauarbeit leisten.

■ 20.1 Aufbauphase

Im Systemdesign-Workshop simuliert ein Team anhand einiger theoretischer – aber natürlich auch praktischer – Beispiele bereits, wie die einzelnen Systemkomponenten aufeinander abgestimmt sein müssen. Das Team hat zum Beispiel ein Gefühl dafür entwickelt, wie sich ein Erhöhen oder Senken von WiP-Limits auswirkt, wie sich die Sichtbarkeit von Blockaden und Engpässen anfühlt, wenn man dem Pull-Prinzip folgt. Am Ende des Workshops hat das Team ein *vorläufiges* Board entwickelt, das aber natürlich noch nicht dem entspricht, das es in der Praxis verwenden wird, da es ein reines Arbeits-Board ist: meistens ein Pinnwandkunstwerk aus holprigen Trennlinien und Swim Lanes im Post-it-Format. Jetzt muss es in das tatsächliche Board umgesetzt werden, mit dem das Team von nun an Tag für Tag arbeiten wird. Dazu werden zuerst die im Laufe des Systemdesign-Workshops gesammelten Prozessregeln explizit gemacht. Danach wird das Board gestaltet und befüllt.

Prozessregeln explizit machen

Sie erinnern sich noch an die Kernpraktik von Kanban, die wir Ihnen ziemlich zu Beginn dieses Buches vorgestellt haben. *Die Regeln explizit zu machen,* bedeutet zunächst einmal, sie überhaupt zu formulieren. Genau das ist im Laufe des Design-Workshops passiert: Das Team ist durch das gemeinsame Nachdenken, Besprechen und Entwickeln des Systems immer wieder auf Mechanismen gestoßen, die für das Funktionieren des Arbeitsflusses maßgeblich sind, und haben sie in Form von Regeln notiert. Schnappen Sie sich das Sammelwerk und hängen Sie es mit dem Team gut sichtbar im Teamraum auf. Denn: Nur wenn Team und Stakeholder die Regeln einhalten, können auch Fehler oder Punkte in einer Regel erkannt werden, die verändert werden müssen. Und: *Ist eine Regel nicht mehr sinnvoll, wird sie geändert. Sobald Regeln und Standards nicht mehr geändert werden, kommt der Verbesserungsprozess zum Stillstand.*

Das Board gestalten

Sichtbarkeit ist das Herzstück von Kanban. Den Board-Entwurf aus dem Design-Workshop transponiert das Team jetzt in das tatsächliche Kanban-Board, mit dem es arbeiten wird. Das klingt einfacher, als es manchmal ist: Teilweise scheitert es im ersten Anlauf daran, dass die richtigen Materialien nicht vorhanden sind. Je nachdem, welche Gestaltungsideen das Team entwickelt hat: Achten Sie darauf, dass alle nötigen Materialien rechtzeitig zur Verfügung stehen, damit die Teammitglieder ihren Enthusiasmus in die Board-Gestaltung stecken können, anstatt ihn auf der Materialsuche verpuffen zu lassen.

Das Team von Helga Rösner (Head of Development in einem Medienunternehmen) hatte sich gerade mit einem Whiteboard, Post-its, Precision Tape und Stiften in sämtlichen Farben bewaffnet. „Und wo soll das Board denn jetzt hängen, stehen, liegen oder schweben?", fragte eines der Teammitglieder laut, was sich alle anderen gerade dachten. Eine Kanban-Karawane zog durch die Entwicklungsabteilung. Vielleicht wäre es im Büro von Frau Rösner ganz gut aufgehoben? Den Gedanken verwarf das Team aber schnell wieder, denn erstens war Frau Rösner nicht begeistert davon, dass sie ständig jemand aus der Arbeit reißen sollte, weil er oder sie ein Ticket umhängen muss. Und zweitens: Aus den Augen, aus dem Sinn. Im Büro eines einzigen Mitarbeiters fristen Boards über kurz oder lang ein trauriges, unbeachtetes Dasein. „Das Board ist doch genau jenes Instrument, das Transparenz oder besser gesagt Sichtbarkeit schaffen soll, oder?", stellte Frau Rösner eine rhetorische Frage und erntete dafür zustimmendes Kopfnicken. „In eurem Teamraum ist zu wenig Platz, das sehe ich ein. Aber wir sind doch ein Medienunternehmen und außerdem soll jeder sehen können, wie und woran wir arbeiten." Wieder Kopfnicken. Also beschloss das Team, dass sich jeder, den es interessiert, mithilfe dieses Boards über den aktuellen Stand der Dinge informieren können sollte, und montierte sein Kanban-Board daher an einer Wand am Gang, wo jeder vorbei musste. Diese öffentliche Visualisierung hat einerseits den Effekt, dass Stakeholder Fortschritte „live" miterleben und mit dem guten Gefühl wieder in ihr

Büro gehen, dass an ihrem Problem gearbeitet wird. Dieses einfache, aber spannende Board macht andererseits aber auch neugierig und wird damit zu einem wichtigen Treiber von Veränderung, die sich in der gesamten Organisation allmählich ihre Bahn bricht. Sehr oft ist es so, dass andere Teams oder Abteilungen nachzufragen beginnen, worum es denn geht und was man denn da sieht und warum da so seltsame Zahlen stehen. Menschen sehen, dass man sich hier auf völlig neue Art und Weise mit der Arbeit beschäftigt, dass die Kollegen in diesem Team plötzlich sehr viel mehr miteinander reden als vorher. Ein gut einsehbares, zum Beispiel am Gang aufgestelltes Board oder ein größerer Bildschirm schaffen Aufmerksamkeit und sind der simple Ausgangspunkt eines Spill-over-Effekts.

Betont sei an dieser Stelle noch einmal, dass wir in Kanban immer von *physischer* Sichtbarkeit sprechen. Dateien, die ihr Dasein unter Hunderten anderer Dateien fristen, sind nicht sichtbar, auch wenn jedes Teammitglied und jeder Stakeholder darauf zugreifen kann. Diese Dateien werden irgendwann vergessen. Ein jeden Tag sichtbares Board kann man hingegen nicht so einfach vergessen, wenn man immer wieder daran vorbei muss.

 Tipp: Kanban in the air

Vielleicht dauert es manchmal ein wenig, bis alle Materialien gesammelt sind und das Team mit seinem richtigen Board starten kann. Trotzdem kann es sich schon einmal Gedanken darüber machen, wie es denn momentan um seine Arbeitsbelastung bestellt ist. Natürlich könnte man Listen schreiben, aber das ist doch langweilig und nicht sonderlich eindrucksvoll. Es geht darum, dass ein Team wirklich mit der Kanban-Initiative starten kann, und wenn die physische Sichtbarkeit durch ein Board noch nicht gegeben ist, gibt es genügend andere Möglichkeiten, einen deutlichen Startschuss fallen zu lassen.

Versuchen Sie es in einem solchen Fall doch mal so: Jedes Teammitglied schreibt auf ein Kärtchen, woran es gerade arbeitet. Und weil es ja noch kein Board gibt, wird jedes Kärtchen an einem heliumgefüllten Ballon befestigt. Jetzt bloß nicht übermütig werden und den Ballons am offenen Fenster nachwinken! Schön wäre es, wenn Arbeit so schnell zu erledigen wäre. Nein, das Team lässt die Ballons in seinem Arbeitsraum steigen. Das kann ganz schön viel Platz einnehmen und macht dadurch ziemlichen Eindruck. Aber es ist auch umso lustiger, wenn das Team dann Ballon für Ballon platzen lassen kann, weil es seine Aufträge abgeschlossen hat!

Das Board befüllen

Wenn das Board ordentlich und übersichtlich strukturiert ist, schreibt jedes Teammitglied auf einen Klebezettel oder eine Karte (Tickets), woran er oder sie gerade arbeitet. Im Systemdesign-Workshop wurden wahrscheinlich schon „normierte" Tickets entworfen – jedem Arbeitstyp wurde also eine Farbe zugeordnet. Nun soll deutlich werden, wo das Team gerade mit seiner Arbeit steht. Also klebt jeder und jede die Tickets in den Arbeitsschritt, in dem es sich gerade befindet. Das sollte aber kein Stummfilm sein: Damit alle den gleichen Wissensstand haben, präsentiert jedes Teammitglied auch seine aktuelle Arbeit. Was Sie und Ihr Team hier gerade machen, ist im Prinzip das erste Daily Standup-Meeting.

Mit den WiP-Limits hat sich das Team wahrscheinlich ambitionierte Ziele gesetzt. Das Verteilen der Zettel fördert dann aber die Realität zutage. IT-Leiter Herbert Krakauer hatte uns gebeten, bei der Inbetriebnahme des Kanban-Systems dabei zu sein. Die folgende Situation war zwar alles andere als angenehm, für uns aber auch nichts, was wir nicht schon erlebt hätten. „Ich weiß gerade nicht, wie wir das lösen können", seufzte Herbert Krakauer und griff sich dabei an die Stirn. Gerade hatte er mit seinem 14-köpfigen Team eine Bestandsaufnahme der aktuellen Arbeiten gemacht. *Über* dem ersten Prozessschritt prangte das WiP-Limit 4. Und *in* der Spalte für diesen Prozessschritt klebten ungefähr 20 Tickets. „Da sind aber die Bugs noch nicht dabei, die wir derzeit bearbeiten", merkte eines der Teammitglieder trocken an. „Das wären dann noch einmal ungefähr 40." Eines war auf jeden Fall allen sofort klar: Das erste Queue Replenishment Meeting würde wohl noch etwas auf sich warten lassen. Also was tun?

In den meisten Fällen, denen wir in der Praxis begegnen, sieht die Lage nicht so dramatisch aus. Eher die Regel als die Ausnahme ist es aber dennoch, dass ein Team mit der aktuellen Arbeitsmenge sein WiP-Limit sprengt. Sie merken wahrscheinlich schon, dass diese erste Zeit mit Kanban ihre Fallstricke in puncto Motivation haben kann, wenn das Team innerhalb kürzester Zeit *sieht*, wo seine Baustellen liegen und wie viel Arbeit zu tun ist. Panik ist eine Reaktionsmöglichkeit, wesentlich hilfreicher ist aber eine geordnete Herangehensweise. Liegt ein Team mit seiner Arbeit massiv über dem WiP-Limit und ist absehbar, dass die Aufarbeitung einige Zeit in Anspruch nehmen wird, ist es sinnvoll, für die Übergangszeit Regeln zu definieren: „Was tun wir, um in die WiP-Limits reinzukommen?" Sobald das Ziel erreicht ist, werden die Regeln wieder außer Kraft gesetzt.

Treten Sie im ersten Daily Standup-Meeting mit Ihrem Team einen Schritt zurück und betrachten Sie das Bild in Ruhe. Als Moderator oder Moderatorin stellen Sie dann die Frage: „Wie schaffen wir es, in die WiP-Limits zu kommen?" Je nach Teamgröße bietet sich die Ausarbeitung von Lösungsvorschlägen in Kleingruppen an. Natürlich müssen Sie in der Moderatorenfunktion aber auch weiterhelfen, wenn Sie bemerken, dass das Team völlig ratlos ist. Die Lösungen werden später den Stakeholdern präsentiert, die bei allen Maßnahmen mitziehen müssen, um die angepeilten WiP-Limits zu erreichen. Prinzipiell gibt es mehrere Ansätze, um die Arbeitsmenge schrittweise zu reduzieren:

- **Aufarbeitung von rechts:** An der rechten Seite des Boards befinden sich jene Arbeiten, die kurz vor der Fertigstellung sind. Bei diesem ersten Ansatz wird das Feld also von hinten aufgerollt, denn das Team konzentriert seine Kapazitäten darauf, diese Arbeiten so bald wie möglich abzuschließen und damit Platz für das Pullen der nächsten Tickets zu schaffen.

- **Zurück ins Backlog:** Mit der Ticketlandschaft vor Augen wird oft um einiges klarer, was gerade wirklich wichtig ist und was noch etwas warten kann. Das Team kann also zu der Entscheidung kommen, dass es Arbeiten fürs Erste überhaupt aus dem Prozess nimmt und zurück ins Backlog gibt, um Raum für die dringenderen Arbeiten zu schaffen. Sehr oft passiert es, dass Teammitglieder bereits Arbeiten begonnen haben, ohne die anderen darüber zu informieren. Genau in diesen Fällen sind sich Teams meistens schnell einig, dass die Arbeiten noch eine Runde in der Warteschleife drehen müssen.

- **Arbeit vernichten:** Eine drastischere Methode ist es, Aufgaben nicht ins Backlog zurückzustellen, sondern gleich in den Papierkorb zu werfen. Nach dem Motto: „Wenn es wichtig war, wird die Aufgabe schon wiederkommen." Allerdings empfehlen wir diese Methode nur, wenn das Team bereits die entsprechende Beurteilungskompetenz dafür entwickelt hat, was man getrost entsorgen kann. Und schließlich ist es eine Kulturfrage: Schütten Sie mit einem weggeworfenen Ticket Öl in das Feuer einer ohnehin angespannten Arbeitsatmosphäre oder sehen Ihre Stakeholder das locker, weil sie dem Team vertrauen?

Das sind nur drei von vielen Herangehensweisen, die ein Team wählen kann. Es gibt dabei kein richtig oder falsch, sondern nur die passende Lösung für die jeweilige Situation. Geben Sie also dem Nachdenken über mögliche Wege genügend Raum und setzen Sie die Beispiele anderer als das ein, was sie sind: als Denkanstöße.

Die persönliche Note

Nachdem Herbert Krakauer und sein Team den Schock wegen der mehr als gesprengten WiP-Limits verdaut hatten, widmeten sie sich in den darauf folgenden zwei Wochen einem wesentlich lustigeren Teil des Board-Aufbaus. Das Board wollten sie zum Fingerabdruck des Teams machen. Uns sind mittlerweile die wildesten Varianten begegnet, und würden wir bei einer Quiz-Show mitmachen, könnten wir wahrscheinlich genau sagen, welches Board zu welchem Team gehört. Aus dieser Perspektive hat ein Kanban-Board auch eine identitätsstiftende Funktion, denn für alle Board-Passanten wird deutlich: „Das sind wir, so arbeiten wir, und das sind unsere Spielregeln, damit wir euch gezielt und schnell helfen können."

Beim Visualisieren und Symbolisieren ließen Herbert Krakauers Leute ihrer Kreativität freien Lauf – aber natürlich mit dem Bewusstsein, dass dadurch der eigentliche Zweck des Boards nicht vollkommen verloren gehen sollte. In der Praxis steht der Einsatz einzelner Hilfsmittel für Kanban auch gar nicht so im Vordergrund, zunächst geht es hauptsächlich um das Verständnis und das Abarbeiten der bestehenden Aufträge. Trotzdem floss einiges an kreativer Energie in das Ticketdesign, in die unterschiedlichsten Signale und Symbole am Board von Team Krakauer, die mit einem einzigen Blick die Lage erklären.

- **Avatare:** Für jede Person, die sich das Board ansieht, sollte sofort erkennbar sein, welcher Mitarbeiter gerade an welcher Aufgabe arbeitet. Natürlich hätten die Teammitglieder ganz einfach einen Sticker mit ihrem Namen oder ihrem Foto an das entsprechende Ticket kleben können. Mit dem Finden des passenden Avatars betraten sie aber ein weites kreatives Feld, Comicfiguren waren dabei noch die einfachste Variante. In Verfeinerungsstufe zwei bastelten die Teammitglieder Avatare in unterschiedlichen Größen. Damit signalisierten sie, was gerade die Hauptaufgabe eines bestimmten Kollegen oder einer Kollegin ist, für die er oder sie die Verantwortung trägt. Mit einem kleinen Avatar auf einer Karte wurde hingegen angezeigt, dass er oder sie bei dieser Arbeit hilft.

- **WiP-Limits:** Um nicht in die Versuchung zu kommen, das WiP-Limit zu umgehen, einigte sich das Team Krakauer auf eine kleine, aber effektive Gedankenstütze. Für die Selbstüberlistung – sprich: um das WiP-Limit nicht doch laufend zu sprengen – gab es einfach nur so viele Board-Magnete für das Anbringen der Avatare, wie es WiP-Limits gibt. Und jedes Teammitglied bekam nur so viele Magnete zugeteilt, wie es Aufgaben bearbeiten darf.

Board-Design ist beinahe eine Kunstform, über die sich ein eigenes Buch schreiben ließe. Festhalten wollen wir hier aber nur, dass über die Kreativität einerseits Identität gestiftet wird. Identität nicht nur im Sinne von „Wer sind wir als Team?", sondern auch im Sinne des Bejahens des Weges, der eingeschlagen wurde. Und andererseits ist das Experimentieren selbst (was funktioniert wie und warum funktioniert etwas nicht?) wiederum eine Form des Lernens und der Veränderung durch Versuch und Irrtum.

■ 20.2 Das Systemdesign absegnen lassen

Die Protagonisten aus unseren Fallbeispielen, die uns bis jetzt begleitet haben, haben vor dem Start ihrer Kanban-Initiativen gemerkt, dass ihre bisherige Form der Zusammenarbeit im Team und mit den Stakeholdern in eine Sackgasse geraten war. Es war einfach der Wurm drin, und klar war zu Beginn nur, dass eine Veränderung nötig war, weil sich das wahrgenommene Ungleichgewicht zwischen Leistung und Anforderungen immer mehr verstärkt hätte. Kanban ist eine Herangehensweise, um wieder ein Gleichgewicht zu schaffen: Zwischen den Möglichkeiten und Fähigkeiten eines Teams, Aufgaben abzuarbeiten (Capability) und der Nachfrage seitens der Stakeholder (Demand). Die Krux in der Wissensarbeit ist es, dass ein Team keine normierten Werkstücke bearbeitet, sondern Ideen. Und die gehen bekanntlich nie aus – was im Zusammenhang mit der nicht vorhandenen Sichtbarkeit des „Produktionsprozesses" zur Überbeanspruchung der Kapazitäten führen kann. Die *Nachfrage (Demand)* ist also relativ hoch bzw. steigend, die *Möglichkeiten (Capability)* aber meistens gleichbleibend. Das Queue Replenishment Meeting und die Input Queue zielen daher darauf ab, den Demand zu kanalisieren und zu ordnen, um die Waage wieder ins Gleichgewicht zu bringen. Dazu liefern die Serviceklassen die nötige Risikoinformation. Mit den WiP-Limits, Arbeitstypen, Serviceklassen und Metriken verbessert das Team permanent seine Capability.

Neben dem Effekt, dass ein Team nicht ständig an seinen Grenzen arbeiten muss, hat der Ausgleich von Demand und Capability mithilfe der Kanban-Instrumente aber noch eine ganz andere Wirkung: Mit der Zeit beginnen Stakeholder, viel gezielter zu überlegen, wie dringend ein Auftrag wirklich ist und was die Dringlichkeit ausmacht. Schon im Vorhinein werden also genauere Überlegungen zu Nutzen und Effizienz eines Auftrages angestellt. Kanban ist abseits des eigentlichen Kanban-Teams auch ein Weg des Lernens, das Wesentliche vom Unwesentlichen zu unterscheiden.

Dieses Gleichgewicht zwischen Capability und Demand kann allerdings nur funktionieren, wenn alle Beteiligten dazu bereit sind, sich an die Regeln zu halten. Im Systemdesign-Workshop und in den bisher beschriebenen Schritten der Inbetriebnahme hat das Team versucht, die gemeinsam mit den Stakeholdern in den vorbereitenden Schritten Diagnose und Rückkopplung identifizierten Problemfelder in einem Kanban-Systementwurf zu adressieren. Starten kann der tatsächliche Betrieb erst, wenn sich die Stakeholder mit ihren Wünschen in diesem Entwurf wiederfinden und den Entwurf freigeben – also „absegnen". Uns fällt immer wieder auf, dass die Abnahme des Entwurfs wesentlich reibungsloser funktioniert, wenn die Stakeholder in die Vorbereitung der Veränderungsinitiative einbezogen wurden. Daher wiederholen wir an dieser Stelle:

Starten Sie mit Kanban erst, wenn Sie diese Vorarbeit geleistet haben. Sonst ist die Gefahr groß, dass verdutzte und vor allem verärgerte Stakeholder Ihre Initiative passiv-aggressiv durch gezielte Verweigerung zu Fall bringen.

Präsentation des Systementwurfs

Grundsätzlich gibt es zwei Möglichkeiten: Entweder werden der Board-Entwurf, die Regeln für WiP-Limits und Serviceklassen sowie die Vorschläge zu den Meeting-Intervallen kleinen Stakeholder-Gruppen präsentiert oder jeder Stakeholder wird zu einer persönlichen Präsentation eingeladen. Die zweite Variante hat den Vorteil, dass dabei viel gezielter auf

Nachfragen eingegangen werden kann und die volle Aufmerksamkeit sehr wahrscheinlich vorhanden ist. Vor allem ist dabei die Gefahr gebannt, dass sich unbewusste oder manchmal sehr bewusste Missverständnisse unter den Stakeholdern verbreiten, die über kurz oder lang das Veränderungsvorhaben torpedieren.

Fehlinterpretationen und Verkaufsverhandlungen

Bei den Kanban-Initiativen, die wir bis dato begleiten durften, kam es relativ selten vor, dass Aspekte des Systementwurfs seitens der Stakeholder plötzlich ganz anders gesehen oder gewollt wurden. Das Zauberwort heißt natürlich „Kommunikation", denn nur die intensive gemeinsame Auseinandersetzung mit dem Veränderungsvorhaben kann verhindern, dass kurz vor dem Start noch einmal alles in Frage gestellt wird. Die Fälle, in denen es zu größeren Reibereien kam, betrafen eher jene Vorhaben, bei denen ein Kanban-Kaltstart versucht wurde. Nichtsdestotrotz ist keine Kanban-Initiative vollkommen davor gefeit, dass die folgenden zwei „Missverständnisse" seitens der Stakeholder nicht doch auftreten:

- **Fehlinterpretation von Service Level Agreements:** „Wenn du ein Ticket der Serviceklasse Standard in die Input Queue hängst, garantieren wir dir, dass es in 80 % der Fälle innerhalb von zehn Tagen fertiggestellt wird." So oder so ähnlich könnte ein Service Level Agreement zwischen Team und Stakeholdern lauten. Nicht immer wird das aber auch so verstanden, wie es hier steht. Manche Stakeholder verstehen nämlich: „80 % der Tickets brauchen zehn Tage, bis sie fertig bearbeitet sind." Wo Wissensarbeiter am Werk sind, wird es immer Variabilität geben: Natürlich kann die Aufgabe bereits nach drei Tagen fertig sein. Diese implizite Information geht aber häufig unter. Meistens kommt dann noch dazu, dass sich manche Stakeholder beschweren, weil gewisse Arbeiten eben schneller fertig werden müssen. Wichtig ist, die Stakeholder diese Wünsche artikulieren zu lassen und ihnen dann als Alternative die Beschleunigt-Klasse anzubieten. Natürlich müssen dann auch die zugrunde liegenden Regeln erklärt werden.

- **Führen von Verkaufsverhandlungen:** In den meisten Fällen kommt es vor, dass sich unter den Stakeholdern Kollegen oder Manager befinden, deren eigentliche Aufgabe der Verkauf ist. Wie wir wissen, sind zielführende Verhandlungen die große Stärke dieser Kollegen, und natürlich haben sie die Kunst der Verhandlungstechnik im kleinen Finger. Nicht immer gelingt es, dass Stakeholder aus dem Verkauf diesen Mantel bei der Präsentation des Kanban-Systementwurfs ganz ablegen können. Sie wollen auch hier eine Verhandlung gewinnen. Vom Team (oder vom „Verhandlungsführer") verlangt das taktisches Geschick einerseits, aber auch ein gewisses Maß an Antizipationsfähigkeit – die wir mit dem Führen der Stakeholder-Interviews im Vorfeld unterstützen. Schon bei den Interviews werden Intentionen sehr klar, und entsprechend können sie im Systemdesign eingebaut werden. Besteht zum Beispiel die Gefahr, dass Stakeholder immer wieder Beschleunigt-Tickets beauftragen würden, um schneller an ihr Ziel zu kommen, kann das Team mit dem Serviceklassen-Angebot „Fester Liefertermin" diesem Verhalten entgegensteuern. So gewinnt der betreffende Stakeholder seine Verhandlung, ohne die effiziente Funktionsweise des Kanban-Systems zu untergraben, weil im Vorhinein ein Bypass gelegt wurde.

■

Egal, welche Variante – Gruppen- oder Einzelpräsentationen – gewählt wird, der wesentliche Punkt bei der Präsentation ist: *Jetzt spricht das Team!* In all den Interviews und Workshops davor waren die Teammitglieder teils Rezipienten und teils Ausführende, immer aber geleitet von einem Moderator oder einer Moderatorin. Wenn Sie bis jetzt die Kanban-Initiative moderiert haben: Die Bühne gehört nun dem Team. Das Team präsentiert seinen Entwurf selbst, denn es hat diese Arbeit geleistet. Der Moderator oder die Moderatorin hat lediglich die Ideen kanalisiert und an Punkten geholfen, an denen das Team allein nicht mehr weitergekommen wäre. Das Team holt das Feedback der Stakeholder ein und nutzt es, um sein Kanban-System noch feiner abzustimmen. Das Feintuning betrifft:

- **Serviceklassen und Service Level Agreements:** Genau in diesem Punkt wird sich zeigen, wie sauber die Vorarbeiten individuelle Vorbereitung, Diagnose und Rückkopplung erledigt wurden. Je gründlicher die Ausgangslage und die Wünsche geklärt sind, desto problem- und widerstandsloser wird die Präsentation verlaufen, und desto eher wird unter den Stakeholdern die Haltung zu spüren sein: „Probieren wir es einfach."

- **Queue Replenishment Meeting:** Im Systemdesign-Workshop haben sich die Teammitglieder darüber verständigt, wer im Nachschubmeeting dabei sein sollte. Nach dem Befüllen des Boards hat sich möglicherweise schon herauskristallisiert, wann das erste Meeting notwendig sein wird oder ob das Team noch einige Zeit braucht, um die derzeitigen Aufgaben abzuarbeiten. Es geht in der Präsentation also um die Rückfrage, ob der Teilnehmerkreis in der vorgeschlagenen Konstellation sinnvoll ist oder ob es Änderungswünsche gibt. Da die einzelnen teilnehmenden Stakeholder zum ersten Mal in dieser Form in einem Queue Replenishment Meeting zusammenarbeiten werden, sollte in der Präsentation das Angebot gemacht werden, die ersten Meetings von einem Moderator oder einer Moderatorin begleiten zu lassen. Das hilft dabei, schneller einen Abstimmungsmodus dafür zu finden, welche Aufgaben es als Nächstes in die Input Queue schaffen.

- **Policies, um die WiP-Limits zu erreichen:** Der sicher heikelste Punkt der Präsentation betrifft die Regeln, mit deren Hilfe das Team schrittweise in seine WiP-Limits zu kommen plant. Wie stehen die Stakeholder zu den Policies, die das Team für das Entleeren des Boards aufgestellt hat? So wie die Teammitglieder zu Beginn oft erst einmal tief Luft holen müssen, können natürlich auch die Stakeholder vom aktuellen Bild am Board zunächst überfordert sein. Unweigerlich werden sich einige die Frage stellen, wann denn nun der eigene Auftrag fertig werden soll, wenn er sich erst einmal in die Reihe aller anderen wartenden Aufträge stellen muss. Und wie soll das gehen, wenn es zunächst keine neuen Aufträge in der Input Queue geben darf? In diesem Stadium der Kanban-Initiative müssen wir uns aber bewusst sein, dass es für den Stakeholder im Grunde nur zwei Alternativen gibt: Er akzeptiert die Tatsache, dass die Situation nun einmal so ist und das Team alles daran setzt, die Lage mithilfe der Policies so schnell wie möglich zu ändern. Oder er zieht die Konsequenz, seine Aufträge zurück ins Backlog zu hängen bzw. überhaupt zurückzustellen. Diese Optionen sind manchmal nicht berauschend, doch auch ohne Kanban-System würde der Auftrag aber nicht schneller fertig werden. Die Argumentation muss natürlich behutsam passieren, und vor allem muss dabei deutlich werden, dass nun der erste Schritt getan wird, um solche Situationen in Zukunft überhaupt zu vermeiden. Was wir hier sehen, ist vergleichbar mit einer medizinischen Erstverschlimmerung: Die Schmerzen sind zunächst groß, und der Patient würde am liebsten schreien – aber wenn diese Phase überstanden ist, fühlt es sich ungleich besser an.

Natürlich ist die Präsentation aber jene Zusammenkunft aller Beteiligten, in der auch an den Policies zum „Entleeren" des Boards noch einmal etwas geändert werden kann. Vielleicht stellen sich Reihungen nach der Rücksprache mit den Stakeholdern anders dar, vielleicht kann ein Auftrag auf keinen Fall im Papierkorb landen, so wie es ursprünglich geplant war, weil Zusammenhänge erst durch das Gespräch noch einmal deutlicher geworden sind.

Im Idealfall haben die Stakeholder an einem Kanban-Training teilgenommen und wissen daher in den Grundzügen über das Zusammenwirken der Systemelemente Bescheid. Natürlich befassen sich die Stakeholder aber selten in jener Tiefe mit Kanban, wie es das Team tut. Wichtig ist im Rahmen dieser Präsentation also vor allem, dass Effekte noch einmal sehr deutlich gemacht werden. Was passiert an einer anderen Stelle, wenn wir an einer bestimmten Schraube drehen? Das Team muss sich bewusst werden, dass es aus der Position der Lernenden auf die Seite der Lehrenden wechselt und dass es von nun an selbst Tugenden wie Geduld, Kommunikationsfähigkeit und Entscheidungsfreudigkeit an den Tag legen – und auch vermitteln – muss, um die Veränderung voranzutreiben.

 Was Sie aus diesem Kapitel mitnehmen können

- **Machen Sie es zu Ihrem Mantra:** Je mehr Zeit und Energie Sie in die individuelle Vorbereitung, Diagnose und Rückkopplung stecken, desto reibungsloser und konfliktfreier wird die Inbetriebnahme des Kanban-Systems ablaufen.

- In der **Aufbauphase** überträgt das Team das vorläufige Board aus dem Systemdesign-Workshop in die Form, mit der es im Alltag arbeiten will und mit der es nun starten kann.

  - Sorgen Sie dafür, dass alle benötigten *Materialien* rechtzeitig vorhanden sind, um die Dynamik des Veränderungswillens gezielt zu nutzen.

  - Machen Sie mit dem Team die im Workshop gesammelten *Policies* gut sichtbar, indem Sie diese im Teamraum aufhängen. Die oberste Regel lautet nach wie vor: Eine Regel wird geändert oder aufgehoben, sobald sie nicht mehr sinnvoll ist.

  - Wählen Sie den *Platz für das Board* so, dass Stakeholder und andere Kollegen aus dem Unternehmen jederzeit sehen können, wie und woran das Team arbeitet.

  - Wichtig ist die *physische Sichtbarkeit:* Wird eine nicht öffentlich sichtbare Variante des Kanban-Boards gewählt, ist die Gefahr groß, dass es den langsamen Tod unbeachteter Dateien stirbt.

- Das Team befüllt das Board mit den Aufgaben, an denen es aktuell arbeitet. Sehr wahrscheinlich werden dabei die selbst verordneten *WiP-Limits gesprengt*. Um allmählich in die WiP-Limits zu gelangen, legt das Team für die Übergangszeit Regeln dafür fest, in welcher Reihenfolge es die aktuellen Aufgaben abarbeitet.
- Da die Kanban-Initiative ein Veränderungsprojekt im Kontext des Unternehmens ist, das Auswirkungen auf mehrere Beteiligte außerhalb des Teams hat, müssen die Stakeholder mit dem **Systemdesign** einverstanden sein und es **absegnen**.
  - *Es ist die Stunde des Teams:* Das Team präsentiert seine Überlegungen vor Stakeholder-Gruppen oder in Einzelterminen. Dabei erklärt es vor allem das Regelwerk, das es für die Übergangsphase entwickelt hat, und hält in allen Punkten Rücksprache mit den Stakeholdern, die für die Zusammenarbeit wichtig sind. Vor allem weiß das Team, dass es die Stakeholder nicht vor vollendete Tatsachen stellt, sondern Einwände oder Änderungswünsche berücksichtigt und in sein Systemdesign entsprechend einfließen lässt.

21 Betrieb

Führung sei ein bisschen wie Hausfrauenarbeit, schreibt die Organisationsberaterin Ruth Seliger in ihrem „Dschungelbuch der Führung" (vgl. Seliger 2008, S. 17). Sie passiere nämlich zumeist im Hintergrund und werde oft erst bemerkt, wenn sie nicht stattfindet. Plötzlich stehen überall unabgewaschene Teller herum, wirbelt der Staub in allen Ecken, türmt sich die schmutzige Wäsche. Schlagartig wird klar, dass jene unsichtbare Hand fehlt, die im Hintergrund für Ordnung sorgt. Ohne weiter aufzufallen, sichert diese Hand die Qualität unseres Lebensraums.

Ähnliches gilt für den Arbeitsraum eines Kanban-Systems. Um die Qualität des Betriebs im Alltag aufrecht zu erhalten, braucht es ebenfalls einen Kümmerer. Jemanden, der den Rahmen im Auge behält und im Notfall unterstützend eingreift. Der hilft, Engpässe zu identifizieren und Blockaden zu beseitigen. Der sich selbst als Ressource sieht und andere Ressourcen koordiniert. Mit anderen Worten: Es braucht Führung.

Die Führung des Kanban-Betriebs erfolgt ebenfalls weitgehend unsichtbar. Führung ist eben kein Projekt, sondern ein kontinuierlicher Prozess. Sie ist eine Abfolge kleinerer und größerer Tätigkeiten, die für selbstverständlich gehalten werden, aber dennoch von jemandem zu erledigen sind.

Das hat zur Folge, dass die Notwendigkeit einer aktiven Betriebsführung leicht übersehen wird. Die Vorstellung, dass ohnehin alles von selbst läuft, gehört zu den großen Mythen der evolutionären Veränderung mit Kanban. Diese Mythen werden von vier durchaus verhängnisvollen Grundannahmen genährt:

1. Der Annahme**, dass es für Kanban kein professionelles Change Management braucht,** weil die Einführung von Prozessvisualisierung, WiP-Limits oder Serviceklassen sowieso für ausreichend Veränderung sorgt.

2. Der Annahme, **dass die Einführung von Kanban ganz automatisch einen nachhaltigen Kulturwandel mit sich bringt.** Dass also nichts weiter getan werden muss, um Kaizen zur unternehmerischen Realität werden zu lassen.

3. Der Annahme, **dass mit der Erstellung eines Systemdesigns ein Knackpunkt geschaffen ist,** ab dem sich Verbesserungen gewissermaßen von selbst ergeben.

4. Der Annahme, dass **Kaizen ein logisches Ergebnis** des Kanban-Betriebs ist.

Für diese speziellen Kanban-Mythen gilt, was wir bereits über kulturelle Grundannahmen im Generellen festgehalten haben: Sie sind die Summe einschlägiger Lernerfahrungen, sie sind tief verwurzelt, und sie wirken großteils unbewusst. Die Mythen scheinen vor allem in die Berufskultur von Technikern und Prozessingenieuren eingewoben zu sein. In dieser Berufskultur ist es besonders verführerisch, Kanban auf ein technisches System zu verkürzen. Auf diese Weise wird ein Unternehmen jedoch als maschinenartiges Gebilde wahrgenommen, dessen Veränderung vor allem den Einsatz der richtigen Mechaniken verlangt.

Die Praxis weist indes mit Nachdruck auf die soziale Seite von Unternehmens- wie Kanban-Systemen hin. Diese Systeme leben von der Kombination von Struktur und Emotion, Prozessregulierung und Kommunikationschaos, Prinzip und Improvisation. Dementsprechend folgen weder die Einführung noch der Betrieb eines Kanban-Systems der Logik einer trivialen Maschine. Vielmehr müssen alle Stakeholder wahrgenommen werden, um die reale Komplexität des Wertschöpfungsprozesses angemessen erfassen zu können. Es braucht Kommunikationspartner, die zu kritischer Reflexion fähig und dazu bereit sind, diese kritische Reflexion bei sich selber zu beginnen. Und es braucht Gestaltungselemente, mit denen das vorhandene Verbesserungspotenzial effektiv genutzt werden kann. Mit anderen Worten: Es braucht **Kanban-Leadership.**

Die Praxis zeigt ebenfalls, dass es neuralgische Punkte gibt, an denen das Fehlen von Leadership besonders rasch auffällt. Um das Eingangsbild der Hausfrauenarbeit noch einmal aufzugreifen: Punkte, an denen sich im Handumdrehen besonders viel Geschirr stapelt, Schmutz ansammelt, Wäsche verdreckt. An denen also, „kanbanisch" gesprochen, drastische Engpässe spürbar werden. Unserer Erfahrung nach passiert das vor allem im Umgang mit

- **der Fehlerkultur und mit Slack,** die eine große Rolle für Kaizen und kontinuierliches Lernen spielen,
- **der professionellen Moderation,** die dabei hilft, verbesserungsorientierte Kommunikation effektiv zu gestalten,
- **den Widerständen und Konflikten,** die auch während des Betriebs immer wieder auftreten können,
- **dem Kanban-Feuer, das Sie weitertragen wollen,** um eine positive Entwicklung Ihres gesamten Unternehmens zu fördern.

Im Folgenden wollen wir noch einmal unsere Fallgeschichten aufgreifen, um die mögliche Bearbeitung dieser Engpässe möglichst praxisnah darzustellen.

■ 21.1 Von der Fehlerkultur zur Lernkultur

Geben Sie es zu: Sie lesen dieses Buch sicher auch, um keinen Fehler bei Ihrer Kanban-Initiative zu machen. Das ist vollkommen in Ordnung, aber vergessen Sie dabei nicht, dass Kanban kein System zur Fehlervermeidung ist. Ganz im Gegenteil: Ihr Team wird wahrscheinlich sehr intensive Phasen erleben, in denen ein Fehler nach dem anderen sichtbar wird. So manche Illusion könnte plötzlich in Trümmern vor Ihrem Team liegen. Eine herausfordernde Zeit, in der der Wille zur dauerhaften Veränderung auf eine harte Probe gestellt wird. Möglicherweise eine Zeit, in der Schuldzuweisungen leicht von den Lippen gehen, in der möglicherweise auch die Initiative gänzlich in Frage gestellt wird. Weil plötzlich zu viele Dinge offensichtlich werden, die eigentlich niemand so genau sehen wollte.

Vielleicht sollten wir an dieser Stelle erwähnen, dass „evolutionär" keineswegs ein Synonym für „leicht" ist. *Kanban ist ein System dafür, denselben Fehler nicht zwei Mal zu machen. Kanban ist ein System des Lernens.*

Aus unerfindlichen Gründen erträgt unsere Gesellschaft Fehler nur sehr schwer. Schmökern Sie einmal durch die Ratgeberecken in einer Buchhandlung oder tippen Sie in den Online-Archiven von Businessmagazinen „Fehler" oder „mistake": Sie werden viele Artikel dazu finden, wie man Fehler vermeidet, was die drei größten Fehler sind, was die fünf absoluten Kardinalfehler sind, was Sie nie tun dürfen, was Sie auf jeden Fall machen müssen, wie man perfekt wird und wie man bloß nicht in die Falle tappt. Eigentlich lag Christoph Kolumbus ja auch vollkommen falsch. Das war doch nicht Indien, über das er da gestolpert war. Verdammt, es war ein Kontinent, der eigentlich gar nicht existierte. Die Italiener kriegen auch wirklich gar nichts auf die Reihe, oder? Wenn sie nicht gerade streiken, entdecken sie ein Land, das die spanische Königin Isabella gar nicht eingeplant hatte. Sie wollte doch den schnellsten Weg für Gewürze und Edelsteine aus Indien finden (lassen)! Tatsache ist: Es war eine der größten Entdeckungen der Menschheitsgeschichte, die nicht stattgefunden hätte, wenn Kolumbus statt der unbekannten Westroute wieder nur den altbekannten Weg um Afrika gesegelt wäre. Viele Erfindungen sind das Ergebnis von „Fehlern" – weil einmal etwas nicht so gemacht wurde, „wie es sich gehört". In Kapitel 7 haben wir den Uhrmacher John Harrison kennengelernt, der das nautische Längenproblem gelöst hat. 40 Jahre der Irrungen und Wirrungen, Zeiten arm an Unterstützung, aber reich an Fehlschlägen musste er überstehen, bis er mit der H4 und der H5 endlich die bahnbrechenden Uhrenmodelle entwickelt hatte (Sobel 1996). Das Längenproblem wäre noch Jahrzehnte ungelöst geblieben, hätte Harrison mit den Fehlern gehadert, anstatt darauf zu schauen, was sie ihm an neuen Wegen zeigen konnten. Eines der wichtigsten Utensilien in Kanban, der Post-it-Zettel, entstand aus einer Klebstoffvariante, die bei den Produktverantwortlich bei 3M zunächst als Fehlentwicklung und wenig zukunftsträchtig ignoriert wurde (http://on.ft.com/yU6hR0).

Die Fähigkeit, aus Fehlern zu lernen, wird uns in unseren sozialen Systemen so schnell wie möglich abtrainiert. Kaum gehen wir zur Schule, müssen wir Dinge auswendig lernen, was bis zu einem gewissen Grad sinnvoll ist, weil Grundtechniken wie Lesen, Schreiben und Rechnen auf Codes beruhen, die wir beherrschen sollten. Aber wir lernen nebenher auch, dass Fehler sanktioniert werden und dass Konformität erwünscht ist. Ein eventuelles Studium eingerechnet verbringen wir gute 20 Jahre unseres Lebens mit Gedächtnisübungen zur Fehlervermeidung, denen maximal sechs Jahre instinktiven Lernens durch Versuch und Irrtum vorausgegangen sind. Lernen, wie es unsere Gesellschaft versteht, ist im Prinzip nichts anderes als die oft unreflektierte Reproduktion von Wissen. In die Arbeitswelt entlassen wird der Druck noch höher, denn plötzlich sind mit der vermeintlichen Fehlerfreiheit auch Prestige, Gehaltserhöhung und gesellschaftlicher Status verbunden. Die Angst vor den Fehlern treibt uns aber in persönliche Krisen. Wenn wir nicht funktionieren, sind wir nichts wert. Und sie treibt Unternehmen in wirtschaftliche Krisen, denn Mitarbeiter, die – paralysiert durch die Angst vor Fehlern – nicht mitdenken und nicht mitlernen, auch keine neuen Wege gehen (wollen). Gefragt ist unser Status als Experten, nicht als Lernende (http://bit.ly/cn9A7y). Gerade aber diese Angst vor Fehlern ist es, die uns oft erst recht in die Falle tappen lässt.

Mitdenken statt vorschreiben – ein Weg aus der Fehlerfalle

„Am Wochenende war ich in der Südsteiermark unterwegs", erzählte uns IT-Abteilungsleiter Josef Drechsler, als wir ihn an einem Montagmorgen besuchten, um einige Punkte im Betrieb des Kanban-Systems seines Teams zu klären. „Kennt ihr Gleinstätten? Die haben dort dieses Shared-Space-Konzept auf der Hauptstraße umgesetzt. Habt ihr davon schon gehört?" Wir hatten darüber natürlich in den Zeitungen gelesen, denn dieser Ansatz ist für ein überreguliertes Land wie Österreich geradezu revolutionär. Der Straßenverkehr ist ein Paradebeispiel dafür, wie die Angst vor Fehlern ein System lähmen kann. Für jede Situation wird eine Vorschrift gefunden, auf die man sich zur Not berufen kann, um dem anderen die Schuld – zum Beispiel an einem Unfall – zuzuschieben. Anstatt vorausschauend zu fahren und einfach aus Höflichkeit und vor allem aus Sinnhaftigkeit Vorrang zu geben, beharren die meisten Verkehrsteilnehmer auf Teufel komm raus auf ihrem Recht. Gerade das provoziert Unfälle. Dazu kommt eine Flut an Bodenmarkierungen, Ampeln und Verkehrsschildern, die uns sagen, was wir dürfen und was wir nicht dürfen und uns dabei den Blick auf das eigentliche Geschehen versperren.

„In Gleinstätten haben sie auf über 400 Metern der Ortsdurchfahrt alle Verkehrsschilder abmontiert, die Straße neu gepflastert und dabei die Bodenmarkierungen weggelassen", beschrieb uns Josef Drechsler dieses Verkehrsprojekt weiter. „Ich bin schon ziemlich vom Gas gegangen, weil ich die Situation im Auge behalten musste, und dann wollten da ja auch noch ein paar Fußgänger queren. Obwohl es sehr ungewohnt war, so ganz ohne Schilder, lief der Verkehr aber insgesamt sehr ruhig, fließend und fast höflich ab." Das hat uns dann doch etwas näher interessiert. Der Ansatz des „gemeinsam genutzten Raumes" stammt aus den Niederlanden und wird dort bereits in über 100 Variationen umgesetzt. Die Gleichberechtigung aller Verkehrsteilnehmer ist dabei das Grundprinzip. Alle „Stakeholder" des Verkehrssystems verhandeln den bestmöglichen Fluss. Verkehrszeichen und Bodenmarkierungen werden entfernt, an ihre Stelle treten Rücksichtnahme, das Mitdenken für den anderen, Aufmerksamkeit und Kommunikation. Dadurch wird die Straße zu einem Begegnungsraum, in dem Menschen gefordert sind, situativ angepasste Entscheidungen zu *treffen,* anstatt sie sich vorgeben zu lassen.

Auch die Vertreter des Shared-Space-Konzepts betonen, dass es sich dabei um einen evolutionären Lernprozess handelt, auf den lokale Mentalitäten und Eigenheiten der regionalen Kultur zwar einwirken, die wesentlichen Wirkmechanismen aber nicht beeinflussen (www.sharedspace.at). Wichtig sei, die Bewohner eines Ortes oder einer Stadt im Vorfeld einer solchen Initiative einzubeziehen, anstatt ihnen das Konzept einfach überzustülpen. „Ich musste dabei an unser Kanban-System denken", schmunzelte Herr Drechsler. „Das interessante Ergebnis des Shared-Space-Konzepts ist nämlich, dass die Leute langsamer fahren, der Verkehr dadurch aber auf einem niedrigeren Tempolevel stetiger fließt und die Menschen im Vergleich trotzdem schneller an ihr Ziel kommen. Unter normalen ‚geregelten' Bedingungen produzieren die unterschiedlichen Geschwindigkeitsniveaus nämlich immer wieder Staus. Und es kommt im Shared Space kaum zu Unfällen."

Wir dürfen nicht vergessen, dass wir uns in der Wissensarbeit in einer noch relativ jungen Disziplin bewegen. Noch immer ist es tief in der Denkweise vieler Manager verankert, dass Prozesse fehlerfreier werden, je stärker man sie standardisiert. Das stimmt für die industrielle Fertigung zweifellos, dort haben wir es nämlich mit technisch teils sehr komplizierten Produkten zu tun, bei deren Herstellung ein durchorganisierter Ablauf von Handgriffen und mechanische Optimierungen sinnvoll ist und dabei auch die Durchlaufzeiten verkürzt. Der Unterschied zur Wissensarbeit liegt aber darin, dass wir es hier mit *Komplexität* zu tun haben. Einerseits mit der Komplexität der Materie: Softwareentwicklung schafft immer wieder und in immer kürzeren Abständen Neues. Natürlich können bestimmte Elemente reproduziert werden, aber es geht in den meisten Fällen darum, neue Probleme zu lösen oder neue Wege zu erschließen, die vorher noch nicht beschritten werden konnten. Es geht um Innovation. Und andererseits haben wir es auch mit der Komplexität der Mitarbeiter zu tun, die in einem Bereich wie der Softwareentwicklung auch einen Ausdruck ihrer Kreativität, Intelligenz und Fähigkeit sehen, Neues zu erschaffen. Standardisierung produziert in der Wissensarbeit maximal Sturheit. Gerade die können wir nicht gebrauchen, wenn es darum geht, sich kontinuierlich verbessern zu wollen. *Kanban ist ein komplexes adaptives System, das nur unter der Voraussetzung funktioniert, dass Menschen die sichtbar gewordenen Fehler als Potenzial erkennen.* Deshalb setzt ein Kanban-Team auch Regeln fest, deren oberste Regel es ist, die Regeln zu ändern, wenn sich nicht mehr sinnvoll ist. Kanban forciert die ständige Anpassung an neue Gegebenheiten, und das ist nur ohne Standardisierung im Denken möglich.

Ja, ich mache Fehler.

Aber wenn wir doch alle so darauf geeicht sind, Fehler tunlichst zu vermeiden: Wie kommen wir aus dieser Falle heraus? Wie schaffen wir eine Lernkultur? Josef Drechsler ist von Haus aus eine veränderungsbereite Natur. Sein Erlebnis mit dem Shared Space ließ ihn aber trotzdem noch einmal genauer darüber nachdenken, welche Voraussetzungen das Entstehen einer Lernkultur in seinem Unternehmen bräuchte. „Eine Lernkultur zu verordnen, funktioniert genau so wenig, wie Veränderung zu verordnen", dachte Herr Drechsler laut. „Eine Lernkultur muss wachsen, dafür muss aber einer den ersten Schritt tun. Und wahrscheinlich gehöre ich im Unternehmen zu dieser Gruppe von Menschen, die den ersten Schritt tun müssen." Damit lag der IT-Betriebsleiter genau richtig. Wie haben wir denn als Kinder gelernt, was Werte sind und welche Umgangsformen zwischen Menschen förderlich sind? Unsere Bezugspersonen haben es uns vorgelebt. Nicht anders funktioniert es auch unter Erwachsenen, und sie werden es schon oft genug selbst erlebt haben: Wenn jemand losgeht (erinnern Sie sich an die Anziehungskraft des laufenden Forrest Gump) oder etwas Neues ausprobiert, ziehen einige andere mit. Ist ihnen der Wandel zur Lernkultur ein Anliegen, gibt es also nur einen Weg: *Fangen Sie bei sich selbst an – lead by example!* Leben Sie Fehlerfähigkeit vor, auf der

- **persönlichen Ebene** – „Ich habe hier einen Fehler gemacht" und auf der
- **Kanban-Systemebene** – „An dieser Stelle funktioniert es noch nicht so gut. Was können wir unternehmen, um diesen Fehler in Zukunft nicht mehr zu machen?"

Allerdings heißt es nicht: „Lead by example and deliver the solution." Genauso wie das Vorleben der Fehlerfähigkeit braucht auch die Zurückhaltung beim Anbieten von Lösungen einiges an Übung. Damit hatte Josef Drechsler am Anfang so seine Schwierigkeiten, denn abwartend daneben zu stehen, zählt nicht unbedingt zu seinen Stärken. Ihm war aber durchaus bewusst, dass der Trick beim Entwickeln einer Lernkultur darin besteht, das Team tatsächlich mitdenken zu lassen. Mit einer ungeduldig hinausposaunten Lösung würde er sich und sein Team nur wieder zurück in die Kultur der Vorgaben katapultieren. Immer in den Momenten, in denen er die Lösung eines Problems scheinbar schon kennt und sie am liebsten hinausschreien würde, während das Team noch immer nachdenkt, beißt sich Josef Drechsler jetzt auf die Zunge. Er gibt dem Team Zeit und stellt die Frage: „Wie machen wir es besser?"

Machen auch Sie kleine Schritte. Rom wurde nicht an einem Tag erbaut, und die großen Fragen der Menschheit im Allgemeinen und des Unternehmens im Besonderen soll Ihr Team nicht lösen müssen. Der Ansatz „Wie können wir unsere Produktivität verdoppeln?" wird ein Team in seiner Multidimensionalität überfordern. Wahrscheinlich würden Sie darauf nur Antworten wie „Wir brauchen mehr Leute" bekommen. Seien Sie so spezifisch wie möglich und fragen Sie zum Beispiel: „Wie können wir die ständigen Rechtschreibfehler in unserem User-Interface vermeiden?" Hier kann das Team eine konkrete Lösung vorschlagen, die Antwort darauf wird vielleicht eine Prozessänderung sein, und in Zukunft wird jemand vor dem Release das Interface Korrektur lesen.

Der wesentliche Punkt in der Wandlung von der Fehlerkultur zu einer Lernkultur ist das Vertrauen. Wenn Sie mit Kanban wirklich erfolgreich sein wollen, heißt es auch Abschied nehmen vom Führungsansatz des Command and Control. Vertrauen Sie darauf, dass die Menschen, mit denen Sie zusammenarbeiten, mit Lösungsvorschlägen kommen werden. Das fordert von Ihnen selbst die Überwindung des Wunsches, alles unter Kontrolle haben zu wollen. Vielleicht fordert es von Ihnen auch das Überwinden der Meinung: „Wenn ich sie nicht kontrolliere, machen sie nur Blödsinn." Ja, es kann schon sein, dass das Team am Anfang hie und da in die Irre geht. *Aber genau das ist der Clou an der Lernkultur: Fehler machen dürfen, aber aus diesen Fehlern auch lernen.*

Vertrauen ist außerdem keine Einbahnstraße. In manchen Unternehmen geht das Vertrauen so weit, dass die Programmierer selbst entscheiden dürfen, ob und wann sie etwas in ein Online-Live-System laden. Tausende, Hunderttausende, sogar Millionen User können dranhängen, ein Fehler hat da keine Chance, unerkannt zu bleiben. Und trotzdem ist dieses Vertrauen in die Programmierer da. Denn das schöne Paket des Vertrauens ist ganz speziell verpackt: in viel Verantwortung. Jeder Mitarbeiter hat also auch ein persönliches Interesse daran, Software in höchster Qualität zu liefern. Geht etwas schief, kann er nämlich niemanden dafür verantwortlich machen außer sich selbst.

Ein besonderer Fehler: Slack

Das menschliche Gehirn versucht ständig, unvollständige Dinge zu vervollständigen. Wenn wir etwas als unvollständig wahrnehmen, denken wir uns den fehlenden Teil dazu. Wir können problemlos Lückentexte lesen, weil unser Gehirn solche Lücken einfach nicht mag und umgehend auf seine Lernerfahrung zurückgreift. Gepaart mit einer verkehrten ökonomischen Denkweise stammt vielleicht daher auch das im Grunde völlig widersinnige Streben, Kapazitäten immer zu 100 % auslasten zu wollen. Nach der althergebrachten Denkweise sind zu 100 % ausgelastete Mitarbeiter fleißig und bringen Geld. Ein zu nur 80 % ausgelasteter Mitarbeiter ist ein Verlustgeschäft. So die einfache Rechnung. Sieht das Management also jemanden, der gerade zu lange in die Luft schaut, wird das als ein Fehler im System wahrgenommen. Flugs wird er oder sie sofort verplant und mit den restlichen

20 % in ein anderes Projekt gesteckt, damit unterm Strich wieder die gute Gestalt der 100 auftaucht. Aber ist das sinnvoll?

Wieder stolpern wir über die Vermischung von Denkweisen aus der industriellen Fertigung mit den Eigenheiten der Wissensarbeit. So schrecklich es auch klingt, aber am Fließband sind Menschen leicht austauschbar. Die Handgriffe variieren nicht und sind zu einem hohen Grad optimier- und standardisierbar. Fällt jemand zum Beispiel krankheitsbedingt aus, kann man nach einer kurzen Einarbeitungszeit einen Mitarbeiter einsetzen, der eigentlich an einer anderen Stelle des Fließbandes arbeitet und gerade zur Verfügung steht. Anders in der Wissensarbeit. Zwischendurch mal schnell in ein anderes Projekt befohlen zu werden, bedeutet: sich neu hineindenken, andere Zusammenhänge begreifen, mit neuen Rollenverteilungen zurechtkommen. Alleine dieser Einarbeitungsaufwand frisst jedes Mal aufs Neue einiges der verfügbaren Zeitressourcen auf, wenn ständig zwischen Projekten gewechselt werden muss. Und dazu kommt: Der Mitarbeiter steht dem anderen Projekt eben nicht zu 100 % zur Verfügung, sondern nur zu 20. Das heißt also auch „bitte warten", wenn das Hauptprojekt wieder mehr Zeit in Anspruch nimmt.

Wenn wir wieder eine Analogie aus dem Straßenverkehr heranziehen, verursachen solche „Springer" in der Wissensarbeit einen Phantomstau. Ein Stau im Straßenverkehr bedeutet: Das System ist zu 100 % ausgelastet. Wenn nicht gerade ein Unfall passiert ist, entstehen Staus im Wesentlichen aus zwei Gründen:

1. **Durch Überlastung:** Es strömen mehr Fahrzeuge ein, als auf einem bestimmten Streckenabschnitt aufgenommen werden können.

2. **Durch unterschiedliche Geschwindigkeiten:** So wie Kanban hat auch die Verkehrsplanung das Ziel, einen stetigen und gleichmäßigen Verkehrsfluss zu etablieren. Das versucht sie zum Beispiel durch Tempolimits. Nun wissen wir aber, dass nicht alle Fahrzeuglenker die exakt gleiche Geschwindigkeit fahren, weil sie es zum einen nicht können und zum anderen nicht wollen. Dadurch entsteht sehr oft ein Schmetterlingseffekt (Phantomstau): Ein Fahrer wechselt die Spur oder bremst ab und löst damit eine Sequenz von Folgereaktionen aus. Schlussendlich setzt sich nach hinten eine Bremswelle fort, und alle nachfolgenden Fahrzeuge werden langsamer, manchmal bis zum Stillstand.

Entwicklungsleiterin Susanne Schweizer verstand nur zu gut, was wir ihr mit dieser Analogie sagen wollten. Schließlich spürte sie auch ständig den Druck im Nacken, ihre Mitarbeiter ständig bis zum Anschlag auslasten zu müssen. Die Geschäftsführung war der Meinung, ihr in dieser Hinsicht Entscheidungen via Mikromanagement abnehmen zu müssen – um ihr dann Vorwürfe zu machen, wenn es doch wieder mal länger dauerte mit den Projektabschlüssen. „Dieses Autobahnbeispiel muss ich mir unbedingt für das nächste Meeting aufschreiben", sagte Frau Schweizer mehr zu sich selbst als zu uns, während sie sich Notizen machte. „Wenn man es so betrachtet, sind meine Leute, die mal hier und mal da eingesetzt werden, im Grunde wie ein Autofahrer auf einer vierspurigen Autobahn. Ständig wechseln sie die Spur, müssen immer wieder mal abbremsen, weil auf der zweiten Spur eine andere Geschwindigkeit gefahren wird. Dann wechseln sie wieder zurück, wieder nach links, wieder nach rechts – und behindern dabei den Arbeitsfluss, weil sie sich immer wieder neu anpassen müssen." Die rasante Gedankenfahrt von Frau Schweizer wollten wir nicht unterbrechen, ergänzten dann aber trotzdem noch, dass zusätzlich *Little's Law* zum Tragen kommt (Kapitel 4). Dieses Gesetz besagt schlicht und ergreifend, dass die Durchlaufzeit steigt, wenn ständig neue Arbeiten begonnen werden. Hohe Auslastung ist also nicht gleichzusetzen mit hoher Geschwindigkeit.

Wissensarbeit erzeugt Variabilität oder „Slack", wie wir es in Kapitel 4 genannt haben. Ganz einfach aus dem Grund, weil nicht alle Menschen sekundengenau das Gleiche tun. Manche arbeiten schneller und manche langsamer, manche haben in einem Projekt den komplizierteren Teil erwischt und manche den einfacheren. Oder um das Beispiel aus einem der früheren Kapitel noch einmal zu wiederholen: Ein Business-Analyst stellt innerhalb weniger Stunden fest, dass eine Anwendung um einige Millisekunden schneller werden sollte. Der Entwickler arbeitet aber zwei Wochen daran. Wir sollten uns in der Wissensarbeit von der Auffassung verabschieden, dass nur eine 100%-ige Auslastung gut ist. 100% bedeuten zum einen Stau, insgesamt wird das System also langsamer. In vielen Unternehmen wird noch nicht verstanden, dass Slack drei ganz große Chancen bietet:

1. **Die Chance auf Wissenstransfer:** Statt unausgelastete Mitarbeiter zum Hindernis auf einer Kanban-Autobahn zu machen, können sie zu Pannenhelfern werden und damit einen Stau auflösen. Die erste Frage, die sich das Management und der Mitarbeiter selbst stellen sollten, lautet: „Wird im Downstream des Prozesses Hilfe benötigt, besteht dort irgendwo ein Engpass?" Durch die Unterstützung in einem nachgelagerten Bereich wird der Arbeitsfluss wieder geglättet. Viel wichtiger aber ist, dass dadurch Spezialisierungen allmählich aufgeweicht werden. Die Mitarbeiter lernen etwas Neues dazu, es findet ein Wissenstransfer und Wissensaufbau im Team statt. Und nicht zuletzt stärkt die gegenseitige Hilfe auch den Zusammenhalt im Team.

2. **Die Chance auf Verbesserungen:** Vor allem in den Retrospektiven identifiziert ein Kanban-Team, was anders oder besser gemacht werden könnte, und hält es in einem Improvement-Backlog fest (Kapitel 6). Dieses Backlog sollte nicht nur zur Beruhigung des Gewissens existieren – die Aufgaben darin sollten eine reelle Chance auf Umsetzung haben. Slack bietet die Möglichkeit dazu.

3. **Die Chance auf Innovation:** Mittlerweile gibt es genügend Beispiele dafür, wie Unternehmen ihren Mitarbeitern ganz bewusst Slack zur Verfügung stellen. Ein bestimmter Anteil der Arbeitszeit darf für eigene Projekte, Pläne und Ideen verwendet werden. Natürlich nicht ganz ohne Hintergedanken seitens des Unternehmens, weil es die daraus entstehenden Innovationen nutzen will. Grundsätzlich ist das aber nicht verwerflich, solange sich beide Seiten über die Bedingungen im Klaren und damit zufrieden sind. Im Großteil der Unternehmen läuft es aber leider noch immer anders ab: Die Mitarbeiter werden zu 100% ausgelastet, für das Thema Innovation hingegen werden zusätzliche Programme gestartet, Innovationsteams installiert und externe Berater eingekauft. Betriebswirtschaftlicher Unfug, der sich aus der Auslastungsfixiertheit nährt.

Was sich also grundlegend verändern muss, ist das Verständnis von sinnvoller und sinnloser Auslastung. Die Schwierigkeit dabei ist: Es ist nicht intuitiv begreifbar, dass in der Wissensarbeit eine Auslastung von 100% nicht bedeutet, dass Dinge schneller fertig werden. Ganz im Gegenteil: Der Prozess wird langsamer. Umgekehrt macht eine niedrigere Auslastung den Prozess schneller. Daher braucht ein Team ein gewisses Maß an Slack, um schnell sein zu können. Man kann das mathematisch mit *Little's Law* aus Kapitel 4 belegen. Man kann es aber auch anders ausdrücken: Slack würde nur dann nicht entstehen, wenn wir ständig neue Aufgaben beginnen (wie es der Regelfall ist) oder wenn alle Menschen gleich getaktet wären, gleich funktionieren und gleich denken würden. Dadurch treten wir in unserer Weiterentwicklung aber auf der Stelle, und das ist nicht das Ziel der kontinuierlichen Verbesserung.

■ 21.2 Moderation

„Unternehmen der nächsten Gesellschaft werden herausfinden, dass es darauf ankommt, (Mitarbeiterinnen und Mitarbeiter) überall dort, wo es brenzlig ist, einzusetzen", schreibt der deutsche Systemtheoretiker Dirk Baecker (Baecker 2007, S. 21). Im Geiste der von uns propagierten Kanban-Leadership präzisiert er die aus seiner Sicht besonders brenzligen Einsatzfelder:

- in der **Führung,**
- im **Kundenkontakt,**
- in der **Gestaltung der Arbeitsprozesse,**
- in den **Verhandlungen mit Netzwerkpartnern.**

Durch solche Einsätze, prophezeit Baecker weiter, werden zukünftige Unternehmen herausfinden, dass die einzelne Mitarbeiterin und der einzelne Mitarbeiter nicht nur als Funktionäre im Dienst von Zweck und Mittel einzusetzen sind. Vielmehr müssen diese in ihrer „Fähigkeit in Anspruch genommen werden, Wahrnehmung und Kommunikation aufeinander zu beziehen" (Baecker 2007, S. 22).

Wie kann das gelingen? Wie bezieht man Wahrnehmung und Kommunikation sinnvoll aufeinander? Eine pragmatische Antwort auf diese Fragen lautet naheliegenderweise: durch koordinierte Auseinandersetzung. In komplexen Umfeldern heißt das: durch professionell gestaltete Meetings. Nun kommen Meetings heutzutage, wie die amerikanischen Berater Sandra Janoff und Marvin Weisbord feststellen, ungefähr so häufig vor wie Staub – und sie sind auch in etwa so populär (vgl. Weisbord, Janoff 2007). „Zeitfresser", „Verschwendung", „lästige Verpflichtung", „Einbahnstraßenkommunikation", „Meetingitis" lauten einige der klassischen Klagen über unproduktive Meetings. Ganz nach dem Motto: Meeting heißt, dass viele hineingehen und nichts dabei heraus kommt.

In dieser Hinsicht weiß Helga Rösner, Head of Development in einem Medienunternehmen, mittlerweile, dass das nicht zwangsläufig so sein muss. Eigentlich hatte sich Frau Rösner immer für eine gute Managerin gehalten, die auch ihre Meetings entsprechend im Griff hat. Die zunehmende Kritik an ihrem Führungsstil, im Speziellen an dem, was einer ihrer Mitarbeiter einmal als „konzertierte Befehlsausgabe" bezeichnete, verunsichert Frau Rösner. Wird sie zu Recht kritisiert? Gibt es tatsächlich, wie eine andere Mitarbeiterin meint, „ganz andere Möglichkeiten, Kommunikation zu gestalten"? Oder ist es nun mal unvermeidbar, dass manche Daily Standups einfach länger dauern, Retrospektiven nicht immer für alle interessant sind und die Operations Reviews von viel Frontalinformation dominiert werden?

„Letztlich war es mehr Glück als Verstand", erzählt uns Frau Rösner, als wir sie danach fragen, wie sie sich schließlich für eine Weiterbildung im Moderationsbereich entschieden hat. „Es war eher ein spontaner Entschluss als etwas langfristig Geplantes", erklärt Helga Rösner, „hat sich aber als absoluter Segen erwiesen." Das Glück bezieht Frau Rösner auf ihre Teilnahme an einem der von Sandra Janoff und Marvin Weisbord angebotenen Moderationstrainings, den Segen auf das, was sie sich daraus für ihren Kanban-Betriebsalltag mitnehmen konnte.

Durch das Training wird ihr klar, wie wichtig eine professionelle Moderationshaltung ist. Im Folgenden fassen wir zusammen, was eine solche Haltung auszeichnet.

Don't Just Do Something, Stand There

In ihrem bahnbrechenden Buch „Don't Just Do Something, Stand There" haben Sandra Janoff und Marvin Weisbord einen praxisorientierten Leitfaden für professionelle Moderation vorgelegt (Janoff und Weisbord 2004). Um sich gestaltungsmäßig auf der Höhe der Zeit zu bewegen, gilt es Janoff und Weisbord zufolge, bei jedem einzelnen Meeting

- die richtigen Leute mit dem richtigen Fokus zum richtigen Zeitpunkt zusammenzubringen, d.h. vorweg die Teilnehmer, die Ziele und auch die Dauer optimal in Einklang zu bringen,

- die Leute so zu nehmen, wie sie sind, und nicht so, wie ich sie gerne hätte,

- mit dem Verändern eben nicht beim Verhalten anderer anzusetzen, sondern beim eigenen – sowie bei der Gestaltung der Strukturen, auf die man als Moderatorin oder als Moderator wesentlichen Einfluss hat,

- darauf zu vertrauen, dass sich alle Beteiligten entsprechend der ihnen gesetzten Rahmenbedingungen verändern – oder gute Gründe haben, dies nicht zu tun,

- allen die Möglichkeit zu geben, sich selbst auszudrücken und einander die gebotene Aufmerksamkeit zu schenken,

- sich als Moderator so weit wie möglich darauf zu beschränken, den Raum und den Mund zu halten, d.h. die Bühne gut aufzubereiten und dann konsequent den Teilnehmern zu überlassen,

- die eigenen Gefühle als Resonanzkörper für das Gruppengeschehen zu nutzen und dabei zugleich die eigenen „hot buttons" im Auge zu behalten – schließlich sollten einen die eigenen Ängste nicht zu gruppendynamischem Aktionismus verleiten. In Janoff und Weisbords Worten: *„Je mehr wir lernen, mit unserer eigenen Unsicherheit zu leben, und neugierig bleiben, was weiter passieren wird, umso besser können wir den Einsatz aller Beteiligten würdigen. So widerstehen wir der Versuchung, unsere eigenen Ängste durch Reden, Fragen stellen, Erklärungen, Wiederholungen oder Themenwechsel bewältigen zu wollen. Wenn wir nicht wissen, was wir tun sollen, tun wir gar nichts."* (Weisbord, Janoff 2007, S. 172)

Frau Rösner nutzt das Training, um ihr moderationstechnisches Handwerkszeug aufzupolieren. Kommunikation kann zwar nicht planmäßig gesteuert werden, wie sich Frau Rösner in einigen eindrucksvollen Übungen bestätigt. Als Herzstück sozialer Systeme bleibt diese immer unberechenbar, störungsanfällig und vom Risiko des Aneinander-vorbei-Redens behaftet. Doch lässt sich strukturell sehr wohl Einfluss auf die Bahnen nehmen, in denen Kommunikation verlaufen kann. Diese Strukturelemente sind

- eine **klare Zielsetzung:** „Worum geht es zum Beispiel in einem Queue Replenishment Meeting?", wie Frau Rösner für sich übersetzt. Und auch: Worum geht es eben nicht? Was hat in diesem Meeting keinen Platz?

- die **richtigen Teilnehmer:** Wen braucht es in einer Retrospektive? Wer muss eingeladen werden, damit der Status quo möglichst gut erfasst werden kann? Wessen Perspektive darf nicht ungestraft weggelassen werden?

- eine **pointierte Agenda:** Wie genau soll ein Operations Review ablaufen? Welche Phasen sollten durchgearbeitet, welche Gestaltungselemente eingesetzt werden, um für eine möglichst konstruktive Auseinandersetzung zu sorgen?

- ein **guter Zeitplan:** Wie lange darf ein Daily Standup maximal dauern? Wann interveniere ich, um den geplanten Rahmen halten zu können? Was tue ich mit Themen, die offenkundig mehr Besprechungszeit brauchen?

- die **Fokussierung von Aufmerksamkeit:** Mit welchen Mitteln sorge ich dafür, dass wir uns in einer Retrospektive auf die wichtigsten Punkte konzentrieren? Wie gelingt es, alle Beteiligten möglichst aktiv zu beteiligen? Und wie verdichte ich schließlich die wichtigsten Ergebnisse meines Meetings?

Gerade für die Fokussierung von Aufmerksamkeit steht eine Fülle von Werkzeugen zur Verfügung. Wie sich Frau Rösner in Erinnerung ruft, sind das erst einmal jede Menge Fragen (vgl. Kaltenecker und Myllerup 2011):

- **Öffnende,** wie sie uns im Rahmen dieses Buches bereits in Hülle und Fülle begegnet sind: Wozu Kanban? Wer soll an einer Veränderungsinitiative beteiligt werden? Wie wollen wir vorgehen? Was ist in der letzten Zeit gut gelaufen? Was nicht so gut? Welche WiP-Limits sollen wir uns setzen? u. v. m.

- **Schließende,** im Kanban-Kontext etwa: Haben wir hier eine Blockade? Sehen wir darin alle einen Engpass? Brauchen wir eine neue Serviceklasse? etc.

- **Skalierende,** wie wir sie im Rahmen der Kaizen-Assessments eingesetzt haben: Wie gut ist ein bestimmtes Kriterium auf einer Skala von 1 bis 10 erfüllt? Was bräuchten wir, um von der Wertung x zur Wertung x+0,5 zu kommen?

- **Zirkuläre,** die insbesondere zur Überprüfung der Stakeholder-Orientierung gute Dienste leisten: Was denken wohl unsere Kunden über diesen Engpass? Was wird wohl unsere Vorgesetzte zu dieser Idee sagen? Was glaubt ihr, würde uns ein Kanban-Experte diesbezüglich empfehlen?

- **Paradoxe,** die gerade im Rahmen von Kanban-Retrospektiven für neue, oft überraschende Blickpunkte sorgen: Was müssten wir tun, damit alles beim Alten bleibt? Wodurch könnten wir das Problem noch verschärfen?

Paradoxe Interventionen: Das Gute im Schlechten

Till Eulenspiegel war bekanntlich ein großer Meister gesellschaftlicher Herausforderung. So führte er einmal vor, wie man etwas Gutes mobilisieren kann, indem man etwas Schlechtes in Aussicht stellt. Denn als er eines Tages in einem Krankenhaus allen Leidenden von einem fabelhaften Rezept berichtete, für das er nur einen von ihnen zu Pulver verbrennen musste, damit alle anderen mit diesem Pulver geheilt werden können, wurden plötzlich alle gesund. Wie Till Eulenspiegel das bewerkstelligte? Nun, er erzählte einfach, dass er dazu beauftragt war, den Kränksten von ihnen zum Wohle aller anderen zu opfern.

> Zum Guten im Schlechten lässt auch der österreichische Schriftsteller Wolf Haas seine Hauptfigur Brenner philosophieren: „Aber im Leben immer wieder interessant, dass eine Niederlage sich im Nachhinein oft als ein Volltreffer erweist. Wo man hinterher zugeben muss: siehst du, wenn mir nicht Haus und Hof abgebrannt wären, wenn ich nicht meine gutbezahlte Stelle und meine wunderschöne Frau verloren hätte, dann hätte ich dieses hochinteressante Kreuzworträtsel wahrscheinlich gar nie aus der Mülltonne gefischt." (Haas 2000, S. 72)
>
> Und dann wäre da schließlich noch die positive Perspektive des Mannes, dem ein Vogel auf seinen nagelneuen Anzug kackt: „Wie gut, dass Kühe nicht fliegen können!"

Es liegt für Frau Rösner auf der Hand, dass sie nicht nur Fragen stellen, sondern auch zuhören muss. „Wer Fragen stellt, riskiert Antworten", hat Helga Rösner noch von ihrem Training im Ohr und den damit verbundenen Hinweis, dass es nicht bloß um ein Zur-Kenntnis-Nehmen dieser Antworten geht. Vielmehr lebt Kanban Leadership von der Bereitschaft zu einer aktiven Reaktion, wie sie durch die bekannten Techniken des aktiven Zuhörens erfolgen kann:

- **Paraphrasieren** - also das Gehörte in eigenen Worten wiedergeben: „Bei mir ist angekommen, dass …", „Was ich verstanden habe, ist …"
- **Anerkennen** - also die emotionale Botschaft meines Gegenübers zum Ausdruck bringen: „Ich habe den Eindruck, Sie ärgern sich über …", „Du erscheinst mir besorgt darüber, dass …", „Ich spüre eure Begeisterung für …"
- **Reframen** - also die gehörten Stellungnahmen in ein neues Licht rücken, indem beispielsweise das „lästige" Intervenieren eines Stakeholders einmal unter folgendem Gesichtspunkt betrachtet wird: „Er scheint die Entscheidung unbedingt durchbringen zu wollen - sie muss für seine Organisationseinheit, vielleicht sogar für das gesamte Unternehmen besonders wichtig sein."
- **Zusammenfassen** - also die bisherige Kommunikation auf den Punkt bringen, um Zwischenergebnisse zu sichern: „Ich habe den Eindruck, wir können Folgendes festhalten: …"

Die Sicherung von Ergebnissen hat für Frau Rösner gerade im Kontext des Kanban-Betriebs besondere Bedeutung. Für die Ergebnissicherung kann sie in Meetings die unterschiedlichsten Visualisierungstechniken einsetzen. Beispielsweise

- **Kartenabfragen,** bei denen kurze Stellungnahmen auf Pinnkarten geschrieben und anschließend geclustert werden,
- **Brainwriting auf Post-its,** um in möglichst kurzer Zeit möglichst viele Ideen zu einer bestimmten Fragestellung zu sammeln,
- **Klassische Plakate,** auf denen die wichtigsten Überlegungen festgehalten werden,
- **Mindmaps** oder andere Formen der visuellen Gliederung wie die empfohlene **Stakeholder-Landkarte,**
- **Organisationsbilder,** wie sie etwa im Rahmen der Teamaufstellung oder über Metaphern und Analogien zum Einsatz kommen (das Team als Tiergarten, Fußballmannschaft, Landschaft u. v. m.),

- **Symbole,** wie sie Frau Rösner einmal zur Eröffnung einer Retrospektive verwendet hat, bei der alle Teilnehmenden zur Mitnahme eines konkreten Gegenstands eingeladen waren, der symbolisch die derzeitige Arbeitskultur zum Ausdruck brachte.

Last but not least hat Frau Rösner einige Tipps mitgenommen, wie sie die Interaktion in ihren Kanban-Meetings fördern kann. Abseits der bisher genannten Strukturelemente Ziele, Teilnehmer, Agenda oder Zeit nutzt sie seit ihrem Moderationstraining häufig:

- **Go-Arounds** bei denen jede anwesende Person zu Wort kommt und zuerst allen zugehört werden muss, bevor die Diskussion weitergeführt werden darf. Ähnlich das sogenannte Blitzlicht, bei dem jeder eine kurze Stellungnahme zu einer bestimmten Frage abgibt (z.B. „Mein Satz zu …"). Beides stärkt die gemeinsame Meinungsbildung und sichert auch eher ruhigeren Teilnehmern oder Teilnehmerinnen eine Möglichkeit, ihren Standpunkt vorzubringen.

- **Murmelgruppen,** bei denen es speziell nach längeren Präsentationen wie etwa im Operations Review um die Möglichkeit geht, zu dritt oder zu viert das Gehörte dialogisch zu verdauen und eventuell einen kurzen Kommentar oder eine Frage für das Plenum zu generieren.

- **Gruppenarbeiten** zur thematischen Vertiefung, etwa in Retrospektiven, oft verbunden mit einem bestimmten Visualisierungsauftrag.

- **Dynamische Präsentationen,** die eben nicht in einer oft ermüdenden Frontalform erfolgen, sondern als Galerie, in der dann alle herumwandern und nach Lust und Laune ins Gespräch kommen können. Oder in sogenannten Verschnittgruppen, die sich aus verschiedenen Teilnehmern der bisherigen Arbeitsgruppen zusammensetzen und sich ihre jeweiligen Ergebnisse dann wechselseitig präsentieren. Oder in Form von Interviews, bei denen die jeweilige Gruppe von ausgewählten „Reporter" gezielt zu ihren Ergebnissen befragt wird.

- **Dialogische Formen der Ergebnisdiskussion** wie die sogenannte Fishbowl, ein Sesselkreis inmitten des Plenums, in dem Delegierte aus Arbeitsgruppen oder Teams gemeinsame Erkenntnisse verdichten können.

Seit ihrem Moderationsseminar hat sich in Frau Rösners Arbeitsbereich jedenfalls viel getan. Ihre Idee von Kaizen hat Frau Rösner längst um eine Kanban-Leadership ergänzt, die wesentlich von ihrer eigenen Vorbildrolle lebt. Ermuntert durch die positiven Reaktionen ihres Teams hat sie sich daher weitere Verbesserungsschritte vorgenommen. Längst ist ihr klar geworden, wie sehr eine Kultur der kontinuierlichen Verbesserung durch die Qualität der Kommunikation bestimmt wird, Die chronische Zeitnot und die Aufgabenvielfalt, die wohl nicht nur bei ihr selbst auf der Tagesordnung stehen, fordern die professionelle Moderation auf besondere Weise heraus.

Frau Rösner kann mittlerweile gut nachvollziehen, „warum die Fähigkeit zur effizienten Gestaltung des immer aufwendiger und gleichzeitig störanfälliger werdenden internen Kommunikationsgeschehens zum entscheidenden Engpass geworden ist." (Wimmer 2004, S. 253).

Schließlich weiß sie aus dem Alltag, dass die spezielle Dynamik der Medienbranche, in der sie tätig ist, eine Menge Störungen mit sich bringt. Und sie weiß, wie sie durch professionelle Moderation den Engpass Kommunikation effektiv bearbeiten kann.

■ 21.3 Widerstände und Konflikte im Betrieb

Das Feld der Widerstände und Konflikte ist ein weites Land. Es ist kaum zu fassen. Es erstreckt sich in die höchsten Höhen und reicht bis in die tiefsten Tiefen hinab – und kann doch im nächsten Moment schon wieder eine ganz andere Form annehmen.

Die amöbenartige Gestalt von Widerständen und Konflikten hat mit der Dynamik der Emotionen zu tun, die sie bestimmen. Wie wir bereits ausführlich dargestellt haben, treten diese Emotionen weder linear noch in einheitlicher Form auf. Was den einen auf die Palme bringt, lässt den anderen völlig kalt; was eine Mitarbeiterin schulterzuckend zur Kenntnis nimmt, löst bei einer anderen Mitarbeiterin tiefe Besorgnis aus; was ein Team auf die Barrikaden treibt, kann bei einem anderen Team einen kollektiven Rückzug bewirken.

Widerstände und Konflikte sind in vielen Unternehmen ein Thema, wenn es um die Einführung neuer Prozesse geht. Auch Kanban macht darin grundsätzlich keine Ausnahme. Dass evolutionäre Veränderung in kleinen Schritten angestrebt wird, hält die Emotionen nicht automatisch in Schach. Die Veränderungszumutung wird zwar niedriger angesetzt, sodass die persönlichen Change-Prozesse zumeist weniger dramatisch verlaufen und die systemische J-Kurve der Teamperformance nicht so stark in den Keller fällt. Garantie gibt es darauf jedoch keine. Erstens kommt es bekanntlich oft anders und zweitens, als man denkt.

Ebenso wenig Garantie gibt es dafür, dass die Emotionen in Veränderungsprozessen durch eine professionelle Einführung von Kanban ein für allemal erledigt sind. Die Praxis zeigt vielmehr, dass Emotionen genauso gut während der gemeinsamen Diagnose, des Systemdesigns oder der Inbetriebnahme überhand nehmen können. Emotionen zeichnen sich eben dadurch aus, dass sie beharrlich fröhliche Urstände feiern können.

Das gilt auch für den Betrieb eines Kanban-Systems. Im Folgenden wollen wir drei konkrete Widerstands- und Konfliktsituationen aufgreifen, die uns in der Praxis immer wieder begegnen:

- Ein wichtiger **Stakeholder bricht Kanban-spezifische Vereinbarungen.**
- Das **Team fällt in alte Gewohnheiten zurück** und lässt das Kanban-System schleifen.
- Die Zusammenarbeit ist von **dysfunktionalen Verhaltensformen** geprägt.

In bewährter Manier wollen wir anhand spezifischer Fallbeispiele darstellen, wie Sie solche Phänomene lösungsorientiert bearbeiten können.

21.3.1 Ein wichtiger Stakeholder bricht Vereinbarungen

Werfen wir einen genaueren Blick auf den Kanban-Betrieb von Susanne Schweizer, ihres Zeichens Entwicklungsleiterin in einem mittelständischen Pharmaunternehmen. Frau Schweizer war mit ihrer Kanban-Initiative kraftvoll gestartet und konnte nach einigen Anlaufschwierigkeiten sowohl ihr Team als auch ihre Kunden im Marketing- und Vertriebsbereich für ein evolutionäres Veränderungsmanagement gewinnen. Die Skepsis, die bei einigen ihrer Mitarbeiter anfänglich vorherrschte, konnte Frau Schweizer durch intensive Kommunikation zerstreuen. Die Kunden, die ebenfalls nicht gleich Feuer und Flamme waren, hat sie mittlerweile durch konkrete Verbesserungsschritte davon überzeugt, dass Kanban eine Chance verdient hat.

Was die Entwicklungsleiterin jedoch nicht auf der Rechnung hatte, war das Verhalten der Geschäftsführung, die gleichzeitig Oberhaupt der Eigentümerfamilie des Unternehmens war. Obwohl der Senior, wie die Personalunion von Geschäftsführer und Eigentümer unternehmensintern genannt wurde, naheliegenderweise bereits in der Phase des Contractings eingebunden war, laufend über die Kanban-Initiative informiert wurde und sogar den offiziellen Startschuss für die Inbetriebnahme gegeben hatte, begann er sich im laufenden Betrieb als echter Störfaktor zu entpuppen. Anstatt sich an Service Level Agreements zu halten, intervenierte er nämlich nach wie vor direkt beim Entwicklungsteam, um seine Anliegen durchzusetzen. Einmal wurde ein Entwickler sogar in die Chefetage abkommandiert, um ein Webshop-Problem direkt mit dem Senior zu besprechen. Auch WiP-Limits wurden vom Senior eher als „nice to have"-Artefakte denn als gültige Beschränkung der operativen Arbeit betrachtet.

Diese Interventionen sorgten nicht nur für einigen Unmut im Team. Sie sabotierten vielmehr das gesamte Veränderungsvorhaben, für dessen Gelingen Frau Schweizer einstand. Nicht zuletzt warfen sie auch einen Schatten auf Frau Schweizers Führungsautorität. Nachdem sie die Interventionen eine Zeit lang mit einem Verweis auf die bekannte Persönlichkeit des Seniors abgetan hatte, der allgemein als offener, aber in einigen Dingen dennoch recht klassisch-patriarchalischer Unternehmensvater galt, begann sich bei Frau Schweizer selbst Widerstand zu regen. Als der Über-Vater aufs Neue die Prozessregeln außer Kraft zu setzen versuchte, bat ihn Frau Schweizer um ein Gespräch.

Das Ziel des Gesprächs lag für Frau Schweizer auf der Hand. Ohne falsche Rücksichtnahme auf seine privilegierte Position musste auch der Senior von der Notwendigkeit überzeugt werden, sich an Kanban-Vereinbarungen zu halten. Für die Erreichung dieses schwierigen Ziels adaptierte Frau Schweizer den Leitfaden des Veränderungsdialogs, den sie bereits während der Diagnosephase erfolgreich eingesetzt hatte.

- Nach einer kurzen Einleitung, in der sie den Anlass und das Ziel des Gesprächs kurz zusammenfasste, lud Susanne Schweizer den Senior dazu ein, das Funktionieren von Kanban aus seiner Sicht darzustellen. Das brachte die erwarteten Lobesworte für Frau Schweizers Innovationskraft und die joviale Ermunterung, „sich weiterhin so tatkräftig für unsere Firma einzusetzen".

- Im zweiten Schritt eröffnete Frau Schweizer ihrem Vorgesetzten, wie sie die Dinge sah. Sie bedankte sich für das Lob und wiederholte ihrerseits, wie sehr sie die Offenheit des Seniors schätzte, der sich ja auch sehr für die Kanban-Initiative eingesetzt hatte. Sie machte aber auch klar, wie sich das Verhalten des Geschäftsführers negativ auf diese Initiative auswirkte. Sie äußerte zwar Verständnis dafür, dass manchmal dringliche Anliegen auftraten. Sie unterstrich aber gleichzeitig, dass diese Anliegen nicht abseits der definierten Vereinbarungen in das Kanban-System hineingedrückt werden dürfen.

- Im dritten Schritt lud sie den Senior ein, gemeinsam über eine mögliche Lösung nachzudenken. Frau Schweizer schlug vor, doch eine eigene „Beschleunigt-Serviceklasse" für Geschäftsführungsanliegen einzurichten. Auf dieser Basis sollte im nächsten Queue Replenishment Meeting überlegt werden, welches WiP-Limit dafür angemessen sei und wie sich die neue Serviceklasse auf den gesamten Arbeitsfluss auswirkte. Im Gegenzug versprach der Senior, die Prozessregeln in Zukunft zu respektieren und auch regelmäßig an den Meetings teilzunehmen statt an ihnen vorbei zu agieren. „Kanban ist mir wirklich wichtig", versicherte er noch einmal. „Ich bin davon überzeugt, dass das der richtige Weg für unsere Zukunft ist." Zudem bat er Frau Schweizer für alle Fälle, ihn „das nächste Mal gleich beim Schlafittchen zu packen, wenn mir wieder einmal die Pferde durchgehen". „Einen alten Haflinger", fügte er augenzwinkernd hinzu, „machst du eben nicht mehr leicht zu einem Rennpferd."

21.3.2 Das Team fällt in alte Gewohnheiten zurück

Betrachten wir die Situation von Stefan Bergmüller, um besser nachzuvollziehen, wie ein Team im Kanban-Betrieb regredieren kann. Als Teamleiter des Second Level Support in einem großen Finanzdienstleistungsunternehmen hatte Herr Bergmüller Kanban sozusagen mit dem Rücken zur Wand eingeführt. Besser gesagt: Auf Ersuchen seines CIO, der darin eine vielversprechende Option sah und ihn wortwörtlich darum bat, „der positiven Veränderung noch eine Chance zu geben".

Zu verändern hatte Herr Bergmüller wahrlich genug. Eigentlich wollte er am Ende seiner persönlichen Retrospektive bereits das Handtuch werfen, so deprimierend fiel seine persönliche Bilanz aus: chronische Überlastung, fehlende Wertschätzung, mangelndes Verständnis, hoffnungsloses Chaos.

Anfänglich war Stefan Bergmüller keineswegs davon überzeugt, dass Kanban tatsächlich einlöst, was sich sein Chef davon versprach. Als loyaler Mitarbeiter wollte er aber weder seinem Chef noch dem Unternehmen, für das er seit über zehn Jahren tätig war, einfach den Rücken kehren. Schon gar nicht seinem Team, dessen Spirit und Durchhaltebereitschaft ihm trotz allem immer noch einen Rest von Hoffnung gab.

Das Basistraining, an dem neben dem Team und dem CIO auch zahlreiche Kunden teilnahmen, war für Stefan Bergmüller zumindest aus zwei Gründen eine positive Überraschung. Erstens war die Stimmung gut, obwohl auch diejenigen anwesend waren, die ihm oft das Leben schwer machten. Und zweitens waren die vorgestellten Prinzipien durchaus eine genauere Überlegung wert. Die Diagnose, in der er nochmals mit vielen Kunden persönlich in Kontakt trat, brachte die nächste Überraschung. Obwohl er mit den meisten ja bereits seit Jahren zu tun hatte, erfuhr er viel Neues und war über so manche Perspektive überrascht.

Nach der Rückkopplung und einem energievollen Systemdesign-Workshop wurde das Kanban-System also durchaus mit Zuversicht in Betrieb genommen. Die ersten Wochen verliefen geradezu sensationell. Nie hätte es Herr Bergmüller für möglich gehalten, dass in so kurzer Zeit derart einschneidende Veränderungen möglich wären. Mit einem Male konnte das Team in Ruhe arbeiten, Services ließen sich wie geplant erbringen, und die Kunden spendeten dem Support sogar lobende Worte. Die tägliche Hektik war so gut wie passé. Eine ungewohnte Entspannung machte sich breit.

Ein Klassiker, dass Herr Bergmüller genau in dieser Entspannungsphase ernstlich krank wurde und für einige Wochen ausfiel. Nach seiner Rückkehr fiel er aus allen Wolken. Die alte Hektik hatte sich wieder breitgemacht. Jeder schien wie früher ständig unerledigten Dingen nachzulaufen, das Telefon störte wie gehabt, per E-Mail wurden ständig Neupriorisierungen verlangt. Stefan Bergmüller verstand die Welt nicht mehr. Was war passiert?

Auf der einen Seite konnte sich Herr Bergmüller die Krisensituation ganz pragmatisch erklären. Schließlich waren während seiner eigenen Abwesenheit auch zwei seiner erfahrensten Mitarbeiter ausgefallen. Nicht erklären konnte sich Herr Bergmüller allerdings, warum das Restteam wieder völlig von den Kanban-Prinzipien abgekommen war. Im Stress wurde offensichtlich wieder auf die altbewährten Bewältigungsmuster gesetzt. Das Kanban-Board hing jedenfalls ganz verwaist an der Wand, Meetings hatten seit drei Wochen keine stattgefunden. Niemand hatte sich für die kontinuierliche Verbesserungsarbeit zuständig gefühlt, sodass ein ungeahnter Schlendrian um sich griff.

Herrn Bergmüller war klar, dass möglichst rasch etwas passieren musste. So durfte es nicht weitergehen! Gleich für den nächsten Tag beraumte er eine Sonderretrospektive an. Anders als vereinbart war die letzten Wochen nämlich auch keine Bilanz gezogen worden. Die Stimmung während der Retrospektive war erwartungsgemäß gedrückt. Obwohl Herr Bergmüller in seiner Eröffnung explizit auf die „Prime Directive" hinwies und erklärte, dass er Schuldzuweisungen vermeiden wolle, hing das schlechte Gewissen wie eine Wolke im Raum. „Ja, wir haben eh gewusst, dass wir eigentlich mit dem Board arbeiten sollten", hieß es dann von Seiten der Mitarbeiter. „Aber wir haben vor lauter Hilferufen von unseren Kunden kaum gewusst, wo uns der Kopf steht." „Irgendwie haben wir das sicher schleifen lassen", wurde von anderer Seite eingestanden. „Wir hatten allerdings so viel Arbeit, dass uns keine Zeit für Meetings blieb." „Es tut mir leid", stand dann wortwörtlich auf einer der Delta-Karten, auf denen notiert wurde, was in den letzten Wochen nicht so gut gelaufen war.

Trotz der Tendenz, sich zu entschuldigen und zu rechtfertigen, wurden letztendlich sehr konstruktive Schlussfolgerungen aus der Kartensammlung gezogen. Immerhin war auch auf der positiven Seite der Bilanz einiges vermerkt. Für die Zukunft beschloss man, das Kanban-System wieder ordnungsgemäß zu pflegen und sich sowohl für die Kommunikation miteinander als auch für die Kommunikation mit den Kunden die notwendige Zeit zu nehmen. Jedes Teammitglied suchte sich sogar einen eigenen Avatar aus, der bereits am nächsten Tag am Board zu finden war.

Stefan Bergmüller selbst nahm sich aus der Retrospektive auch einige Impulse für sein eigenes Führungslernen mit. Offensichtlich hatte er in der ersten Kanban-Euphorie übersehen, dass die Verbesserungskultur erst in den Kinderschuhen steckte. Statt ein sorgsames Auge auf den Lernprozess zu haben, hatte er angenommen, dass nun gewissermaßen alles von selber lief. Zudem war er davon ausgegangen, dass während seiner Abwesenheit andere die Führungsverantwortung übernahmen. Umso klarer war ihm nun die Bedeutung eines kontinuierlichen Führungslernens. Vor allem die Notwendigkeit, nicht so viel Verantwortung für den Betrieb des Kanban-Systems bei ihm selbst zu bündeln. Der Vorschlag, die Kanban-Meetings abwechselnd zu moderieren, war ein erster Schritt in diese neue Richtung, der nach anfänglichem Zögern auch von den Teammitgliedern gut angenommen wurde.

21.3.3 Die Kultur der Zusammenarbeit ist von dysfunktionalen Verhaltensformen bestimmt

Josef Drechsler verstand die Welt nicht mehr. Als IT-Abteilungsleiter in einem Infrastrukturunternehmen war er seit der Einführung von Kanban an ruhiges, strukturiertes Arbeiten gewöhnt. Durch das ausgeklügelte Systemdesign konnte viel Druck von außen kanalisiert und der interne Ablauf auf eine neue Basis gestellt werden. Doch jetzt tobte zwischen den Entwicklern und den Operationsleuten wieder ein heftiger Streit. „Das kommt alles nur davon, dass ihr euren Job nicht macht", warf ein Teammitglied dem anderen vor, dem lautstark entgegengehalten wurde: „So weit kommt es noch, dass wir eure Aufgaben erledigen."

So kann man sich täuschen, ging es Herrn Drechsler durch den Kopf, als er sich an seine Hoffnung erinnerte, dass mit Kanban die alten Konfliktlinien bereinigt seien. Immerhin wurde beim Basistraining die Bedeutung von wechselseitiger Unterstützung ebenso einhellig abgenickt wie die Wichtigkeit, Kanban als Kulturprojekt zu sehen. Doch in der Retrospektive brach nun unversehens das große Gerangel aus, wer nun wofür verantwortlich sei. So hieß es während des weiteren Wortgefechts, dass man „andere die eigenen Fehler ausbaden lasse, statt selbst dafür gerade zu stehen".

Nachdem es Herrn Drechsler nicht gelungen war, den eigentlichen Konflikt richtig zu fassen, geschweige denn an einer gemeinsamen Lösung zu arbeiten, endete die Retrospektive in reichlich betretener Stimmung. „Was habe ich bloß übersehen?", fragte sich Herr Drechsler im Anschluss. „Wie passt die grundsätzliche Bereitschaft zu wechselseitiger Unterstützung zu dem Hickhack, das offensichtlich nicht nur die Retrospektive bestimmt? Und was sind die Gründe für dieses Hickhack?"

„Fingerpointing", beschrieb Josef Drechsler am Abend seiner Frau, als diese wissen wollte, wie er den Konflikt erlebt hatte. „Man hat sich wechselseitig den Schwarzen Peter zugeschoben." Das weitere Gespräch bestätigte Herrn Drechslers Vermutung, dass die Beschuldigungen wohl nur die Symptome tiefer liegender Ursachen waren. „Wenn du den Konflikt lösen willst, musst du bei den Auslösern ansetzen", meinte dann auch seine Frau. „Das ist schwierig, weil du sehr wahrscheinlich selbst ein Teil des Problems bist, das du lösen möchtest."

„Guter Punkt", dachte Herr Drechsler beim Einschlafen noch. „Ich kann das nicht bloß als Teamkonflikt sehen und mich selber draußen halten." Nachdem Josef Drechsler eine ziemlich unruhige Nacht verbracht hatte, war ihm klar, dass er diesen Konflikt nicht alleine lösen konnte. Die Aussage seiner Frau, dass er selbst ein Teil des zu lösenden Problems sei, löste ein starkes Echo aus. Natürlich ging es um Führung, und es ging auch um seine persönlichen Führungskompetenzen, deren Grenzen er seit der Retrospektiver deutlich spürte. „Was, wenn meine Führungsfähigkeiten selbst ein Engpass sind?", dachte Herr Drechsler mit wachsendem Unbehagen.

> **„Es ist ein Zeichen von Stärke und Selbstbewusstsein, wenn du die Grenzen deines eigenen Wissens erkennst und Hilfe von außen in Anspruch nimmst", erinnerte sich Herr Drechsler eines Zitats, das er einmal irgendwo aufgeschnappt hatte (Weick und Sutcliffe 2001, S. 172).**

Tatsächlich empfand er es nicht als Eingeständnis von Schwäche, dass er schließlich den Rat eines erfahrenen Coachs suchte. Bereits das erste Treffen mit diesem Coach bestätigte ihm vielmehr, dass er endlich an der Lösung zu arbeiten begann.

„Wenn Führung wirklich ein wesentlicher Engpass unseres aktuellen Kanban-Systems ist, dann ist es genau die richtige Entscheidung, uns an diesem Punkt zu verstärken", hörte sich Herr Drechsler am Ende dieses ersten Treffens erleichtert bilanzieren. Erleichtert war er nicht zuletzt dadurch, dass er mithilfe des Coachs eine klare Strategie für das weitere Vorgehen ausgearbeitet hatte. Klar geworden war Herrn Drechsler vor allem,

- dass er zweifellos viel mehr zu dem Problem beitrug, als ihm lieb war. Das machte allein das Feedback des Coachs klar, der seine Beschreibung des Konflikts als „Kindergarten",

„Zeichen von Unreife" oder „Nebenschauplatz" als Ausdruck derselben Abwertungskultur sah, die Herr Drechsler bei den anderen Teammitgliedern kritisierte;

- dass Fingerpointing, Misstrauen und Abwertung durchaus Geschichte hatten. Sie waren Ausdruck einer breiteren Unternehmenskultur, die sich in vielen Bereichen negativ auswirkte;
- dass es durchaus sein konnte, wie der Coach von ähnlichen Projekten berichtete, dass strukturelle Probleme personalisiert wurden und wegweisende Lösungen nicht allein auf der Ebene des individuellen Verhaltens zu finden waren;
- dass es dringend einen Neustart brauchte. Es mussten andere Wege gefunden werden, um das vorhandene Misstrauen, den Ärger und die Enttäuschung zu artikulieren, ohne dabei wieder in die alten Verhaltensmuster zu fallen;
- dass es eine Serie kleiner, vertrauensbildender Maßnahmen brauchte, damit ein neuer kultureller Rahmen für die anstehende Auseinandersetzung geschaffen werden konnte.

Dem erkenntnisreichen Plan folgte eine ebenso erkenntnisreiche Umsetzung. Auf vergleichbaren Erfahrungen mit anderen Kulturproblemen aufbauend, unterstützte der Coach Herrn Drechslers Führungsarbeit

- durch das **schrittweise Vorgehen** nach dem Kaizen-Prinzip,
- durch das **genaue Durchsprechen** der geplanten Schritte,
- durch das **gemeinsame Erstellen einer Basisinformation** für alle Mitarbeiter,
- durch **ausführliche Einzelgespräche des Coachs** mit ausgewählten Schlüsselspielern,
- durch eine **pointierte Rückkopplung der wichtigsten Themen,** die Herrn Drechsler auch einen Abgleich zwischen seinen eigenen und den Eindrücken des Coachs ermöglichte,
- durch die **Moderation eines gemeinsamen Workshops,** zu dem wie angekündigt alle Mitarbeiter und Mitarbeiterinnen eingeladen waren.

Am Ende dieses „Fresh Start"-Workshops war nicht nur Herr Drechsler über die Ergebnisse erstaunt. Immerhin war es gelungen, gemeinsam einige ganz konkrete Verbesserungsschritte zu definieren. Wie vom Coach vermutet, gehörten die genaue Klärung der Schnittstellen und die Vereinbarung eines teamübergreifenden Kooperationsprozesses im Sinne des Kunden zu den Highlights.

Für viele Mitarbeiter war jedoch am erstaunlichsten, wie diese Verbesserungsthemen ausgearbeitet wurden. So wurde in der Blitzlichtrunde, die den Workshop abschloss, immer wieder „die angenehme Atmosphäre", „das gute Arbeitsklima", „der Respekt" und das „Für- statt Gegeneinander" betont. Für den Coach war das nicht ganz so erstaunlich. Zum einen waren ähnlich positive Leitwerte bereits im Rahmen der Einzelgespräche Thema gewesen. Zum anderen wurde der Workshop mit der Frage eröffnet, worauf heute ganz besonders geachtet werden sollte, um gemeinsam einen guten Unterschied zu schaffen. Gar nicht erstaunlich, dass dabei viele der Leitwerte genannt wurden, die auch in den Vorbereitungsgesprächen zur Sprache gekommen waren.

Die weitere Geschichte von Herrn Drechslers Team zeigt, dass die im „Fresh Start"-Workshop gelebten Unterschiede durchaus wegweisend waren. Einerseits wurden einige der beschlossenen Hausaufgaben rasch umgesetzt – was zu deutlicher Entspannung im Betriebsalltag führte und sogar von einigen Kunden positiv angemerkt wurde. Andererseits blieben die für den Workshop definierten Leitwerte weiterhin als eine Art Mahnmal aufrecht. Wie Josef Drechsler während der Nachbesprechung mit seinem Coach berichtete, berief man sich wiederholt auf den damals vereinbarten Rahmen, insbesondere wenn wieder einmal jemandem das Temperament durchging. Das schaffte laut Herrn Drechsler in der ganzen Abteilung Sicherheit und das Gefühl, kontinuierlich auf die Art des Miteinanders zu achten. Anders gesagt: auf die Kultur der Zusammenarbeit.

Last but not least hatte Herr Drechsler den Eindruck, selbst sehr viel von diesem bewussten Kulturwandel zu profitieren. Auf der einen Seite war er selbstverständlich sehr erleichtert, dass der Betrieb des Kanban-Systems nun wesentlich reibungsloser vonstatten ging als vor dem Workshop. Auf der anderen Seite wurde Josef Drechsler klar, wie viel er als Führungskraft zu einer positiven Entwicklung beitragen konnte. „Seit ich mir die Zeit nehme, auch meine Führungsarbeit regelmäßig auf die Prüfstand zu stellen, lerne ich nicht nur für mich", erzählt er stolz. „Ich werde mehr und mehr zu einem Rollenmodell für die Kultur, die ich mit Kanban schaffen möchte."

■ 21.4 Das Kanban-Feuer weitertragen

Was tun Sie eigentlich, wenn der Laden läuft? Wenn Ihr Kanban-System geradezu bilderbuchartig funktioniert? Wenn Arbeitszufriedenheit und Wertschöpfung gleichermaßen steigen und alle Stakeholder reihum zufrieden sind? Ist die evolutionäre Veränderung dann endlich abgeschlossen? Und sind Sie dann auch fertig mit jenem kontinuierlichen Leadership-Lernen, das einer unserer Kunden einmal als „wahre Sisyphos-Arbeit" bezeichnet hat?

„Was mache ich, wenn ich oben bin?", wollte der Zen-Schüler in der Einleitungsgeschichte unseres Buches von seinem Meister wissen, bevor er auf die 21-sprossige Leiter kletterte. „Dann kannst du stehenbleiben", hatte der Meister erklärt. „Du kannst die Aussicht genießen Du kannst wieder heruntersteigen. Oder du kannst ohne Sprossen weiterklettern."

Mit diesem Buch wollten wir Ihnen Mut zum Weiterklettern machen. Anders gesagt: zur Fortsetzung Ihrer Verbesserungsarbeit über das Ende der Change Management-Sprossen hinaus. Zum Abschluss wollen wir anhand von zwei letzten Praxisbeispielen darstellen, wie eine solche Fortsetzung aussehen kann.

Mit der Überschrift dieses Schlusskapitels haben wir uns eigentlich bereits mitten in eine unserer Fallgeschichte katapultiert. „Das Feuer weitertragen" waren nämlich die Worte von Herbert Krakauer, jenem Bereichsleiter eines auf Sicherheitslösungen spezialisierten Unternehmens, das Hard- und Software-Expertise miteinander verband. Herr Krakauer beschrieb damit sein Verständnis von Führung als einem Prozess, der nicht im eigenen Verantwortungsbereich stehen bleiben kann. „Es geht um viele verschiedene Aspekte von Führung", erklärt er uns auf Nachfrage. Es geht, wie wir in seinem Sinne übersetzen,

- um eine **strategische Führung,** die Kanban als willkommenes Hilfsmittel zur Steigerung der Wertschöpfung sieht,

- um eine **operative Führung,** die möglichst rasch Lösungen für Probleme findet, die eine große Ansteckungskraft haben können,

- um eine **kulturorientierte Führung,** die auch das Wohlbefinden und die Arbeitszufriedenheit aller Organisationsmitglieder im Visier hat,
- um die Führung, die in jeder **guten Gesprächsführung** steckt,
- und last but not least um jene **Verführung,** mit der andere zum Einsatz von Kanban ermuntert werden sollen.

Herbert Krakauer tut sich relativ leicht damit, für einen kleinen Flächenbrand in seiner Firma zu sorgen. Zum einen ist diese Firma mit 250 Mitarbeitern und Mitarbeiterinnen von überschaubarer Größe. Zum anderen ist er als Mitglied der Geschäftsführung selbst in einer privilegierten Position, um die Wahrnehmung und die Kommunikation auf eine breitere Kanbanisierung auszurichten. Kein Wunder also, dass er mittlerweile zwei weitere Unternehmensbereiche für ein evolutionäres Veränderungsmanagement gewonnen hat.

Wie das Beispiel von Thomas Müller zeigt, lässt sich das Feuer aber auch in sehr großen Unternehmen weitertragen. Als Abteilungsleiter Cards & Projects eines internationalen Energiekonzerns findet Herr Müller jede Menge Zündstoff vor. Pragmatisch macht er Kanban erst einmal auf klassischem Wege bekannt: nämlich durch mündliche Berichte im Rahmen der organisationsüblichen Meetings, durch schriftliches, auf ausgewählten Metriken basierendes Reporting sowie durch den abteilungsübergreifenden Austausch mit seinen Leitungskolleginnen und -kollegen.

Aufgrund der Umstrukturierung in seinem Verantwortungsbereich, an dessen Ende die Präsentation neuer Mission Statements stand, sind auch alle anderen Stakeholder bereits gut informiert. Durch regelmäßige Operation Reviews hält er seine Kunden im Marketingbereich auf dem Laufenden und durch die verbesserten Ergebnisse auch bei guter Laune. Auf Anregung eines Teams wurde ein Kanban-Board sogar aus dem Büro auf den Gang befördert, sodass für breite Transparenz gesorgt ist. Alle, die auf dem Weg in die Kaffeeküche sind, können nun einen Blick auf die bunten Zettelchen mit den sorgsam gestalteten Avataren werfen. Tag für Tag können Kollegen und Kolleginnen aus anderen Bereichen mitverfolgen, wie diese Zettelchen weiterwandern. Sie können das Team bei seinem morgendlichen Daily Standup in Aktion erleben. Oder sie können kleine Grüppchen bei der Bearbeitung eines aktuellen Problems beobachten.

Für den Fall des Falles hat sich Thomas Müller eine bündige Darstellung von Kanban zurechtgelegt. Schließlich kommt es immer wieder vor, dass er nach dem Hintergrund des bunten Treibens gefragt wird.

 Kanban Elevator Speech – Was Sie in 30 Sekunden über Kanban sagen können

„Kanban ist eine Methode, um den eigenen Arbeitsbereich kontinuierlich zu verbessern. Dafür starten Sie jedoch kein großes Change-Management-Projekt, sondern setzen auf eine Serie kleiner Veränderungsschritte. Sie identifizieren Ihre wichtigsten Businesspartner und erkunden gemeinsam die Stärken und Schwächen Ihrer aktuellen Arbeitsprozesse. Auf der Basis der Visualisierung dieser Prozesse sorgen Sie mit einfachen Mitteln für mehr Effizienz, bessere Durchlaufzeiten und eine höhere Wertschöpfung für Ihre Kundinnen und Kunden."

Die besten Erfahrungen als Kanban-Brandstifter hat Thomas Müller freilich auf informellem Wege gemacht: beim abendlichen Chill-out an der Bar, am Rande offizieller Veranstaltungen oder beim halb geschäftlichen, halb privaten Abendessen mit befreundeten Managerinnen und Managern. Auf diesen Wegen kann nicht nur Vertrauen gestärkt und intensiv über positive wie kritische Aspekte diskutiert werden. Auf angenehme Weise wird so auch für eine Veränderungsarbeit geworben, die in anderen Zusammenhängen möglicherweise bedrohlich wirken würde.

Der Erfolg gibt Thomas Müller recht. Während wir dieses Buch zu Ende schreiben, wurde das Kanban-Feuer nicht nur von zwei weiteren Abteilungsleitern übernommen. Auch der Service Line Lead hat in der Zwischenzeit an einem Kanban Change Leadership-Training teilgenommen. Zudem hat Herr Müller mit seinen beiden Kollegen vereinbart, dass sie sich ab sofort einmal im Monat zu einem formellen Austausch treffen. Und schließlich wurde Thomas Müller vor Kurzem zu einer Konferenz eingeladen, um über seine praktischen Erfahrungen zu berichten.

Was wir daraus schließen? Nun, es zeigt sich für uns, dass eine aktive Führung für weit mehr sorgen kann als für einen guten Betrieb des eigenen Kanban-Systems. Evolutionäres Change Management beruht zwar auf einer Serie von kleinen Flammen, die Sie kontinuierlich in Ihrem Verantwortungsbereich zünden. Diese kleinen Flammen können sich aber auch in einem größeren Zusammenhang zu einem Leuchtfeuer der Verbesserungsarbeit verbinden.

 Was Sie aus diesem Kapitel mitnehmen können

Die Annahme, nach der Inbetriebnahme des Kanban-Systems laufe alles von selber, gehört zu den großen Mythen der Verbesserungsarbeit.

Es gibt keine Kaizen-Automatik. Vielmehr braucht es auch im Betrieb eine aktive Führung, um die Kontinuität von Verbesserungen abzusichern.

Als neuralgische Punkte der Betriebsführung sehen wir die Fehlerkultur und das richtige Nutzen von Slack, die professionelle Moderation, den Umgang mit Widerständen und Konflikten sowie den Versuch, das Kanban-Feuer innerhalb Ihres Unternehmens weiterzutragen.

In allen Bereichen wird Kanban Leadership durch eine effektive Kombination von Haltung und Technik bestimmt. Als Führungskraft agieren Sie immer als Rollenmodell für die Einstellungen und Verhaltensformen, die Sie in Ihrem Umfeld sehen wollen.

Kaizen lebt von Ihrer Bereitschaft, auch die eigene Führungsarbeit regelmäßig auf den Prüfstand zu stellen und zum Gegenstand eines kontinuierlichen Lernens zu machen.

Literatur

Ackoff, Russell L.: Management in Small Doses. New York 1986.

Anderson, David J.: Kanban. Evolutionäres Change Management für IT-Organisationen. Heidelberg 2011.

Anderson, David J.: Kanban. Successful Evolutionary Change for Your Technology Business. Washington 2010.

Baecker, Dirk: Postheroisches Management. Ein Vademecum. Berlin 1994.

Baecker, Dirk: Organisation und Management. Frankfurt/Main 2003.

Baecker, Dirk: Studien zur nächsten Gesellschaft. Frankfurt/Main 2007.

Baecker, Dirk: Organisation und Störung. Frankfurt/Main 2011.

Becke, Guido: Vom Erhalten durch Verändern zum Verändern durch Erhalten. Reproduktive Stabilität in Change Management-Prozessen, in: Organisationsentwicklung 1/07, S. 18 – 25.

Bergmann, Margot: Luhmann leicht gemacht. Köln 2011.

Boos, Frank; Heitger, Barbara (Hrsg.): Beratergruppe Neuwaldegg. Veränderungssystemisch. Management des Wandels. Praxis, Konzepte und Zukunft. Stuttgart 2004.

Brooks, Frederick: The Mythical Man-Month. Addison-Wesley 1995.

Clement, Ute: Kon-Fusionen. Über den Umgang mit interkulturellen Business-Situationen. Heidelberg 2011.

Deming, W. Edwards: Out oft he crisis. Cambridge 2000.

Dievernich, Frank: Achtung Organisation! Vorsicht Management! Berlin 2007.

Doppler, Klaus; Lauterburg, Christoph: Change Management. Den Unternehmenswandel gestalten. Frankfurt 2000 (9.Aufl.).

Dörner, Dietrich: Die Logik des Misslingens. Reinbeck/Hamburg 1989.

Drucker, Peter F.: The New Productivity Challenge, in: Harvard Business Review, November – December 1991.

Fatzer, Gerhard (Hrsg.): Gute Beratung von Organisationen, 2005.

Fayol, Henri: Administration Industrielle et Générale. Paris 1916.

Foerster, Heinz von: Sicht und Einsicht. Braunschweig 1985.

Fritz, Robert: Den Weg des geringsten Widerstands managen. Energie, Spannung und Kreativität in Unternehmen. Stuttgart 2000.

Gerkhardt, Marit; Frey Dieter: „Erfolgsfaktoren und psychologische Hintergründe in Veränderungsprozessen. Entwicklung eines integrativen psychologischen Modells", in: Organisationsentwicklung. Zeitschrift für Unternehmensentwicklung und Change Management, Heft 4, 2006, S. 48 – 59.

Hamel, Gary: Leading the Revolution. New York 2002.

Hamel, Gary: The Future of Management. Boston 2007.

Heitger, Barbara; Doujak, Alexander: Harte Schnitte, neues Wachstum. Die Logik der Gefühle und die Macht der Zahlen im Changemanagement. Frankfurt/Wien 2002.

Hochreiter, Gerhard: Choreografien von Veränderungsprozessen. Die Gestaltung von komplexen Organisationsentwicklungen. Heidelberg 2006.

Isaacs, William: Dialog als Kunst gemeinsam zu denken. Die neue Kommunikationskultur in Organisationen. Bergisch Gladbach 2002.

Janes, A.; Prammer, K.; Schulte-Derne, M.: Transformations-Management. Organisationen von Innen verändern. Wien 2001.

Kaltenecker, Siegfried; Eybl, Sabine: „Diversity Trouble. Systemische Beobachtungen von Vielfalt, Management und Beratung", in: Gruppendynamik und Organisationsentwicklung 2/2009, S. 209 – 223.

Kaltenecker, Siegfried; Eybl, Sabine: „Walk a mile in my shoes. Systemische Beobachtungen von Diversität", in: Surur, Abdul-Hussain, Samira Baig (Hrsg.): Diversity in Supervision, Coaching und Beratung. Wien 2009, S. 92–120.

Kaltenecker, Siegfried; Myllerup, Bent: „Agile and Systemic Coaching" 2011, http://www.scrumalliance.org/articles/354

Katzenbach, Jon; Smith, Douglas: The Wisdom of Teams. Creating the High-Performing Organization. New York 1993.

Kohnke, Oliver; Wieser, Doris: „Die Veränderungskurve – ein Beratermythos?", in: OrganisationsEntwicklung. Zeitschrift für Unternehmensentwicklung und Change Management, Heft 1/2012, S. 54 – 62.

Königswieser, R.; BGN; Cichy, U.; Jochum, G.: SIMsalabim. Veränderung ist keine Zauberei. Systemisches-IntegrationsManagement. Stuttgart 2001.

Königswieser, R.; Exner, A.: Systemische Intervention. Architekturen und Designs für Berater und Veränderungsmanager. Stuttgart 2004 (8. Aufl.).

Kotter, John P.: Leading Change, Boston 1996.

Kühl, Stefan: Das Regenmacher-Phänomen. Widersprüche und Aberglaube im Konzept der lernenden Organisation. Frankfurt/Main 2000.

Lewin, Kurt: Problems of Research in Social Psychology, in: *D. Cartwright (Hrsg.),* Field Theory in Social Science; Selected Theoretical Papers, Harper & Row, New York 1951.

Linden-Reed, J. (Hrsg.): Quotable KANBAN. On the Occasion oft he 2011 KANBAN Leadership Retreat in Reykjavik, Iceland.

Little, John D. C.; Graves, Stephen C.: Little's Law. In: *Chhajed, D.; Lowe T. J. (Hrsg.):* Building Intuition. Insights from Basic Operations Management Models and Principles. Springer Science + Business Media 2008.

Luhmann, Niklas: Soziale Systeme. Frankfurt/Main 1984.

Luhmann, Niklas: Die Gesellschaft der Gesellschaft. Frankfurt/Main 1990.

Luhmann, Niklas: Organisation und Entscheidung. Wiesbaden 2000.

Mintzberg, H.; Ahlstrand, B.; Lampel, J.: Strategy Safari. Eine Reise durch die Wildnis des strategischen Managements. Frankfurt/Wien 2004.

Mintzberg, Henry: Managing. San Francisco 2009.

Nayar, Vineet: The Miracle of Making Mistakes. http://blogs.hbr.org/hbr/nayar/2010/07/the-miracle-of-making-mistakes.html, abgerufen am 27.1.2012.

Neuberger, Oswald: Führen und führen lassen. Köln 2002.

Ohno, Taiichi; Bodek, Norman: Toyota Production System: Beyond Large-Scale Production. Productivity Press 1988.

Ortmann, Günther: „Macht, Spiel, Konsens" in: *Küpper, Walter; Ortmann, Günter (Hrsg.):* Mikropolitik, S. 13 – 26. Opladen 1988.

Ortmann, Günther: Management in der Hypermoderne: Kontingenz und Entscheidung. Wiesbaden 2009.

Ortmann, Günther: Kunst des Entscheidens. Ein Quantum Trost für Zweifler und Zauderer. Weilerswist 2011.

Pinnow, Daniel F.: Unternehmensorganisationen der Zukunft. Erfolgreich durch systemische Führung. Frankfurt/New York 2011.

Sackmann, Sonja; Bertelsmann Stiftung: Erfolgsfaktor Unternehmenskultur. Mit kulturbewusstem Management Unternehmensziele erreichen und Identifikation schaffen. Wiesbaden 2004.

Schein, Edgar H.: Organisationskultur. Zürich 2003.

Schein, Edgar H.: Organizational Culture and Leadership. San Francisco 2004.

Schein, Edgar H.: Helping. New York 2009.

Senge, Peter M.: Die Fünfte Disziplin. Kunst und Praxis der lernenden Organisation. Stuttgart 1998.

Senge, Peter M., et al.: Das Fieldbook zur Fünften Disziplin. Stuttgart 1997.

Senge, Peter M.: The Dance of Change. The Challenges of Sustaining Momentum in Learning Organizations (A fifth discipline resource). New York 1999.

Simon, Fritz B.: Die Kunst nicht zu lernen. Heidelberg 1997.

Simon, Fritz B.: Die Familie des Familienunternehmens: Ein System zwischen Gefühl und Geschäft. Heidelberg 2004.

Sobel, Dava: Longitude. The True Story of a Lone Genius Who Solved the Greatest Scientific Problem of His Time. London 1996.

Weick, Karl: Der Prozess des Organisierens. Frankfurt/Main 1985.

Weick, Karl: Sensemaking in Organizations. Thousand Oaks 1990.

Weick, Karl; Sutcliffe, Kathleen: Managing the Unexpected. San Francisco 2001.

Weisbord, Marvin; Janoff, Sandra: Don't Just Do Something, Stand There! Ten Principles for Leading Meetings That Matter. San Francisco 2007.

Willke, H., et al.: Wissensarbeit in intelligenten Organisationen, in: Forschung an der Universität Bielefeld, 18/1998, S. 20–24.

Wimmer, Rudolf: Organisation und Beratung. Systemtheoretische Perspektiven für die Praxis. Heidelberg 2004.

Zäpfel, G.: Grundzüge des Produktions- und Logistikmanagement. Berlin, New York 1996.

Index

Durchlaufzeiten verringern, Bestände und Kosten reduzieren

Geiger / Hering / Kummer
Kanban
Optimale Steuerung von Prozessen
3., aktualisierte Auflage
128 Seiten. Broschur
ISBN 978-3-446-42720-4

Kanban ist ein auf Karten basierendes Instrument, mit dem der Material- und Informationsfluss in der Fertigung sehr einfach gesteuert werden kann. Auf eine Kurzformel gebracht, lautet das Prinzip: Produziere heute das, was gestern verbraucht wurde. Dieser Leitfaden mit erprobten und sofort umsetzbaren Praxisbeispielen hilft, Kanban im Unternehmen erfolgreich einzuführen.